윤리학의 연장통

윤리학적 개념과 방법의 일람표

The Ethics Toolkit
: *A Compendium of Ethical Concepts and Methods* (1st edition)
by
Julian Baggini and Peter S. Fosl

The Ethics TOOLKIT
윤리학의 연장통

윤리학적 개념과 방법의 일람표

A Compendium of Ethical Concepts and Methods

줄리언 바지니 · 피터 파슬 지음

강준호 옮김

서광사

이 책은 Julian Baggini와 Peter S. Fosl의 ***The Ethics Toolkit: A Compendium of Ethical Concepts and Methods***(1st edition) (Blackwell Publishing Ltd., 2007)를 완역한 것이다.

윤리학의 연장통

윤리학적 개념과 방법의 일람표

줄리언 바지니 / 피터 파슬 지음

강준호 옮김

펴낸이—김신혁, 이숙
펴낸곳—도서출판 서광사
출판등록일—1977. 6. 30.
출판등록번호—제 406-2006-000010호

(413-756) 경기도 파주시 교하읍 문발리 534-1
대표전화 · (031) 955-4331 / 팩시밀리 · (031) 955-4336
E-mail · phil6161@chol.com
http://www.seokwangsa.co.kr / http://www.seokwangsa.kr

제1판 제1쇄 펴낸날 · 2009년 10월 20일
제1판 제2쇄 펴낸날 · 2011년 3월 10일

ISBN 978-89-306-2550-0 93190

조셉 펠과 루시 오브라이언에게 바친다.

옮긴이의 말

번역서를 낼 때마다, 과연 이 책이 누구에게 얼마만큼 쓸모가 있을까? 하고 고민한다. 설령 목표로 삼는 특정 독자군(群)이 있더라도, 이 책이 과연 그들의 눈높이에 얼마나 적합하며 매력적일까? 하고 고민한다. 이런 고민은 학자에게 쓸데없는 — 혹은 해선 안 될 — 고민일지 모르나, 아마 철학관련 서적을 번역하는 모든 학자들의 공통적이고 현실적인 고민이 아닐까? 라고 짐작한다. 본 역자가 번역한 책들 가운데 여기 이것, 『윤리학의 연장통』은 그나마 그런 고민을 조금 덜어주는 듯한 유일한 책이었다.

책의 전체적 성격과 체계에 대해선 저자들의 「서론」에 자세히 나와 있기 때문에 부언하지 않겠다. 다만 「차례」만 슬쩍 들춰보고 일반 독자들이 가지게 될지 모르는 선입견에 대해서만 한 마디 하자면, 이 책은 평범한 철학용어 사전도 아니고 평범한 윤리학 입문서도 아니다. 이도 저도 아니라면 정체가 모호하게 보이겠지만, 굳이 말하자면 이 책은 양자의 장점을 나름 절묘하게 결합한 책이라고 말할 수 있다.

이 책의 저자들은 한편으로 마치 용어 사전처럼 윤리적 개념들에 대한 간결하고 명쾌한 — 그러나 결코 천박하지 않은 — 설명을 제공하면서, 다른 한편으로 구체적·실험적 사례들을 활용하여 그 개념들을 둘러싼 이론적·실천적 논쟁들을 이해하기 쉬운 일상 언어로 풀어나간다. 물론 이 책에서 다루는 개념들 중 일부는 일반 독자들에게 생소한 것일 수도 있으나, 그것들을 이야기하는 방식은 "철학"에 대한 정체불명의 거부반응을 자극하지 않는다.

또한 이 책에서 소개되는 각 항목의 서술에는 흥미롭게도 많은 물음들이 포함되어 있다. 말하자면 '이 이론가는 이렇게 말했고 저 이론가는 저렇게 말했다'는 서술로 끝나지 않고, 각 항목에서 전개된 논의를 충실히 따라온 독자들이라면 마땅히 품을법한 물음들을 적절한 순간마다 짚어준다. 그리하여 논의의 명확한 결론이나 결말을 권위적으로 제시하기보다는 그 논의가 과연 어떻게 더 펼쳐질까? 하는 호기심, 그리고 윤리학의 생명인 상상력을 자극한다.

이 책은 제목 그대로 윤리학의 연장통, 일반 독자든 전문가든, 누구나 한 세트쯤은 집에 구비해야 할 연장들을 제공한다. "서툰 목수가 연장 탓만 한다"는 말을 하지만, 어떤 경우엔 연장이 정말 좋지 않을 수도 있지 않을까? 게다가 모든 사람이 능숙한 목수로 태어나는 것은 아니지 않은가? 역자로서 이 책이 제공하는 연장들이 얼마나 다루기 쉽고 좋은 연장들인지를 스스로 말하긴 낯 뜨겁다. 하지만 여러 알록달록한 연장통들을 뒤적이는 수고를 하기보다는 우선 이 작은 연장통의 연장들을 하나씩 몸에 익혀보라고 권하고 싶다.

2009년 9월
낙성대동에서
강준호

감사의 말

우리는 인내와 지원을 아끼지 않은 피터 파슬의 부인 캐서린 파슬, 그리고 그의 자녀들 엘리자 파슬과 아이작 파슬 밴-와이크에게; 내용에 관해 조언해준 에이버리 콜러스에게; 자신들의 통찰을 전해준 잭 펄롱과 엘렌 콕스에게; 원문을 교정해준 매기 바에게; 피터의 대륙 간 여행의 비용을 부담해준 트랜실베이니아 대학교의 존스 그랜트 프로그램에 감사드리고 싶다.

또한 지원과 인내를 아끼지 않은 블랙웰 출판사의 제프 딘과 다니엘 데스코토, 그리고 신중하고 철저하고 유익한 논평과 격려를 보내준 익명의 논문 교열자들에게 감사한다. 또한 원고를 아주 깔끔하게 정리해준 러닝헤드 사의 샬럿 데이비스, 애니 잭슨, 데이비드 윌리엄스에게도 감사한다. 또한 인터넷을 만들고 유지해준 모든 사람들에게 깊이 감사한다. 그것이 없었다면, 우리의 공동 작업과 우정은 결코 존재하지 않았을 것이다.

줄리언 바지니

피터 S. 파슬

차례

항목의 가나다순 목록

서론 Introduction

당신은 윤리에 대해 어떻게 생각해야 하는가? 이것은 믿기지 않을 정도로 단순한 물음이다. 물론 당신은 잘 생각해야 하고 명쾌하게 생각해야 하고 정확하게 생각해야 하고, 그리고 — 윤리에서 그것이 가능하다면 — 올바르게 생각해야 한다. 그러나 당신은 정확히 어떻게 이 모든 일을 해낼 수 있을까?

이 논제에 대한 한 가지 접근방법은 윤리의 참된 본질을 확정하고, 윤리적 용어들의 의미를 정의하고, 기본적인 도덕 원칙들을 공식화하고, 그 원칙들을 위계적으로 자리 매기는 일들을 수행하는 어떤 일반론을 세우려고 시도하는 것이다. 요컨대 윤리에 대한 이런 사고방식은 누군가 물을지 모르는 모든 이론적 물음들의 거의 대부분에 대답할 수 있는 어떤 이론을 만들려고 시도하는 것이다.

이것을 이루었다면, 물론 당신은 왜 당신의 일반론이 다른 모든 이론들보다 더 나은지를 설명해야 하며, 비판가들이 확실히 제기할 다양한 도전들을 물리쳐야 한다. 그런 이론을 만들고 변호한 후, 다음으로 당신은 어떻게 그것이 논쟁들을 해결하고 다양한 현실적 상황들에서 무엇을 해야 할지에 대한 물음들에 대답할 수 있는지를 증명하면서 그것을 실생활의 도덕적 문제들에 적용해볼 것이다.

그러나 이런 종류의 접근방법의 한 가지 문제점은 2000년이 넘는 도덕철학의 역사는 윤리의 근본적인 본질이나 도덕 원칙들의 위계나 그 원칙들을 현실 세계에 적용하는 방식에 대하여 거의 합의를 끌어내지 못했다는 점이다. 게다가 몇몇 존경할만한 사상가들은 그런 것들에 대하여 합의에 도달할 수 있다는 생각 자체를 거부했다.

가장 심층적인 성질의 도덕적 투쟁에 뒤얽힌 채로, 물론 세상은 그럭저럭 돌아갈 것이다. 의미 있고 효과적인 도덕적 사고에 대한 요구는 예전보다 어느 정도 더 커졌다. 게다가 도덕철학의 한계에도 불구하고, 합의에 도달할 때까지 도덕적 사고와 추론을 보류하거나 완전히 버릴 순 없는 일이다. 무도덕주의자들조차도 그들이 거부하는 것이 무엇인지에 대하여 확실히 이야기할 필요가 있다.

도덕적 쟁점들에 대한 이론적 합의에 도달하지 못했다는 사실이 그런 합의에 도달할 수 없음을 의미하진 않는다. 그러나 어쩌면 윤리적 문제들에 대하여 생각하는 또 다른 방법, 말하자면 세상에 존재하는 도덕적 논쟁들에 지적인 힘을 발휘하게 할 수 있으면서도 어떤 단조롭고 일반적인 도덕이론을 요구하지 않는 방법이 있을 것이다.

제기될 수 있는 모든 관련 도덕적 물음들에 응답하고 모든 경쟁자들을 물리치는 하나의 완전한 윤리이론을 확정하려고 시도하기보다는 어쩌면 우리는 도덕철학자들이 오랜 세월동안 생산해온 윤리에 대한 수많은 상이한 이론들, 개념들, 원칙들, 비판들 중 일부에 익숙해지거나 적어도 그것들을 이용하려고 시도할 순 있다. 『윤리학의 연장통』은 바로 이러한 의도로 도덕적 탐구와 반성에 참여한 사람들에게 도움이 되기를 갈망한다. 서로 다른 도덕 이론가들과 이론들로부터 나온 통찰들의 모음을 나란히 배열함으로써, 우리는 윤리이론들의 경합 속에서 잃어버릴 수 있는 윤리 자체에 대한 중요한 무언가를 독자들에게 보여주길 원한다.

우리는 윤리이론의 영역 아래에 모아진 개념들과 생각들 가운데 얼마나 많은 것들이 때로는 겉보기보다 더 광범위하고 복잡한 적용영역을 가지는가를 보여주려 한다. 우리 시대의 도덕적 담론을 구성하는 수많은 의견들이 있으며, 이 서로 다른 의견들은 수많은 서로 다른 문제들을 서로 다른 방식으로 이야기한다. 그것들을 듣고 그것들에 적절히 반응하기 위해 우리는 하나의 의견이나 하나의 도구가 아니라 많은 도구들을 필요로 한다.

실제로 오늘날 사람들의 마음을 사로잡는 주요 도덕적 관심사들에 대해 숙고하고 다른 사람들과 대화하길 바라는 사람은 누구든 하나의 잘 만들어진 이론에 의존하기보다는 보다 폭넓게 2500년 역사의 풍부하고 다양한 도덕철학의 작업을 이용할 수 있어야 한다. 유능한 사상가들은 신중하고 정확하고 세련된 도덕적 사고를 위한 여러 지적인 도구들을 포함하는, 잘 채워진 "연장통"을 가지고 있음에 틀림없다.

이 책과 같은 일람표를 만듦으로써, 우리는 또한 어떻게 상이한 생각들과 방법들이 서로 협력하고 그리하여 도덕적 문제들에 관하여 사람들이 보다 효과적이고 만족스러운 방식으로 사고할 수 있을 뿐만 아니라 행동할 수 있는가에 대하여 더욱 심층적이고 예민한 분별력을 독자들에게 제공하려 한다. 인간들이 다루어야할 문제들 가운데 많은 문제들은 부분적으로 개념적이고 철학적이다. 이런 문제들을 해결하는 것은 보다 나은 사고를 필요로 할 것이다. 세상을 더 좋은 곳으로 만드는 데 도움이 되기 위하여 의술과 기계가 필요할 것이다. 그러나 종종 철학에 대해 제기되는 비판들과 반대로, 명쾌한 사고와 건전한 도덕적 숙고의 능력도 필요로 할 것이다. 이렇게 우리는 고대 그리스인들이 "사실을 아는 것"(이론적 지식)과 "방법을 아는 것"(실천적 지식)이라고 일컬었던 것들 사이에는 어떤 연결이 있다고 믿는다.

『윤리학의 연장통』을 지지(支持)하는 윤리에 대한 비전은 예컨대 공리주의의 통찰들은 공리주의자들뿐만 아니라 도덕적 반성에 참여하길 원하는 누구에게든 흥미와 가치를 가진다고 주장한다는 점에서 다원주의적이다. 그러나 윤리에 대한 이런 비전은 여기서 기술된 도구들을 아무렇게나 뽑아서 필요에 따라 무턱대고 사용할 수 있다는 뜻은 아니다. 어떤 필요들에 대해서는 여러 가지 도구들이 다른 도구들보다 더 적절하다. 이는 우리가 여기에 모은 도구들이 오직 한 가지 방식으로만 사용되어야 한다는 말은 아니다. 어떤 사람들은 다른 사람들이 망치를 가지고 덤벼드는 일을 드라이버를 능숙하게 사용하여 해낼 수도 있다. 보다 능숙한 사상가들은 그 도구들 중 몇몇을 초보자들에게는 불가능한 방식으로 사용할 수도 있다. 모든 능력을 갖춘 도덕적 사상가들은 어떤 도구들은 거의 사용하지 않으면서 어떤 도구들은 다른 도구들보다 더 많이 사용할 것이다.

이와 유사하게 이 본문을 사용하는 서로 다른 방법들이 있다. 윤리적 추론의 한 행로로 여기며, 『윤리학의 연장통』을 처음부터 끝까지 읽어 내려갈 수도 있다. 우리는 제1부에서 윤리가 서 있는 토대들에 대한 물음들로 시작한다. 그런 다음 제2부에서는 우리로 하여금 윤리에 대하여 추론할 수 있도록 구성된 가장 중요한 뼈대들을 살펴본다. 제3부는 도덕적 담론에 나오는 여러 중심 개념들을 기술한다. 제4부에서는 윤리적 이론들과 판단들을 비판할 수 있는 방법들을 살펴본다. 마지막으로 제5부에서 도덕적 추론의 한계들을 살펴본다.

그러나 이러한 종류의 직선적 접근방법이 『윤리학의 연장통』을 사용하는 유일한 방법은 아니다. 그것은 「차례」와 「찾아보기」를 이용하여 구체적 쟁점을 이해하는 데 도움을 얻기 위하여 사람들이 의지할 수 있는 참고문헌으로 사용될 수도 있다. 혹은 독자들은 그저 자신의 영감(靈感)을 따라 헤아릴 수 없이 많은 방식으로 책 속을 여기저기 돌아다닐 수도 있다. 우리가 각 항목에 덧붙인 참조는 당장 보고 있는 내용을 보완하거나 상세히 설명하는 다른 항목들을 가리키며, 가끔은 놀라운 방식으로 독자들이 항목들을 연결짓고 대조할 수 있도록 도울 것이다.

각 항목에는 두세 개의 참고문헌들에 대한 제안이 따라온다. 보통이 추천도서들은 그 항목의 주제에 관하여 당신에게 더 많은 것을 말해주겠지만, 때로는 사용된 구체적 사례와 관련하여 참조한 저작들의 세부내용을 항목 안에 포함시켰다. 특히 초심자들에게 적합한 읽을거리는 별표(＊)로 표시했다. 덧붙여서 우리는 본문의 추상적인 생각들 중 대다수를 실례를 들어 설명하는 구체적 사례들을 포함하고, 또한 어떻게 본문의 내용이 현실적인 윤리적 논란들에 적용되는지를 보여주려고 시도했다. 「찾아보기」는 이 사례들이 포괄하는 주제 영역들을 포함하고 있다. 윤리의 연구 및 실천에 관련된 학회, 기관, 웹사이트, 기타 자료가 본문의 끝에 첨부되었다.

그러나 어떻게 사용되든, 우리는 『윤리학의 연장통』이 학생이든 교사든 학자든 전문직 종사자든 아니면 그저 도덕에 대하여 더 잘 생각하는 방법에 관심을 가진 일반인이든, 모든 독자들이 몇 번이고 되돌아보는 책이 되기를 희망한다.

제1부

윤리학의 토대

1.1 미학 Aesthetics

시인 키츠(John Keats: 1795~1821)는 「희랍 항아리에 부치는 노래」에서 "아름다움은 진리이며, 진리는 아름다움이다"라고 적었다. 그는 낭만적 망상의 희생자인가, 아니면 정말 진리와 아름다움, 그리고 선함 사이에 어떤 관계가 있는 것일까? "윤리학과 미학은 하나다"라고 주장할 때(『논리철학논고』[*Tractatus*] 6.421), 비트겐슈타인(Ludwig Wittgenstein: 1889~1951)은 위의 것들 중 적어도 마지막 두 가지 사이에는 어떤 관계가 있다고 생각했던 것으로 보인다. 비트겐슈타인처럼 신비스러운 사상가의 말을 액면대로 받아들이는 것은 어쩌면 잘못일 수도 있다. 그럼에도 많은 사람들은 미학과 윤리학 사이의 연결고리들에 대하여 주장해왔다. 아름다움은 선함을 표상(表象)하거나 선함의 본질을 드러내거나 우리에게 선함을 가르쳐줄 수 있는 것처럼 보일 수 있다.

선함의 표상

다양한 윤리적 개념들이 조각상들과 형상들 속에서 의인화되어왔다. 터키의 에베소에 있는 셀수스 도서관에서 당신은 지혜(*sophia*)와 덕(*aretē*)이라고 불리는 아름다운 여성들의 조각상들과 마주칠 것이다. 한편 정의는 흔히 저울을 들고 눈을 가린 여성으로 묘사된다.

윤리적 개념들을 의인화하는 것 외에도, 미학은 훨씬 더 추상적인 방식으로 윤리적 의미를 담을 수 있다. 예컨대 어떤 사람이 아테네에 있는 파르테논 신전을 바라볼 때, 그는 절묘한 균형과 조화를 보여주는 건축물을 보게 된다. 박공벽과 받침들은 수학자들이 "황금 분할"(golden section)이라고 부르는 것에 따라서 조심스럽게 균형을 잡고 있으며, 이는 지성과 통제와 절제를 전달한다. 기둥들은 그것들이 견고하고 정확하다는 느낌을 주도록 약간 불룩한 형태(*entasis*)를 취한다. 지면이 높고 중심적이고 역사적인 위치에 놓인 그 건축물의 부지는 우리를 신과 과거에 이어준다; 그것은 폴리스의 중심 기둥이다.

그러나 그런 "도덕적" 예술이 표상하는 바는 무엇인가? 『판단력 비판』(*Critique of Judgment*, 1790)에서 칸트(Immanuel Kant: 1724~1804)는 예술은 직접적으로 도덕 원칙들을 묘사할 순 없지만 도덕의 상징들을 제공할 수 있다고 주장했다. 이 말에서 칸트는 우리가 우리의 심미적 경험의 대상들을 숙고하는 방식은 어쨌든 우리가 아주 추상적인 도덕의 개념들을 숙고하는 방식과 유사하다는 것을 의미했다. 칸트는 "도덕적 선함은 취향이 목적으로 삼는 지성적인 것이다"라고 적는다(『판단력 비판』, 353~4). 이것이 바로 아름다움이 수많은 도덕관련 개념들과 밀접히 연관된 것처럼 보이는 이유다. 예컨대 칸트는 우리의 심미적 경험에는 사심이 없다고 말한다; 우리는 우리가 절대 아무것도 얻을 게 없는 것들 (예컨대 다른 누군가의 예술) 속에서 아름다움을 발견한다. 우리는 모든 사람이 그것을 그런 방식으로 보아야 한다고 — 사람이 도덕적이어야 하는 방식과 유사한 방식으로 보아야 한다고 — 생각한다는 점에서, 아름다움은 또한 보편적인 것처럼 보일 수 있다. 요컨대 미학적 사고는 윤리적 사고의 주장들과 비슷하게 자기이익과 무관한 보편적 주장들을 한다.

선함을 밝힘

미학과 윤리학 사이의 관계는 선함을 표상하는 예술에 국한되지 않는다. 자연의 미학적 속성도 도덕적 의의를 가진다고 생각되어왔다. 고대 피타고라스학파 사람들은 자연 세계의 다양한 구조물들 사이에는 음악적이거나 적어도 조화로운 관계들(*harmonia*)이 있으며, 좋은 삶을 성취하는 것은 말하자면 소우주를 대우주에 일치시키면서 어떤 사람 자신의 영혼(*psychē*) 안에서 그 관계들을 모사(模寫)하는 것이라고 믿었다. 자기 나름의 방식으로 플라톤은 이 점에 있어서 그들을 따랐다. 이후에 블레이크(William Blake: 1757~1827)와 워즈워스(William Wordsworth: 1770~1850) 같은 낭만주의 사상가들은 도시 산업사회의 타락으로 고통 받는 사람들을 위한 도덕적 회복의 원천뿐만 아니라 심오한 정신적 혹은 종교적 선함과 아름다움의 표현을 자연의 아름다움에서 찾았다.

교훈적 예술

예술의 도덕적 측면에 관하여 가장 널리 보급된 견해는 아마도 그것이 인간의 도덕 감정을 계발하는 데 도움이 될 수 있다는 견해일 것이다. 예컨대 아리스토텔레스의 『시학』(*Poetics*)은 비극의 강렬하고 중대한 효과들에 대하여 말한다. 어떤 사람이 고대 그리스의 유적 주변을 걸을 때, 그 사람은 극장들의 중요한 위치에 깊은 인상을 받을 것이다. 델피의 거대한 신전 바로 위에 극장이 있다. 디오니소스의 극장은 아테네 광장의 바닥에 아늑하게 자리 잡고 있다. 그 이유는 고대 그리스인과 그들의 뒤를 이은 많은 사람들에게 예술은 단순히 도덕의 전람(展覽)을 제공할 뿐만 아니라 그 안에 있는 교훈과 도덕적 삶의 특징에 대하여 숙고할 장소를 제공하기 때문이다.

그 교훈의 일부는 우리의 느낌, 감정, 공감, 애정의 함양을 포함한다. 심미적 경험은 사람들로 하여금 전쟁, 범죄, 학대, 악덕의 피해자들과 공감할 수 있도록 도와준다. 그것은 동정심, 도덕적 분노, 연민, 자존심, 헌신, 감탄, 존경을 함양할 수 있다. 그것은 성품을 높이고 의기를 왕성하게 할 수 있다. 예컨대 피카소의 그림 「게르니카」(Guernica), 워싱턴 소재의 베트남 참전용사 기념비, 쇤베르크(Arnold Schoenberg)의 「바르샤바의 생존자」(A Survivor from Warsaw, 작품번호 46), 그리고 파리의 개선문을 생각해보라.

그러나 모두가 예술이 우리를 더 좋은 사람으로 만들어준다는 데 동의하는 것은 아니다. 플라톤은 대화편 『이온』(*Ion*)에서 예술은 타락할 가능성이 더 높다고 주장했다. 설령 심미적 경험이 도덕적 이해에 긍정적 기여를 할 수 있더라도, 우리는 여전히 그것이 다른 것으론 불가능한 방식으로 우리에게 도덕적 통찰이나 인식이나 숙고나 교훈을 제공할 것인지를 물을 수 있다. 그것은 이런 물음을 제기한다: 어떤 윤리적 문제에 직면했을 때, 이론에 의지하는 것이 나은가? 아니면 시(詩)에 의지하는 것이 나은가?

참조

—1.11 조화

—2.11 완전주의

—3.6 인지주의/비인지주의

참고문헌

Jerrold Levinson, ed., *Aesthetics and Ethics: Essays at the Intersection*, new edition (Cambridge: Cambridge University Press, 2001)

*José Louis Bermúdez and Sebastian Gardner, eds., *Art and Morality* (New York: Routledge, 2003)

Noell Caroll, "Art and the Moral Realm," in *The Blackwell Guide to Aesthetics*, edited by Peter Kivy (Malden, MA: Blackwell, 2004), 126~51

1.2 행위 Agency

만약 지진의 결과로 절벽 표면에서 큰 돌이 떨어져 아래에 있던 불운한 등반가를 죽인다면, 그 큰 돌이나 지구가 그녀의 죽음에 대해 도덕적으로 책임이 있다고 주장하는 것은 말이 되지 않을 것이다. 그러나 만약 어떤 성난 지인(知人)이 개인적 원한을 갚기 위해 그 등반가를 죽이려는 목적으로 바위를 움직였다면, 사정이 다를 것이다. 왜 그런가?

두 죽음 사이의 주된 차이들 중 하나는 첫 번째와 달리 두 번째 죽음은 "행위"를 수반한다는 것이다. 이 차이는 중대한 차이며, 행위는 흔히 도덕적 책임의 필요조건 혹은 요건으로 생각되기 때문이다. 간단히 말해서 어떤 것이 어떤 사건에 대하여 도덕적 책임이 있다고 주장하려면, 그 어떤 것은 행위자(agent)여야 한다. 성난 동료는 행위자지만 (물론 지구가 어떤 살아 있는 의식적 존재가 아니라고 가정한다면) 지구는 행위자가 아니다. 이것은 충분히 명백하다고 보이나, 정확히 행위는 무엇이며 왜 그것이 중요한가?

많은 사람들에게 행위는 자유의 행사이다. 보통 자유는 다른 방식으로, 혹은 어떤 사람이 현재 행하고 있거나 과거에 행했던 방식과 반대되는 방식으로, 행동할 능력을 요구한다고 생각된다. 이런 관점을 취하는 많은 사람들에게는, 책임이 있다는 것은 어떤 사람이 욕망과 자연적 원인의 사슬로부터 독립하여 행동할 수 있는 "자유의지"를 가지고 있다는 것을 뜻한다. 물론 자유를 이렇게 생각하지 않는 철학자들도 많다. 그럼에도 대부분의 비판가들은 외적인 강제나 강압이나 정신적 결함이 없는 상황에서 자신의 자아나 성품으로부터 인과적으로 기인하는 행동들에 대하여 그 용어를 사용하는 것을 허용한다. (이 철학자들을 "양립주의자들"이라고 부른다.)

행위의 조건

아리스토텔레스(Aristotle: 기원전 384~322)를 따르는 사상가들에게는, 행위란 어떤 사람이 자신이 무엇을 행하고 있는지, 그 사건과 관련된 사실들이 무엇인지, 그리고 자신이 선택한 행동방침의 가능한 결과를 예견할 수 있을 만큼 세계의 인과적 질서가 어떻게 작용하는지에 대해 이해할 것을 요구한다.

또한 행위자는 어느 정도의 자기이해를 — 말하자면 자기정체성, 자신이 누구이며 무엇인지, 자신의 성품과 정서적 구조가 어떠한지, 자신이 무엇을 할 수 있으며 할 수 없는지에 대한 지식을 — 가지는 것이 중요하다. 자기인식은 중요하다. 왜냐하면 자신이 무엇을 하는지에 대해 모르는 — 예컨대 잠들어 있거나 뜻하지 않은 발작을 일으키는 —

사람을 자유로운 행위자라고 생각하는 것은 보통 말이 되지 않기 때문이다. 그러나 무의식적 행동의 원인이 된 장애들이 자기 자신의 자유로운 선택의 결과라면, 이런 종류의 행동 중 일부는 행위의 결과라고 말할 수도 있다. 예컨대 무슨 일이 벌어질지를 충분히 잘 알고 있으면서도 비행기를 조종하면서 자발적으로 술에 취한 사람을 생각해보자; 부주의로, 즉 뒷창문을 돌아보는 것이 귀찮아서 자기 자동차 뒤에 어린아이가 서 있는지도 모르고 자동차를 움직인 사람을 생각해보자.

칸트에게는 판단을 내릴 능력은 행위에 결정적이다. 칸트의 『실천이성 비판』(*Critique of Practical Reason*, 1788)에서, 중요한 것은 어떤 사람이 욕망이나 두려움에 기초해서가 아니라 순수하게 이성이나 일정한 종류의 합리적 원칙(정언명령)에 기초하여 이기적이지 않게 행동한다는 것이다. 칸트에게는 오직 이런 종류의 합리적 행동만이 진정한 도덕적 행동의 지격을 가진다. 왜냐하면 욕망에 기초하여 좋은 행동을 하는 것은 결국 욕망을 채우기 위하여 다른 식으로 행동하는 것과 같은 것이 되기 때문이다. 욕망과 두려움은 단순히 우리의 통제를 넘어선 자연적이고 사회적인 원인들의 결과를 우리에게 가져온다. 칸트에 따르면, 오직 이성에 기초하여 행동할 경우에만 우리는 자율적(autonomous)이다 — 즉, 도덕적 행동의 법칙을 스스로 입법하는 자치적 존재들이다.

행위의 다른 조건

그러나 어쩌면 느낌과 욕망을 무관하다고 간주하는 것은 잘못일 수도 있다. 사실 도덕적 행위는 다른 사람들과 공감하고 그들의 고통에 대해 슬퍼하고 다른 사람에게 해를 끼치거나 비도덕적으로 행동한 다음 후회나 가책을 느낄 수 있는 능력을 요구한다고 이해되어야 하지 않을까? 합리적으로 행동하고 모든 관련 정보를 가지고 있지만 내적인 정서적 삶을 전혀 가지지 않은 로봇을 도덕적 혹은 자유로운 행위자로 간주하는 것이 말이 되는가? 이 물음에 대한 답이 무엇인지는 명확하지 않다. 예컨대 「스타트렉」(Star Trek)의 미스터 스팍은, 비록 그가 비도덕적 행동들을 비난하는 유일한 이유가 그것들이 비논리적이기 때문이지만, 도덕적 행위자처럼 보였다.

이와 유사하게 도덕적 행위가 가능하려면 올바른 사회적 조건이 마련되어 있어야 한다고 생각할 수도 있다. 공공질서와 안전, 충분한 생존수단, 정보와 통신수단의 이용, 교육, 언론의 자유, 열린 정부가 없이 사람들이 진정 효과적인 행동을 할 수 있는 도덕적 행위자가 될 수 있을까? 그러나 이것도 전혀 분명하지 않다. 문명사회가 무너질 때 부도덕 혹은 무도덕이 일어나는 것은 당연한 것으로 보이나, 사회의 뒷받침과 제약 없이는 행위가 전혀 불가능하다고 결론내리는 것도 지나친 비관으로 보인다.

행위자의 유형

기업이나 국가나 군중이나 사회계급 같은 것들을 행위자라고 생각하는 것은 이상하다고 보일 수도 있다. 그러나 그 쟁점은 흔히 우리가 집단적 책임을 부과하는 판단을 내려야 하는가 하는 물음에 대한 의견들에서 발생한다. 사람들은 분명 독일 국민의 죄를 이야기하며 모든 독일인이 1차 세계대전 이후의 전쟁 배상금 마련에 기여해야 한다고 요구했다. 참된 민주주의 국가의 정부가 전쟁에 돌입할 때 그 국가의 정책은 어떤 의미에서 "국민의 의지"를 표현하기 때문에, 그 국가는 마치 일종의 단일한 행위자처럼 행동한다고 충분히 논할 수 있다. 물론 사람들은 지배 계급, 기업, 가족, 부족, 민족 집단의 책임에 대해서도 이야기한다. 인간의 삶은 집단, 기관, 조직, 기타 사회적 무리로 이루어져 있기 때문에, 행위는 때로는 분산될 수 있거나 적어도 돌이킬 수 없을 정도로 불명확하다고 보일 수 있다. 프리모 레비(『주기율표』[*The Periodic Table*], 1975)와 클라우디아 카드(『잔학행위의 패러다임』[*The Atrocity Paradigm*], 2002) 같은 사상가들이 명명한 것처럼, 이런 "회색지대"(gray zones)가 성행위 및 정치활동 같은 영역에서 행위를 결정하는 것을 대단히 어렵게 만든다.

어떻게 우리가 집단을 행위자로 말하는지를 이해하는 데에는 세 가지 방식이 있다. 하나는 그것은 그저 잘못된 생각이며 집단은 행위자가 될 수 없다는 것이다. 두 번째는 집단은 약간은 선택적인 의미에서, 어쩌면 은유적인 의미에서 행위자라는 것이다 — 그것은 실제 행위자와 비슷하지만 완전히 같은 것은 아니라는 것이다. 세 번째는 집단은 개인과 마찬가지로 행위자이며, 그것은 어쩌면 많은 사람들이 생각하는 만큼 그렇게 독자적이거나 밀착되어 있거나 통합되어 있는 것은 아니라는 것이다.

참조

—1.4 자율성

—2.13 합리주의

—3.21 노년석 내상/도덕적 행위자

—5.1 아크라시아

—5.7 자유의지와 결정론

참고문헌

Aristotle, *Nicomachean Ethics*, edited by Sarah Broadie (Oxford: Oxford University Press, 2002), Book III

Alfred R. Mele, *Autonomous Agents: From Self-Control to Autonomy* (Oxford: Oxford University Press, 1995)

*Sandra Bartky, "Agency: What's the Trouble?" in her *Sympathy, Solidarity, and Other Essays* (Lanham, MD: Rowman & Littlefield, 2002)

1.3 권위 Authority

> 아말렉 사람들이 이스라엘에게 한 짓, 즉 이집트에서 올라오는 이스라엘을 공격한 그 일 때문에 나는 그들에게 벌을 내리기로 하였다. 그러니 너는 당장에 가서 아말렉을 치고 그 재산을 사정 보지 말고 모조리 없애라. 남자와 여자, 아이와 젖먹이, 소떼와 양떼, 낙타와 나귀 할 것 없이 모조리 죽여야 한다. (「사무엘서 상」 15장 2~3절)

이것은 정말 간담이 서늘해지는 명령이다. 그러나 사울과 이스라엘인들은 그것에 복종할 매우 정당한 이유가 있었다: 그 명령은 신으로부터 나왔다. 분명 신은 무엇이든, 심지어 대량학살과 전면전을 명령할 권위를 가지고 있다. 그렇지 않은가?

확실히 권위적 인물을 인식하는 것이 도덕적 발달에서 중요하다는 주장은 그럴듯하게 들린다. 프로이트(Sigmund Freud: 1856~1939)가 주장한 것처럼, 우리 모두는 우리에게 여러 가지 일을 하라고 하거나 하지 말라고 명령하는 어떤 보호자의 권위 아래에서 우리의 인생을 시작한다. 나이가 들면서 우리는 — 각각 그것의 명령에 복종을 요구하는 — 정부, 교사, 전통, 관습, 종교, 사회집단, 심지어 양심의 권위와 마주친다. 이 모든 것이 제시하는 것처럼 보이는 바는 그러므로 행동은 그것이 적당한 권위에 의하여 명령되거나 금지될 때에 도덕적으로 옳거나 그르다는 것이다.

그러나 단지 권위에 입각하여 윤리를 세우는 것은 심히 문제가 있다. 어떻게 우리는 권위와 무관한 것에 의지하지 않고 경합하는 권위들 가운데서 어느 하나로 결정할 수 있을까? 그리고 권위가 옳고 그름을 결정한다면, 과연 누가 권위를 비판하거나 반대할 수 있을까? 그러므로 권위에 입각하여 윤리를 세우려면, 실제로 정당한 권위들이 있음을 증명하고 그것들이 명령하는 바가 무엇인지를 생각해낼 필요가 있다. 논리학자들은 부적절하거나 보증되지 않은 권위를 통하여 어떤 주장을 정당화하는 잘못에 대하여 명칭을 부여한다 — 권위에 호소하는 논증의 오류(*argumentum ad verecundiam*). 이런 형태의 오류를 피하는 것은 보기보다 어렵다.

신(神)

사람들이 호소하는 가장 일반적인 도덕적 권위들 중 하나는 신이다. 이런 호소의 일부 형태들은 "주의주의"(*voluntarism*)라는 제목으로 모아지며, 그것들은 신의 "의지"(*voluntas*)에 입각하여 도덕을 세운다. 그러나 이 전략은 두 가지 문제에 직면한다. 첫째는 어떻게 우리가 이런 신명(神命)들이 무엇인지를 알 수 있는가! 하는 것이다. 어떤 사람들은 모세와 마호메트에게 그랬던 것처럼 그것들이 계시를 통하여 파악된다고 주장한다. 다른 사람들은 그것들을 자연 질서 속에서 분명히 알 수 있다는 아퀴나스(Thomas Aquinas, 1224~74)와 그로티우스(Hugo Grotius: 1583~1645) 같은 자연법 이론가들과 자연신교 신봉자들이 발전시킨 입장을 주장한다.

여기서 문제점은 사람들이 이런 방법으로 신이나 다른 신성한 존재들이 의지하는 바에 대해 매우 상이한 해석에 도달하는 것으로 보인다는 점이다. 예컨대 「사무엘서」는 다양한 해석의 여지가 있다; 그리고 무신론자들은 차치하고라도, 계시의 정통성을 인정하는 사람들 가운데서도 모두가 아브라함 경전의 권위를 받아들이거나 받아들이리라고 기대할 수 없다. 심지어 진리를 결정하기 위한 동일한 방법을 채택했음에도 주어진 논제에 대해 합리적인 사람들 사이의 합의를 획득할 길이 없다면, 그것에 대해 무언가를 알 수 있다는 말이 의미가 있을까? 어쨌든 신의 의지를 안다는 주장을 옹호하는 것은 확실히 매우 어렵다.

두 번째 문제는 왜 신이 하나의 권위로 인정되어야 하는가 하는 물음과 관련되어 있다. 이것은 이상한 물음처럼 들릴 수 있으나, 플라톤(Plato: 기원전 427~347)의 유명한 대화편 『에우티프론』(*Euthyphro*)에서 전개된 탐구방향을 살펴보자. 소크라테스는 아브라함 일신론의 관점에서 다음과 같은 딜레마를 제기한다: 신은 도덕적으로 옳기 때문에 어떤 행동을 명령하는 것인가, 아니면 신이 명령하기 때문에 그 행동이 도덕적으로 옳은 것이 되는가? 만약 전자가 답이라면, 신 이외의 어떤 것이 신명들의 권위를 세운다. 그러나 후자가 답이라면, 신의 권위와 도덕적 선함은 변덕스럽거나 제멋대로인 힘의 행사로부터 나온 것처럼 보인다.

사회, 전통, 국가

물론 신이 도덕적 문제에서 사람들이 호소하는 유일한 권위는 아니다. 많은 다른 철학자들은 사회의 권위에 입각하여 도덕을 세운다. 사회적 상대주의자들은 사회적 협정과 동의의 권위는 어떤 사회에서든 도덕적인 것과 부도덕한 것을 결정한다고 주장한다. 사회적 동의와 협정이 가변적이고 서로 다르고 변화하는 것처럼, 사회들은 서로 다르고 변화하는 도덕들을 정당하다고 인정할 수 있고 그렇게 한다. 게다가 협정과 동의가 그것들을 산출한 사회의 질서에 국한되고 사회의 질서는 크게 서로 다른 만큼, 여러 사회를 관통하는 공통적인 도덕적 기반은 없을 수 있다.

전통의 권위의 중요성에 대한 고찰은 도덕규범에 대한 설명뿐만 아니라 그것에 대한 비판적 이론도 활기를 띠게 한다. 예컨대 오크쇼트(Michael Oakeshott: 1901~90)와 버크(Edmund Burke: 1729~97) 같은 보수적 사상가들은 도덕규범을 결정함에 있어서 전통의 권위를 강조하며 전통과 무관하게 작용한다고 그럴듯하게 주장되는 추정적인 보편적 합리성에 도덕을 기초하려는 사상가들을 비판한다. 그리고 실제로 과학뿐만 아니라 다른 영역에서도 이성적 추론의 절차는 특히 근대에 와서 사람들이 무엇을 믿어야 하고 믿지 않아야 하는지를 결정함에 있어서 독립성·보편성·탁월성을 주장해왔다. (이성의 요구들을 권위의 명령들이라고 부르는 것이 합당하지 않을까?)

국가 권위는 신성한 권리, 자연, 전통, 정복에 호소하여 여러 가지 방식으로 정당화되어왔다. 근대 철학자들은 특히 국가 권위를 정당화하려는 시도의 중심을, 순전히 실천적이거나 공리주의적인 쟁점들에 호소함과 아울러, 피지배자들의 동의에 두려고 했다. 근대 자유주의적 이론가들에게는 "국민의 의지"는 적어도 정치적 문제들에선 궁극적 권위이다.

그러나 이런 사고방식들은 부도덕함에 대한 비판적 저항을 저해시키거나 무관심한 묵종으로 이어질 수 있다. 만약 사회가 무엇이 옳고 그른지를 규정한다면, 사회에서 통용되는 규범에 반하는 도덕적 입장을 취하는 것은 금지될 것이다. 예컨대 미국 민권운동에서 마틴 루터 킹 2세와 다른 사람들은 어떤 근거에서 인종 분리와 차별에 대해 도덕적 비판을 가할 수 있었을까? 만약 우리가 국가는 그 권위를 국민의 동의로부터 끌어낸다는 사실을 인정한다면, 어느 누가 노예제도와 여성 억압과 홀로코스트 같은 것을 정당하다고 인정한 민주주의적 다수를 비판할 수 있을까? 올바른 민주주의 이론은 최소한 전체적인 동의에 의거한 정부와 미숙한 다수결주의를 구분할 필요가 있어 보인다. 『자유론』(*On Liberty*, 1859)에서 밀(John Stuart Mill : 1806~73)은 바로 그런 구분을 수행했다.

(적어도 『국가』[*Republic*]에서 플라톤이 묘사한 바로는) 고대 소피스트라 할 수 있는 트라시마코스(Thrasymachus)와 19세기 독일 사상가 니체(Friedrich Nietzsche : 1844~1900)와 프랑스 탈구조주의자 푸코(Michel Foucault : 1926~84)는 모두 자신의 권력을 확립할 수 있는 사람들은 도덕규범에 권위를 부여한다고 주장한다. 말하자면 어떤 특정 집합의 도덕규범들은 어떤 사람이 다른 사람에게 행사하는 권력의 표현이다. 한편으로 이런 입장은 무도덕적이고 도덕에 대한 냉소적인 거부처럼 보인다. 다른 한편으로 그것은 어쩌면 사람들을 다른 사람들의 학대와 착취와 억압으로부터 해방시키기 위한 비판적 도구를 제공할 것이다. 아마도 권력의 일부 형태들은 다른 형태들보다 선호될 것이다.

어느 지점에서 이 쟁점에 착수하든, 사람들은 어떤 권위가 그들에게 뭔가를 하라고 명령한다면 온갖 무서운 일을 행하리라는 것을 기억하는 것이 중요하다. 심리학자 스탠리 밀그램(Stanley Milgram)은 1961~1962년에 불온한 실험을 수행했다. 이 실험에서 평범한 사람들이 사실 전혀 모르는 사람들에게 기꺼이 위험한 전기충격을 가하려 한다는 것이 밝혀졌다 — 단지 하얀 실험실 외투를 입은 권위적 인물이 그들에게 그렇게 하라고 명령했기 때문이었다. 만약 우리가 권위에 복종하려 한다면, 우리는 그것이 복종할만한 가치가 있는지에 대하여 확인해야 할 필요가 있다.

참조

—1.15 자연법

—2.6 신의 명령

—5.11 힘

참고문헌

John Austin, *Lectures on Jurisprudence*, or *The Philosophy of Positive Law* [1873, 4th revised edition 1879] (Bristol: Thoemmes Press, 2002)

Michel Foucault, *Discipline and Punish: The Birth of the Prison* [1975] (New York: Pantheon books, 1977)

*Joseph Raz, ed., *Authority* (New York: New York University Press, 1991)

1.4 자율성 Autonomy

"생전유언"(living wills)이나 "사전지시"(advance directives)의 합법성은 현재 뜨거운 논쟁을 일으키는 사회적·도덕적 쟁점이다. 사람이 병과 상해로 자기가 원하는 바를 표현할 수 없을 경우에 대비하여 미리 자신의 선호를 표현함으로써, 이 흥미로운 문서는 의사가 개인을 다른 사람들이 최선이라고 생각하는 대로가 아니라 바로 그들이 원하는 대로 치료해줄 것을 보증한다. 뇌손상을 입은 미국 여성 테리 쉬아보(Terri Schiavo)의 남편과 부모는 그녀가 바랐던 바에 대한 선풍적이고 고통스러운 법률적 논쟁에 빠지게 되었는데, 2005년에 발생한 이 사례는 사람들이 생전유언을 작성하는 이유를 매우 잘 예증한다.

환자의 옹호자들은 인간이 도덕적으로 행동할 능력의 가장 중요한 토대들 중의 하나는 선택을 하고 그 선택에 따라 행동할 능력만이 아니라 자기 자신을 위하여 선택하는 능력, 즉 자기 삶의 창조자가 되는 능력이라고 주장한다. 이러한 역량은 "자율성"이라고 말해진다. 그러나 자율적이라는 것은 무엇을 뜻하는가?

자율성은 최소한 강요가 없음을 요구한다. 만약 누군가가 어떤 내적인 혹은 외적인 힘에 의하여 옳게 행동하도록 — 현금이 꽉 찬 분실된 지갑을 돌려주도록 — 강제를 당한다면, 그 행동은 자율적이지 않다. 그래서 설령 그 행동이 도덕적으로 올바르더라도, 강요되었기 때문에 그것은 별로 칭찬을 받을만한 가치가 없다.

칸트 같은 철학자들에게는 이것이 바로 참된 도덕적 행동을 위하여 자율성이 요구되는 이유이다. 『실천 이성 비판』 및 기타 저술들에서 칸트는 우리의 욕망이나 이익과 무관하게 자율적으로 행동할 수 있는 것은 사람들이 순수하게 그들에게 저절로 주어지는 합리적 원칙들에 근거하여 행동할 수 있기 때문이라고 논한다. 실제로 "자율적"(autonomous)이라는 낱말은 자아(*auto*)와 법(*nomos*)을 뜻하는 그리스어에서 유래하며, 문자 그대로 자기입법(self-legislating), 즉 자신의 자아에게 법을 부여하는 것을 뜻한다. 대조적으로 외적인 혹은 내적인 강제를 통하여 행한 행동은 "타율적"이다(다른 어떤 것 혹은 "다른 사람"에 의하여 법이 주어진다). 이 점에서 자율성은 보통 자연의 인과적 질서와 독립적으로 행동하는 것이라고 정의되는 형이상학적 자유를 전제하면서도 그것과는 다르다. 정치적 자유는 물론 사람과 인과체계 사이의 관계와는 무관하며, 사람과 정부 사이의 관계 그리고 사람들 사이의 관계에 관련되어 있다. 그러나 정치적 자유에 대한 이론들도 자율성 개념에 의존한다.

정치

자율성 개념은 정치적으로 중요하다. 왜냐하면 우리의 정치적 관념들은 흔히 국민이 무엇이며 그들이 무엇을 할 수 있고 무엇을 할 수 없는가에 대한 관념들과 엮여 있기 때문이다. 국민은 자기입법, 즉 자기규제의 행동을 할 수 없거나 거의 그럴 능력이 없다고 생각하는 사람들은 사람이 스스로를 다스릴 수 있다고 생각할 가능성이 없다.

그러나 자유주의적 민주주의 이론은 그러한 능력에 의존한다. 자유주의적 민주주의 국가에서 정부의 권위는 그 정당성을 피통치자들의 동의에서 끌어낸다. 선거 및 의원선출 제도를 통하여 민주주의 국가의 국민은 스스로에게 법을 부여한다. 자유주의적 민주주의 국가는 또한 국민이 자율적이고 효과적으로 행동할 능력을 보장하기 위하여 (출판의 자유 같은) 일정한 제도들을 개발하고 (사생활권 및 재산권 같은) 정치권과 시민권을 보호하도록 만들어진다. 이러한 식으로 자유주의적 민주주의자들은 자율성을 인간의 본질적인 능력으로서만이 아니라 정치적 성취와 인간 행복의 중요한 요소로 인식한다.

그러므로 자유주의적 민주주의의 합법성은 인간은 우리가 믿는 것처럼 참된 자율적 행위자가 아니라는 주장에 의해 위협을 받는다. 게다가 기꺼이 이런 견해를 주장하려는 사람들은 적지 않다. 많은 비판가들은 사람은 사실 자신의 정념, 자신의 가족, 자신의 사회, 관습, 관례, 전통, 그리고 특권, 착취, 내면화된 억압을 포함하는 억압의 구조로부터 자유롭게 행동할 수 없다고 주장한다. 어떤 사람들은 자유주의적 민주주의자들이 기술하는 성질의 자율성은 유럽과 북미의 부유한 백인 남성들의 공상이라고 — 혹은 더 심하게 말해서, 그들이 다른 사람들에게 주지 않기 때문에 그들만이 향유하게 되는 하나의 특권이라고 — 주장한다. 더 나아가 다른 비판가들은 그 개념을 지배 계급이 착취적 제도에 대하여 노동자들을 속이려는 미혹(迷惑)의 이데올로기라고 간주한다.

의료윤리

그러나 자율성 개념은 의학에서 더욱더 중요해졌다. 많은 의료윤리학자들은 인간은 자율적이므로 어떤 중재시술이나 치료에 대하여 환자가 충분한 정보에 근거한 동의(informed consent)를 하지 않은 경우에는 — (예컨대 아마도 정신적 질병으로 인하여) 그들이 충분한 정보에 근거한 선택을 내릴 역량이 없지 않은 한에는 — 그들에게 어떠한 의학적 치료도 가해서는 안 된다고 유력하게 주장했다. 말하자면 환자

들은: (1) 그들에게 무엇이 행해질 것이며 어떤 위험이 수반되며 어떤 결과가 일어날 수 있는지를 이해해야 한다; 그리고 (2) 그런 이해에 비추어 치료에 동의해야 한다. 의사들이 자신에게 무엇이 최선인지를 스스로 결정할 수 있다고 인정해야 할 어떤 성인에게 충분한 정보에 근거한 동의를 받지 않고 그 사람을 대신하여 무엇이 최선인지를 결정해 준다면, 그들은 온정적 간섭주의적이고 침해적이고 무례하게 행동한다고 말해진다.

그러나 자율성 존중의 요구에 관련된 문제들은 정확히 어떤 경우에 환자가 제대로 충분한 정보를 제공받았다고 하는가 하는 물음뿐만 아니라 어떤 경우에 환자가 무능력하다고 하는가를 결정하려는 시도에서도 일어난다. 도대체 얼마나 많은 정신적 장애가 너무 많은 것인가; 도대체 얼마나 많은 정보가 충분한 것인가? 생전유언은 적어도 이 문제들 중의 일부를 회피하기 위한 하나의 방편으로 의도된 것이다.

참조

—1.2 행위

—2.4 의무론적 윤리학

—4.18 보편화가능성

참고문헌

Gerald Dworkin, *The Theory and Practice of Autonomy* (Cambridge: Cambridge University Press, 1988)

Catriona Mackenzie and Natalie Stoljar, eds., *Relational Autonomy: Feminist Perspectives on Autonomy, Agency, and the Social Self* (New York:

Oxford University Press, 2000)

* "Autonomy," special issue of *Social Philosophy & Policy* 20.2 (2003)

1.5 배려 Care

빅토르 위고(Victor Hugo)의 『레미제라블』(*Les Misérables*, 1862)에서, 주인공 장발장은 자신의 굶주린 누이와 그녀의 일곱 자녀들을 먹이기 위하여 빵 한 덩어리를 훔친 죄로 감옥에 보내진다. 장발장은 나쁜 사람이 아니나, 그는 가난에 휩싸인 자기 가족들을 보살필 필요가 일용품의 구매에 관련된 어떤 일정한 도덕법들에 따를 의무보다 더 절박하다고 생각했다. 이런 결정을 내리면서 위고의 등장인물은 "배려윤리"(ethics of care)라고 불리는 것을 옹호하는 최근 도덕 사상가들의 주장을 미리 보여준다.

배려 대 정의

배려윤리라는 개념은 심리학자 캐럴 길리건(Carol Gilligan: 1936~)이 자신이 연구조교로 일했던 로렌스 콜버그(Lawrence Kohlberg)가 제시한 도덕발달 이론에 대해 의문을 제기하기 시작하면서 생겨났다. 길리건은 콜버그의 이론이 두 가지 방식에서 결함이 있다는 결론을 내렸다: (1) 그것은 오직 소년들의 행태에만 근거하고 있다; (2) 길리건이 느끼기에 그것은 소녀들 사이에서는 일반적인 형태의 도덕적 숙고를 열등하다고 간주했다. 길리건은 배려의 관계를 통하여 나타나는 특이한 헤아림들이 소녀들의 도덕적 숙고 방식에 중심적이라는 것을 발견했다. 대조적으로 소년들은 무엇을 해야 할지를 결정함에 있어서 흔히 일반적인 규칙, 원칙, 의무, 권리에 — 그녀의 명칭으로 "정의"에 — 호소하는 것처럼 보였다.

길리건은 소녀들의 (더 넓혀서 여성들의) 도덕적 숙고 방식은 열등하다고 생각되지 않으며 그렇게 생각되어선 안 된다고 주장했다. 대신에 여성들과 소녀들의 숙고 방식은 단순히 소년들과 (또한 남성들과) 다르다고 (그리고 그보다 우월하다고) 생각되어야 한다. 이런 결론은 길리건의 1982년 저서 『다른 목소리로: 심리학적 이론과 여성의 발달』(*In a Different Voice: Psychological Theory and Women's Development*)에 출판되었으며, 이것은 배려윤리에 중심적이며 "차이 여성주의"(difference feminism)에 이론적 무게를 실어준 글이다.

차이 여성주의는 일반적으로 남성과 여성 사이에는 본질적 차이들이 있다고 주장한다. 이런 차이들의 관점에서 그것은 성별들 간의 단순한 평등을 세우기보다는 여성에게 특징적으로 나타나는 속성들에 대한 이해와 인식을 증진하려고 한다. (차이를 정하기보다는 평등을 추구하는 것은 많은 사람들이 "평등 여성주의" 혹은 "평등권 여성주의"라고 부르는 것을 의미한다.)

배려윤리학자들은 윤리적 결정은 규칙과 원칙에 따라 사태를 결정하는 것과는 다른 방식으로 배려를 통하여 일어난다고 주장한다; 그리고 그들은 배려를 그저 또 하나의 덕목이 아니라 윤리적 반성 자체의 원리라고 생각한다. 이런 이유로 배려 사상가들은 다른 윤리학자들이 종종 의존하는 추상적인 (그리고 어쩌면 어리석은) 가상적 사례들을 별로 사용하지 않는다. 자원배분이나 건강관리나 처벌에 관한 결정들은, 막연히 "어떤 사람"(즉 어떤 추상적인 사람)이 가상적 동굴에 갇히거나 어떤 가상적 음식도 없이 어떤 가상적 구명정에 떨어져 있는 경우, 혹은 막연히 "어떤 사람"이 잠에서 깨어 "어떤 사람의" 가상적 신체가 어떤 가상적 첼로연주가와 생명유지 장치로 연결되어 있음을 발견하는 경우, 그 "어떤 사람"은 어떻게 할 것인가를 숙고함에 의하여 해결될 수 없다. (이것들은 모두 저명한 윤리학자들이 실제로 사용했던 사례들이다.)

게다가 어떤 행동이 어떤 규칙이나 법이나 원칙이나 일련의 권리들을 위반하는지 위반하지 않는지를 보여주는 것은 그 행동이 옳은지 그른지 결정하는 데 충분치 않다. 대신에 배려윤리학자들에게는 윤리적 결정은 개별적인 배려 관계의 독특하고 상세한 특징으로부터 어느 정도 자연스럽게 흘러나오는 것이다. 예컨대 제인은 법이나 규칙이나 연역, 혹은 추상적이고 아마도 보편적인 사례에 호소하기보다는 직접 관련된 사람들과의 의논과 대화를 통해 아버지의 생명유지 장치를 유지할지에 대해 어떤 결정에 이를 수 있다. 제인의 친구인 아이샤와 제인의 가족들과 공동체는 다른 결론에 이를 수 있다. 장발장처럼 태풍 카트리나로 인하여 집을 잃거나 고립되거나 굶주리거나 목마르게 된 뉴올리언스 주민들이 음식과 물을 구하기 위하여 식품점을 약탈했을 때, 그들은 절도를 금하는 법적 원칙 및 기타 원칙들을 위반한 것이었을지 모른다; 그러나 배려와 동정의 눈으로 그들의 행위를 숙고한다면, 그들을 비난하기는 어렵다.

문제점

그러나 (1) 성 차이에 관한 주장들이 실제로 사실인지, 그리고 (2) 남성이 스스로 배려윤리를 채택할 수 있고 채택해야 하는지에 대해선 상당한 견해차가 있다. 사실 많은 남성은 배려윤리를 자신들의 도덕적 삶에 융합시켜 왔다고 주장하며, 노딩스(Nell Noddings)와 헬드(Virginia Held) 같은 여성주의 사상가들도 남성이 그렇게 하고 있음을 인정했다. 다른 사람들은 남성이 여성에게 가능한 배려의 방식으로 숙고할 능력이 있는지에 대해 의혹을 품고 있다.

배려윤리는 또한 양의 탈을 쓴 포악한 늑대라는 비판을 받아왔다. 말하자면 여성의 지위를 향상시키려는 취지를 갖고 있으면서도, 비판가들은 그것이 실제로는 여성을 본질적으로 돌보는 사람(caregiver)으로 규정하고 있다고 — 그리하여 수세기, 어쩌면 수천 년 동안 여성을 종속적이고 낮은 지위를 지키도록 조장했던 성역할(性役割), 억압적 토대, 분리된 활동영역, 표면에 나서지 않는 태도, 자기희생을 재연하고 있다고 — 주장했다.

또한 배려윤리가 상충하는 주장들과 결정들을 해소할 수 있는가 하는 의문이 제기된다. 서로를 그리고 어떤 제3자를 (아마도 그들의 자녀를) 배려하는 관계에 놓인 두 개인들이 (예컨대 두 레즈비언 부모가) — 예컨대 그 자녀가 어떤 위험한 의학적 중재시술을 받아야 할지에 대해 — 상반된 윤리적 결론에 이르게 되었음을 깨달았다고 가정하자. 그 충돌은 규칙과 원칙과 추상적 사례에 호소하지 않고 해소될 수 있을까?

아마도 최선의 윤리적 숙고는 배려와 정의를 모두 고려하는 것이다. 말하자면 그것들을 경쟁자들이라고 생각하기보다는, 그 두 접근방식들을 상호보완적이라고 간주해야 한다.

참조

—3.22 사려

—4.9 정의와 합법성

—4.15 성과 성별

참고문헌

*Rosemarie Tong, *Feminine and Feminist Ethics* (Belmont, CA: Wadsworth Publishing Co., 1993)

*Virginia Held, *Justice and Care: Essential Readings in Feminist Ethics* (Boulder, CO: Westview Press, 1995)

Daryl Koehn, *Rethinking Feminist Ethics: Care, Trust, and Empathy* (New York: Routledge, 1998)

1.6 성품 Character

타비타는 말이 없고 무례하고 초라하고 쓸쓸하다. 그녀는 사귐에 너무 서툴러서 친구가 별로 없다. 대조적으로 사만타는 붙임성 있고 쾌활하고 사교적이다. 그녀는 그녀의 따뜻함과 재치에 끌린 많은 친구들이 있다. 일반적으로 사만타가 "더 친절한" 사람처럼 보이겠지만 두 여자에 관한 어떤 다른 사실들은 그녀가 반드시 더 좋은 사람은 아니라는 것을 말해준다. 사만타는 자신의 친구들에게 친밀하게 대하며, 매일매일 그들에게 친절하다. 그것 외에는 그녀는 자신의 필요를 우선시하는 단순한 생활을 한다. 그녀는 특별히 관대한 것도 아니고 낯선 사람의 고난에 전혀 관심이 없다. 다른 한편으로 타비타는 좋은 동료는 아닐지라도 자신의 자유 시간을 다른 사람들의 복지에 바친다. 그녀는 사람들과 함께 일하는 것을 피하고 싫어하지만, 일주일에 12시간을 자원봉사 조직을 위해서 일하고 자기 수입의 15퍼센트를 좋은 목적으로 기부한다.

철학자 아이리스 머독(Iris Murdoch: 1919~99)은 『친절한 사람과 선한 사람』(*The Nice and The Good*, 1968)이라는 소설을 썼는데, 이것은 이 두 여자에 관한 인상적인 도덕적 관찰을 하고 있다. 제목 자체가 그 요점을 말해준다: 친절한 성품을 가짐과 진정한 도덕적 선함 사이에는 차이가 있다. 실로 "어떤 사람은 미소를 지을 수 있고 미소를 지으면서 악한일 수 있다"(『햄릿』[*Hamlet*] 1막 5장)는 것은 자명한 일이다.

그럼에도 성품의 사회적 기능이 도덕적 선함과 완전히 무관하다는 결론도 이상하게 들릴 것이다. 예컨대 아리스토텔레스는 좋은 성품(*ēthos*)을 배양하는 것은 우리의 도덕 발달에 불가결한 것이라고 생각했다. 인간은 모든 각 행동의 가능성이 우리에게 나타날 때 그것의 옳음과 그름에 대해 가만 앉아서 숙고만하지 않으며 그렇게 할 수도 없는 습관(*ethos*)의 동물들이다. 그것은 차라리 낫다: 수많은 상황들 속에서 정확한 판단을 내리는 것은 매우 어려운 일이며, 만약 사람들이 하나하나 개별적으로 어떻게 행동해야 할지를 결정해야 한다면 그들은 분명 많은 잘못을 저지를 것이다. 그러므로 유덕한 성품을 계발하는 것은 대단히 중요하며, 이는 좋은 행위를 하고 대체로 좋은 판단을 내리려 하는 성질의 사람이 됨을 뜻한다.

성품과 덕

좋은 성품은 어느 정도 지적인 목적의 좋은 의사결정을 내리기 위한 단지 하나의 수단처럼 보일 수도 있다. 그러나 아리스토텔레스에게는 그것은 그 이상이다. 좋은 성품을 얻음은 그 자체만으로도 한 개인의 행복과 복지에 중요하다. 아리스토텔레스에게는 선함은 대략 잘 사는 것, 즉 충족되고 완전해지고 만족되고 행복해지는 것이다. 오직 좋은 성품을 가진 사람만이 이를 얻을 수 있다. 왜냐하면 인간의 행복(*eudaimonia*)이라고 생각되는 것의 대부분을 구성하는 것은 바로 좋은 성품의 특성들이기 때문이다. 이런 관점에서 볼 때, 행복은 어떤 사람의 외적인 소유물들이나 환경보다는 내적인 성질에 관한 것이다. 그러므로 성품은 (a) 완전하고 행복한 인간이 됨에 있어서, 그리고 (b) 옳은 의사결정을 통찰하고 그런 의사결정을 내림에 있어서 결정적이다.

도덕적 성품이란 개념은 우리로 하여금 타비타의 성질과 사만타의 성질에 있는 모순들을 이해할 수 있게 해준다. 우선 겉보기와는 반대로 여러 가지 면에서 더 좋은 성품을 가진 사람은 타비타이다. 왜냐하면 다른 사람들을 생각하는 것이 그녀의 성품이기 때문이다. 사만타의 매력들은 보다 피상적이다.

그러나 그것이 이야기의 전부는 아니다. 분명히 타비타는 아리스토텔레스가 좋은 삶의 근본이라고 간주하는 충분히 계발된 성품적 덕목들 중 여러 가지를 갖고 있지 않다. 그녀는 사람들의 이익에 이바지하지만, 직접적 교류에서 사람들은 그녀가 불쾌하다고 여긴다. 게다가 그녀 자신의 삶은 그다지 번영한 삶이 아니다: 그렇게 되기에는 그녀는 너무 초라하고 고독하다. 전체적으로 사만타는 덜 유덕한 사람이지만, 그럼에도 그녀의 사교적 역량과 그것이 주는 쾌락은 진정 하나의 도덕적 덕목이다. 그렇다면 사만타와 타비타 각자는 바로 상대방이 가진 덕성들을 결여하는 셈이다. 그러나 아리스토텔레스의 의미에서 완벽하게 좋은 성품을 가진 사람은 양자의 덕들을 결합해야 한다.

참조

—1.10 번영

—1.20 공감

—2.16 덕윤리

참고문헌

*Thomas Aquinas, *Commentary on Aristotle's Nicomachean Ethics* [1271~2], edited by Ralph M. McInerny (Chicago: Dumb Ox Books, 1993)

Alasdair MacIntyre, *After Virtue* (Notre Dame, IN: University of Notre Dame Press, 1981)

Philippa Foot, *Moral Dilemmas* (Oxford: Oxford University Press, 2002)

1.7 양심 Conscience

영화나 만화에서 어떤 사람이 막 무언가 그릇된 일을 하려할 때, 때로는 작은 양심의 천사가 등장인물의 어깨에 나타나 그의 행동의 도덕적 중요성을 상기시키는 훈계의 말을 귀에 속삭여 그가 악행을 실행하기 전에 멈추게 한다. 그 의인(擬人)은 그저 귀여운 장치일 수도 있지만, 양심의 목소리라는 개념은 오랜 철학적 역사를 가진 개념이다.

어떤 것이 실제로 사실임을 판단하는 것은 어떤 행동을 행해선 안 됨을 판단하는 것과는 다르게 보인다. 첫 번째 종류의 판단은 "존재"에 대한 지식(고대 그리스인은 이를 에피스테메(*episteme*)라고 불렀다)으로부터 출발하여 이론적 지혜(소피아)에 이른다. 이와 대조적으로 두 번째 종류의 판단은 실천적 추론으로부터 나와서 "당위"에 대한 이해를 구성하며, 특정 상황에서 어떤 특정 행동을 수행해야 하는가 혹은 수행해선 안 되는가에 대한 이해를 구성한다. 그것은 프로네시스(*phronesis*)라고 하는 실천적 지혜에 이른다. 그렇다면 이런 고전적 설명에 의하면 인간의 추론은 "참인" 것뿐만 아니라 "선한" 것을 결정할 수 있는 능력을 갖고 있다. 어떻게 우리는 도덕적 진리에 대한 이런 이해를 성취할 수 있을까? 주어진 가장 중요한 대답들 중 하나는 이러했다: 양심을 통해서. 많은 사람들이 양심의 능력이 없다면 도덕적 추론은 가능하지 않을 것이라고 주장했다.

초기 논쟁들

"양심"이란 낱말은 라틴어 낱말 콘시엔치아(*conscientia*)로부터 나온 것이며, 이 낱말은 (a) 의식(consciousness)을 뜻하는 동시에 (b) 어떤 것이 도덕적으로 그르다는 내적인 의식인 양심을 뜻한다. 이 낱말의 구성요소들은 "더불어 앎"을 뜻하며, 여기서 그것은 거의 똑같은 뜻을 가진 아마 더 오래된 그리스어 낱말 쉬나이데시스(*syneidesis*)와 꽤 밀접하게 대응하는 것으로 보인다.

성 예로니모(St. Jerome: 420년 사망)의 「에스겔서」 1장 4~14절에 대한 해석은 (아마 오역을 통하여) 양심을 쉬나이데시스가 아니라 관련된 용어인 쉰데레시스(*synderesis*, 통찰)와 연결시킨 것으로 잘 알려져 있으며 악평이 자자하다. 예로니모를 좇아 중세 및 초기 근대 사상가들은 실천적 추론에서 쉰데레시스의 역할, 그것과 우리의 정신적 기능의 관계뿐만 아니라 그것과 양심의 관계를 결정하기 위하여 많은 시간을 소모했다.

예컨대 아퀴나스는 쉰데레시스를 단순히 우리가 선을 알게 해주는 지성의 활동으로 보았다(『신학대전』[*Summa Theologica*] 제1권, 제79문제, 제12~13항). 보나벤투라(Bonaventure: 1221~74)는 그것이 단순히 선을 알게 해주는 것보다는 더 많은 작용을 하며, 감정을 통해 우리가 선을 행하도록 약간 밀어주는 역할을 한다고 생각했다. 스코투스(Duns Scotus: 1270~1308)는 그것이 거의 같은 역할을 행하지만 감정보다는 의지를 통하여 그 역할을 행한다고 생각했다. 어떤 사람들은 쉰데레시스를 양심 자체가 아니라 양심을 일으키는 "불꽃" 같은 것으로 보게 되었다. 양심에 관한 다른 논쟁도 일어났다. 예컨대 그것이 잘못을 범할 수 있는지; 그것이 과연 우리에게 그저 무엇을 해선 안 될지가 아니라 무엇을 해야 될지를 말해줄 수 있는지; 그것이 일반적인 도덕 원칙들을 특정한 상황에 적용함에 있어서 어떤 역할을 하는지.

신의 목소리

많은 종교철학자들과 마찬가지로 조셉 버틀러(Joseph Butler: 1692~1752)는 여하튼 양심을 신의 도덕적 지침을 드러내는 것으로 간주했다; 신은 우리를 만들었고, 우리를 만들면서 신은 우리에게 도덕적 선함과 옳고 그름을 식별할 수 있는 능력을 주셨다. 그것을 (퀘이커 교도들이 그러듯이) "내면의 빛"이라 부르든 단순히 양심이라 부르든,

이 힘의 가장 두드러진 특징들 중 하나는 에덴동산에서의 타락에도 불구하고, 우리가 전에 어떤 종교적 가르침이나 성사(聖事)나 성서나 예언적 계시를 접했든 접하지 않았든, 우리는 그것을 가지고 있다는 것이다. 이 때문에 양심은 우리가 다른 사람들과 "더불어 아는" 무언가, 말하자면 도덕적 대화와 논쟁의 공통된 기초 혹은 공동 상소법원을 제공한다. 결정적으로 양심은 어떤 정해진 문화나 종교나 법률체제를 가진 사람들만이 아니라 모든 사람들에게, 그리고 (아마 더 넓게는) 모든 도덕적 (자연적이고 초자연적인) 존재들에게 하나의 공통된 기초를 제공한다.

현대의 양심

오늘날 우리는 학계 철학자들 사이에서 도덕적 "직관"에 대한 언급은 흔히 듣지만 양심에 대해서는 별로 들을 수 없다. 사실 많은 현대 철학자들에게는 어떤 도덕적 주장이 우리의 도덕적 직관과 불일치한다면 우리는 그것에 대해 의문을 제기할 충분한 이유를 갖는 셈이다. 따라서 이런 의미에서의 "직관"이란 어떤 면에서 예전에 통용되던 양심에의 호소의 현대적 잔존물 내지는 친족이다. 따라서 예컨대 임신중절, 전쟁, 안락사, 기업윤리 등에 대한 일련의 주장들을 평가함에 있어서, 사람들은 일종의 기준으로서 양심이나 직관에 호소할 수 있다.

양심 개념은 또한 심오한 도덕적 한계들을 표시하는 기능을 할 수 있다 — 말하자면 어떤 사람이 타협할 수 없는 한계점을 표시할 때 사용하는 개념으로 기능할 수 있다. 자신의 일탈에 대해 대답하기 위하여 1521년 보름스 회의(Diet of Worms)에 나타나서 마틴 루터가 했던 말은 양심을 이런 방식으로 사용한 사례를 제시한다. 자신의 고발자들에 대응하여, 루터는 최종적으로 "나 여기 있소. 나는 다른 아무것도 할 수 없소"라고 말한 것으로 전해진다. 유사하게 "양심적 병역거부자"들도 자신들의 전쟁참여 거부를 정당화하면서 양심에의 호소를 이용한다; 그리고 이런 호소는 (진심이고 시종일관하다고 판단된다면) 법적으로 흔히 인정을 받는다. 법적으로 뿐만 아니라 그것이 도덕적 담론에 지속적으로 나타날 때, 양심 혹은 그와 비슷한 것이 흔히 최종적 결정권을 갖는다.

참조

—1.13 직관

—1.15 자연법

—3.22 사려

참고문헌

*Samuel Butler, *Five Sermons*, edited by Stephen L. Darwall (Indianapolis, IN: Hackett Publishing, 1983); from *Fifteen Sermons Preached at the Rolls Chapel* (1726)

Douglas C. Langston, *Conscience and other Virtues: From Bonaventure to MacIntyre* (University Park: Pennsylvania State University Press, 2001)

Timothy C. Potts, ed., *Conscience in Medieval Philosophy* (Cambridge: Cambridge University Press, 2002)

1.8 진화 Evolution

다윈의 『종의 기원』(*On the Origin of Species*)이 출판되기 한 해 전인 1860년 영국과학진흥협회의 한 모임에서, 윌버포스(*Samuel Wilberforce*: 1805~73) 주교는 새로운 진화론을 고수하는 것에 대해 과학자 헉슬리(T. H. Huxley: 1825~95)를 조롱하면서 그가 어머니 쪽 원숭이들의 자손인지 아버지 쪽 원숭이들의 자손인지를 물었다. 그런 물음을 함으로써 윌버포스는 다윈의 이론에 대한 자신의 무지를 확연히 드러냈다. 그가 그 이론을 제대로 이해했다면, 그는 자신이 물었던 것과 같은 질문은 전혀 일어나지 않을 것임을 깨달았을 것이다.

그러나 윌버포스는 더욱 미묘하고 흥미로운 실수를 범한다. 그의 물음의 토대는 만약 인류의 기원이 다른 유인원들과 더불어 인간 이하의 선조를 (당장은 어떤 "인간 이하"의 존재를 기술하는 것이 의미가 있다고 가정한다면) 공유한다는 사실이 밝혀진다면 인간의 존엄성은 여하튼 훼손될 것이라는 가정이다. 달리 말해서 윌버포스의 소견의 영향력은 열등한 기원으로부터 어떠한 고귀한 것도 발생할 수 없다는 생각에 의존한다.

이것은 잘못된 가정이다. 그런 가정은 종종 도덕의 기원을 진화론적 용어로 설명하려는 시도에 대한 사람들의 대응 방식을 비뚤어지게 한다. 진화론적 심리학자들은 자신들이 어떻게 기본적인 도덕적 감정과 원칙이 무도덕적 생존경쟁으로부터 나올 수 있었는가를 설명할 수 있다고 믿는다. 자연선택은 가치중립적이다. 그럼에도 그것으로부터 가치들이 나올 수 있다. 게다가 도덕적 성향들의 기원에 대한 설명들은 결코 그것들에 대한 평가적 판단일 수 없다. 설명을 하는 것과 평가하고 정당화하는 것은 매우 다른 일이다.

덕의 기원

넓게 본다면 최근의 많은 진화론적 윤리이론들은 집단 구성원들이 "되갚음"(tit-for-tat) 형태의 전략을 채택한다면 장기적으로 그 집단이 보다 안정적이고 보다 효과적으로 성장하는 경향이 있음을 보여주기 위하여 게임이론의 연구를 이용한다. 달리 말해서 그들은 신뢰와 용서에 대한 신중한 가정에서 출발하여 그들에게 베풀어진 호의에 보답한다. 그러나 만약 그들의 신뢰가 너무 흔하게 혹은 너무 심하게 배신을 당한다면, 호의는 움츠러든다. 대조적으로 그 구성원들이 공격적이고 서로 신뢰하지 못하는 입장에서 출발하는 집단은 성장하지 않는다. 왜냐하면 그들은 협력의 이익을 획득할 수 없기 때문이다. 다른 한편으로 구성원들이 지나치게 서로를 신뢰하는 집단도 약탈자에게 손쉬운 먹이가 되기 때문에 잘 지내지 못한다.

달리 말해서 타자에 관한 감정뿐만 아니라 협력은 진화되었다. 왜냐하면 그것들이 생물체를 생존에 더 적합하게 만들기 때문이다. 많은 사람들은 이런 생각이 이상하다고 느낀다. 왜냐하면 그들은 자연선택 혹은 "적자생존" 개념을 이기적임과 혼동하기 때문이다. "적합성"은 단지 짐승 같은 힘의 문제가 아니다; 또한 그것은 이기적임이나 불쾌함이나 야만적임을 함축하지 않는다. 그것은 단지 그 생물체가 자기복제의 기회를 극대화하는 방식으로 그것의 환경에 "적합하게 되는" 능력을 뜻할 뿐이다. 인간 유전자는 그것을 지닌 생물체들이 감정이입, 애정, 신뢰, 협력 같은 도덕적 선함과 연계된 특성들, 혹은 적어도 그런 능력들 중 일부를 가질 경우에 생존가능성이 더 높아진다고 주장된다.

비록 아무 진화된 행태나 도덕적이라고 간주되진 않겠지만, 우리가 다른 특성들과 능력들을 가지고 다른 방식으로 진화했다면, 도덕이 정말 존재한다고 가정할 때, 지금과는 다른 것들이 도덕적인 것과 부도덕한 것으로 간주되리라는 것은 사실이라고 보인다. 예컨대 만약 상처 입은 사람들을 보는 것이 우리에게 실제로 강렬한 육체적 고통을 야기한다면, 영화에서 폭력을 금하자는 도덕적 주장은 지금보다 훨씬 더 강할 것이다.

발생학적 오류

일부 사람들은 이런 종류의 설명이 윤리의 정체를 드러낸다고 반박한다. 비판가들은 윤리는 바로 이타주의(利他主義)에 관한 것이며 다른 사람들의 복지를 고려하는 것이라고 말한다; 그러나 진화론적 윤리 이론은 도덕을 (마치 분자들이 이기적일 수 있다는 듯이) 유전자의 이기적 이익에 이바지하는 실용적 규칙들의 집합으로 격하시킨다. 그러나 이런 방향의 추론에는 결함이 있다. 설령 원숭이들과 같은 조상을 가졌다 해도 헉슬리는 원숭이가 아닌 것처럼, 과거에는 유전자 선택이 도덕적 감정을 처음 나타나게 만든 메커니즘이었다는 이유로 오늘날의 윤리가 순전히 유전자 선택의 문제일 필요는 없다.

철학자들은 이런 흔한 잘못을 발생학적 오류라고 한다: 어떤 믿음의 발단을 그것의 정당화와 혼동하는 오류이다. 윤리는 여러 가지 방식으로 — 의무, 타인의 복지, 일관성의 요구, 그리고 심지어 신의 의지에 호소하여 — 정당화될 수 있다. 이 모든 정당화들은 인간의 도덕적 사고 능력은 야만적이고 무도덕적인 자연의 계획에서 기원한다는 견해와 양립할 수 있다.

진화론적 윤리이론이 실로 윤리의 정체를 드러내는지를 보여주기 위해서는, 윤리적 결정에 대해 사람들이 부여하는 모든 정당화들은 그저 겉치레에 불과하며, 사실 윤리는 개인적 혹은 유전적 이익을 얻기 위한 이기적 되갚음 놀이일 뿐임을 입증할 필요가 있다. 분명 사람들은 그런 논증들을 제시하며, 실제로 그들은 현대인의 냉소주의에 호소하는 것처럼 보인다. 우리 현대인들, 특히 자본주의 사회에 살고 있는 사람들은 사람은 본질적으로 이기적이며, 우리의 진실한 동기는 우리에게 숨겨져 있으며, 우리는 우리의 의식적 생각들이 우리의 행동에 대해 제시하는 이유들을 신뢰해선 안 된다는 제안을 기꺼이 받아들이는 것처럼 보인다. 이런 지적 환경에서는 도덕은 그저 생존경쟁에서 나오는 노골적 자기이익 추구를 감추는 것일 뿐이라는 관념이 쉽게 자라날 수 있다. 어떤 사람은 심지어 이런 관념을 조장하려는 사회를 예상할 수도 있다.

물론 그것은 사실일 수 있다. 그러나 그 정체를 폭로하는 설명이 그럴듯하다는 것이 본질적으로 그것에 대한 논거는 아니다. 윤리의 기원을 진화론적 관점에서 설명하는 것은 본질적으로 그리고 그것만으로는 윤리의 정당함을 입증하지도 윤리의 정체를 폭로하지도 않는다.

참조

— 1.10 번영

— 2.7 이기주의

— 2.9 자연주의

— 3.9 사실/가치

—5.3 잘못된 신념과 자기기만

참고문헌

Jerome H. Barkow, Leda Cosmides, and John Tooby, eds., *The Adapted Mind* (Oxford: Oxford University Press, 1992)

*Matt Ridley, *The Origins of Virtue* (London: Viking, 1996)

Peter Singer, *A Darwinian Left: Politics, Evolution, and Cooperation* (London: Weidenfeld and Nicolson, 1999)

1.9 유한성 Finitude

플렌토스라고 불리는 상상의 세계를 생각해보자. 플렌토스에서는 사람들은 영원히 살거나 적어도 자기가 원하는 만큼 오래 산다. 아무것도 부족한 것이 없다. 온갖 종류의 음식과 탁월함과 쾌락이 무한정 주어진다. 모든 종류의 토지가 모든 사람에게 아무 비용이나 노력 없이 주어진다. 누구도 사랑이나 교제, 혹은 빠르고 효과적인 치료를 필요로 하지 않는다. 모든 사람이 전지(全知)하며, 아무것도 어떤 사람의 의지를 좌절시키지 않는다. 그런 사회에서 윤리는 어떤 것일까? 윤리가 과연 필요하긴 할까?

그저 재산 문제만 생각해보자. 스코틀랜드 철학자 데이비드 흄(David Hume: 1711~76)이 주장한 것처럼, 재산에 관한 정의의 규칙들은 오직 그것을 향한 인간의 욕망이 가용한 재산의 양을 초월하기 때문에 일어난다. 둘 이상의 당사자들이 같은 덩어리를 원할 수 있기 때문에, 누가 그것을 가질지를 결정하기 위하여 어떤 절차들의 집합이 필요하다. 그러나 (적어도 지금은) 우리 주변의 공기처럼 욕망의 대상들이 충분하고도 넘친다면, 그것들에 대한 충돌은 전혀 일어나지 않을 수 있다. 상처를 입히는 것이 불가능하거나 상처가 즉시 치료되며 생명의 가능성을 감소시키지 않는다면, 상해를 금하는 규칙들이 의미가 있을까? 만약 어떤 사람이 영원히 살며 상해는 순간일 뿐이고 지속적 영향을 주지 않는다면, 어떤 사람의 몸이나 감정이 상처를 입는다는 것이 정말로 문제가 될까? 만약 무엇을 잃어버리든 완벽한 대용물을 항상 얻을 수 있다면, 누가 분실을 염려할 것이며 분실이란 개념이 의미가 있을까?

요컨대 플렌토스에서는 윤리를 가질 이유가 없을 것처럼 보인다. 윤리는 인간의 유한성 때문에 — 유한한 자원을 둘러싸고 충돌이 일어나기 때문에 그리고 어떤 손상은 우리의 삶에 완벽히 돌이킬 수 없는 해를 끼치기 때문에 — 나타나는 것이다. 그러므로 유한성은 윤리의 조건으로 보인다. 사람들이 우리에게 해를 끼치거나 이로울 수 있으며, 따라서 그들이 선하거나 악할 수 있는 것은 오직 우리가 번영할 가능성들이 제한되어 있기 때문이다. 그리고 마침 우리가 처한 방향과는 다른 방향에서 우리가 유한하다면, 다른 것들이 선하거나 악하다고 간주될 것이다.

유한성의 불가피함

당연히 인간에게 유한성은 불가피한 것이다. 우리의 필요의 대상들뿐만 아니라 욕망의 대상들은 몹시 제한되어 있으며 앞으로도 그럴 것이다. 천연자원, 음식, 약물, 정보, 수공예품, 배우자, 친구, 자녀, 기타 수많은 인간 욕망과 필요와 가능성의 대상들은 흔히 고통스러울 정도로 부족하다. 우리는 셀 수 없이 많은 방식으로 상처받을 수 있다. 우리의 재산과 소유물은 흔히 대체할 수 없으며 영원히 빼앗길 수 있는 것들이다. 우리의 마음은 타격을 입어 치료가 불가능한 착란을 일으킬 수 있다. 우리의 자녀는 고통을 받으며 죽을 수 있다. 우리는 친구와 동료를 잃고 쓸쓸하고 외로운 채로 남겨질 수 있다. 우리의 의지와 계획은 종종 좌절된다. 우리의 지식과 이해는 부분적이며 불완전하다. 요컨대 우리는 수없이 많은 방식으로 우리의 삶을 실로 치료할 수 없는 지경으로 움츠러들게 만드는 해를 입을 수 있다.

아마 가장 중요한 사실은 우리 모두가 죽는다는 사실일 것이다. 즉 우리 자신이 유한하다. 키르케고르(Søren Kierkegaard: 1813~55)와 하이데거(Martin Heidegger: 1889~1976) 같은 철학자들에게는 우리의 죽어야 할 운명이 인간 존재의 가장 중요한 특징이며, 이것은 우리로 하여금 우리가 무엇이 될 것이며 무엇에 가치를 둘 것이며 무엇을 염려할 것인지에 대해 실존적인 윤리적 선택을 내리도록 요구할 것이다. 인간은 유한하기 때문에 배려한다. 그리고 윤리란 우리 자신뿐만 아니라 우리가 배려하는 대상들이 모두 사라질 세상에 있는 것들에 대한 우리의 배려를 실현하는 것에 관한 것이다.

따라서 윤리가 오직 우리의 유한성만 다룬다는 것은 틀린 말이겠지만, 그것이 윤리의 대단히 큰 부분이라는 말은 틀린 말이 아닐 것이다.

참조

—3.13 상해

—4.9 정의와 합법성

—4.14 회복

참고문헌

Søren Kierkegaard, *The Sickness Unto Death: A Christian Psychological Exposition for Upbuilding and Awakening* [1849] (Princeton, NJ: Princeton University Press, 1983)

*Albert Camus, *The Myth of Sisyphus* [1942] (New York: Vintage International, 1991)

*Lawrence J. Hatab, *Ethics and Finitude: Heideggerian Contributions to Moral Philosophy* (Lanham, MD: Rowman & Littlefield Publishers, 2002)

1.10 번영 Flourishing

거의 최저생활 수준으로 — 간신히 살아갈 정도의 음식과 겨우 필요조건을 충족하는 집을 가지고 — 살아가는 사람들에 대해 상투적으로 그들은 살아 있는 것이 아니라 그저 존재할 뿐이라고 말한다. 그 구분을 설명할 필요는 없다. 왜냐하면 사람들은 그 의미를 대략 이해하고 있기 때문이다: 완전한 인간의 삶을 산다는 것은 생물학적 의미에서 그저 하루하루 생존하는 것 이상을 요구한다. 중요한 것은 우리가 살아 있다는 사실이 아니라 우리가 어떻게 살고 있는가이다.

아리스토텔레스는 이 진부한 말을 에우다이모니아(*eudaimonia*)라는 보다 완전한 윤리적 개념으로 발전시켰다: 에우다이모니아는 문자 그대로는 좋은 영혼의 가짐을 뜻하지만 보다 적절하게 행복이나 복지나 번영으로 번역되는 낱말이다. 비록 에우다이모니아에 대한 아리스토텔레스의 독특한 견해는 시대에 뒤떨어진 인간 본성 개념에 뿌리 박고 있을지라도, 그의 설명에는 오늘날에도 여전히 타당한 것들이 많이 있다.

번영의 방법

에우다이모니아에 대한 아리스토텔레스의 설명은 인간의 최고선(最高善) 혹은 가장 완전한 선에 대한 논의에서 나왔다. 그는 사람들이 무언가 다른 것을 위해 (다른 목적을 위한 수단으로서) 많은 일을 행하지만 최고선은 본래적으로 가치를 가진 것, 즉 그 자체로 목적인 것이어야 한다고 말했다. 그러나 이 최고선은 어디에 놓여 있으며, 왜 그것은 그 자체로 목적인가?

아리스토텔레스에게는 모든 종류의 사물이 그것 자체의 고유한 기능(*ergon*; 『니코마코스 윤리학』[*The Nicomachean Ethics*] 1097b)을 가지고 있다. 그 기능은 한 사물을 다른 사물로부터 구별한다. 예컨대 생물은 성장과 자양분 섭취로 인하여 무생물과 구별된다. 동물은 자기 환경에 대한 인식뿐만 아니라 욕망과 정서를 가질 수 있는 능력에 의하여 식물 같은 다른 생물과 구별된다. 인간은 추상적으로 사고하고 이성적 원칙에 근거하여 행동할 수 있는 능력에 의하여 다른 모든 동물과 구별된다.

아리스토텔레스에 따르면, 번영하려면 모든 것은 그 자체의 고유한 본성에 따라 살아야 하며 그 본성을 가장 완벽히 실현하는 방식으로 살아야 한다. 이런 식으로 기능하거나 활동하는 사물은 그것의 탁월성(*aretē*)을 성취한다. 태양과 토양으로부터 영양을 공급받은 건강한 식물들은 자라고 번영한다. 성공적으로 사냥하고 번식하는 건강한 고양이 역시 번영한다. 그러나 한 인간의 번영은 자라고 먹고 느끼고 의식하고 번식하는 것 이상을 요구한다; 그것은 영원한 진리에 대하여 추론하는 인간의 독특한 활동, 아리스토텔레스가 이론적 관조(*theoria*)라고 불렀던 것에 참여할 것을 요구한다. 오직 그런 다음에야 한 인간은 그 본성을 완전히 성취한다.

이 행복한 활동은 어떤 다른 것의 수단이 아니다; 그것은 완전하며 그 자체로 목적이다. 사람이 철학적 관조로 무엇을 할 수 있을지를 묻는 사람은 이것을 납득하지 못한다. 그들은 돈을 버는 것처럼 사람이 어떤 다른 것을 위한 수단으로서 철학적 관조에 참여한다고 가정한다. 그러나 아리스토텔레스에 따르면 사람은 단지 그 자체를 위하여 관조한다. 사람은 철학을 하기 위하여 돈을 번다; 그러나 사람은 돈을 벌기 위하여 철학을 하지는 않는다.

고집스럽게 왜 사람이 번영해야 하는지, 왜 번영하지 않는 것보다 번영하는 것이 더 좋은지, 그리고 왜 불행한 것보다 행복한 것이 더 좋은지를 물을 수도 있다. 인간 본성과 번영 개념에 대한 아리스토텔레스의 설명을 되풀이하는 대답은 다소 시대에 뒤떨어지고 오늘날에는 부적절하다고 들릴 수도 있다. 그러나 완전히 실현된 삶은 그 자체로 선한 것이며 심히 제한된 삶은 그 자체로 나쁜 것이라고 말한 점에서 그는 분명 옳았다. 왜 번영하지 않는 것보다 번영하는 것이 더 좋으냐고 묻는 것은 당연한 것을 깨닫지 못한 것이다. 아마 그런 물음은 솔직하지 않을 뿐이다.

오늘날 번영은 무엇을 뜻하는가

오늘날에는 무엇이 달라졌는가? 오늘날 아리스토텔레스의 설명의 세부사항 중 일부는 과학과 심리학의 발전에 비추어 입증될 수 없다고 보인다. 각 종(種)을 독특하게 만드는 것에 대한 그의 설명은 미숙하며, 사실 그가 이해한 대로의 종 개념은 믿을 수 없는 것이 되었다. 오늘날 인간이 얼마만큼 실제로 합리적 존재인지는 과거 어느 때보다 더 의심스럽다. 그럼에도 에우다이모니아는 윤리학에서 유력한 중심 개념으로 남아 있다. 그리고 사람들이 번영하기 위해 필요한 것을 이해하는 것은 일관성 있고 옹호할 수 있는 계획으로 남아 있다.

번영 개념은 실제로 문화를 가로지르고 역사를 초월하는 어떤 도덕적 기준을 확립할 가능성을 제시한다. 모든 (혹은 거의 대다수의) 인간이 번영할 수 있는 일정한 능력을 공유하는 한, 어떻게 특정 정부나 사회가 번영을 촉진하거나 방해하는지에 대한 판단이 가능해진다. 만약 여기서 사람들의 몸과 마음에 자양분을 충분히 공급하지 않는 것이 그들의 번영을 막는다면, 저기서도 그렇게 될 가능성이 있다. 만약 영국에서 여성에게 교육을 해주지 않는 것이 그들의 번영을 방해한다면, 아프가니스탄에서 그렇게 하는 것도 번영을 방해한다.

그러나 이것은 에우다이모니아 개념이 아리스토텔레스에게보다 우리에게 더 난해해지는 지점일 뿐이다. 인간 번영이 필요로 하는 바가 무엇인지에 대해 단일한 설명을 제안하는 것은 불가능할 뿐만 아니라 바람직하지 않을 수도 있다. 오늘날 많은 사람들은 인간 본성 및 번영에 대해 아리스토텔레스의 이해보다 더욱 다양하고 다원주의적인 이해를 지지한다. 그래서 그들은 하나의 삶의 방식을 모든 사람을 위한 유일한 삶의 방식으로 규정하기를 꺼린다. 예술애호가와 운동선수와 학자와 무역인은 모두 서로 다른 방식의 번영, 즉 서로 다른 탁월성을 성취할 수 있다. 미국 사람과 티베트 사람과 이누이트 사람과 몽족 사람과 사우디아라비아 사람과 르완다 사람과 고대 아테네 사람 역시 그러하다. 물론 그것은 뭐든 괜찮다는 식의 말은 아니다. 그러나 분명 모호한 일반화에 의지하지 않고는 에우다이모니아가 무엇인지를 설명하는 것은 더욱더 어렵다는 것을 뜻한다. 아마 이 물음과 관련하여 심리학, 사회학, 역사학, 인류학, 생물학은 인간이 번영하기 위해 무엇을 필요로 하는지를 생각해내는 일에 있어서 윤리학에 실질적 도움을 줄 수 있을 것이다.

참조

—1.17 고통과 쾌락

—2.16 덕윤리

—3.16 본질적/도구적 가치

—3.22 사려

참고문헌

Ellen Frankell Paul, Jr, Fred D. Miller, and Jeffrey Paul, eds., *Human Flourishing* (Cambridge: Cambridge University Press, 1999)

*Martha Nussbaum, *Women and Human Development: The Capabilities Approach* (Cambridge: Cambridge University Press, 2000)

Corey L. M. Keyes and Jonathan Haidt, eds., *Flourishing: Positive Psychology and the Life Well-Lived* (Washington, DC: American Psychological Association, 2002)

1.11 조화 Harmony

폴 매카트니와 스티비 원더에 따르면 흑인과 백인은 — 피아노 건반 위에서처럼 — 완벽한 조화를 이루며 함께 살고 있다. 물론 그들의 노래는 비유적 메시지를 담고 있다: 인간은 피아노의 장점을 배워야 하며 피부색과 관계없이 잘 지내야 한다.

그 은유를 선택한 것은 여하튼 조화로운 것이 올바른 것이라는 널리 신봉되는 인식을 반영한다. 어떤 것의 — 보통 가족이나 도시나 국가 같은 어떤 사회 집단의 — 부분들이 어느 정도 바람직하거나 이상적 관계에 있을 때 조화롭다고 한다. 그 관계는 합리적인 것이며 균형적인 것이며 질서정연한 것이며 충돌이나 다툼이 없는 것이다. 그러므로 철학자들이 조화 개념이 올바른 삶의 방식에 대한 통찰을 주리라고 기대해온 것은 아마 놀랄 일은 아닐 것이다.

고대의 조화

피타고라스와 그를 추종했던 피타고라스학파 사람들은 우주는 수학적으로 기술할 수 있는 조화들을 보여준다고 가르쳤다. 이런 형이상학의 윤리적 명령은 자신의 영혼을 길러 어떻게 해서든 우주의 조화를 반영하거나 닮으라는 것이었다. 자아의 소우주적 조화는 우주의 대우주적 조화를 모방하는 것이다. 피타고라스학파 사람들에 따르면, 음악과 수학은 영혼의 조화를 기르는 역할을 담당한다.

플라톤은 피타고라스학파 사람들에게서 깊은 영향을 받았다. 그는 항상 음악과 수학을 교육에서 매우 중시했다. 뿐만 아니라 그의 작품,

특히 『국가』와 『티마이오스』(*Timaeus*)는 그의 윤리적·정치적 이상들 가운데 (예컨대 『국가』, 제5권의 세 차례의 파도) 통일과 조화의 우월성을 제시한다. 영혼의 여러 부분들이 서로 조화되어야 하듯이, 도시의 여러 부분들도 조화로운 하나가 되어야 한다. 파벌과 무지와 불합리는 사회의 통일과 조화에 대한 위협들 중에서 가장 중대한 것들이다.

유교, 도교, 신도(神道) 전통의 아시아 사상가들도 조화를 개인적 삶과 사회적 삶 모두의 가장 중요한 특징들 가운데 두었다. 유생(儒生)들은 — 관습과 전통을 통하여 정제된 질서와 조화와 예의범절의 원리인 — 이(理)를 함양한다. 그리고 도교도들과 더불어, 그들도 — 사례와 지침을 얻기 위해 우리가 의지할 수 있는 보다 형이상학적인 자연의 원리인 — 도(道)를 깨달으려고 노력한다(1.15 자연법을 참조하시오). 신도 사상가들은 자연 세계의 신성한 영혼들인 카미(神; kami)의 본보기와 조상 전래의 질서를 존중하고 따름으로써 자아와 사회와 세계의 순수함과 조화를 유지하는 것을 강조한다.

근대의 조화

유사한 맥락에서 몽테스키외(Montesquieu : 1689~1755), 조셉 애디슨(Joseph Addison : 1672~1719), 데이비드 흄, 제임스 매디슨(James Madison : 1751~1836) 등의 여러 초기 근대 사상가들은 파벌의 발전을 사회 질서의 평화와 안정성에 가장 심각한 위협들 중 하나라고 보았다.

근대 합리주의 형이상학자들도 조화 개념이 윤리적으로 절실히 필요한 것으로서 주목하지 않을 수 없다고 여겼다. 그러나 그들에게 조화는 또한 세상에 존재하는 악들과 신의 전지전능함 및 자비심 사이의 명백한 모순을 해소하려는 목적에 도움이 되었다.

라이프니츠(Gottfried Wilhelm von Leibniz: 1646~1716)의 견해에 따르면, 모든 사물들 사이에는 미리 예정된 조화가 있으며, 사물들의 조화는 또한 사물들의 완전성이다. 신은 완전하므로, 신의 창조물은 가능한 최상의 가장 완전하고 조화로운 세계이다. 우주적 조화가 존재한다는 라이프니츠의 확신은 매우 강하여, 그는 우리가 악이라고 여기는 것은 우리의 제한된 관점에서만 그러하다고 확신했다(『단자론』[*Monadologie*], 1714).

이와 유사하게 스피노자(Benedictus Spinoza: 1632~77)는 인간이 엄청나게 거대한 어떤 동물의 순환계에 있는 조그만 벌레들 같다고 말한다(『올덴부르크에게 보내는 편지』[*Letter to Oldenburg*] 15번). 자신 주위에 인접한 사물들 이상은 경험할 수 없으므로, 인간은 우주 전체와 신의 질서라는 맥락에서 이해한다면 명확히 선인 것들을 악이라고 경험한다. 부분에서 악으로 보이는 것이 전체에서는 반드시 악은 아니다. 이는 위로의 말처럼 들릴 수 있겠지만, 그것은 홀로코스트나 르완다 대량학살 같은 인간의 악들에 직면해서는 무심한 말처럼 들릴 수도 있다.

그래서 조화는 도덕적 담론에서 두 가지 매우 다른 기능을 가질 수 있다. 그것은 우리가 갈망하는 어떤 것일 수 있거나, 혹은 이미 존재하는 어떤 것일 수 있다. 투박하게 말하자면, 그것은 우리가 세계를 더 나은 곳으로 만들기 위하여 노력할 필요가 있다는 생각과 세계는 이미 더할 나위 없이 좋다는 생각 사이의 차이이다.

참조

— 1.15 자연법

— 2.11 완전주의

— 2.13 합리주의

참고문헌

Gottfried Wilhelm von Leibniz, *Theodicy* [1710] (Peru, IL: Open Court Publishing, 1985)

Robert, Lawlor, *Sacred Geometry: Philosophy and Practice* (London: Thames and Hudson, 1982)

*Charles H. Kahn, *Pythagoras and the Pythagoreans: A Brief History* (Indianapolis, IN: Hackett Publishing, 2001)

1.12 이해관심 Interest

대부분 사람들은 나팔수선화나 바위들에 대해서보다는 사람과 지적인 동물에 대해 더 많은 도덕적 관심을 갖는다. 실제로 살과 피로 이루어진 동물보다 무생물을 더 많이 배려하는 것처럼 보이는 사람은 으레 그 사람의 비뚤어진 도덕적 우선순위에 대해 비난을 받을 것이다. 하지만 왜?

한 일반적인 대답은 도덕적 관심의 가능한 후보는 그 자신의 복지에 대해 어느 정도 이해관심을 가져야 한다는 것이다. 계속 존재할시 사라질지, 혹은 온전하게 남을지 분해될지, 혹은 더 일반적으로 그것의 이익이 만족될지 않을지가 그 존재에게 중요한 문제여야 한다는 것이다. 스스로 이런 종류의 이해관심을 가지지 않은 존재는 오직 그것이 이런 이해관심을 가진 존재들의 이익에 이바지하는 경우에만 도덕적 가치를 가진다.

따라서 예컨대 무고한 인간을 죽이는 것이 왜 잘못인가에 대한 한 가지 당연한 이유는 무고한 인간이 생존에 대해 이해관심을 가진다는 것이다. 사람들은 인간관계, 삶을 향유할 능력, 그들이 참여하는 계획을 가지고 있다. 이 모든 것들은 그 사람의 이해관심이라 할 수 있으며, 어떤 사람의 생명을 뺏는 것은 그 이해관심에 손상을 입히는 것이다. 파인버그(Joel Feinberg: 1926~2004)는 "해악"(harm)을 이해관심의 좌절 혹은 손상이라 정의하게 된다.

잠시 여담을 하자면, 흡연의 병리적 효과를 알면서도 여전히 담뱃불을 붙이는 흡연자들이 입증하듯이, 흥미롭게도 우리가 반드시 우리의 이해관심인 것만을 욕망하는 것은 아니다. 그리고 아마 어떤 사람은 자신의 이해관심을 의식할 필요조차 없다고 말할 수도 있다. 예컨대 안타깝게도 어떤 사람이 그것을 의식하지 못한다 해도, 뒤에서 빠르게 접근하는 자동차를 피하는 것은 그 사람의 이해관심을 위한 것일 수 있다.

이해관심들을 항상 같은 척도로 잴 수 있는 것은 아니다. 때때로 사람들은 "이해상충"에 직면한다. 이해상충은 서로 다른 이해관심들이 같은 척도로 잴 수 없거나 같은 척도로 잴 수 없을 가능성이 있을 때 발생한다. 예컨대 한 판사의 아들이 그 판사의 법정에 피고로 나와야 한다면, 판사는 어머니로서 자기 아들의 복지에 대한 그녀의 이해관심과 시민이자 판사로서 그녀가 이바지해야 할 정의에 대한 사회적·정치적 이해관심 사이에서 충돌에 직면할 것이다. 때로는, 실제로는 흔하게 — 예컨대 소송을 통해 손해보상을 받으려는 원고의 이해관심과 생활비를 벌려는 그의 변호사의 이해관심 사이에서처럼 — 이해관심들은 상보적(相補的)이다.

동물들은 이해관심을 가지는가?

오늘날 철학자들이 당면한 가장 성가신 물음들 중의 하나는 인간이 아닌 동물들이 이해관심을 가지는가 하는 물음이다. 다는 아닐지라도, 분명 대부분의 동물들은 곧 이해관심을 가지고 있다. 예컨대 모든 동물은 불필요한 고통을 느끼지 않은 것에 이해관심을 가진다; 그리고 한 동물이 고통을 피하려 하고 괴로워하는 모습을 나타내며 고통을 받으면 무능력해진다는 것은 그런 이해관심의 증거이다. 어떤 사람은 길러야할 새끼들, 관계를 맺을 동료들과 유지해야 할 위계질서를 가진 사회적 존재인 한에서는 많은 동물들도 사회적 이해관심을 가진다고 주장할 수도 있다. 만약 우리가 그런 이해관심의 존재를 인정한다면, 그런 이해관심을 고려하고 동물에 대한 불필요한 해악을 막아야할 도덕적 근거들이 존재하는 셈이다.

그러나 인간이 아닌 동물들이 그들의 미래에 대한 이해관심을 가지는가 하는 문제는 다소 복잡한 문제이다. 이 논쟁이 어떤 식으로 결말이 지어질지는 동물 권리에 대한 우리의 자세를 결정함에 있어서 중요하다. 인간이 아닌 동물들 대부분은 현재를 살며, 인간이 일반적으로 가지듯이 경력이나 정치적 의제나 연구나 사업이나 예술적 제작활동 같은 장기 계획을 가지지 않는다고 주장되어왔다. (물론 어떤 인간들은 현재를 산다고 말해야 할 것이다.) 다른 한편으로 집고양이는 어떤 의미에서 미래에 대한 이해관심을 가짐이 분명하다: 만약 살아남는다면 그것은 앞으로 즐거운 삶을 살 수 있다.

그러므로 필요 없이 고양이를 죽이는 것은 고양이의 이해관심에 불리하게 작용할 것처럼 보이지만, 여전히 그것의 이해관심의 영역과 전형적인 인간의 이해관심의 영역 사이의 차이는 도덕적 경계선을 그리기에 충분한 것으로 남는다. 이것이 사육되는 동물들의 복지 향상에 찬성하면서도 채식주의자가 되지 않거나 일정한 동물 권리들은 인정하지 않는 태도가 완벽히 무모순적일 수 있는 이유이다. 일부 사람들에게는 사육되는 동물들의 이해관심은 오직 필요 없는 고통을 받지 않는 정도로만 확장된다.

이런 관점으로부터 — 아마 느슨하고 은유적인 의미를 제외하면 — 식물들과 무생물들은 아무 이해관심도 가지지 않는 것처럼 보인다. 산을 구성하는 돌은 온전히 남아 있든 산산이 부서지든, 그것은 그 돌에게 전혀 중요하지 않다. 꺾이던 꺾이지 않던 그것은 나팔수선화 한 송이에게 중요하지 않다. 그러나 이는 이해관심이 없는 것들을 마음대로 손상시켜도 괜찮다는 말은 아니다. 그 자체의 이해관심이 없는 사물들을 손상시키는 것은 인간과 인간이 아닌 것들의 이해관심에 매우 큰 해를 끼칠 수 있다. 정원사는 자신의 꽃들과 식물들을 기르는 것에 이해관심을 가지며, 어떤 사람이 그의 정원에 손상을 가한다면 그는 그 이해관심에 손상을 가한 것이다. 생태계 훼손 일반은 세계에 거주하는 인간과 인간이 아닌 지각 있는 생명들의 이해관심에 해를 끼치기 때문에 그릇된 일이라고 간주할 수 있다.

경계선 그리기

어떤 의미에서 이해관심을 가진 존재와 가지지 않은 존재 사이의 경계선은 다소 모호하기 때문에, 우리가 그것들 사이의 경계선을 정확히 어디에 그릴지에 관해 어려운 문제가 발생한다. 조개는 어떠한가? 지느러미가 있는 물고기는? (연어는 산란을 하기 위하여 강 상류에 도달하는 것에 이해관심을 가지는가?) 새들, 소들, 늑대들, 벌들처럼 사회적 동물들은? 고래류는? 영장류들은? 실로 어떤 사람이 인간이 아닌 동물들을 배척하면서 "종차별주의"(speciesism)를 범하지 않을 수 있을까? 그리고 배아, 태아, 혼수상태나 지속적 식물인간 상태에 있는 사람, 중증 정신박약자, 정신병자 등과 같은 분계선상의 존재들이라 일컬을 수 있는 대상들의 이해관심은 어떠한가?

또한 지각이 없는 대상들은 이해관심을 가질 수 있는가 하는 물음이 있다. "극단적 환경보호주의 정책에 찬동하는" 환경 철학자들은 그것들이 이해관심을 가질 수 있다고 주장해왔지만, 그랜드캐니언 같은 것이 어떤 목적을 위한 수단으로서가 아니라 그 자체로 소중히 다뤄져야 한다고 주장하는 사람들 대부분은 그들의 주장을 그것이 이해관심을 가진다는 가정에 근거하지 않는다.

물론 이해관심이 도덕적 가치에 핵심적인 것은 아니라고 주장할 수도 있다. 윤리에는 어떤 존재가 이해관심을 가진다는 사실 이상의 것이 있다. 그러나 인간과 다른 동물들이 가지고 있는 이해관심들을 인정하는 것은 적어도 윤리가 출발할 수 있게 하는데 충분할 수도 있다.

참조

—1.17 고통과 쾌락

—1.19 권리

—3.21 도덕적 대상/도덕적 행위자

—4.16 종차별주의

참고문헌

Peter Singer, *The Expanding Circle: Ethics and Sociobiology* (Oxford: Oxford University Press, 1981)

Joel Feinberg, *Harm to Others*, volume 4 of *The Moral Limits of Criminal Law* (Oxford: Oxford University Press, 1987)

*Tom L. Beauchamp, *Philosophical Ethics: An Introduction to Moral Philosophy*, 3rd edition (New York: McGraw Hill, 2001)

1.13 직관 Intuition

대부분의 사물들을 알려면 우리는 어느 정도 생각을 해야 한다. "병아리는 노랗다" 같은 기초적 사실조차 한정된 수의 관찰이나 다른 사람의 전거에 기초하여 어떤 일반적 추리의 수행을 요구한다. 그러나 우리가 굳이 생각해낼 필요가 없을 것 같은 것들이 있다. 노랑이 어떻게 보일까 하는 물음이 그런 것들 중 하나이다. 당신은 노랑이 — 적어도 당신에게 — 어떻게 보일지를 그냥 안다. 그리고 당신은 합리적 논증이나 권위에 의존하여 당신이 안다는 주장을 정당화할 필요가 없다.

어떤 도덕적 앎이 이와 같을 수 있을까? 예컨대 "선"(good) 개념을 생각해보자. 누군가 정말로 선함이 무엇인지를 이해하려고 노력할 필요가 있을까? 우리는 과연 선하다는 것이 무엇을 의미하는지를 증명하려할 수 있을까? 선함이란 차라리 그것이 어떤 행동이나 사람에게서 나타날 때 우리가 그냥 인식할 수 있는 것이 아닐까?

우리가 그렇게 그냥 알 수 있다는 견해를 직관주의라고 한다. 이런 의미에서의 직관은 그것을 뒷받침하기 위해 합리적 논증과 같은 어떤 정당화가 전혀 필요 없이 어떤 대상을 직접적으로 알거나 이해하는 능력이다. 그것은 세인들이 "여자의 직관"에 대해 말할 때처럼 그 용어의 대중적 의미와 연결되어 있지만, 그것을 일종의 육감이라고 생각해선 안 된다. 이런 유형의 직관에는 조각날 것이 아무것도 없다: 그것은 매개되지 않은 진리에의 직접적 통로를 제공한다.

근대 직관주의는 선 자체를 직관하거나 본다(*noesis*)고 하는 플라톤적 개념처럼, 혹은 강직(强直)하거나 확실한 도덕적 인상에 대한 스토아적 개념처럼, 윤리적 용어에 대한 몇몇 매우 오래된 사고방식들에서 이미 형태를 드러낸다. 예컨대 스피노자의 『에티카』(*Ethics*, 1677)에서 나오는 "직관지"(直觀知, *scientia intuitiva*) 학설처럼, 우리는 또한 중세와 초기 근대 전반에 걸쳐 도덕적·형이상학적 문제들과 관련된 직관에 대한 설명을 발견한다.

직관이 도덕적 추론의 토대가 된다는 생각은 이상하게 들릴 수 있다. 왜냐하면 한동안 여기저기 돌아다녀본 사람이라면 누구나 증언할 수 있는 것처럼, 인간은 무엇이 옳은지를 확실히 알 수 있는 능력을 가진 것으로 보이지는 않기 때문이다. 그러나 사람들이 도덕적 속성을 직관할 능력을 가졌다는 말이, 곧 이 능력은 절대 틀림이 없다거나 쉽게 사용할 수 있다는 뜻은 아니다. 사람들의 눈이 그들을 속이듯이, 그들의 도덕적 직관도 그들을 속일 수 있다.

무어와 근대 직관주의

무어(G. E. Moore: 1873~1958)는 "선" 개념은 (a) 더 나아간 분석을 필요로 하거나 (b) 지금 상태로 이미 완전하다고 주장했다. 그에 따르면 (b)가 옳은 선택이다. 예컨대 어떤 사람이 "선"은 "행복한" 혹은 "행복을 산출하는"으로 이해되어야 한다고 주장한다고 해보자. 무어는 이 주장이 옳을 수 없다고 말했다. 왜냐하면 선이 정말로 행복인가 하는 물음은 논쟁 중인 열린 물음이기 때문이다. (예컨대 어떤 사람들은 선함은 종종 자기 행복, 심지어 자기 생명의 희생을 수반한다고 주장한다; 물론 다른 사람들은 동의하지 않는다.) 그러나 행복이 곧 "선"이 의미하는 바라면, 그 물음은 그런 식으로 열려 있지 않을 것이다. 두 용어는 "총각"과 "미혼남"이 그렇듯이 같은 것을 의미할 것이다.

무어는 "선"이란 용어의 의미에 대한 어떠한 분석도 이렇게 열린 채로 남아 있을 것이라고 주장했다. 그리고 이는 "선"은 다른 어떤 것을 — 특히 쾌락이나 행복이나 복지처럼 자연 세계의 특징들을 — 가리키는 용어들로 분석되거나 정의될 수 없음을 보여준다. "선"이 자연적 대상들의 용어로 분석될 수 있다는 생각의 잘못을 그는 자연주의적 오류(naturalistic fallacy)라고 불렀다.

그러므로 "선"은 기본 개념이다. 그러나 "선"이 보다 기본적인 다른 용어나 요소로 분석될 수 없다면, 사람들은 어떻게 그것이 의미하는 바를 아는가? 무어에 따르면, 사람들은 선을 직접적으로 직관하기 때문에 아는 것이다. 우리가 노랑을 직접적으로 감지하는 것처럼, 선함도 그러하다. 이는 선함에 대해 아무 할 말이 없다는 뜻은 아니다. 그저 그 말하려는 바가 그것이 무엇인지를 정의하지 않는다는 말이다.

여기서 노랑과의 비교가 도움이 된다. 우리는 그 낱말을 이해하지 못하는 어떤 사람에게 노랑은 병아리의 색깔이며 파란색을 더하면 녹

색이 된다는 등을 말해줄 수 있다. 이런 노력들이 사람들로 하여금 노랑이 무엇인지를 곧 알도록 도울 수 있다; 그러나 그들이 마침내 그것을 알게 될 때, 그들은 그것을 직접적으로 감지하게 된다. 같은 방식으로 우리는 선함은 고통이 아니라 복리를 증대하는 경향이 있다거나 선한 사람은 잔인하지 않다는 등의 말을 할 수 있다. 이 모든 것이 사실이지만, 꼭 선함의 본질이나 의미를 파악하는 것은 아니다. 그렇게 하려면, 우리는 단지 그것을 직접적으로 감지해야 한다.

도덕적 직관주의의 가장 큰 문제점은 도덕적 진리의 인식 과정을 다소 불가사의한 것으로 남겨둔다는 점이다. 그것은 또한 사람들이 도덕적 의견불일치를 해소할 수 있는 방법을 설명하는 문제와 직면하는 것으로 보인다. 누구의 직관이 옳은지를 의논하는 것 말고 도덕적 의견불일치의 경우에서 더 할 수 있는 일이 있을까? 직관주의는 도덕적 기본 개념을 다른 용어로 설명할 수 있다고 생각하는 사람들에게 맹렬한 도전을 가한다. 그러나 우리가 이 개념들을 아는 방법에 대한 직관주의의 설명은 그만큼 불만족스러운 것으로 들릴 수 있다.

참조

—1.15 자연법

—2.9 자연주의

—2.13 합리주의

—3.9 사실/가치

참고문헌

G. E. Moore, *Principia Ethica* (Cambridge: Cambridge University Press,

1903)

Philip Stratton-Lake, ed., *Ethical Intuitionism* (Oxford: Oxford University Press, 2002)

Robert Audi, *The Good in the Right: A Theory of Intuition and Intrinsic Value* (Princeton, NJ: Princeton University Press, 2005)

1.14 공적 Merit

삶에 좋은 것들이 평등하게 분배되지 않는다는 것은 비밀이 아니다. 재산, 교육, 건강관리, 주택, 존경, 여가 같은 것들은 일부 개인들과 집단들 주변에 엄청난 양으로 축적되는 까닭에 다른 사람들은 그것들 없이 살아가게 된다. 어떤 경우에는 불평등한 분배가 부정의의 — 예컨대 절도나 강탈이나 강압의 — 결과이다. 그러나 어떤 불평등들은 정당하지 않은가? 때로는 어떤 사람이 다른 사람보다 더 많은 "선"들을 얻는 것, 다른 사람은 처벌과 감금과 빈곤과 권태와 전체적으로 궁핍한 환경을 감내해야 하는 반면에 어떤 사람은 호화스럽고 편안한 삶을 영위하는 것이 옳고 타당하지 않은가? 많은 사람들은 그렇게 생각한다. 그리고 그런 불평등들을 정당화하기 위해 가장 일반적으로 제시되는 이유는 "공적" 혹은 "응분"(desert)이다. 어떤 사람은 단순히 다른 사람보다 더 많이 받을만한 공적이 있거나 가치가 있다: 어떤 사람은 덜 받을 가치가 있다. 그러나 공적은 무엇이며, 그것이 진정 불평등을 정당화할 수 있는가?

공적의 귀속

일부 보수주의자들은 공적은 가족, 국가, 민족의 구성원 자격에 의해 부여될 수 있다고 주장하는 반면 — 루소(Jean-Jacques Rousseau: 1712~78)의 1754년 『인간 불평등 기원론』(*Discourse on the Origin of Inequality*)과 톰 페인(Tom Paine: 1737~1809)의 『인권』(*Rights of Man*, 1791)을 따르는 — 다른 사람들은 공적이 태생과 운명의 우연한 사건들로부터 나와야 한다는 생각을 미심쩍다고 본다. 자유주의적 사고방식은 공적을 사람들이 행한 바나 선택한 바에 따라 그들에게 귀속되는 것이라고 생각한다. 열심히 일하고 다른 사람이 유쾌하고 유용하다고 느끼는 재화와 서비스를 생산하고 (다른 사람을 구하기 위하여 자기 목숨의 위험을 감수하는 것 같은) 영웅적이거나 자기희생적 행동을 수행하는 것은 모두 일반적으로 공적을 정당화한다고 생각된다. 공적과 보상은 이미 행한 일에 대하여 혹은 어떤 경우에는 아직 해야 할 일들에 대한 약속에 대해 (예컨대 장래 군복무의 약속에 대한 대가로 미국 학생들에게 대학 교육과 어느 정도 존경이 주어진다) 부여될 수 있다. 그렇다면 어떤 사람은 다른 사람과 다르게 행동하거나 행동해왔거나 행동할 것이므로, 그리고 다른 행동은 공적이 되지 않는데 비해 어떤 행동은 공적이 되므로, 그 어떤 사람은 다른 사람보다 더 많은 선들을 받는 것이 윤리적으로 타당하다고 말할 수도 있다. 어떤 사람의 암을 치료하는 것은 어떤 사람의 집을 청소하는 것보다 더 많은 보상을 받을만하다. 법을 위반하는 것은 처벌을 받을만한데 (혹은 정당화하는데) 비해, 법을 준수하는 것은 보상을 받을만하다. 이런 식으로 사람들로 하여금 공적을 세우고 도덕적으로 행동하도록 영향을 미치는 자극과 억제의 제도가 수립된다.

그러나 사태가 그렇게 단순할까? 매우 아름답고 어렵고 복잡한 바이올린 콘체르토를 연주하는 것이 어째서 칭찬과 심지어 보상을 받을 만한 것인지를 생각해보자. 그러나 파가니니(Niccolò Paganini) 같은 사람은 그런 것들에 대해 눈에 띌 정도의 솜씨와 음률과 감성을 — 요컨대 재능을 — 가지고 태어난 반면에 다른 사람들은 그렇지 않다. 타고난 재능은 어떤 사람의 선택과 노력을 통해 얻어지는 것이 아니다. 예컨대 아무리 노력을 기울여도 이 책의 저자들이 성공한 헤비급 권투 선수나 발레리나나 프로농구 선수가 될 가능성은 희박하다.

타고난 유전적 재능 외에도, 공적은 한 개인이 어찌할 수 없는 다른 것들에 의해 얻어지는 것으로 보인다. 자기 자녀의 재능을 알아보고 후원하며 그 재능의 계발에 필요한 훈련 수단을 제공할 수 있는 부모한테서 태어난다는 것은 어떤 사람 자신의 행동의 결과라고 생각할 수 없다. 따라서 사람들이 행하는 바가 그들이 무엇을 가지고 태어났으며 무엇이 그들에게 우연히 주어졌는가에 달렸다면, 그리고 이런 것들이 대부분 그들이 어찌할 수 없는 것들이라면, 사람들이 행한 바가 공적의 귀속을 — 그리고 불평등을 — 얼마만큼 정당화할 수 있을까?

공적주의

공적의 문제는 정치 및 사회정의와 관련하여 특히 중요하다. 공정한 사회는 부가 평등하게만 분배되는 사회 혹은 필요에 따라서만 분배되는 사회가 아니라, 근면과 성취가 보상 받는 사회라고 많은 사람들은 주장한다. 그러나 왜 지능, 체력, 든든한 보호자, 심리적 안정과 욕구, 안전하고 평화로운 사회, 물려받은 재산, 기타 저절로 굴러들어온 것들을 가지고 태어난 사람들은 사회가 분배할 수 있는 좋은 것들을 다른 사람보다 더 많이 얻어야 하는가? 특권층과 선천적으로 튼튼한 사람과 지식인은 여하튼 불우한 사람과 연약한 사람과 정신적 장애를 가진 사람에 비해 더 우월한 존재들인가? 왜 다른 사람은 엄청난 사치와 안전과 기회 속에서 사는 반면에 어떤 사람은 단지 적은 재능을 가지고 태어났다는 이유만으로 불쾌하고 위험한 빈곤 속에서 살아야 하는가? 좀 더 신랄하게 말해서, 왜 어리석은 선택을 한 사람들은 그런 극단적 빈곤으로 고통을 받아야 하는가? 바보들에게도 필요한 것들이 있지 않은가?

어쨌든 순수한 공적주의는 사람들이 생각하는 것보다는 다소 덜 매력적으로 보일지 모른다. 게으르고 확실히 재주가 없고 도덕적으로 부족한 아이의 부모를 생각해보자. 이 아이를 "게으름뱅이"라고 부르자. 이 게으름뱅이의 부모는 그 감사할 줄 모르는 자식이 상급 교육을 받고 의료비를 지불하고 사업을 시작하고 나중에는 상당한 액수의 유산을 받게 해줄 충분한 재산을 갖고 있다. 그들의 뒷받침으로 그 게으름뱅이는 안락, 여가, 권력, 부, 특권을 누리며 장수한다.

마을 건너편에는 또 다른 부부, 상당히 다른 자녀를 — 유덕하고 재능이 매우 뛰어나고 근면하고 자비롭고 심지어 영웅적인 젊은 시민을 — 기르고 있는 부모가 살고 있다. 그러나 그 영웅적인 아이의 부모는 아이에게 많은 도움을 줄만한 재산을 갖고 있지 않다. 결과적으로 그 영웅적인 아이의 부모는 자기 아이의 잠재력 계발에 도움을 줄 수 없었다. 그 영웅적인 아이의 지적·예술적 재능은 결국 충분히 발현되지 않으며, 예방할 수 있었지만 불구가 되는 병에 걸린 후로 영원히 가난한 불구자가 된다.

이런 결과를 도덕적으로 변호할 수 있을까? 순수한 공적주의에서 그 게으름뱅이의 부모는 그들의 재원을 자기 아이보다는 유덕한 아이에게 바쳤을 수도 있다. 공적이 사회가 분배하는 좋은 것들을 얻기 위한 필요조건인 사회에서는 그 게으름뱅이는 그런 것들이 없이 살아갈 대비를 해야 할 것이다. 그러나 그 게으름뱅이로부터 혜택을 박탈하는 것을 올바른 정책이라고 생각하는 사람도 물론 드물다. 만약 현재의 다수가 옳다면, 설령 공적이 칭찬과 보상과 다른 선들의 분배에서 중요한 요소라고 해도 그것이 이야기의 전부일 수는 없다. 공적이 불평등을 정당화하는 하나의 요소일 순 있지만 다른 요소들도 채용되어야 한다. 아니면 세상의 불평등 가운데 대부분은 단순히 정당화될 수 없는 것일까?

참조

—1.19 권리

—4.9 정의와 합법성

—5.7 자유의지와 결정론

참고문헌

Anthony Ashley Cooper, Third Earl of Shaftesbury, "An Inquiry Concerning Virtue and Merit" (1699, 1711), in *Characteristics of Men, Manners, Opinions, Times*, new edition (Cambridge: Cambridge University Press, 2000)

Joel Feinburg, *Doing and Deserving: Essays in the Theory of Responsibility* (Princeton, NJ: Princeton University Press, 1970)

*Louis Pojman, "Merit: Why Do We Value It?" *Journal of Social Philosophy* 30 (1999): 83~102

1.15 자연법 Natural Law

오늘날 동성애 문제를 둘러싼 논쟁에서 우리는 동성애가 비자연적이기 때문에 부도덕하다는 주장과 마주칠 수 있다. 그러나 이것이 무슨 뜻일까? 확실히 어떤 것이 자연적이라는 사실이 그것을 좋은 것으로 만드는 것은 아니지 않은가? 어쨌든 쓰나미가 그렇듯이, 결국 가래톳흑사병도 자연적인 것이다. 그리고 분명 비자연적라는 사실이 어떤 것을 나쁜 것으로 만들기에 충분한 것도 아니지 않은가? 컴퓨터와 풋볼이 그렇듯이, 오페라도 비자연적인 것이다. 그렇다면 다시 많은 현대 철학자들의 생각을 따르면, 어떤 의미에서 모든 것은 자연적이다. 왜냐하면 인간의 성적 행위를 비롯하여 모든 것은 물리학과 생물학과 심리학의 자연 법칙들에 따라서 발생하기 때문이다. 그렇다면 왜 많은 사람들은 동성애가 비자연적이라는 비판이 의미가 있다고 여기는가?

스토아학파의 자연법

도덕과 관련된 자연법 개념의 선례는 적어도 에베소의 헤라클리투스(Haraclitus: 기원전 6세기 후반)에까지 거슬러 올라간다. 그는 우주에 질서를 부여할 뿐만 아니라 일정한 도덕적·실천적 의미들을 수반하는 세계의 로고스(*logos*; 이성, 법칙)에 대해 이야기했다. 피타고라스학파 사람들은 올바르게 산다는 것은 보다 거대한 우주에서 발견되는 조화와 균형과 정확성을 자신 안에서 성취하는 것을 의미한다고 가르쳤다. 이런 점에서 그들을 따랐던 플라톤은 이에 덧붙여 인간 삶에서의 선과 자연 세계에서 드러나는 선은 심층적이고 독립적이며 공통적인 토대를 공유한다고 주장했다.

그러나 이 사상가들 중 어느 누구도 자연법 그 자체를 명쾌하게 논의하지 않는다. 아리스토텔레스는 그것을 언급하며 — 사회는 자연적 기초를 가지며, 인간의 선은 자연에 기초를 두고 있으며, 우리는 우리의 자연이성을 통해 선을 이해할 수 있다는 주장을 비롯하여 — 자연법 이론에 관련된 주장들을 제시했다. 그러나 처음으로 자연법 이론에 대해 직접적 발언을 한 사람은 키티움의 제논(Zeno of Citium: 기원전 333~264) 같은 스토아학파 사람들이었다. 스토아학파에 따르면, 자연 세계에 널리 편재하는 불 혹은 공기(*pneuma*)가 있어서 이것이 합리적이고 도덕적으로 선한 질서 혹은 코스모스(*kosmos*)를 제공한다. 이 널리 편재하는 힘은 올바른 추론에 의해 파악될 수 있는 자연법을 규정하며, 도덕적 존재들의 우주적 공동체인 세계도시(*cosmopolis*)의 가능성을 보장한다.

기독교적 전개

이런 종류의 우주적 사회는 타르수스의 바오로(Paul of Tarsus: 67년 사망)에게는 중요한 것이었다. 그는 초기 예수그리스도 운동이 유대인에게만 국한되어선 안 되며 모든 사람을 포용해야 한다고 주장했다. 바오로에게는 예수나 기독교 성서를 모르는 사람도 여전히 올바르게 살 수 있다. 왜냐하면 도덕법의 원리들은 "마음속에 새겨져 있으며" 모든 사람의 "양심"이기 때문이다(「로마서」 2장 11~15절). 당시 자연법 개념은 기독교가 그것이 기원한 지역의 사회와 문화를 넘어 확장되는 것을 가능하게 만들었다.

그러나 아퀴나스의 저작은 자연법 이론에 대한 아마 가장 유명한 해설을 제공할 것이다. 아퀴나스는 자연적인 것은 신의 "영원법"(eternal law)으로 자연 세계에 명백히 드러난다고 주장한다. (아퀴나스에 따르면, 물론 자연법은 그것만으로는 불완전하며 계시를 통해 인류가 획득하는 "신법"(divine law)으로 보완되어야 한다.) 그러나 자연법을 어떤 편재하는 힘에 기초했던 스토아철학자들과 달리, 아퀴나스는 자연법을 자연적 인간의 추론활동 속에서 찾아낸다. 그러므로 사람들이 도덕적 물음에 대해 잘 추론할 때마다, 그들이 도달하는 결론은 자연법과 일치할 것이다. 이는 우리가 이 자연법에 대해 생각할 수 있는 두 가지 기본 방향을 가리킨다: (1) 여하튼 인간과 사회를 벗어난 자연 세계에서 분명히 알 수 있는 것으로; 그리고 (2) 실천이성의 한 본질적 특징이든 인간의 양심 속에 있든 — 어떤 신성한 존재가 그것을 그렇게 설계했든 아니든 — 여하튼 선천적으로 인간의 마음속에 뿌리 박고 있는 것으로.

어느 방향을 따르든, 이것에는 정치적 중요성이 있다: 자연법(*jus naturalis*)은 모든 관습적인 민법(*jus civilis*)을 초월하며 훌륭한 민법을 보증한다. 인법(人法) 혹은 민법이 자연법과 일치할 때, 사회는 잘 다스려지며 서로 다른 사회들이 합의를 이룬다. 인법이 자연법과 어긋날 때, 사회는 잘못 다스려지며 불화가 따른다. "자연권" 개념은 자연법 전통에서 뻗어 나온 것이며, 따라서 보편적 인권에 대한 현대의 학설은 궁극적으로 여기서 유래한다.

자연법의 매력

자연법 이론의 주된 매력들 중의 하나는 사람들이 문화와 시대와 장소를 가로질러 호소할 수 있는 어떤 공통적 혹은 보편적 도덕의 기반을 규정할 수 있다는 희망을 준다는 점이다. 자연법은 마땅히 올바른 것과 단지 협약으로 올바른 것을 구별할 수 있게 해줄 것이며, 그것은 문화적 상대주의에 대항하는 하나의 한계 혹은 보루로서 쓸모가 있다. 만약 모든 인간이 어떤 자연적 분별력을 공유한다면, 그리고 자연이성이 어떤 공통적 혹은 수렴적인 도덕적 결론들의 집합에 이른다면, 인간을 위한 어느 정도 보편적인 도덕의 뼈대를 얻는 것이 가능해진다.

또한 자연법은 현존하는 사회에 대한 비판을 가능하게 할 것이다. 만약 사회의 법률이 도덕적으로 그르거나 타락했다면, 정의나 선에 관한 물음을 해결하기 위해 그것에 의존하는 것은 도리에 맞지 않는 일이다. 우리는 그것을 비판하기 위해 사회 질서를 초월한 무언가를 필요로 한다. 이것은 바로 당시 미국의 인종을 분리하는 법률적·구조적 제도를 비판할 때 마틴 루터 킹 2세가 채용했던 전략이었다. 킹의 1963년 「버밍햄 교도소에서 보내는 편지」는 인종분리를 보장하는 법률은 "부정한" 법률이라는 자신의 주장을 정당화하는 방편으로 "자연법"에 호소하는 근대의 고전이다.

그러나 자연법이란 것이 정말 있는지 없는지, 그리고 설령 있다 해도 누구든 그것을 간파할 수 있는지는 전혀 분명하지 않다. 자연법은 인간 이성에 의해서만 파악될 수 있다는 아퀴나스의 주장은 서로 다른 유능한 사상가들이 매우 다른 도덕적 결론에 도달한다는 불변의 사실에 비추어볼 때 소박할 정도로 낙관적이다.

참조

—1.7 양심

—1.13 직관

—1.19 권리

—3.24 스토아적 세계주의

참고문헌

*Thomas Aquinas, *Treatise on Law*, edited by Richard J. Regan (Indianapolis, IN: Hackett Publishing, 2000); cf. *Summa Theologica* (1266~73) I~II, Questions 91~5

Samuel Pufendorf, *The Political Writings of Samuel Pufendorf*, edited by Craig L. Carr (Oxford: Oxford University Press, 1994); cf. *The Law of Nature and Nations* (1672)

Malcolm Schofield, *The Stoic Idea of the City* (Chicago: University of Chicago Press, 1999)

1.16 필요 Need

사람이 정말로 필요로 하는 것은 무엇인가? 사람은 얼마만큼 없이 살아갈 수 있을까? 이것은 믿기지 않을 정도로 단순한 물음이지만, 엄청난 축적과 파괴적 빈곤이 발생하는 이 터무니없는 시대에는 중요한 물음이다. 우리 대부분은 화려한 옷과 시시한 전기 장난감, 그리고 장신구와 장식물 없이도 어렵지 않게 살 수 있다. 어떤 사람은 전화 없이 살기가 어려울 테지만, 대부분 사람들은 그럭저럭 살아갈 수 있다. 사람들이 반드시 냉장고나 에어컨을 필요로 하지는 않는다. 그러나 사람이 가족이나 친구나 햇볕이나 기억 없이 살아갈 수 있을까? 아마 우리는 우선 이렇게 물어야 할 것이다: 어떤 의미에서의 "필요"인가?

무엇이 필요한가?

특히 필요에 대해 우리는 항상 이렇게 물을 수 있다: "당신은 무엇 때문에 그것을 필요로 하는가?" 어떤 사람은 크로스워드 퍼즐을 완성하기 위해 어떤 낱말을 필요로 할 수 있다. 어떤 사람은 요리를 완성하기 위해 계란 하나를 필요로 할지 모른다. 사람은 살아남기 위해 영양분과 산소를 필요로 한다. 사람은 정상적 정신건강을 위해 인간과의 접촉과 사회를 필요로 한다. 글을 읽는 능력은 보통 적절한 교육을 받기 위해 필요하다.

이런 필요들 중 일부는 다른 것들과는 다른 서열을 가진 것처럼 보인다. 경제학자이자 사회이론가인 조안 로빈슨(Joan Robinson: 1903~83)은 가장 기초적인 수준의 사회에서 인간은 그녀가 "필요의 영역"(realm of necessity)이라고 부른 것 속에 존재하며, 여기서는 생명유지를 위해 일정한 육체적 필요와 어쩌면 심리적 필요가 만족되어야 한다고 주장했다. 기초적인 사회는 대부분의 시간을 이런 필요들을 만족시키는 데 소모한다. 그러나 사회가 점점 더 생산적이게 되면, 생활의 기초적 필요들은 빠르게 확보되고 잉여를 생산하기 위한 시간을 풀어준다. 이런 잉여들은 인간을 그녀가 "자유의 영역"(realm of freedom)이라고 부른 곳으로 들어가게 하며, 여기서는 인간이 수없이 다양한 재화와 서비스, 말하자면 정말 필요하진 않지만 그럼에도 그들의 생활을 풍요롭게 하거나 확장하거나 소모시키는 것들을 자유롭게 창조하고 생산하고 소비한다. 예술품 제작활동, 학문, 연예, 사치품, 스포츠,

사교, 사색, 여가활동 등은 기초적 인간생존에 필요하지 않은 것들이다; 그러나 그것들은 여전히 인간 생활에 매우 많은 기여를 한다.

아리스토텔레스와 에이브러햄 마슬로우(Abraham Maslow: 1908~70) 등의 다양한 사상가들은 충만한 인간은 그저 살아 있다는 것 말고도 훨씬 더 많은 것을 포함한다고 인식했다. 진정한 우리 자신이 — 가장 완전하거나 가장 탁월한 우리 자신이 — 되기 위해, 우리는 로빈슨이 자유의 영역에 관련시킨 것들 중 대다수를 필요로 할 것이다. 만약 어느 정도 완전한 인간으로 번영하는 것이 복잡하게 사고하는 힘을 요구한다면, 문학과 철학 같은 것이 인간의 필요일 수 있다. 만약 완전한 인간이 되는 것이 자신의 자아를 물질적 대상을 통해 표현하는 힘을 요구한다면, 예술이 인간의 필요일 수 있다. 아마 자유롭고 좋은 사회는 그 자체로 인간의 필요일 것이다. 아리스토텔레스가 말하길, 인간 사회 바깥에서 한 사람은 — 그가 신이 아닌 한에는 — 인간이 아닌 동물이 될 것이다(『정치학』[*Politics*], 제1권, 1253a27~33). 얘기가 나왔으니 하는 말이지만, 어떤 사람들은 사람이 신과의 의식적 관계를 필요로 한다고 주장했다.

필요의 창출

이 점에 관해 가장 어려운 문제들 중 하나는 생명유지를 넘어서 정확히 어떤 종류의 것을 인간이 실제로 필요로 하는가 (혹은 필요로 함에 틀림없는가) 하는 문제이다. 어쩌면 이 필요는 문화마다 다를 것이다. 그리고 어쩌면 이렇게 다른 이유는 어떤 사회가 실제로 새로운 필요를 창출하기 때문일 수 있다. 마르크스(Karl Marx: 1818~83)와 여타 사람들은 자본주의 상업사회의 특징들 중 하나는 시장을 부양하고 확장하기 위해 지속적으로 새로운 필요들을 창출해야 하는 것이라고 주장했다. 그래서 한편으로 사람들은 전깃불이나 텔레비전이나 핸드폰 없이도 수세기 동안 매우 행복하게 잘 살아왔지만, 오늘날 세계의 부유한 자본주의 사회의 많은 사람들은 반드시 이것들을 가져야 한다고 믿게 되었다. 철학적 용어로 사람들은 "적응 선호"(adaptive preference)를 — 사회 환경에 적응하는, 혹은 그것에 의해 왜곡된 선호를 — 드러낸다.

많은 헬레니즘 사상가들처럼 그리스 철학자 에피쿠로스(Epicurus: 기원전 341~270)는 사회가 생산하는 무익하고 공허하고 인위적이고 불필요한 욕망에 저항해야 하며 대신에 인간에게 "자연적이고 필수적인" 욕망에만 충실해야 한다는 결론을 내렸다. 그렇게 함은 사람들을 평정(*ataraxia*)과 진정한 행복(*eudaimonia*)으로 이끄는 반면, 불필요하고 인위적인 욕망을 만족시키는 것은 실제로 전혀 우리를 만족하는 상태에 내버려두지 않는다. 에피쿠로스에게 인간은 자연적으로 우정과 사회와 지적인 대화를 욕망한다.

그러나 어느 필요가 진정 자연적이고 어느 필요가 그저 인위적인지는 분명치 않다. 실제로 인위적인 것을 생산하는 것이 인간에게 자연적인 것처럼 보이므로 그 구분은 거짓 구분이라고 말할 수도 있다. 그러므로 에피쿠로스는 사람들이 대형 도서관, 출판사, 대학, 극장, 오페라, 영화, 그리고 그것들의 생산에 필요한 경제적 수단 같은 것들을 필요로 하는가 하는 문제를 불분명하게 남겨둔다. 설령 자연적인 것이 비자연적인 것과 구분될 수 있더라도, 어떻게 우리는 필요들의 우선순위를 평가하거나 확립해야 할까? 필요들이 경쟁할 때, 어떻게 우리는 그것들 중에서 선택해야 할까?

실재적이고 절박한 필요의 존재는 윤리를 가능하게 하며 필요하게 만드는 우리 삶의 특징들 중 하나이다. 사람들이 필요를 가지고 있음을 이해하고 그것이 무엇인지를 반성하는 것은 우리로 하여금 일정한 방식으로 행동하거나 행동하지 않는 것이 정말 중요하다는 것을 깨닫게 해준다. 이 때문에, 어떤 관례를 잘못된 관례로 만드는 것은 그것이 부당하게 사람들로부터 그들에게 필요한 것을 빼앗기 때문이라고 말할 수도 있다. 더 기초적인 필요와 덜 기초적인 필요를 분별하는 것은 어느 정도 금해야 할 것과 어느 정도 인정해야 할 것을 구분하는 데 도움을 준다.

참조

—1.6 성품

—1.12 이해관심

—1.14 공적

—2.16 덕윤리

참고문헌

Aristotle, *The Politics and The Constitution of Athens*, revised standard edition (Cambridge: Cambridge University Press, 1996)

Epicurus, "Letter to Menoeceus" in *The Epicurus Reader: Selected Writings and Testimonia* (Indianapolis, IN: Hackett Publishing, 1994)

*Joan Robinson, *Freedom and Necessity: An Introduction to the Study of Society* (New York: Pantheon Books, 1970)

1.17 고통과 쾌락 Pain and Pleasure

기근에 찌든 세계의 어떤 지역에 온라인으로 쌀을 기부하면서 당신은 소비자 선택이 이제는 보낼 쌀의 품종을 포함할 정도로 확대되었다는 사실을 알게 된다. 세 가지 옵션이 주어진다. 첫 번째는 담백한 것, 두 번째는 맛 좋기로 유명한 것이고, 반면에 세 번째는 먹은 사람들 대부분에게 복통을 일으키는 것이다. 다른 모든 측면에서 — 비용, 영양학적 가치, 생산 방법, 원산지 등은 — 세 가지가 모두 같다. 어느 것을 선택해야 할까?

이것은 머리 쓸 필요도 없는 일로 보인다. 당연히 맛 좋은 쌀을 보내주는 것이 선하고, 당연히 누구도 사람들에게 복통을 일으키는 종류를 보내지 않을 것이다. 그러나 이 선택이 어째서 그리 분명한가? 쾌락은 그 자체로 좋은 것이고 고통은 그 자체로 나쁜 것이기 때문이다. 달리 표현해서 다른 모든 조건이 같다면 고통은 사람들이 살기 더 나쁘게 만들고 쾌락은 사람들이 살기 더 좋게 만든다. 따라서 쾌락을 주는 쌀을 선택함으로써 재정적으로든 다른 점에서든 추가되는 비용이 없기 때문에, 도움을 받는 수혜자들이 덜 맛있는 품종보다는 맛있는 품종을 먹는 것이 당연히 더 좋은 일이다. 마찬가지로 세 번째 품종에 의해 일어나는 고통을 상쇄할 이익이 없기 때문에, 담백한 것이나 맛있는 것보다 그것을 선택할 이유가 없다.

본질적으로 좋은 것

이것은 별로 심오한 주장이 아닐 수도 있다. 그러나 어떤 사람이 그 자체로 좋은 어떤 다른 것을 생각해보려 한다면 이 주장의 의미심장함이 보다 명확해진다. 지식은 어떠한가? 분명히 아니다 — 누구도 단지 더 많은 것을 안다고 더 살기 좋아지진 않는다. 그것이 사실이라면 개인은 단순히 전화번호부의 기재사항을 외움으로써 자신의 운을 향상시킬 수 있을 것이다. 돈은 어떠한가? 그것이 정말 좋은 것이라면, 돈은 그 자체로 좋은 것이 아니라 그것을 가지고 할 수 있는 일에 의해서만 좋은 것이다. 생존은 어떠한가? 많은 사람들은 실제로 길고 비참한 삶보다는 짧고 충족된 삶을 선호할 것이다. 많은 사람들은 또한 더 짧더라도 식물인간의 삶이 아니라 인간다운 삶을 선호할 것이다. 그러므로 단순한 생존은 사람들이 크게 가치를 두는 것이 아닌 것처럼 보인다.

아리스토텔레스, 벤담(Jeremy Bentham: 1748~1832), 밀(John Stuart Mill: 1806~73)을 비롯하여 많은 사람들은 정말 본질적으로 좋은 — 분명 그 자체로 가치 있는 — 것들의 목록은 매우 짧을 것이라고 생각했다: 쾌락 혹은 행복. 이 둘은 아마 완전히 동일한 것이 아닐 수 있으나, 둘 모두 지각을 가진 동물의 주관적 복지와 관련된다. 유사하게 확실히 그 자체로 나쁜 것들의 목록은 고통과 불행으로 집약된다. 다른 모든 것들은 이것들과 관련하여 좋거나 나쁘다. 예술이 좋은 것이라면 그것이 고상한 쾌락의 한 형태이기 때문이다. 거짓말이 나쁜 것이라면 그것이 괴로움을 일으키는 경향이 있기 때문이다. 생존이 좋은 것이라면 오직 그것이 행복의 선행조건이기 때문이다. 쾌락도 행복도 느낄 수 없는 생존은 별 가치가 없다.

이 논증의 설득력을 검증하기 위해, 쾌락이나 고통을 느낄 수 없는 지적 존재들이 거주하는 어떤 행성을 발견했다고 상상해보자. 그들이 도덕이나 적어도 그 자체로 좋은 것에 대한 관념을 가지는 것이 가능할까? 이에 대한 우리의 직관은 불명확하다. 사실 아무것도 해악으로 느끼지 않거나 심지어 자신의 소멸에 대해서도 아무 괴로움도 느끼지 않거나 살아 있음에서 아무 쾌락도 느끼지 않는 존재에게 "해를 가한다"는 것이 옳은지 그른지를 알아내는 것은 하나의 도전이다. 그러나 어쩌면 생존과 지성 같은 것들은, 설령 그것들의 좋음이 때로는 나쁜 것들이나 심지어 다른 좋은 것들에 의해 가려지거나 무효화된다 해도, 그 자체로 좋은 것들일 수 있다.

쾌락 원칙

벤담에게는 고통과 쾌락의 근본적 중요성이 그로 하여금 "쾌락주의적 공리주의"라고 알려진 도덕이론을 만들게 했다. 이것의 주된 강령은 "최대 행복 원칙"이다: 도덕적으로 옳은 행동은 최대 다수에게 최대 행복을 가져오는 행동이다.

일부 사람들은 소수자를 억압하는 것이 다수에게 행복을 가져온다면 이 원칙은 그렇게 하는 것을 정당화한다고 비판했다. 다른 사람들은 그것이 행복의 유형들을 구분하지 못한다고 비판했다. 벤담의 후계자인 밀은 쾌락의 질이 쾌락의 양보다 더 중요하다고 주장함으로써 후자의 비판에 답했다. 보다 구체적으로 그는 고상한 쾌락과 저급한 쾌락, 각각 정신의 쾌락과 육체의 쾌락이 있다고 주장했다. 행복의 극대화는 그저 가장 강렬한 쾌락이 아니라, 양(兩) 형태의 쾌락을 모두 극대화할 것을 요구한다. 물론 고상한 쾌락이 저급한 쾌락을 능가한다; 혹은 밀이 멋지게 표현한 것처럼 "만족한 돼지이기보다는 불만족한 인간인 편이 더 낫다."

유사한 맥락에서 에피쿠로스는 정적 쾌락(고요, 평정, 휴식의 쾌락)과 (욕망, 대체로 육체적 욕망을 만족시키는 쾌락과 춤이나 스포츠의 쾌락처럼 흥분한 쾌락을 포함하는) 능동적 혹은 활동적 쾌락을 구분했다. 쾌락은 또한 강도, 지속성, 순수성(고통의 혼합물이 전혀 없음)에 의해 구분될 수 있다. 다른 사람들은 쾌락의 다양한 유형에 대한 도덕적 구분을 만들면서 건전한 쾌락과 사악한 쾌락의 구분뿐만 아니라 자연적 쾌락과 인위적 쾌락도 구분했다.

쾌락을 어떤 식으로 이해하든 개인도덕보다는 정부정책을 지도하는 원칙으로서 더 유행했지만, 쾌락주의적 공리주의는 인기가 높았다. 그럼에도 그것은 또한 많은 비판가들을 끌어들였으며, 그들 모두는 다양한 방식으로 좋은 삶에는 (따라서 선함에는) 단순히 행복이나 쾌락 이상의 것이 포함된다고 주장한다. 예컨대 노직(Robert Nozick: 1938~2002)은 우리에게 오직 즐거운 경험만을 주거나 우리를 완전히 행복하게 만들어주는 기계에 들어가는 것이 우리로부터 실제적 삶을 빼앗는다면 우리는 그 기계에 들어가는 것을 선택하지 않을 것이라고 주장했다. 이 말은 쾌락이 그 자체로 좋은 것이 아니라는 말은 아니다. 이는 다만 이런 성질의 다른 좋은 것들도 있다는 말이다 — 예컨대 "진정한" 혹은 참된 삶을 사는 것이나 자기 자신을 위해 의미 있는 선택을 할 수 있는 자율적 행위자가 되는 것. 이런 비판에 의거하여, 1999년 영화 「매트릭스」는 (빨간 약을 먹음으로써 얻어지는) 힘들고 자주 고통을 주는 현실에서 사는 것과 (파란 약을 통해) 보다 즐거운 망상 속에서 사는 것 사이에서 등장인물들에게 주어지는 선택을 묘사한다. 당신은 어느 쪽을 선택하겠는가?

쾌락의 측정

쾌락주의적 공리주의가 직면하는 또 하나의 문제는 쾌락의 측정이 어느 정도 가능한가 하는 문제이다. 만약 우리가 서로 다른 대안들이 얼마만큼의 쾌락을 산출하는지를 정확히 결정할 수 없다면, 우리는 그것들 가운데서 어떻게 선택할 수 있을까? 유사하게 ("개인 간의 공리 비교"라 일컫는 것을 행하여) 한 개인이 향유하는 쾌락을 다른 사람의 쾌락과 비교하는 것은 어느 정도 가능할까? 루퍼트 머독(Rupert Murdoch)에게 100파운드를 주는 것은 그의 행복의 사소한 증가를 가져올 수 있는 반면, 동일한 액수를 가난한 사람에게 주는 것은 훨씬 더 많은 증가를 가져올 수 있다. 그러나 어쩌면 그 가난한 사람은 매우 반(反)유물론적인 종교적 거지일 수 있다; 반면에 머독은 너무나 탐욕스러워서 모든 습득이 엄청난 기쁨을 준다. 그런 경우에는 돈을 머독에게 주는 것이 그 가난한 사람에게 주는 것보다 더 많은 행복을 산출할 것이다. 다른 사람의 주관적 반응을 누가 알 수 있겠는가?

실제로 이런 이유와 다른 이유에서 많은 사람들은 도덕을 고통과 쾌락의 고려로 환원하려는 시도를 실패라고 간주한다. 그럼에도 고통과 쾌락이 우리의 도덕적 사고에서 아무 역할도 담당할 수 없다는 말도 이해하기 어렵다. 다른 모든 여건들이 같다면, 그것들은 분명 그 자체로 좋거나 나쁜 것으로 보인다. 그러나 다른 모든 여건들은 좀처럼 같지 않으며, 우리가 고려할 다른 도덕적 요소들이 저기에도 있다.

참조

—1.10 번영

—1.20 공감

—2.1 결과주의

—5.3 잘못된 신념과 자기기만

참고문헌

Jeremy Bentham, *An Introduction to the Principles of Morals and Legislation* [1789] (Oxford: Oxford University Press, 1996)

*John Stuart Mill, *Utilitarianism* [1863] (Indianapolis, IN: Hackett Publishing, 2002)

Robert Nozick, *Anarchy, State, and Utopia* (New York: Basic Books, 1974)

1.18 계시 Revelation

도덕철학에 대한 인간의 언어자료만 읽은 외계인들은 인간은 그들의 가치를 이성적 반성과 논증에 기초한다고 생각할 수밖에 없을 것이다. 그런데 그들이 실제로 지구에 착륙한다면, 그들은 큰 충격을 받을 것이다. 왜냐하면 그들은 막대한 수의 사람들이 이성적 반성이 아니라 계시로부터 지시를 받는다는 사실을 발견할 것이기 때문이다.

"계시"는 아마 자연적 추론으로부터 완전히 분리되진 않으나 그것과는 구별되는 과정을 통해 어떤 신성한 원천으로부터 지식이나 도덕 명령이나 심지어 확신을 받아들이는 것으로 정의될 수 있다. 불타는 덤불에서 신이 직접 모세에게 말한 것(「출애굽기」 3장 4절)과 모세가 시나이 산 정상에서 두 석판에 "신의 손가락으로 쓰인" 십계명을 받은 것(「출애굽기」 31장 18절)은 세계에서 가장 유명한 계시의 사례들 중 두 가지이다.

계시는 또한 "사자"(使者; 그리스어 안겔로스(*angelos*)의 문자적 의미이며 이로부터 "천사"(angel)가 나온다)나 어떤 다른 매개자를 통해, 심지어 어떤 자연적 대상이나 폭풍우 같은 사건을 통해 전해질 수도 있다. 예컨대 신이 직접은 아니지만 천사 가브리엘을 통해 마호메트(Muhammad: 570~632)에게 코란을 전했다고 말해진다. 예컨대 교황이 절대무류(絶對無謬)의 선언을 하게 될 때처럼, 혹은 예언가나 신학자가 삼위일체의 본질처럼 격론을 일으킬 신학적 쟁점에 관한 진리를 깨닫게 될 때처럼, 계시는 관찰가능한 표식이나 환영을 동반하지 않을 수도 있다.

그러므로 계시는 윤리적 추론과 숙고에 대한 설명을 제공한다. 그리고 여기서 윤리적 추론과 숙고의 출발점, 그것의 절차와 과정, 그리고 그것의 결론을 평가하는 방식은 궁극적으로 우리의 이성과 인지능력과 정서와 정념과 느낌에 의존하지 않으며 우리의 사회적 위치에 의존하는 것도 아니며, 여하튼 초자연적인 무언가에 의존한다.

이성(理性)과의 관계

서로 다른 전통들과 사상가들은 이성과 계시의 관계에 대해 서로 다른 설명을 제시했다. 아퀴나스는 계시는 이성의 소견과 결코 모순될 수 없다고 단언했다. 대조적으로 이븐 루슈드(Ibn Rushd: 1126~98)는 이성의 진리와 계시는 두 가지의 상이하고 비교할 수 없는 담론들이라고 주장했다. 베이컨(Francis Bacon: 1561~1626)은 계시는 자연과학과 관계가 없다고 주장한 반면, 많은 근대 창조론자들은 성경과 모순되는 과학이론은 반드시 거짓이라고 주장한다.

윤리와 관련하여 우리는 계시의 소견이 민법이나 일반적인 윤리이론에 적절한지를 판결해야 한다. 예컨대 율법을 계시된 것으로 생각한다면, 민법은 동성애나 동성 간의 결혼을 금하거나(「레위기」 20장 13절), 혹은 "너희 주변에 있는 이교도 민족들에서 남종이나 여종"을 획득하는 것을 허락해야 하는가(「레위기」 25장 44절)?

전통주의

일부 사람들은 계시는 그저 개인적 사건이 아니라 오히려 로마 가톨릭교회나 친우회(퀘이커교도)나 유럽 문화권 같은 더 거대한 공동체나 단체를 통해 일어난다고 주장했다. 자신의 『고백록』(*Confessions*, 5세기)에서 아우구스티누스는 신의 섭리의 손길은 기억(*memoria*)을 통해 오직 회고적으로만 깨달을 수 있다고 주장했다. 프랑스혁명을 반대한 보수적 기독교도였던 루이 드 보날드(Louis de Bonald: 1754~1840)는 계시는 사회의 전통에 나타난다고 주장했다. 보다 신비적 성향을 가진 다른 사람들은 — 예컨대 귀에농(René Guenon: 1886~1950)과 쿠마라스와미(Ananda Coomaraswamy: 1877~1947) 등은 — 연속적 계시와 신비적 체험 같은 것을 통해 이해될 수 있는 어떤 영원하고 보편적이고 원시적인 전통을 이야기한다.

문제점들

그러나 현대 철학자들은 흔히 신뢰할 수 없다는 이유로 계시를 윤리적 추론의 요소로 받아들이지 않는다. 일례로 추정된 계시들의 내용은 흔히 서로 반대되므로 그것들 모두가 참이 되는 것은 단순히 논리적으로 불가능하다. 그렇다면 계시에 호소하는 것은 윤리학적 탐구가 일반적으로 갈망하며 이런 탐구가 제공한다고 가정되는 보편성과 일반성과 합의를 달성하지 못한다.

지엽적이고 지역적 색채를 띤 윤리에 만족하는 사람들에게는 이것이 별로 중요하지 않을 수도 있다. 그러나 안일하게 지엽적 윤리에 안주하는 것은 심히 비뚤어진 것일 수 있다. 왜냐하면 계시들이 충돌할 때 그것들을 화해시킬 어떠한 심의 방법도 없을 것 같기 때문이다 — 이것은 부분적으로 왜 종교적 불화들이 늘어나는가를 설명한다. 그러나 윤리적 불화들을 화해시킬 방법, 즉 사태를 논하고 끝까지 이야기할 방법이 없을 때, 아마 그들의 교지(敎旨)를 추정된 계시들에 기초하고 있는 기독교, 이슬람교, 힌두교, 기타 종교의 일부 옹호자들 사이에서 그렇듯이, 사회적·정치적 분쟁이 따라 일어날 수 있다.

참조

—1.7 양심

—1.13 직관

—1.21 전통과 역사

참고문헌

Immanuel Kant, *Religion within the Boundaries of Mere Reason* [1793], *and Other Writings*, edited by Allen Wood and George di Giovanni (Cambridge: Cambridge University Press, 1998)

Etienne Gilson, *Reason and Revelation in the Middle Ages* [1938] (New York: Scribner, 2000)

Ronald Michael Greene, *Religion and Moral Reason: A New Method for Comparative Study*, new edition (Oxford: Oxford University Press, 1988)

1.19 권리 Rights

토마스 제퍼슨(Thomas Jefferson: 1743~1826)은 미국 독립선언문에서 이렇게 적은 것으로 알려져 있다: "우리는 다음과 같은 것들을 자명한 진리라고 생각한다. 즉 모든 사람은 평등하게 만들어졌으며 창조주는 우리에게 몇 가지의 양도할 수 없는 권리를 주셨으니, 그 권리들 중에는 생명과 자유와 행복추구가 있다." 이와 유사하게 『인권』에서 톰 페인은 프랑스혁명은 그 권리들과 매우 유사한 것을 확보하기 위한 싸움이었다고 논했다. 대체 이 사람들이 무슨 이야기를 하고 있었던 것일까?

자연법

권리에 대한 제퍼슨의 견해는 대체로 존 로크(John Locke: 1632~1704)의 『정부론』(*Two Treatises of Government*, 1680~90)에서 전개된 이론으로부터 나온다. 다시 로크의 이론은 "자연법" 전통으로 알려진 것에 뿌리를 두고 있다. "권리"라는 측면에서 자연법 전통은 사람들이 사회를 벗어난 자연적 질서의 차원에 의거하여 — 말하자면 사회나 문화나 개인의 창작물이 아닌 실재의 특징들에 — 일정한 처우와 고려를 받을 자격을 갖게 된다는, 낯설면서도 설득력을 가진 생각을 받아들인다. 아브라함 종교, 스토아학파, 자연신교의 자연관에 차례로 의존하면서 자연법 이론은 이 자격을 신이 제정한 것으로 묘사한다. 물리적이든 도덕적이든 자연법의 기원은 신성한 것인데 반해, 그것에 대한 인간의 이해는 타고난 추론 능력의 발휘에 의존하는 아주 평범한 것이다.

이 권리들은 독립적이고 사회 외적인 질서에 근거하고 있으므로, 어떤 인간 정부도 그것들을 수정하거나 무시할 수 없으며 어떤 개인도 그것들을 남에게 넘겨줄 수 없다. 이 점이 (각각 명예혁명, 미국혁명, 프랑스혁명을 정당화하는 글을 썼던) 로크와 제퍼슨과 페인이 그것들을 중요하다고 여기게 만든 것이다. 정부가 이 권리들을 존중하지 않는다면, 사람들이 그것에 저항하거나 반란을 일으키는 것이 정당화된다. 그렇다면 자연권은 국가에 대한 불복종과 심지어 혁명을 정당화한다.

이것은 극히 중대한 자격, 근대에 이르기까지 일반적으로 인정되지 않았던 자격이다. 그리고 그것의 정당화는 정부 외적인 무언가를 필요로 한다; 왜냐하면 어떤 사람이 정부와 그것이 합법적이라고 선언한 것을 초월한 무언가에 의지할 수 없다면, 반란의 권리에 대한 근거가 있을 수 없기 때문이다. 따라서 그의 유명한 「버밍햄 감옥에서 보내는 편지」(Letter from Birmingham Jail, 1963)에서 마틴 루터 킹 2세는 (1) 인종 분리의 미국 정권은 그르다는 주장과 (2) 그런 정권의 요구에 대한 불복종을 정당화함에 있어서 사회 외적(外的)이고 신성한 도덕 원칙에 호소한다.

그러나 그것들이 어디에 있는가?

그러나 자연권의 문제점은 그것들을 자연에서 발견하는 것이 불가능다고 보인다는 — 제퍼슨이 그것들이 자명하다고 주장했다는 사실을 감안한다면 이상하게 보인다는 — 점이다. 당신이 직접 찾아보라. 당신은 철학자들이 그 많은 시간을 들여 사색했던 손발과 피부와 머리카락과 배꼽을 발견할 수 있을 것이다. 그러나 당신은 그 어떤 권리도 발견하지 못할 것이다.

이는 권리들이 자연적인 것이 아니라 사회적-정치적 가공물이기 때문이라고 어떤 사람들은 말한다. 그것들은 신이 아니라 법률 기관과 (교회나 가족처럼) 법률 외적인 기관의 창조물이다. 예컨대 미국에 있는 사람들이 그들 자신의 권리의 성격과 범위를 결정하려할 때, 그들은 일반적으로 신이나 자연이 아니라 미국 헌법(1787)에 의지한다. 그러나 헌법은 자연권이나 신, 혹은 권리에 대한 다른 어떤 사회를 초월하는 토대를 언급하지 않는다. 그러나 인간임이 확실한 헌법 제정자들은 그것이 포함하는 조항들과 수정조항들을 통해 권리들을 규정하고, 조항들과 수정조항들은 사회적-정치적 기관인 대륙회의를 통해 인간에 의해 만들어진 것들이다.

권리들을 비자연적인 것으로 개념화하는 것은 자연권과 자연법 이론에 대한 매력적인 대안이다. 왜냐하면 그 대안은 권리들을 자연 안에서 발견해야 한다는 형이상학적이고 인식론적인 문제들로부터 우리를 해방시켜주기 때문이다. 그러나 이런 전략에는 대가(代價)가 있다. 만약 권리들이 사회적으로 구성된다면, 어떤 근거에서 누가 다른 정부나 사회가 기본권이라고 믿는 것을 인정하지 않는 정부나 사회와 논쟁을 벌일 수 있겠는가?

만약 권리들이 단순히 사회적 가공물이라면, 나치 독일의 유대인들은 실제로 생명권을 가졌겠는가?

소극적 권리와 적극적 권리

권리들은 종종 소극적(negative) 권리 혹은 적극적(positive) 권리로 분류된다. 소극적 권리는 간섭 없이, 특히 정부의 간섭 없이 자유롭게 행동하고 생각하고 말할 권리이다. 그러므로 소극적 권리는 "불간섭 권리"라고도 한다. 그렇다면 우리는 소극적 권리를 어떤 일을 실행할 수 있는 자유와 그 일에 종사하는 동안 간섭으로부터 자유로울 수 있는 자유를 확립하는 것이라고 말할 수 있다. 그래서 예컨대 사람들은 흔히 언론의 자유에 대한 — 즉 정부의 방해나 지장이나 보복 없이 스스로를 원하는 대로 표현할 — 소극적 권리를 갖는다고 말해진다. 사생활권, 즉 어떤 행위나 정보를 다른 사람이나 정부에게 알리지 않을 권리는 또 하나의 통상적인 소극적 권리이다. 그렇다면 소극적 권리는 다른 사람들, 특히 국가가 어떤 일을 하지 않게, 말하자면 소극적 권리를 가진 사람들을 간섭하지 않게 하는 것을 함축한다.

물론 종종 정치적 논쟁의 주제가 되는 범주인 또 다른 종류의 권리가 — "적극적" 권리 혹은 "청구권"이 — 있다. 이것은 국가나 다른 사람에게 실제로 어떤 일을 하도록 청구하는 것을 정당화하는 권리이다. 이와 연관하여 적극적 권리는 청구를 받은 사람들로 하여금 그 청구를 한 사람에게 어떤 것을 제공하도록 요구하는 의무를 확립한다. 예컨대 어린이들은 그들의 부모나 보호자에게 음식, 거주지, 교육, 그리고 다양한 종류의 보살핌을 청구할 권리를 가진다. 그렇다면 이런 청구들은 부모나 국가에게 이런 선들을 제공하도록 요구하는 의무와 서로 관련되어 있다. 유사하게 합법적 상속인은 자신의 유산을 청구할 권리가 있다.

때로는 소극적 권리와 적극적 권리가 실질적으로 분리할 수 없을 정도로 서로 뒤얽힌다. 예컨대 우리의 사회 질서 속에서 언론의 자유와 재산의 보호라는 소극적 권리는 시민들이 폭행, 간섭, 절도, 사생활침해에 대한 보호를 국가에 요구할 적극적 권리와 연결된다.

무엇이 적극적 권리 혹은 청구권이 될지는 논란의 여지가 많은 문제로 남아 있다. 사람들이 사회에 취업을 요구할 권리를 가져야 하는가? 자신의 조상이 노예제도나 강탈과 같은 역사적 부정의를 당했던 사람들은 그 부정의를 범한 사람들의 후손들에게 보상을 요구할 권리를 가져야 하는가?

보편성의 매력과 문제점

"인권"은 국제적 법률 기관들뿐만 사회적-정치적 개혁 및 변화에 헌신하는 조직들의 담론과 실천에 활기를 불어넣으면서 정치학에서 가장 강력한 개념들 중 하나가 되었다. 로크의 자연권 개념처럼, 인권은 부분적으로 그것이 보편적이라고 간주되기 때문에 설득력을 가지는 것이다; 그러므로 — 코소보든 이라크든 중국이든 체첸공화국이든 미국이든 파키스탄이든 르완다든 — 세계 어느 곳에서 일어나든 정치적 사건을 평가하기 위한 기준이 그것으로부터 나올 수 있다.

국제연합(UN)의 「세계인권선언」(Universal Declaration of Human Rights, 1948)은 다양한 인권을 국제법의 내용으로 수립했지만, 일부 사람들은 인권을 가장하여 포함된 것들 가운데 많은 것은 서구적 정치 이데올로기라고 주장했다. 비서구의 비자본주의 사회들에게 이 권리들을 준수하라고 요구하는 것은 제국주의에 해당한다. 예컨대 1989년 천안문 및 다른 곳에서의 시위들에 대한 대응방식에 관해 비판을 받았을 때, 중국 정부는 이런 방향의 논증들을 제시했다. 다른 사람들은 공공장소에서 여성들을 덮어 가리고 (남성과 여성의) 생식기를 자르는 관행은 인권의 침해가 아니라 서로 다른 문화적 전통의 정당한 표현이라고 주장한다.

그러나 이런 의문에 대해 경험적 증거에 지나치게 의지하는 것은 위험하다. 사실상 국제연합이 「세계인권선언」의 초안을 잡고 있었을 때, 가장 열렬히 그 목록에 여러 가지 권리들을 포함시키려 했던 것은 비서구 국가의 대표자들이었다; 그리고 이 권리들을 옹호하기 위해 가장 왕성하게 떠들었던 사람들도 흔히 비서구 국가의 운동가들이었다. 설령 오늘날의 권리 담론들이 처음에는 서양 전통에서 나타났다 해도, 그 문서가 단순히 백인-서구의 속임수라는 생각은 역사적으로 부정확하다.

책임들

흔히 권리에는 책임이 따른다고 말한다. 이는 보통 시민사회의 질서로부터 이익을 얻음은 우리로 하여금 일정한 재화와 서비스를 (세금, 군복무 등등) 그것에 되돌려줄 의무를 지운다는 말이다. 철학적으로 말해서, 일정한 존재들에게 권리들에 대한 자격을 부여하는 바로 그것이 그들을 의무를 가진 존재들로 만든다고 말할 수 있다.

권리는 일반적으로 책임을 함축하지만 그것이 항상 그래야 한다는 주장은 옹호하기 더 어렵다. 권리는 그것에 동반하는 어떠한 책임도 떠맡을 방편이 없는 모든 종류의 것들에게 — 예컨대 인간이 아닌 동물들, 아직 태어나지 않은 아기들, 혼수상태에 있는 사람들, 심지어 생태계에게도 — 부여된다. 그렇다면 권리-책임의 연결고리를 그럴듯하게라도 만들려면, 책임을 다하기에는 능력이 부족하거나 아직 잠재적 능력만을 가진 존재들에 대해서는 오직 베풀어질 권리에 대해서만 이야기할 필요가 있다. 그러나 분명 그것이 모든 경우에 가능한 것은 아니다.

참조

—1.15 자연법

—2.16 덕윤리

—3.1 절대적/상대적

—3.24 스토아적 세계주의

참고문헌

H. L. A. Hart, "Are There Any Natural Rights?" *Philosophical Review* 64 (April, 1955) : 175~91.

Ronald Dworkin, *Taking Rights Seriously* [1977] (Cambridge, MA: Havard University Press, 2005)

*Micheline R. Ishay, ed., *The Human Rights Reader: Major Speeches, Essays, and Documents from the Bible to the Present* (New York: Routledge, 1997)

1.20 공감 Sympathy

『인간 본성에 관한 논고』(*A Treatise of Human Nature*, 1793)에서 흄은 "인간의 마음은 서로의 거울이다"라고 적는다(2권, 2부, 5절). 이 말로 그는 우리는 다른 사람이 느끼는 정서와 감정을 느낀다는 것을 뜻한다. 기분 좋은 사람 옆에 있는 것은 우리를 기운 나게 할 수 있다. 우울한 사람의 존재는 우울하게 할 수 있다. 사람들이 괴로워하는 다른 사람을 관찰할 때, 그들도 — 다른 사람의 고통을 느낀다는 의미에서 — 일종의 고통을 느낀다. 아마 틀림없이 사회를 묶어줄 뿐만 아니라 우리의 도덕적 삶을 가능하게 하는 것이 바로 이런 공감의 능력일 것이다. 실제로 다른 사람의 고통을 공감할 능력이 없다는 것은 반사회적 성격이상자에게 특징적으로 나타나는 병리현상이다.

사람들이 전혀 서로 공감할 수 없는 상상적 세계를 생각해보자. 그 세계를 "아심파시아"라고 부르자. 아심파시아 사람들은 자신들의 행동이 서로에게 해를 끼칠지 않을지를 걱정할 수 있을까? 가족과 친구가 서로의 이해관심을 존중할까? 동정심이나 관심이나 걱정이나 위로나 우려나 사랑이 공감 없이 가능할까?

합리주의자와 이기주의자에 대한 반론

공감 학설은 그 제안자들이 경쟁하는 도덕철학들 속에서 발견한 몇 가지 결점들에 대답하기 위해 전개되었다. 고대 스토아철학자들은 이성의 지배와 감정의 억제(*apatheia*)가 도덕적 삶의 필요조건이라고 주장했다. 많은 철학자들이 — 플라톤, 데카르트(René Descartes : 1596~1650), 스피노자, 클라크(Samuel Clarke : 1675~1729), 칸트 등이 — 다양한 방식으로 이에 동의한다. 이 사상가들에 따르면, 이성은 자연적 혹은 신적 질서, 실재의 형이상학적 토대, 관념들 사이의 관계, 이성의 본질 등에 내장된 도덕적 진리들을 파악할 수 있다.

홉스(Thomas Hobbes : 1588~1679)와 맨더빌(Bernard Mandeville : 1670~1733) 같은 철학자들은 이와 경쟁하는 견해를 제시했다. 그들의 주장에 따르면, 사람은 자기의 이기적 욕망에 도움이 된다고 생각하는 방식으로만 행동하는 철저히 이기적인 피조물이다. 이런 관점에서 이성은 계산을 통해 이기적 목적을 만족시키는 수단을 결정할 수 있는 한에서만 관련이 있다.

그러나 "도덕 감정" 이론가들은 이 설명들이 모두 불만족스럽다고 여겼다. 프란시스 허치슨(Francis Hutcheson: 1694~1746)과 애덤 스미스(Adam Smith: 1723~90)와 데이비드 흄은 이성이 도덕의 토대라는 주장과 인간이 단순히 이기주의자라는 주장을 모두 거부했다. 이성이 홀로 옳고 그름을 확립하지 않기에 합리주의자는 틀린 것이다; 이성은 그것이 정서와 감정에 영향을 미치고, 우리가 욕망하는 것을 획득할 수단을 결정하고, 우리의 행동에 따라올지 모르는 결과를 드러내는 정도로만 우리의 도덕적 삶으로 들어온다. 공감은 우리에게 다른 사람에 대한 진정한 존중을 느끼게 해주기에 이기주의자는 틀린 것이다. 그렇다면 궁극적으로 도덕은 이성에 의해 인도되는 공감적 느낌에 근거를 두는 셈이다

공통적 기반

도덕 감정 이론을 매력적이게 만드는 특징들 중 하나는 본성과 훈육의 험난한 바다를 만족스러운 방식으로 통과할 수 있는 능력이다. 도덕 감정 혹은 적어도 그것을 느낄 수 있는 능력은 사람들 가운데서 어느 정도 보편적으로 발견되기 때문에, 그것은 문화와 지리와 역사를 가로질러 퍼지는 보편적 혹은 공통적 도덕을 위한 기반을 제공한다. 게다가 그것은 인간의 본성적 특징이므로, 도덕 감정은 진화론적·사회생물학적 도덕이론과도 부합한다.

"도덕 감정" 개념은 "양심" 개념과 많은 공통점이 있지만, 도덕 감정은 순응성이 있다는 점에서 다르다. 서로 다른 환경, 서로 다른 사회,

서로 다른 도덕교육 체계는 그것을 다른 모양으로 만든다. 그렇다면 도덕 감정 이론은 또한 문화 내부에서뿐만 아니라 문화들을 가로지르는 도덕적 가치의 가변성을 설명한다; 그리고 그것은 상이한 문화들 간의 도덕적·정치적 대화에서 어떤 공통적 기반을 발견할 가능성을 제거하는 대가를 치루지 않고도 이 가변성을 설명한다.

만약 윤리가 감정에 기반을 둔다면, 도덕적 담론은 건전한 논증을 제공할 뿐만 아니라 사람들의 감정에 영향을 미쳐야 한다. 그러므로 관습과 전통에 대한 고려뿐만 아니라 이미지, 이야기, 사례, 문학적 수사어구가 도덕적 담론에서 어느 모로나 개념의 분석만큼 중요한 위치를 차지한다.

참조

—1.7 양심

—2.7 이기주의

—2.13 합리주의

참고문헌

Bernard Mandeville, *Fable of the Bees* [1714] *and Other Writings* (Indianapolis: IN: Hackett Publishing, 1997)

David Hume, *Enquiry Concerning the Principles of Morals* [1748], edited by Tom L. Beauchamp (Oxford: Oxford University Press, 1998)

Adam Smith, *Theory of the Moral Sentiments* [1759] (Indianapolis, IN: Liberty Fund, 1982)

1.21 전통과 역사 Tradition and History

치료사가 자신의 고객에게 "당신의 어머님에 대해 말해주시겠습니까?" 하고 말했다. 프로이트 심리학은 "오이디푸스 콤플렉스"에 대해 틀렸을 수도 있지만, 한 인간을 알기 위해서는 그 혹은 그녀의 과거를 알아야 한다고 주장한 것은 확실히 옳았다.

어떤 사람이 윤리적 숙고에서 반드시 생각할 중요한 것들 중 하나도 인간 사회처럼 인간 각자에게는 단순히 과거가 아니라 역사가 있다는 사실이다. 바위들처럼 무생물의 비역사적인 대상들은 인간이 과거와 연결되는 방식과는 다른 방식으로 과거와 연결된다. 어떤 바위는 진흙이나 용암이나 별의 가스였을지도 모르나, 그것은 과거의 상태들을 의식하지 못하며 그것들에 단순히 무의식적인 인과적 방식으로 연결된다. 그러나 의식을 가진 인간들은 그들의 현재 삶에서 의식적으로 의지해야 하는, 그들이 물려받은 과거의 의미들에 직면한다. 인간에게 역사로서의 과거는 현재에 — 현재의 윤리적 숙고와 감정의 방향에 — 매우 중대한 영향을 미친다. 포크너(William Faulkner)가 말했던 것처럼, "과거는 죽지 않았다 — 그것은 심지어 과거도 아니다."

전통에 대한 사유의 전통

독일 철학자 하이데거는 우리가 만든 것은 아니지만 우리가 이어받을 수밖에 없는 의미와 관행의 세계에 태어나게 되는 특성을 "피투성"(彼投性, *Geworfenheit*)이라고 명명했다. 단순히 "시간"을 가로질러 존재하는 바위들과 달리, 인간들과 그들의 존재는 "시간성"에 의해 특징지어진다. 우리는 "시간적"이고 "역사적"인 존재로서, 우리의 현재를 규정하고 그 역사와의 관계에서 스스로를 미래로 내던져야 하는 그런 방식으로 역사 속에 던져진다.

분명 하이데거가 이것을 깨달은 최초의 철학자는 아니었다. 19세기 헤겔(G. W. F. Hegel: 1770~1831) 같은 독일 사상가들뿐만 아니라 이후에 나타난 브래들리(F. H. Bradley: 1846~1924)와 콜링우드(R. G. Collingwood: 1889~1943) 같은 영국 사상가들은 인간의 삶에서 역사의 중요성에 대해 사색했다. 지암바티스타 비코(Giambattista Vico: 1668~1744) 같은 이전의 유럽인들도 인간의 삶이 본질적으로 철저히 역사적임을 민감하게 느꼈다.

인간 존재의 역사적 특징들 사이에서 어떤 사람들은 "전통"이라고 불리는 고유하고 관습적인 의미와 실천의 경향을 확인할 수 있다. 전통은 — 말과 장신구의 전통처럼 — 상대적으로 무반성적인 것일 수 있다. 혹은 그것은 — 신학 전통처럼 — 보다 의식적으로 계발된 것일 수 있다. 물론 전통은 아시아의 철학적 전통에서 매우 중요한 것이었다. 예컨대 공자(Confucius: 기원전 551~479)는 리(理, 올바른 행동)와 인(仁, 자비심)의 뿌리를 전통과 관습에 대한 이해에 두었다.

합리주의와 근대성에 대한 비판

근대성에 관한 중요한 비판들 중 하나는 인간이 역사와 관습과 습관과 전통의 피조물이라는 사실을 많은 사람들이 망각하고 있다는 것이다. 몽테뉴(Michel de Montaigne: 1533~92), 버크(Edmund Burke: 1729~97), 오크쇼트, 무페(Chantal Mouffe: 1943~) 같은 철학적 비판가들은 여러 방향으로 이 노선을 따랐다.

그들은 많은 철학자들이 흔히 이성을 앞세워 관습과 의견과 전통을 넘어선 모종의 초월성, 그것들로부터의 독립성, 그리고 그것들을 능가하는 권위를 성취했다고 그럴듯하게 주장한다고 지적한다. 흄이 불렀던 것처럼, 이 "거짓 철학자들"은 다른 말로 신의 눈, 즉 실재에 대한 절대적 관점을 성취했다고 주장한다. 스피노자는 찬성적으로 이런 관점을 "영원의 관점"(*sub specie aeternitatis*)이라고 불렀다; 대조적으로 네이글(Thomas Nagel: 1937~)은 비판적으로 그것을 "어딘지 모르는 곳에서 나온 관점"(a view from nowhere)이라고 불렀다.

네이글의 요지는 근거가 확실하다. 왜냐하면 인간이 불가피하게 역사적이고 문화적이고 관습적인 존재일 경우 어떻게 그들이 자신의 역사와 문화와 관습과 전통으로부터 자유로울 수 있겠는가? 사람들이 사용하는 개념, 그들이 말하는 언어, 그들의 감정의 구성과 배열, 그들의 태도와 믿음과 습관은 — 그중에서 유리적 개념과 믿음과 감정과 습관은 — 역사와 전통에 의해 주어진 것들이다. 실제로 많은 사람들에게, 역사란 우리로 하여금 개인, 가족, 운동단체, 민족, 국가를 묶어주는 역사적 책무를 완수할 것을 요구하는 것이다.

이는 비판과 새로움과 변화가 불가능하다는 말은 아니다. 사람들은 과거에 연연하지 않으며, 전통은 엄밀히 말해서 항상 보수적인 것은 아니다. 아무튼 저항의 전통들이 있다. 그러나 역사와 전통에 주목하는 것은 변화의 도구들이 역사와 관습과 전통의 토양에서 자라나야 한다는 것을 뜻한다. 다른 사람들에게 도덕적 변화의 필요를 설득하려면, 우리는 사람들이 있는 곳을 — 그리고 그들이 있어왔던 곳을 — 변화시켜야 한다. 의미 있는 형태의 설득과 논증을 제시하려면, 우리는 곧장 알아들을 수 있을 정도로 의미 있게 이야기해야 하고, 일정한 감정 습관들에 공감해야 하고, 관념과 낱말과 이미지가 사람들에게 전달하는 반항을 이해해야 한다. 이 모든 것을 수행하려면, 그들의 역사를 알고 이해할 필요가 있다. 도덕적 의무는 하늘에서 떨어지는 것이 아니다.

도덕 비판가들은 자기 자신들도 역사에 깊이 묻혀 있다는 사실에 대해 반성하면서 그들이 전개하는 비판이 세상 위로 이성이나 신이 떠다니는 어떤 초월적 영역에서 비롯된 것이 아님을 인식해야 한다. 오히려 관습과 비판은 모든 사람들이 공유하는 평범하고 역사적이며 공통적인 삶의 요소이다.

이제, 당신 어머님에 대해 말씀해보시죠 …

참조

—2.13 합리주의

—3.22 사려

—5.15 관점

참고문헌

Edmund Burke, *Reflections on the Revolution in France* [1790] (Oxford: Oxford University Press, 1999)

*Michael Oakeshott, *Rationalism in Politics and Other Essays* [1962] (Indianapolis, IN: The Liberty Fund, 1991)

Georgia Warnke, *Gadamer: Hermeneutics, Tradition, and Reason* (Palo Alto, CA: Stanford University Press, 1987)

제2부

윤리학의 뼈대

2.1 결과주의 Consequentialism

2004년 3월 롤링 메도우스에서 한 음주 운전자가 자기 친구의 무스탕 자동차를 들이받아 뒷좌석에 있던 두 탑승자를 죽였다. 재판에서 그는 자신의 변호로 "나는 그가 — 나보다 더 — 취해 있었기에 그를 도와주려고 했을 뿐"이라고 말했다. 판사는 그 말에 공감하지 않았고 그의 범죄에 대해 16년형을 선고했다.

이렇게 선고함에 있어서 판사는 어쩌면 지극히 단순할지 모르나 훌륭한 결과주의자처럼 사고했다. 일반적으로 "결과주의"는 행동의 그름은 순전히 그 결과에 의해 결정된다고 주장하는 도덕이론들의 집합을 가리킨다. 한 종류의 결과주의는 그 행동 자체의 결과와 그 행위자가 행할 수도 있었을 다른 행동의 결과 사이의 비교가 중요하다고 여긴다. 또 다른 종류의 결과주의는 이런 종류의 행동을 금하는 규칙의 결과와 다른 대안적 규칙의 결과 사이의 비교가 중요하다고 여긴다. 사태를 더 낫게 만드는 행동은 선하고; 사태를 더 나쁘게 만드는 행동은 악하다. 행위자의 의도나 동기는 (우리가 볼 것처럼 그것들이 결과에 영향을 미치지 않는 한) 그 자체로는 이도저도 아니다. 음주 운전자가 "그저 도와주려고 했을 뿐"이었다는 사실은 그의 행동을 옳은 행동으로 만들지 않는다.

결과주의를 옹호하는 논거

결과주의는 매력적인 깔끔함을 가지고 있으며, 확실히 그것의 기본 주장은 — 우리의 행동이 산출하는 바가 그것의 도덕성에 결정적이라는 주장은 — 적어도 진리의 정수를 포함하고 있음에 틀림없다. 그러나 그것은 이 경우에서처럼 항상 쉽게 우리의 직관을 설명하진 않는다. 예컨대 그 음주 운전자가 들이받지도 않았고 어떤 해악을 야기하지도 않았다고 하자. 그가 경찰에 의해 미리 제지를 당했다면, 비록 더 가볍기는 했겠지만, 여전히 처벌을 받았을 것이다. 하지만 그의 행동은 나쁜 결과를 초래하지 않았다.

결과주의자는 따라서 법이 실제로 아무 해악도 야기하지 않은 분별없는 행위에 대해 사람들을 처벌하는 것은 그릇된 것이라고 주장할 수 있다. 혹은 그 결과주의자는 음주운전이 나쁜 것은 그것이 나쁜 결과를 일으키는 경향이 있기 때문이라고 주장할 수도 있다. 만약 그것이 그런 경향이 없다면, 그것을 그르다고 생각할 아무 이유가 없을 것이다. 결과를 이런 식으로 판단하는 것은 그저 그 개별적인 행동에만 초점을 두는 것이 아니라, 그런 행동 일반 혹은 그런 행동을 기술하는 규칙에 초점을 두고 있다. 이런 방향을 취하는 결과주의자는 운 좋게 해악을 야기하지 않은 성공적인 음주운전 및 다른 행동들이 어째서 여전히 그릇된 행동들인지를 설명할 수 있다. 그것은 실제적인 해악이 전혀 일어나지 않았을 때 왜 사람들은 그 위법행위를 실제로 해악을 일으킨 행위의 사례보다 덜 심각하게 생각하는지도 설명한다. 이와 대조적으로 행위 자체의 본질이 그것의 도덕적 지위를 결정한다고 말하는 의무론적 이론가들은 그 운전자가 사람을 죽였든 안 죽였든 왜 모든 음주운전의 사례들이 똑같이 나쁜 것은 아닌지를 설명하는 데 어려움을 겪을 것이다.

그 음주 운전자의 판사는 인식하지 못했을지도 모르나, 보다 정교한 결과주의자들은 왜 사람들이 의도와 동기를 고려하는 것이 옳은지도 설명할 수 있다. 실제로 사람들이 호의적이거나 적어도 악의적이지 않은 의도를 보여준 경우에는 훨씬 더 가벼운 판결을 받는다. 그리고 이런 관행은 순전히 결과주의적인 근거에서 변호될 수 있다. 좋은 의도를 가진다는 것은 상당히 중요하다. 왜냐하면 좋은 일을 의도하는 것은 나쁜 일을 의도하는 것보다 사실상 더 좋은 결과들을 산출하기 때문이다.

결과주의의 유형들

결과주의 이론들은 결과를 선한 것이나 악한 것으로 만드는 것이 무엇인지를 어떻게 이해하느냐에 따라 서로 다르다. 가장 중요한 결과주의적 입장들은 공리주의의 형태들이다.

- **쾌락적 (혹은 쾌락주의적) 고전 공리주의**: 행동은 최대 다수의 최대 행복을 증진시키는 경우에는 옳고, 그 행복을 감소시키는 경우에는 그르다. 상이한 유형의 쾌락이나 행복은 서로 다르게 평가될 수 있다.

- **복지 공리주의**: 행동은 최대 다수의 복지를 증진시키는 경우에는 옳고, 그 복지나 복리나 번영을 감소시키는 경우에는 그르다.

- **선호 공리주의**: 행동은 최대 다수로 하여금 자신의 선호에 따라 살게 하는 경우에는 옳고, 설령 그 선호가 실제로 그들로 하여금 최대의 쾌락을 경험하게 하지 않더라도, 그들이 자신의 선호에 따라 사는 것을 방해하는 경우에는 그르다.

이 입장들 각각은, 우리가 사람들의 행복이나 복지 혹은 선호에 따라 살아갈 능력에 관해 (a) 개별 행동의 영향을 평가하는지 아니면 (b) 일반적인 관행의 영향을 평가하는지에 따라서, 행위 공리주의나 규칙 공리주의의 형태로 해석될 수 있다. 이 상이한 유형들은 또한 다양한 조합으로 구성되어 다원주의적 공리주의(pluralistic utilitarianism)라는 것을 이룰 수도 있다. 이 견해에 따르면, 각 유형에는 어느 정도 주목할 바가 있으며, 최선의 도덕적 반성은 다원주의적이며 상이한 환경에서 상이한 방식으로 상이한 원칙들을 조합하는 것이다.

비판들

대다수의 공리주의 윤리이론들에 가해지는 일반적인 비판은 그것들이 집합(aggregation)을 — 행복, 복지, 선호, 만족 등의 총량을 — 다루는 방식을 받아들이기 어렵다는 것이다. 이 총량을 다룸에 있어서 공리주의 윤리이론들은 개인의 권리에 무관심하다고 주장된다. 예컨대 비판가들은 공리주의자는 전체의 선을 증대시키기 위해 소수자의 권리를 침해하는 것을 정당화할 수도 있다고 말한다. 이것은 바로 노예 소유주들이 주장할만한 것이 아닌가?

또한 개인의 자유권과 사생활권이 때로는 다수자가 행복의 일부를 희생하도록 요구한다고 주장될 수 있다. 만약 경찰 및 다른 국가요원이 예방차원에서 사람들을 구금하고 집과 우편물을 조사하고 그들이 원할 때마다 도청을 하고 인터넷 활동을 감시하고 인종 프로파일을 작성하고 고문할 수 있다면 사람들은 보다 안전하다고 느낄지 모른다. 그러나 이런 안전 혹은 적어도 안전하다는 느낌의 증가는 개인 권리의 희생으로부터 나올 것이다. 이 문제에 대답하려면, 공리주의자는 개인 권리의 포기라는 고통을 감수하면서 결과주의적 관점에서 다수자를 제한하고 심지어 그들의 행복과 복지와 선호의 일부를 희생시키는 것을 정당화할 방법을 찾아야 한다.

또한 결과주의는 보다 심층적인 문제에 직면한다. 미래는 불확실하며 예언하기 정말 어렵다; 게다가 "결과"라는 개념을 정의하는 수많은 방식들이 있다. 예컨대 어떤 군사작전에 착수하면 그 결과는 대체로 알 수 없으며 실제적 결과는 흔히 예상된 결과와 유사하지 않다. 어떤 "불량국가"에 대한 침공이 베트남만한 크기의 수렁을 낳을지? 그것이 공격을 막기보다는 더 많은 공격을 도발할지? 그것이 대신에 그 지역의 자유와 평화와 정의와 번영을 확립시킬지? 그 침공의 직접적 결과가 관련된 유일한 요소인지, 아니면 예컨대 다른 국가나 시민군이나 국제기구 같은 제3자들의 행위를 통해 일어날 수 있는 간접적 결과도 고려해야 하는지? 알 수 없는 결과가 합리적으로 알 수 있는 결과만큼 중요한 것인지? 예상적/실제적, 직접적/간접적, 그리고 알 수 있는/알 수 없는 결과들 사이의 차이를 파악하는 것과 더불어, 우리는 또한 어떤 행동의 가까운 결과를 시간적·공간적으로 더욱 멀리 떨어져 있는 먼 결과에 비교하여 저울질할 필요가 있다.

상이한 — 경제적, 정치적, 종교적, 개인적 등등 — 결과의 범주들이 이 모든 상이한 이원적 대립들을 가로지른다. 한 범주의 부정적 결과가 또 다른 범주의 긍정적 결과를 능가할 수 있는 것처럼, 그리고 그 반대로도 될 수 있는 것처럼, 다양한 범주의 결과들의 무게를 달고 등급을 결정할 필요가 있을지 모른다. 마지막으로 우리가 이미 언급한 결과들 중 어느 것이든 철학자들이 반사실적인 결과라고 부른 것에 — 말하자면 (a) 다른 행동방침을 취했거나 (b) 어떤 행동도 취하지 않았을 경우에 일어났을지 모르는 결과에 — 비추어 평가되어야 한다. 그러나 반사실적으로 어떤 일이 일어났을지를 생각해내는 것은 정말 어려우며 흔히 불가능한 일이다.

그러므로 단순히 행동은 그것의 결과에 의해 평가되어야 한다고 말하는 것은 충분하지 않다. 우리는 어떤 종류의 결과가 포함되어야 하고 포함되지 않아야 하는지, 뿐만 아니라 그것이 어떤 식으로 포함되어야 하는지에 대해 매우 정확한 이해를 갖고 있어야 한다. 그렇지 않으면, 우리의 판단은 음주 운전자의 판단보다 별로 나을게 없을 것이다.

참조

—3.2 행위/규칙

—3.7 작위/부작위

—3.14 의도/결과

—5.8 도덕적 운

참고문헌

J. J. C. Smart and Bernard Williams, *Utilitarianism: For and Against* (Cambridge: Cambridge University Press, 1973)

Samuel Scheffler, ed., *Consequentialism and Its Critics* (Oxford: Oxford University Press, 1988)

*Julia Driver, *Ethics: The Fundamentals* (Oxford: Blackwell, 2006)

2.2 계약론 Contractarianism

국제형사재판소(ICC)의 가맹국들은 분명 국제법을 따르며 그것의 위반에 대해선 처벌을 받는다는 데 동의했다. 그러나 이런 식으로 따른다는 명백한 합의는 드물다. 예컨대 뉘른베르크 원칙은 2차 세계대전 동안 저질러진 반평화 범죄, 전쟁 범죄, 반인륜 범죄를 처벌하기 위해 수립되었다. 그러나 그것에 의하여 기소된 나치들은 그것의 조항을 따르는 것에 결코 동의하지 않았다. 유사하게 밀로셰비치(Slobodan Milosevic)도 카라지치(Radovan Karadzic)도 「구(舊)유고슬라비아 국제형사재판소」를 세운 국제연합 안전보장이사회 결의안 827에 조인하지 않았지만, 그 재판소는 그들 같은 사람들을 기소한다.

우리는 우리가 명시적으로 동의하지 않은 협정이나 조약이나 계약에 묶일 수 있는가? 이 물음은 단순히 전쟁 범죄들에만 관계된 것이 아니다. 그것은 국가 및 그 법률의 도덕적 지위를 정당화하려는 사회계약론들에 관련해서도 제기되는 물음이다.

사회계약

홉스, 로크, 루소 같은 초기 근대 이론가들은 인간이 사회에 들어가거나 국가 권위를 인정하기 전에는 어떤 모습이었을지를 깊이 생각했다. 그들의 이야기에 따르면, 인간 본성에 관한 진실들과 이 철학자들이 "자연상태"(state of nature)라고 부른 것 안에서 일어나는 삶의 불행들을 감안한 결과 사람들은 국가 권위를 확립하는 모종의 계약에 참여하는 편이 더 낫다는 사실을 깨달았다.

홉스의 이야기는 특히 잘 알려져 있다. 홉스에게는 인간 본성은 사람들을 순전히 이기적인 욕망의 원자들로 만든다. 그러나 자연상태에 있는 그런 존재의 삶은 대단히 힘들다. 홉스의 간결하고 유명한 표현대로, 그것은 "고독하고 불쌍하고 험악하고 야만적이고 짧은" 만인에 대한 만인의 투쟁이다(『리바이어던』[*Leviathan*], 제13장)

사람들은 결국 (a) 그들을 능가하는 정부의 권위를 인정하고 (b) 서로의 행위에 관한 도덕 원칙들을 존중하는 협정에 참여함으로써 자신들이 무언가를 얻을 수 있다고 생각하게 된다. 물론 그 대신 사람들은 자신들이 원하는 대로 행할 자유를 포기한다.

계약론에 강점을 부여하는 것은 바로 합의와 이익과 희생의 이런 결합이다. 도덕 원칙들은 우리가 그것들에 동의하기 때문에 구속력을 가지게 된다; 혹은 적어도 그 원칙들이 그것들에 동의하는 편이 합리적인 그런 성질의 원칙들이기 때문이다. 그리고 그것들에 동의하고 그것들을 존중하고 그것들이 요구하는 방식으로 희생하는 것이 합리적이다. 왜냐하면 그렇게 하는 것이 우리에게 개인적으로든 집단적으로든 이익이 되기 때문이다.

게다가 계약론은 왜 범죄자의 처벌이 정당화될 수 있는가를 설명한다. 법을 위반하거나 부도덕한 행동을 범한 사람들은 계약을 위반했다. 그러므로 그들은 적어도 자신의 권리의 일부를 상실했다; 그리고 처벌이 합당하게 그 계약의 일부인 만큼, 우리는 그들이 실제로 처벌을 받기로 합의했다고 주장할 수 있다.

무슨 동의?

그러나 계약론은 보편적 인권이나 우리가 모든 인간에게 다해야 할 의무들에 대해 의미 있게 이야기하는 것을 더 어렵게 만든다. 만약 우리 사회 외부의 사람들은 우리 계약의 "서명자들"이 아니라면, 우리는 그들에게 어떤 명확한 의무나 책임을 갖지 않는다 — 그들도 우리 사회가 요구하는 요건들에 대해 어떤 의무나 책임을 갖지 않는다. 아마 이것이 대부분의 실제 정치적 계약들이 초국가적인 이유일 것이다: 이런 계약들이 없다면 사회들과 국가들 사이의 관계는 매우 현실적인 "만인에 대한 만인의 투쟁"이 되는 위험에 처할 것이다.

다른 사람들은 사회계약 전통이 정당화할 수 없는 하나의 신화에 불과하다고 우려한다. 홉스의 자연상태 같은 것이 결코 실제로 존재했을 가능성은 없으며, 롤즈(John Rawls: 1921~2002)의 변형된 계약론에 나오는 "원초적 입장"(original position)도 가설일 뿐이다. 계약 자체는 순전히 은유이다. 우려되는 문제는 국가와 법이 허구적인 것들에 호소함으로써 적절히 정당화될 수 없다는 점이다.

이런 문제점을 이해하면서 계약론자들은 암묵적 동의(implied consent)라는 개념에 의지했다. 즉 누구도 명시적으로 어떤 계약에 합의하진 않았지만, 세금을 내고 경찰의 명령을 따르고 경찰을 찾아가고 선거하고 참전(參戰)하는 등의 우리의 행동은 모두 합의를 암시한다. 만약 합의하지 않았다면 사람들은 그런 일을 하지 않을 것이다. 그러나 탈퇴를 하거나 합의를 보류할 현실적인 방법이 없는 마당에, 당신이 어쩔 수 없이 한 일을 당신이 주어진 요구들에 합의한 표시라고 해석하는 것은 이상한 것처럼 보인다.

다른 계약론자들은 이런 반대들이 요점을 놓치고 있다는 주장으로 대응한다. 사회계약 전통은 어떤 역사적 혹은 사회학적 사실을 전제하지 않는다. 그것은 어떻게 이런저런 것들이 실제로 정당화되었는가를 보여주기보다는 단지 왜 혹은 어떻게 그것들이 이치에 맞거나 정당화될만한지를 보여주려 할 뿐이다.

참조

—1.19 권리

—4.5 공정성

—4.9 정의와 합법성

참고문헌

Thomas Hobbes, *Leviathan* [1651]: *With Selected Variants from the Latin Edition of 1668*, edited by Edwin Curley (Indianapolis, IN: Hackett Publishing, 1994)

David Gauthier, *Morals by Agreement* (Oxford: Oxford University Press, 1986)

Thomas Scanlon, *What We Owe to Each Other* (Cambridge, MA: Harvard University Press, 1998)

2.3 문화비판 Culture Critique

립스틱은 이데올로기다! 그것을 생산하고 광고하고 포장하고 판촉하는 방법은 우리가 무엇을 욕망하는가에 관한 규칙, 우리가 자기 자신과 세계에 대해 어떻게 생각해야 하는가에 관한 규칙, 그리고 어떻게 우리가 그 매끈하고 정형화되고 산업화되고 몸을 변화시키고 오직 돈으로만 살 수 있는 기술적 광채의 그늘에 순종적으로 동참해야 하는가에 관한 규칙을 세운다. 광고에 나온 입술은 실재하는 입술보다 더 실재적이고 더 탐나는 입술이 된다. 그것은 우리가 무엇이어야 하는가뿐만 아니라 우리가 무엇인가를 우리에게 말해준다.

이것이 "문화비판"이란 명칭으로 전개된 한 비판 형태의 사례이다. 이 용어는 호르크하이머(Max Horkheimer: 1895~1973)와 아도르노(Theodor W. Adorno: 1903~69)의 책 『계몽의 변증법』(*Dialectic of Enlightenment*, 1944)의 유명한 제4장, "문화산업"에서 나온다. 독일에서의 민족주의적 사회주의의 융성을 경험하면서, 호르크하이머와 아도르노는 그들이 후기 자본주의와 전체주의의 억압적 역학이라고 보았던 것에 대해 심히 우려했다. 그러나 그들은 앞선 사상가들이 개발한 비판 도구들에 만족하지 못했다. 벤야민(Walter Benjamin: 1892~1940) 및 다른 사람들과 함께 프랑크푸르트학파를 세웠다. 프랑크푸르트학파 사상가들은 문화비판에서 마르크스주의와 프로이트 정신분석학의 통찰들을 종합하려는 혼합적 비판이론을 개발하는 한편, 언어와 아이코노그래피와 문화의 작용들에 대한 보다 예리하고 완전한 분석을 수행했다. 호르크하이머와 아도르노의 작품은 특히 마르쿠제(Herbert Marcuse: 1898~1979)와 하버마스(Jürgen Habermas: 1929~) 같은 후대 이론가들에게 영향을 미쳤다.

성장산업

문화비판의 가장 도발적 주장들 중 하나는 억압하고 조작하는 힘들이 오직 국가의 법과 정책 혹은 거대 상업기관에서만 발견되는 것은 아니라는 것이다. 억압과 조작의 작용은 음악, 건축, 광고, 영화, 그리고 사람들이 점점 빠져들고 있는 기술소비사회에서도 크게 일어난다. 필요를 창출하는 방식에서, 생활과 생산물을 표준화하고 규제하는 방식에서, 기계로 대량생산된 평범한 생산물이 물신화되고 성욕을 자극하는 방식에서, 문화산업은 사람들이 권력의 요구에 저항할 수 없게 만들었고, 심지어 그것의 존재와 그것의 권력행사를 깨닫지 못하게 만들었다. 대중문화는 저항의 장애물이다; 그것의 가장 일관성 있는 산물은 수동성과 복종이다.

초창기 프랑크푸르트학파 이후로, 문화비판 자체도 일종의 지식산업으로 성장했다. 우리는 이제 비판적 인종 이론, 퀴어 이론(queer theory), 문화 이론, 비판적 과학 연구, 매체 연구, 여성 연구, 탈식민주의 이론 등과 같은 분야들을 발견한다. 이 분야들과 관련된 사상가들은 대륙철학자들(마르크스, 프로이트, 보드리야르, 라캉, 들뢰즈, 스피박, 지젝)의 작품에 주목하긴 하지만, 항상 그런 것은 아니다(예컨대 스튜어트 홀, 테리 이글턴). 어떤 특정한 해석적 틀이 그들을 하나로 통합한다는 말은 잘못된 말이겠지만, 그들이 공통적으로 다음과 같은 확신을 갖고 있다는 말은 잘못된 말이 아닐 것이다; 문화란, 그것이 우리의 삶에 어떻게 영향을 미치는가를 이해하기 위해 해독(解讀)하고 설명하고 면밀히 연구하고 음미하고 지속적으로 비판할 필요가 있는, 강력하면서도 복잡하게 뒤얽힌 사건이다.

문화비판은 어떤 원칙들의 집합이라기보다는 우리 주변의 관념들, 낱말들, 이미지들, 글들에 대해 일련의 물음을 물으려는 습관이다. 어떻게 그것들이 사람들을 조작하고 그들을 보다 유순하게 만들고 여러 종류의 권력에 빠르게 반응하게 만드는가? 어떻게 그것들은 인종, 성, 계급, 성별, 집단, 복종, 위계질서, 권위, 자본주의, 욕망 등과 관련된

면에서 사람들에게 영향을 미칠 수 있을까? 우리가 문화를 이용하고 있는가, 아니면 그것이 우리를 이용하고 있는가?

참조

—4.15 성과 성별

—5.6 허위의식

—5.11 힘

참고문헌

Theodor W. Adorno, *The Culture Industry* (New York: Routledge, 1991)

*David Morely and Kuang-Hsing Chen, eds., *Stuart Hall: Critical Dialogues in Cultural Studies* (New York: Routledge, 1996)

Slavoj Žižek, *Interrogating the Real: Selected Writings*, edited by Rex Butler and Scott Stephens (London: Continuum, 2005)

2.4 의무론적 윤리학 Deontological Ethics

파지나는 재난구조 전문가이다. 그러나 그녀의 가족이 그녀를 필요로 하기 때문에 그녀는 잠시 일을 쉬었다. 그녀는 미망인이고, 나이든 아버지는 초기 알츠하이머병으로 고통을 받고 있고, 그녀의 아이들 중 하나가 중병에 걸려 있다. 그러나 강력한 지진이 닥치자 그녀의 고용주는 그녀에게 도와달라고 애원한다. 그는 "우린 당신이 필요해"라고 말한다. "수천 명의 생명이 위험에 처해 있고, 당신의 경험 없이는 우리는 별로 능률적이지 못할 거야." 파지나는 잠시 생각하다가, "미안해요. 나는 내 가족을 먼저 생각해야 해요. 나는 그들에게 지켜야 할 의무가 있어요."

파지나의 결정은 충분히 이해할만하다. 그것은 아마 그녀와 같은 입장에 있는 대부분의 사람들이 내릴법한 결정일 것이다. 그러나 그녀의 선택은 또한 그녀의 윤리적 골격에 관한 중요한 무언가를 드러낸다. 분명히 그녀는 옳은 일을 행하기 위해서 자신이 모든 사람들에게 미치는 자신의 행동의 영향을 고려해야 한다고 생각하지 않는다 — 왜냐하면 그녀가 지진 피해자들을 도우러 갔다면 양적으로 더 많은 사람들이 도움을 받았을 것이기 때문이다. 그녀의 도덕적 의무는 이보다 더 좁으며, 그녀가 특별히 우선적인 관계를 맺고 있는 한정된 수의 사람들에 주로 관여한다.

의무의 부름

이런 사고방식은 윤리에 대한 의무론적 접근의 전형적인 특징을 보여준다. 이 견해에 따르면, 도덕은 도덕적 행위자로 하여금 결과와 무관하게 특정한 방식으로 행동하도록 요구하는 의무와 원칙에 관계한다. 그런 것으로서 이 의무와 원칙의 주장들은 보다 많은 선이나 다수의 선을 능가할 수 있다. 게다가 의무론자들에게는 (도덕적 행동자의 감정을 비롯하여) 행복감이나 만족감이 아니라 원칙에 뿌리를 둔 의무가 도덕적 행동의 유일한 원천이어야 한다. 만약 파지나가 잠시 가족을 떠나 구조 노력에 일조한다면, 세계 전체가 더 좋은 곳이 될 수 있다.

그러나 한 명의 어머니와 딸로서, 그녀의 의무는 그 지진 피해자들에게 있는 것이 아니라 그녀의 병든 가족들에게 있다. 그녀의 의무론적 접근은 도덕적 의사결정을 내릴 때 사람들의 복지에 대한 보다 광범위한 고려를 요구할 가능성이 있는 결과주의적 견해와 날카로운 대조를 이룬다.

의무론적 접근은 일반적으로 윤리의 범위를 좁히고 행위자에게 매우 제한된 수의 의무들을 부담하므로, 그것은 흔히 고통에도 아랑곳없이 우리가 이렇게 말하길 요구한다: "그것은 단순히 우리 책임이 아니다." 만약 이런 식의 대답이 귀에 거슬린다면, 우리의 도덕적 책임의 범위를 어떤 식으로도 제한하지 않는 도덕체계는 비현실적으로 너무 많은 것을 요구할 것임을 염두에 두어야 한다. 누구도 모든 필요나 악을 처리할 순 없으므로 무제한적인 윤리는 단지 불가능한 것을 요구할 것이다. 의무론은 단지 모든 사람이 세상에서 서로 다른 자리를 차지하고 그 자리에 맞게 정해진 도덕적 의무를 가진다는 진부한 말을 받아들인다고 주장될 수 있다.

물론 의무론적 뼈대도 너무 지나친 것을 요구할 수 있다. 의무론적 이유로 폭력을 거부하는 평화주의자들은 다소 불쾌한 경험을 겪거나 심지어 죽음을 받아들여야 할 수도 있다. 진실을 말하는 것은 항상 쉬운 일은 아니며, 때로는 개인적 이익과 유리한 입장의 희생을 요구한다. 곤경에 처한 가족들을 돌보는 것이 소풍은 아닐 것이다.

그러나 다른 한편으로 의무론적 윤리는 우리의 의무에 한계가 있음을 분명하게 인정한다. 의무가 요구하는 것 이상을 요구하지 않으면서, 어떤 행동은 의무를 초월하는 — 우리가 해야 할 의무를 넘어서는 — 것임을 인정한다. 영웅적 행위는 칭찬을 받지만 그것이 의무는 아니다.

비판

의무론적 윤리에 대한 가장 일반적인 비판은 보다 높은 선을 추구한다는 명목으로 의무들이 취소되어야 할 순간이 있다는 것이다. 만약 우리가 사소한 약속을 어김으로써 한 생명을 구할 수 있다면, 분명 약속을 어기는 것은 도덕적으로 허용될 수 있으며 심지어 도덕적으로 요구되는 일이다. 만약 안네 프랑크가 어떤 사람의 다락방에 숨어 있었다면, 분명 그녀를 찾기 위해 집에 온 나치들을 속이는 것은 허용될만하며 심지어 요구되는 일이다. 만약 HIV/AIDS처럼 어떤 파괴적인 질병이 단 한번만 가족을 뒤로 둠으로써 치료될 수 있다면, 분명 그것이 해야 할 옳은 일일 것이다. 그러나 의무론자가 이것을 받아들인다면, 그녀는 윤리는 (완전히) 의무들이 아니라 다른 어떤 것, 예컨대 전체 복지에 기초함을 인정하게 되는 위험에 처한다.

의무론자는 다음과 같은 주장으로 응답할 것이다: 우리의 의무를 포기하라는 도덕적 요구가 있는 것처럼 보이는 모든 경우에 실제로 벌어지는 일은 의무들의 충돌이 있는데 단지 한 의무가 다른 의무보다 우리에게 더 크게 요구된다는 것이다. 의무론자는 우리의 의무들이 항상 명쾌하며 절대 긴장상태에 있지 않다고 주장할 필요는 없다.

별로 선명하지 않다

윤리에 대한 의무론적 접근과 다른 접근방식을 일반적인 용어로 구별하는 것은 상당히 간단한 일이지만, 의무론을 정의하는 것이 항상 깔끔하고 손쉬운 일은 아니다. 예컨대 의무론자는 결과에 전혀 관심을 갖지 않는다는 것은 결코 사실이 아니다. 실제로 어떤 의무들은 — 예컨대 해를 끼치지 말라는 의무는 — 결과의 관점에서 규정된다. 게다가 비의무론적 체제들 속에 의무의 자리가 없는 것도 아니다. 사실 — 결과주의적 윤리로서 — 쾌락적 공리주의는 하나의 최우선적 의무, 즉 행복 원칙을 명한다: 최대 다수의 최대 행복을 극대화하라. 의무론적 접근의 특징들은 — 결과보다는 의무를 두드러지게 강조하고 불편부당(不偏不黨)한 관점을 요구하기보다는 행위자의 특수한 상황을 인정한다는 특징은 — 단순히 다른 도덕의 체제들보다는 의무론적 체제에서 더 뚜렷하다. 그러나 행위자의 특수한 상황은 의무론이 가장 중요하다고 생각하는 고려사항들의 전부가 아니다.

참조

—3.4 선행/악행금지

—3.14 의도/결과

—3.17 합법적/도덕적

—5.16 의무초월

참고문헌

Immanuel Kant, *Groundwork for the Metaphysics of Morals* [1785] (Cambridge: Cambridge University Press, 1998)

Thomas Nagel, *Equality and Partiality* (Oxford: Oxford University Press, 1991)

*Stephen Darwall, ed., *Deontology* (Oxford: Blackwell, 2002)

2.5 담론윤리 Discourse Ethics

윤리위원회 및 소위원회는 점차 현대 정치생활의 평범한 일부가 되었다. 그러나 이 단체들의 탁자에 둘러앉아 있는 사람들은 서로 매우 다른 도덕적 의무들의 집합을 가진 남자들과 여자들이다. 어떻게 그들이 합의는 관두고라도 의미 있는 논의에 착수할 충분히 공통적인 토대를 발견할 수 있을까?

서양윤리 전통의 주류 사고방식을 반영하는 답변은 참여자들이 어떤 불편부당한 혹은 객관적인 관점을 갈망해야 한다는 것이다. 불편부당성(impartiality)은 도덕에서 중요하다고 생각된다. 왜냐하면 그것이 성취되었을 때에만 우리는 자기이익보다는 그 상황의 도덕적 특성에 일치하는 방향으로 도덕판단을 내릴 수 있기 때문이다.

여러 철학자들이 불편부당성을 성취하는 상이한 방법들을 탐구했다. 이성은 흔히 이 과정에 필수불가결하다고 생각되어왔다. 플라톤은 **변증법**이라 불리는 합리적 과정이 그 임무를 맡아야 한다고 생각했던 것으로 보인다. 그의 모형에 따르면, 변증법은 독자적인 도덕적 기준을 파악하기 위해 이성(로고스)과 욕망(에로스)의 사용하는 적어도 두 사람의 상호작용을 필요로 한다.

칸트의 불편부당한 도덕적 추론방법은 아마 가장 엄격한 것일 것이다. 칸트의 **보편화가능성**(universalizability) 기준은 (일관성 같은) 보편적인 합리적 규범을 고수할 것을 요구한다; 뿐만 아니라 그것은 합리성을 느낌과 감정으로부터 완전히 분리할 것을 요구한다. 대조적으로 애덤 스미스는 도덕 감정의 배양을 통해서만 **불편부당한 관찰자**의 관점에서 판단을 내릴 수 있다고 믿었다. 더 최근에 와서 롤즈는 이렇게 주

장했다: 개인들은 자신을 "원초적 입장"에 배치하는 "무지의 베일" 뒤에 놓여 있다고 상상할 수 있으며, 여기서 그들은 자신이 어떤 특성을 가지는지 혹은 자신이 정할 원칙에 따르는 사회에서 자신의 처지가 어떠할지에 대해 모르고도 도덕적·윤리적 기본 원칙을 세울 수 있다고 주장했다.

담론 해결책

프랑크푸르트학파 철학자인 하버마스는 "담론윤리"라고 알려진 유력한 대안을 제시함으로써 이 선행자들에게 응수했다. 하버마스는 이성이 불편부당성과 보편성으로의 통로를 제공한다는 점에서는 칸트 등에 동의한다. 그러나 하버마스는 칸트의 방법이 너무나 개인주의적이라고 말한다; 그것은 불편부당성이 다른 사람들과의 합리적 의사소통을 통해 확인되거나 정당화되어야 한다는 점에 충분히 주의를 기울이지 않는다. 게다가 하버마스는 이성을 상호작용의 과정으로 해석하는 점에선 플라톤을 따른다. 그러나 플라톤과 달리 하버마스에게는 불편부당성과 보편성이 어떤 독자적 기준의 파악에 의해 정의되지 않는다. 하버마스에게 그 기준은 그 과정 자체와 밀접한 관련이 있다.

유사하게 하버마스는 롤즈의 견해가 불충분하게 사회적이며 불충분하게 절차적이라고 간주한다. 게다가 롤즈의 공상적 이야기는 의심쩍게 인위적인 것을 포함한다고 보이며, 이는 어쩌면 그 이야기를 하나의 직관 펌프에 불과한 것으로 만들 것이다. 대조적으로 하버마스의 이론은 구체적인 실천적 담론의 가능성을 보장하는 것처럼 보인다.

윤리적 판단의 정당화에 대한 하버마스의 견해는 합리성의 추상적 규범보다는 사회적 합의에 의존한다. 여기서 그의 이론은 강력한 빈수주의적 특징, 즉 담론 참여자들이 다른 사람의 주장에 개방적일 수 있는 능력에 의존하는 특징을 포함한다. 그래서 하버마스가 "논변의 강요되지 않은 힘"이라고 부른 것이 합의를 이끌어낼 수 있다. 그는 이렇게 적는다: "실천적 담론의 참여자라는 입장에 있는 모든 관련자들의 승인을 받은 (혹은 받을 수 있을) 규범들만이 정당하다고 주장될 수 있다."

하버마스의 담론윤리는 윤리적 숙고의 참여자들로 하여금 자신들의 의견을 비판하고 규제하게 한다: 이 문제에 대한 대안적 해결책들과 착상들을 조사했는가? 참여자들이 대안의 결과가 모든 참여자들에게 영향을 미치게 될 방식을 평가했는가? 그리고 잠재적으로 영향을 받을 모든 사람들이 참여할 수 있었는가? 참여자들이 자유롭고 공개적으로 실천적 담론에 참여했는가?

바람은 만약 윤리위원회와 다른 공공적 도덕 담론이 이렇게 진행된다면, 실질적인 도덕적 의견불일치들로 특징지어진 세계에서도 결국 도덕적 합의가 가능해지리라는 것이다 — 어떤 사람들은 이것이 바람일 뿐이라고 말한다.

참조

— 1.20 공감

— 2.7 이기주의

— 4.18 보편화가능성

참고문헌

Jürgen Habermas, *Moral Consciousness and Communicative Action* [1983]

(Cambridge, MA: MIT Press, 1990)

Seyla Benhabib and Fred R. Dalimayr, eds., *The Communicative Ethics Controversy* (Cambridge, MA: MIT Press, 1990)

William Rehg, *Insight and Solidarity: The Discourse Ethics of Jürgen Habermas* (Berkeley: University of California Press, 1994)

2.6 신의 명령 Divine Command

엔젤 매튜리노 리센디즈(혹은 일명 "철도 살인마"라고 불리는 라파엘 리센디즈-라미레즈(Rafael Resendiz-Ramirez))는 2년여 동안 아홉 명을 잔인하게 살해한 연쇄살인범이자 강간범이었다. 그러나 그 전후의 많은 살인범 및 강간범과 마찬가지로, 매튜리노 리센디즈는 자신은 악이 아니라 선의 세력이었다고 믿었다. 그를 변호했던 정신의학자 래리 폴락 박사에 따르면, 매튜리노 리센디즈는 자신이 "악하고 죽어 마땅한 사람들에게" 눈을 돌려 "자신이 천사처럼 신의 의지를 수행하고 있다"고 느꼈다.

물론 대부분의 사람들은 매튜리노 리센디즈는 결코 신의 의지를 수행한 것이 아니라 정신적으로 병들고 망상에 빠졌을 뿐이라고 생각한다. 그러나 그의 사례는 신명론(神命論)이 — 도덕의 원천은 신에게 있으며 도덕법은 신의 명령이라는 이론이 — 직면하는 중심 문제들 가운데 몇몇을 드러낸다. 대체로 사람들은 신의 명령을 주장하는 살인자들이 잘못 생각한 것이라고 믿을 수 있겠지만, 성경에 따르면 사람들은 대체로 노아와 사도들도 잘못 생각한 것이라고 생각했다(그리고 여전히 그렇게 생각한다). 많은 사람들은 마호메트와 루터, 조셉 스미스와 교황의 주장들도 거짓말이라고 생각한다. 게다가 그 이야기에 따르면 신이 그의 아들인 이삭을 죽이라는 명령을 내렸다는 아브라함의 도발적인 사례가 있다(「창세기」 22장). 왜 「창세기」의 저자들은 믿으면서 리센디즈는 믿지 않는가? 만약 우리가 신의 명령을 수행해야 한다면, 우리는 신의 명령을 어떻게 아는가? 수많은 반대 후보들이 있으며, 자연과학의 논쟁과 달리 의견불일치를 해결하기 위한 일반적으로 합의된 절차들이 없는 것처럼 보인다. 만약 신명론이 참이라면, 우리는 매튜리노 리센디즈가 이해할만한 잘못을 저질렀으며 선한 의도로 양심적으로 행동했을 수도 있다고 인정하거나, 혹은 그가 처음부터 신의 가르침을 올바르게 따랐을 수도 있다고 인정해야 한다.

신명론은 많은 사람들에게 상식적이고, 그리고 상식적이었다. 그래서 사람들은 "만약 신이 존재하지 않는다면 모든 것이 허락된다"(『카라마조프의 형제들』, 1879)는 도스토예프스키의 이반 카라마조프의 말에 그렇게 쉽사리 동의하는 것이다. 결국 아브라함 신앙에서 도덕법은 직접적으로든 간접적으로든 신으로부터 나온다. 시나이 산에서 모세에게 전달된 석판은 신이 우리로 하여금 따르도록 명령한 도덕법의 가장 잘 알려진 사례이다(「출애굽기」 20장, 34장; 「신명기」 5장).

에우티프론 딜레마

그러나 『에우티프론』에서 플라톤이 신명론에 대한 결정적 반박으로 보이는 것을 제시했음에도 불구하고, 신명론이 지속되는 것은 많은 사람들을 어리둥절하게 만든다. 플라톤은 소크라테스가 신에 관한 문제에 대해 전문가라고 소문난 젊은 에우티프론에게 질문을 하는 형식으로 자신의 반론을 표현한다: 신들이 신성한 (혹은 경건한) 것을 사랑하는 것은 그것이 신성하기 때문인가; 아니면 그들이 사랑하는 것이 신성한 것은 그들이 그것을 사랑하기 때문인가(10b~11c)? 이와 관련하여 우리는 이렇게 물을 수 있다: 신이 선한 것을 명하는 것은 그것이 선하기 때문인가; 아니면 신이 그것을 명하기 때문에 그것이 선한 것인가?

만약 신이 선한 것을 명하는 이유가 그것이 선하기 때문이라면, 사물들은 신의 명령과 관계없이 이미 선하거나 나쁜 것이다. 이 입장은 신명이 결국 도덕의 원천이 아님을 뜻할 것이다. 동일한 행동은 신이 그것을 명했든 안했든 무관하게 선하거나 나쁠 것이다.

그렇다면 신이 그것을 명하기 때문에 그것이 선한 것이라는 대안은 어떠한가? 이 노선도 별로 가망이 없어 보인다. 여기서 문제는, 오직 신이 그것을 명한다는 이유로 선하거나 나쁘기 때문에, 무엇이 선하고 나쁜지를 결정하는 것은 단지 신의 의지의 문제가 된다는 것이다. 이는 신이 독단적 의지의 작용으로 사물의 모양을 바꾸어 지금 선한 것이 악한 것이 되고 지금 악한 것이 선한 것이 될 수도 있음을 뜻한다. 만약 신이 살인을 명한다면 그것은 옳은 일이 될 것이다. 만약 신이 강간, 약탈, 고문, 대량학살을 명한다면, 그것들이 모든 도덕적 행위자가 복종할 의무가 될 것이다. 오컴(William of Ockham: 1287~1347)은 이를 악물고 신은 바로 그렇게 할 수 있는 존재이며 어느 때든 그렇게 할 수 있다고 단언했다. 그러나 그의 이런 견해를 따를 수 있는 사람은 그리 많지 않을 것이다.

무엇이 도덕적인지 부도덕적인지가 궁극적으로 신의 의지의 명령에 놓여 있다는 입장을 주의주의(voluntarism)라고 한다. 많은 사람들은 그것을 불만스런 입장이라 여긴다. 왜냐하면 적어도 표면적으로 주의주의는 도덕을 임의적인 것으로 만들기에 부조리하다고 보이기 때문이다; 게다가 그것은 도덕의 권위를, 혹은 적어도 그것의 동기부여의 힘을 박탈하는 것처럼 보이기 때문이다. 만약 선한 것이 그렇게 쉽게 나쁜 것이 될 수 있다면, 왜 우리는 선한 것을 해야 한다고 믿으며, 왜 실제로 힘들여 선하려고 하는가? 이 반론에 대해 스코투스는 신명은 도덕의 원천인 동시에 신이 다르게 명하는 것은 불가능하다는 주장으로 응답했다. 그러나 신이 그렇게 제약을 받는다면 결국 사물을 옳거나 그르게 만드는 것은 그저 신의 말이 아닌 것처럼 보인다.

그러므로 위의 두 가지 가능성들은 신명론은 틀렸고 우리는 도덕의 원천으로서 신을 필요로 하지 않음을 시사하거나; 혹은 도덕은 임의적이고 선한 것이 아주 쉽게 나쁜 것이 되거나 나쁜 것이 아주 쉽게 선한 것이 될 수 있음을 시사한다. 신명론은 틀린 것이거나, 혹은 도덕 개념 자체를 격하시킨다.

불복종하는 아들들과 이인종(異人種) 부부들

설령 이 문제를 해결할 수 있더라도, 어떻게 누가 신의 명령을 알 수 있는가 하는 인식론적 문제가 남는다. 당신은 이것에 관한 혼란스러운 발언을 들을 필요는 없다. 예컨대 유대인과 기독교인은 「신명기」를 신의 말씀으로 받아들인다. 그러나 누구라도 그 명령을 따른다면, 그 혹은 그녀는 곧 — 불복종하는 아들에게 죽도록 돌을 던진 것에 대해(21장 18~21절) 살인 같은 — 어떤 상당한 중죄로 체포될 것이다. 자신들을 "피니어스 사제단"(Phineas Priests)이라고 부르는 급진적 기독교인들은 실제로 「민수기」의 몇몇 구절들(25장 6~18절)이 신자들로 하여금 이인종 부부들을 죽이라 명한다고 믿는다. 많은 전통종교 지도자들도 다른 사람들이 매우 부도덕하다고 믿는 일을 적어도 하나 이상은 명령했다.

다행스럽게도 매튜리노 리센디즈 같은 사람들은 항상 상대적으로 드물 것이다. 그럼에도 그들의 행동이 신명론의 진리와 완전히 일치한다는 우려는 남는다. 그러므로 신명론을 받아들이는 것은 설령 그렇게 심각하지 않더라도 그가 했던 것과 똑같은 잘못을 범할 위험에 처하는 것이다.

참조

—1.3 권위

—1.18 계시

—2.1 결과주의

참고문헌

Janine Marie Idziak, *Divine Command Morality: Historical and Contemporary Readings* (New York: Edwin Mellen Press, 1978)

Paul Helm, ed., *Divine Commands and Morality* (Oxford: Oxford University Press, 1981)

*Philip L. Quinn, "Divine Command Theory," in *The Blackwell Guide to Ethical Theory*, edited by Hugh LaFollette (Oxford: Blackwell, 2000), 53~73

2.7 이기주의 Egoism

에머슨(Ralph Waldo Emerson: 1803~82)은 "분별 있는 모든 사람들은 이기적이다"라고 적었다. 오늘날 우리가 이기적인 사람이 되기 위해 분별 있는 사람이 될 필요는 없다는 것이 전통적인 지혜이다 — 왜냐하면 사실 모든 사람은 항상 이기적이기 때문이다. 어떤 집단에서는 진정한 이타주의에 대한 믿음은 순진함의 표시로 여겨진다.

그러나 에머슨의 구절이 냉소주의를 낳을 필요는 없다. "이기주의가 도덕적으로 정당화될 수 있는가?" 하는 물음은 분명 자기 모순적이지 않으며 대답될 필요가 있다. 게다가 만약 선함과 이기적임이 우연히 같은 것을 요구한다면, 이기적임은 칭찬받을 일일 것이다.

심리적 이기주의

그러나 우선 모든 사람이 사실상 마음속으론 이기주의자라는 견해에 대해 무언가를 말해야 한다. 사람들은 자기에게 가장 이익이 되는 것을 행하지 않을 수도 있다. 그러나 심리적 이기주의자에 따르면, 그들은 자기에게 가장 이익이 된다고 자기가 믿는 것만을 행할 것이다. 명백한 — 눈에 띄는 — 반론은 그저 그것뿐이다. 브라이언 애덤스의 매우 감상적인 발라드 곡 「(내가 무엇을 하든) 당신을 위해 하겠어요」를 예로 들어보자. 수많은 다른 사랑노래들에 반향하면서, 애덤스는 "있는 그대로의 나를 받아주세요, 나의 생명을 받아주세요. 나는 그 모든 것을 주겠어요, 내가 바치겠어요"라고 노래한다. 그러나 이렇게 사심이 없다는 극단적 고백조차도 더 깊이 감춰진 이기심은 가리는 것으로 보일 수 있다. 결국 왜 그는 이렇게 말하고 있는 걸까? 당연히 유혹하려는 목적에서다. 그는 스스로 진심이라고 믿을지도 모른다. 그렇다면 이것은 어쩌면 자연의 트릭들 중 하나일 것이다: 오직 유혹하는 사람 자신을 속임으로써 그 유혹이 성공할 수 있다. 게다가 설령 그가 진실을 말하더라도, 그것이 무엇을 보여주는가? 자신의 연인 없이는 그는 차라리 죽겠다는 것을? 이것은 다시 이기심이다! 그에게는 죽음이 비참함보다 더 나은 것이다.

이런 — 심리적 이기주의라고 하는 — 견해는 매우 설득력 있을 수 있다. 그러나 당신이 언제든 이타주의적 행동을 이기주의적 관점에서 잘 설명할 수 있더라도, 단순히 그렇게 하는 것이 가능하다는 이유로 왜 우리가 이타주의적 설명보다 이기주의적 설명을 더 선호해야 하는지는 불분명하다.

논리적 관점에서 어떤 행동이 쾌락을 준다는 사실로부터 그 행동이 쾌락을 위해 행해졌다는 결론은 나오지 않는다는 사실을 아는 것이 중요하다. 예컨대 물에 빠져 죽어가는 사람을 구하는 것이 우리를 기분 좋게 만들어준다는 사실로부터 그 기분 좋은 느낌을 위해 그 사람을 구했다는 결론은 나오지 않는다. 쾌락은 어떤 행동의 행복한 결과겠지만 그 행동의 이유는 아닐 수 있다.

또한 과학적 방법의 관점에서 이기주의의 가설에 대해 제기할 수 있는 반론이 있다 — 그 가설은 검증될 수 없다. 만약 모든 행동이 이기적이라고 해석될 수 있다면, 그 가설을 반증할 수 있는 실험을 구성하는 것조차 가능하지 않을 것이다. 만약 우리가 물에 빠져 죽어가는 사람을 구한다면 우리는 이기적인 이유로 그렇게 한 것이다. 만약 우리가 그 물에 빠져 죽어가는 사람을 구하지 않는다면, 우리는 이기적인 이유로 그렇게 하지 않은 것이다. 받아들일 수 있는 가설은 적어도 뭔

리상으로는 어떻게든 검증될 수 있어야 한다. 그런데 모든 가능한 행동이 이기적이라고 해석될 수 있기 때문에, 어떤 관찰도 원리상으로 심리적 이기주의를 결코 검증할 수 없을 것이다.

윤리적 이기주의

그러나 설령 심리적 이기주의가 참이라 해도, 그것은 오직 인간 심리의 사실에 관한 무언가를 말할 뿐이다. 그것은 이기적임이 합리적인지 아닌지 혹은 도덕적인지 아닌지에 — 사람이 이기적이어야 하는지에 — 대해선 아무것도 말하지 않는다. 요컨대 그것은 모든 중대한 윤리적 물음들에 대답하지 않는다. 윤리학자들은 이기주의가 도덕적으로 정당화되는가 하는 물음을 회피할 수 없다.

애덤 스미스는 적어도 부분적으로 경제 문제에서의 이기적임은 가장 효과적으로 공공선에 이바지하므로 도덕적으로 정당하다고 주장함으로써 하나의 대답을 제시하려 했다: 그가 적기를, "우리가 우리의 저녁 식사거리를 기대할 수 있는 것은 고깃간 주인이나 양조장 주인이나 빵 굽는 사람의 자비심로부터가 아니라 자기이익에 대한 그들의 관심으로부터이다. 우리는 그들의 인간애가 아니라 그들의 자기애(自己愛)에 호소하는 것이며, 그들에게 결코 우리 자신의 필요가 아니라 그들의 이득에 대해 이야기한다."

그러나 『국부론』에서 스미스의 논증은 윤리적 이기주의(ethical egoism)라는 것을 — 어떤 사람이 자신의 이익을 위해 행동하는 것은 항상 윤리적이라는 견해를 — 정당화하지 않는다. 설령 이기주의자가 어떤 상황에서는 공공선을 위한 효율적 통로일 수 있더라도, 그것이 항상 그렇다는 주장은 받아들이기 어렵다. 속설과 반대로 스미스의 전체적인 도덕이론은 절대 이기주의적이지 않으며, 공감과 도덕 감정과 이기적이지 않은 "불편부당한 관찰자"에 도덕을 기초한다. 스미스는 윤리적 이기주의를 보편적 혹은 일반적 원칙으로 옹호하지 않는다. 그렇게 하려면, 우리는 이기주의가 그 자체로 도덕적으로 정당화될 수 있으며, 설령 그것이 다른 어떤 선을 위한 수단으로 쓸모가 없더라도 정당화될 수 있다고 주장할 필요가 있다.

합리적 이기주의

그럼 어떻게 우리는 이기주의가 도덕적으로 정당화된다고 주장할 수 있을까? 오늘날 많은 사람들은 윤리가 합리적이어야 한다고 생각한다. 도덕법들이 모두 합리적 원칙으로부터 도출될 수 없을 수도 있다. 그러나 최소한 윤리는 이성과 부합해야 하며 이성과 반대되는 어떤 것을 — 말하자면 일관성이 없거나 자기 모순적이거나 개념적으로 정합적이지 않은 어떤 것을 — 명령해선 안 된다. 그래서 만약 윤리가 합리적이어야 하고 우리가 자기이익을 위해 합리적으로 (일관성 있게 등등) 행동할 수 있다면, 이기적으로 행동하는 것은 적어도 도덕의 합리성 기준을 만족시킨다.

그러나 어째서 자기이익을 위해 합리적으로 행동하는 것이 윤리적인 의미에서 결정적인지는 전혀 분명하지 않다. 자기 자신을 돕는 것은 다른 사람을 돕는 것보다 더 합리적이지도 덜 합리적이지도 않은 것처럼 보인다. 사람은 부도덕한 목표를 위해 합리적으로 행동할 수 있지 않은가? 실제로 많은 사람들은 목적이나 목표가 합리성에 의해서만 수립될 수 없다고 주장할 것이다.

아마 이 쟁점과 관련하여 가장 중요한 물음은 어쨌든 자기이익과 이타주의 사이에 어떤 충돌이 있는가 하는 물음이다. 플라톤과 아리스토텔레스를 포함하여 많은 고대 그리스 철학자들은 이기주의와 이타주의 사이에서 어떠한 충돌도 보지 못했을지 모른다. 왜냐하면 그들은 우리가 나쁘게 행동하면 우리는 궁극적으로 우리 자신에게 해를 끼친다고 생각했기 때문이다. 예컨대 탐욕스러운 사람은 결코 마음이 편치 않다. 왜냐하면 그는 그가 가진 것에 결코 만족하지 못하기 때문이다. 대조적으로 플라톤이 처형 직전의 소크라테스의 입을 빌어 말한 것처럼, "선한 사람은 살아서든 죽어서든 해를 입을 수 없다." 이것은 어쩌면 너무 낙관적인 견해일 수 있다. 그러나 선함이 "계몽된 자기이익"이라는 생각은 그럴듯하다.

그러나 계몽된 자기이익은 사람들에게 이타적이어야 할 이유를 제공하는가, 아니면 그것은 진정한 이타주의는 불가능하다는 것을 보여주는가? 어떤 사람들은 한 사람의 자기이익을 위한 행동은 설령 그것이 다른 사람을 돕는다 해도 이타적이라고 할 수 없다고 주장할 것이다: 이타주의 개념은 자기이익을 위한 행동, 심지어 다른 사람의 이해관심과 일치하는 행동조차 배제한다. 한 대안적 견해는 이타주의와 자기이익이 양립할 수 있다고 주장하는 것이다: 선행자(善行者)들이 선행이 결국 자신을 돕는 행위임을 안다는 사실은 결코 그들이 다른 사람을 위해 선행을 행할 정도를 감소시키지 않는다. 이 딜레마가 브라이언 애덤스의 노래에 관해 제기될 수 있다. 그가 자신이 하는 모든 일은 그녀를 위해 하는 것이라고 말할 때, 그는 거짓말을 하고 있는 걸까? 혹은 그는 그냥 귀찮아서 자신의 이타주의는 어떤 자기희생도 필요로 하지 않는다는 사실을 말하지 않은 것일까?

참조

— 1.20 공감

— 2.15 주관주의

— 3.22 사려

— 5.14 회의주의

참고문헌

*Bernard Mandeville, *The Fable of the Bees* [1714] *and Other Writings*, edited by E. J. Hundert (Indianapolis, IN: Hackett Publishing, 1997)

Adam Smith, *The Wealth of Nations* [1776], edited by Edwin Cannan (New York: The Modern Library, 1994), Chapter 2

*Robert Shaver, *Rational Egoism: A Selective and Critical History* (Cambridge: Cmabridge University Press, 1998)

2.8 쾌락주의 Hedonism

왜 도덕적이어야 하는가? 이 물음에 대답하기 위해 시도해볼 한 가지 방법은 모든 도덕적 문제가 실제로 해결된다면 어째서 그것이 좋은 일일까 하고 생각해보는 것이다. 실제로 모든 사람이 선하다는 것은 무엇을 이끌어낼 것인가? 세계평화. 아무도 굶어 죽지 않는 것. 모든 사람이 자유로운 것. 정의가 최고로 군림하는 것. 그런데 그것이 뭐가 그렇게 좋은 것일까?

당연한 대답은 모든 사람이 행복하리라는 — 적어도 인간적인 판단으로 가능한 만큼 행복하리라는 — 것이다. 그래서 선함의 의미는 그것이 보다 행복할 세계로 인도할 것이라는 데 있다.

만약 이것이 옳다면, 도덕의 기초는 쾌락주의다: 그 자체로 가치를 가진 유일한 것은 행복(혹은 쾌락, 당장은 간단하게 행복에 대해서만 이야기하겠지만)이며, 그 자체로 나쁜 유일한 것은 불행(혹은 고통)이라는 견해. 이것은 놀라운 결론처럼 보일 수도 있다. 궁극적으로 쾌락주의는 보통 덧없는 쾌락의 이기적 추구와 연관된다. 그렇다면 어떻게 그것이 도덕의 기초일 수 있는가?

궁극적 선으로서의 행복

이 물음에 대한 대답은 행복이 유일한 선인 이유에 대한 설명으로 시작해야 한다. 아리스토텔레스는 이것이 자명한 사실이라고 생각했다. 왜냐하면 그것들 자체를 위해 행해지는 일들과 다른 어떤 것들을 위해 행해지는 일들이 있기 때문이다. 다른 어떤 것들을 위해 행해지는 일들은 그 자체로는 가치가 없지만 어떤 목적에 대한 수단으로서 오직 **도구적으로만** 가치가 있다. 이와 대조적으로 그것들 자체를 위해 행해지는 일들은 **그 자체로 목적인 것들로서 본질적으로** 가치가 있다. 삶의 모든 좋은 것들 중에서 오직 행복만이 그 자체로 소중한 것처럼 보인다. 다른 모든 것은 오직 그것이 행복을 끌어내기 때문에 소중한 것이다. 심지어 사랑도 그 자체로는 소중한 것이 아니다 — 우리를 영원히 비참하게 만드는 사랑은 가질 가치가 없다.

그러나 이 결론은 이기적이고 덧없는 쾌락의 추구를 필연적으로 수반하는 것은 아니다. 최초의 쾌락주의 철학자들 중 한 명인 에피쿠로스는 이것을 잘 이해하고 있었다. 그는 누구도 강렬한 쾌락, 특히 무상(無常)한 종류의 쾌락을 (그가 활동적 혹은 능동적 쾌락이라 부른 것을) 영원히 추구한다면 결코 행복할 수 없을 것이라고 생각했다. 오히려 진정으로 행복하기 — 혹은 더 나은 표현으로 "만족하기" — 위해선 사람은 고요와 평정과 심적 평화를 (정적 쾌락을) 필요로 한다. 그리고 만약 행복이 그 자체로 가치를 가진다고 본다면, 우리는 그저 우리 자신의 행복만이 아니라 다른 사람의 행복에 관심을 가질 이유가 있다. 그러므로 에피쿠로스는 이렇게 결론을 내렸다: "현명하고 명예롭고 정의롭게 살지 않고는 즐거운 삶을 살 수 없으며, 즐겁게 살지 않고는 현명하고 명예롭고 정의로운 삶을 살 수 없다."

근대의 가장 중요한 쾌락주의 윤리들 중 하나는 벤담과 밀의 공리주의이다. 그들은 동일한 — 쾌락과 행복이 유일한 선이며 고통과 불행이 유일한 악이라는 — 전제로부터, 행동은 그것이 최대 다수의 최대 행복을 증진하는 경우에는 옳고 그것을 감소시키는 경우에는 그르다는 결론을 내렸다.

정확히 무엇인가?

쾌락주의 철학에 대해 되풀이하여 제기되는 문제들 중 하나는 어떤 것이 본질적으로 가치 있는 것이라고 가정되는가를 분명히 밝히는 것이다. 그것은 — 유쾌한 감각을 뜻하는 — 쾌락인가? 혹은 행복인가? 행복일 경우 그것은 무엇인가? 안정된 마음의 상태인가? 일시적인 행복의 느낌인가? 객관적으로 번영하는 것인가? 혹은 이것들 각각이 그 자체로 좋은 것인가?

이 문제는 끊임없는 심각한 문제이다. 왜냐하면 우리가 행복과 쾌락을 전통적인 의미로 이해한다면, 다른 무엇보다 그것들이 본질적인 선인지가 전혀 명확하지 않기 때문이다. 게다가 쾌락의 결정적 성질을 정확히 정의하려는 철학자들의 (예컨대 "강도"와 "지속성" 같은 속성을 지적함으로써 벤담이 수행했던 것과 같은) 시도는 정말 파악하기 어렵다. 밀의 작품에 대한 비판가들은 만약 그가 진실했다면 그는 만족한 돼지의 삶이 고생하는 철학자의 삶보다 더 낫다는 것을 인정했어야 한다고 주장한다. 밀은 마음의 고상한 쾌락과 육체의 저급한 쾌락을 구분함으로써 이에 응답하려 했다(『공리주의』[*Utilitarianism*], 1859).

그러나 무엇이 고상한 쾌락을 고상한 것으로 만드는가? 밀은 양자를 모두 경험해본 "유능한 판관들"(competent judges)은 저급한 쾌락만 있는 삶보다는 어떤 고상한 쾌락이 있는 삶을 더 선호할 것이며 그 반대는 아닐 것이라고 생각했다. 그러나 설령 이것이 참이더라도 단지 고상한 쾌락이 더 유쾌하다는 이유로 그것을 선호한다는 것은 사실이 아닐 것처럼 보인다. 그러나 그것을 선택하는 데 다른 이유들이 있다면, 결국 쾌락주의적 고려사항만이 중요한 고려사항은 아닌 셈이다.

한 사유실험에서 로버트 노직은 쾌락주의에 반대하는 훨씬 더 강력한 논변을 제시했다. 여기서 그는 어떤 사람이 가상세계에서 행복하게 사는 것을 선택할지, 아니면 현실 세계에서 덜 행복하게 사는 것을 선택할지를 묻는다. 그는 대부분의 사람들이 현실 세계를 선택할 것이며, 이는 사람들이 행복보다는 현실성을 더 선호함을 시사한다고 말했다. 만약 그것이 옳다면, 행복은 그 자체로 좋은 유일한 것이 아니다. 진리와 본래성 역시 그 자체로 좋은 것으로 보인다.

참조

—1.10 번영

—1.17 고통과 쾌락

—3.19 수단/목적

—5.13 개인의 개별성

참고문헌

Epicurus, *The Epicurus Reader: Selected Writings and Testimonia*, edited by Brad Inwood and Lloyd P. Gerson (Indianapolis, IN: Hackett Publishing, 1994)

Robert Nozick, *Arnarchy, State and Utopia* (New York: Basic Books, 1974)

*Fred Feldman, *Pleasure and the Good Life: Concerning the Nature*, Varieties and Plausibility of Hedonism (Oxford: Oxford University Press, 2004)

2.9 자연주의 Naturalism

1859년 찰스 다윈의 『종의 기원』의 출판 이후, 인간은 온전히 자연의 한 부분이라는 주장이 점점 더 받아들여지게 되었다. 현대 과학의 업적으로 우리는 또한 자연이 인간에 대한 이해의 중심에 있음도 알았다. 어떠한 초자연적 과학이나 초자연적 의술도 널리 받아들여지지 않는다. 그러면 왜 초자연적 윤리가 있어야 하겠는가? 확실히 우리에게 지금 필요한 것은 과학이 그랬던 것처럼 윤리학이 자연화되는 것이다.

그러나 무엇을 "자연" 혹은 "자연 질서"로 간주할지를 말하는 것은 쉽지 않다. 어떤 사람들은 그것을 자연과학과 사회과학을 통해 발견되고 설명된, 관찰가능한 인과적 질서라는 말로 정의했다. 그 외에 무어와 같은 사람들은 자연을 시간 속에 존재하는 무엇이라고 기술했다. 그러나 "자연"과 "자연적인 것"이 무엇이든, 자연주의 윤리학자들은 그것을 형이상학적인 것, 신적인 것, 초자연적인 것, 신학적인 것으로부터 구별하길 원한다. 말하자면 자연주의 윤리는 신, 영혼, 계시, 플라톤적 형상, 형이상학적 "본질", "실체", (플로티누스의) "일자", (라이프니츠의) "단자", (피히테의) 자기 정립하는 형이상학적 "나", (헤겔의) "정신", (쇼펜하우어와 니체의) "의지", 심지어 (사르트르의) "자유" 같은 것들을 전혀 언급하지 않는 방식으로 윤리를 해석하려 한다.

윤리적 자연주의자들은 우리가 언어에 의지하고, 또한 생물학, 심리학, 화학, 물리학, 인지과학, 그리고 사회학 같은 사회과학에 의해 기술된 실재에 의지하는 편이 더 낫다고 생각한다. 여기에는 두 가지 주된 이유들이 있다: (1) 과학은 괄목할만한 성취를 거두었다고 보인다; 그리고 (2) 시간이 지남에 따라 (비록 모든 사람은 아니나) 많은 사람들이 보기에, 철학적 검토는 형이상학·신학·종교의 신빙성과 정치적 중요성과 유의미성에 대해 통렬한 비판을 제시했다. 실제로 윤리학을 자연화한다는 것은 윤리적 용어들의 의미와 윤리적 규범들이 만들어지는 방식을 바꾼다는 뜻이다.

윤리의 자연화

윤리는 "좋음", "나쁨", "옳음", "그름" 같은 고유한 용어들을 필요로 한다. 윤리적 자연주의자들은 이 용어들을 순전히 자연적 방식으로 이해하려 했다: 즉 그것들을 자연 세계 혹은 사물들의 자연 질서 안에서 발견되는 것들의 용어로만 정의함에 의해서 말이다. 그럼 자연주의자들에게 "좋음"의 의미는 오직 사물들의 물질적 혹은 생물학적 혹은 심리학적 혹은 물리학적 특징들의 관점에서만 이해될 수 있다. 그렇다면 "성적 학대는 나쁘다"는 다음과 같은 말이 된다: "성적 학대는 그것을 당하는 사람들에게 물리적·심리적 병리를 일으킨다."

하지만 윤리적 규범들은 어떻게 자연화될 수 있을까? 과학은 결국 우리에게 무엇이 있어야 하는가가 아니라 무엇이 있는가를 말해줄 뿐이다. 사회학은 사람들이 실제로 어떻게 행동하는가를 기술하고 설명한다; 그것은 그들이 어떻게 행동해야 하는지를 말하지 않으며 말할 수도 없다. 심리학과 인지과학은 사람들이 실제로 어떻게 생각하고 느끼는지를 설명할 수 있다; 그러나 그것은 그들이 어떻게 생각해야 하고 느껴야 하는지를 말할 수 없다. 비판가들은 "무엇이 있는가"는 과학의 영역이라고 말한다. "무엇이 있어야 하는가"는 윤리학과 도덕철학의 영역이다.

윤리적 자연주의의 옹호자들은 도덕판단은 인간들 사이의 자연적 활동이라는 말로 대답할 수도 있다. 또한 인간 윤리의 토대는 자연선택의 결과이다. 진화는 윤리적 특성들을 선택했다. 왜냐하면 그것들이 우리의 유전적 계통을 영속시키는 효과적 수단으로서 도움이 되기 때문이다. 우리가 다르게 진화했다면, 우리는 도덕을 다르게 판단할 수도 있다. 어쩌면 우리는 버틀러 주교가 지적했던 선천적 양심이나 애덤 스미스와 데이비드 흄이 묘사했던 도덕 감정이나 아리스토텔레스가 인간종의 중대한 특징이라고 생각했던 능력, 즉 합리적 도덕판단의 능력조차 가지지 않을 것이다. 그러나 현상태로는 우리는 날 때부터 그런 능력들을 분명히 가지며, 우리에게 윤리적 쟁점에 관한 판단들은 세계를 구성하는 다양한 사실적 사태들에 대한 판단만큼 자연적이다.

논리학 및 과학철학과 마찬가지로, 철학적 윤리학은 기본 개념들을 명료하게 하는 방편, 개념들의 관계 및 정합성을 조사하는 방편, 그리고 더 많은 합의와 안정성과 체계적 구성을 달성하는 유익한 방향으로 도덕판단을 내리는 방법들을 명확히 말해주는 방편의 역할을 한다. 그 다음에는 자연히 되어가는 대로 내버려둘 것이고 인간들이 판단할 것이다. 위대한 자연주의자 콰인(W. V. O. Quine : 1908~2000)이 철학과 물리학의 관계에 대해 주장했던 것처럼, 윤리학을 과학들로부터 구별하는 절대적으로 명확한 경계선은 없다. 과학들은 개념적 명료화와 방법론을 위해 철학에 의존한다. 윤리학은 최선의 도덕판단을 내릴 수 있는 기반이 되는 정보를 위해 과학들에 의존한다.

이런 대답이나 이와 유사한 다른 대답들이 자연화된 윤리학이 진정한 도덕규범을 획득할 수 있는지에 대한 의혹을 완화시킬 만큼 충분히 좋은 대답들인지는 윤리적 자연주의자들과 그 반대자들 사이의 논쟁의 핵심이다.

참조

—1.8 진화

—1.20 공감

—3.9 사실/가치

—4.8 존재와 당위의 간격

참고문헌

Larry May, Marilyn Friedman, and Andy Clark, eds., *Minds and Morals: Essays on Cognitive Science and Ethics* (Cambridge, MA: MIT Press, 1996)

William A. Rottschaefer, *The Biology and Psychology of Moral Agency* (Cambridge: Cambridge University Press, 1998)

William D. Casebeer, *Natural Ethical Facts: Evolution, Connectionism, and Moral Cognition* (Cambridge, MA: MIT Press, 2005)

2.10 특수주의 Particularism

몇 사람이 불이 난 건물에 갇혀 있고, 건물이 무너지기 전에 탈출용 헬리콥터로 딱 한 사람만 더 데리고 나올 시간이 있다. 세 사람이 남아 있다: 60세에 미혼이고 자식이 없는 원로 암 연구가; 14세의 어린이; 집에서 살림만 하는 세 자녀의 어머니. 누구를 구해야 할까?

많은 사람들은 더 많은 정보를 알기 전에는 말하기 어렵다는 말로 그런 질문에 반응한다. 그들 중 누가 다른 사람을 위해 자기 생명을 더 기꺼이 희생하려고 할지? 그 어머니의 자녀들은 얼마만큼 그녀에게 의존하고 있는지? 그녀는 기꺼이 자녀들을 돌봐줄 가까운 친척이 있는지? 14세의 어린이가 나중에 의사가 될지 아니면 마약중독자가 될지? 그 암 연구가는 사랑하는 사람이 있는지? 도대체 왜 그들 각자가 그 건물에 있는지? 그들 중 누가 불을 낸 방화범인지?

어떤 사람은 세테리스 패리버스(*ceteris paribus*)라고 — 다른 모든 사정은 같다고 — 선언함으로써 이 난관을 회피하려 할 수도 있다. 이 경우에서 세테리스 패리버스는 이 사람들 사이에 관련된 차이점들은 열거된 그것들뿐이라고 가정함을 뜻한다. 그러나 항상 성가신 의혹이 남는다: 현실에서는 결코 다른 사정들이 동일할 리가 없다. 모든 경우가 다 다르다. 설령 우리가 이 특수한 상황에서 누가 그 건물에서 벗어나야 할지를 결정할 수 있더라도, 그 결정으로부터 아무런 일반적 교훈을 끌어낼 수 없다. 왜냐하면 다음 번에 유사한 상황이 발생할 때, 결정적인 세부사항은 다시 달라질 것이기 때문이다.

최근 특수주의가 전보다 중요해지고 있는 것은 부분적으로 이와 같은 이유들 때문이다. 도덕적 특수주의자들은 도덕에서 일반적인 원칙들이 중심이 되는 것에 반대한다. 더 과격한 특수주의자들은 옹호할만한 일반적인 도덕 원칙은 전혀 없다고까지 주장한다. 다른 한편으로 온건한 특수주의자들은 우리는 기껏해야 몇몇 원칙들을 일반적인 경험법칙(rules of thumb)으로 사용할 수 있을 뿐이며, 그것들이 결코 특수한 행동의 도덕성을 판단하는 최종적 의견이어선 안 된다고 주장한다.

특수주의는 윤리사상사의 거의 전반에 반항한다. 모든 도덕체계들은 원칙에 따라 작동한다. 이것이 도덕적 개인은 "원칙에 의거하는" 것으로 묘사되는 이유이다. 실제로 어떤 구체적 도덕 원칙을 갖는가는 그것을 규정하는 도덕이론에 따라 다르지만, 원칙 자체의 중요성은 보편적으로 인정되는 것처럼 보인다. 그렇다면 왜 우리가 그런 도덕적 사고의 핵심 조항을 거부해야 하는가?

특수주의를 옹호하는 논거

특수주의자들은 일반적인 도덕 원칙을 공식화하려는 수많은 시도에도 불구하고 그것이 어떤 지점에서는 항상 무너지는 것처럼 보인다는 사실에 깊은 인상을 받았다. 도덕철학자들 사이의 논쟁은 흔히 어떤 행동이 (a) 고려 중인 원칙과 부합하지만 그릇되거나 (b) 그 원칙과 상반되지만 옳다는 것을 보여주는 반례를 발견함으로써 어떤 도덕이론에 대한 반론을 제기하는 형식을 취한다. 반례에 의해 심판받는 도덕 원칙의 이런 반복적인 실패를 감안한다면, 우리는 철학자들이 아직은 옳은 원칙을 공식화하지 못했다고 결론내리거나, 혹은 그렇게 하려는 전체 계획은 이미 실패할 운명이라고 결론내릴 수 있다.

특수주의는 이런 명백한 실패의 역사에 대해 오류론(error theory)을 제공한다: 그것은 왜 어떠한 일반적 도덕 원칙도 예외 없이 적용되지 못하는지를 설명한다. 이유는 실제로 매우 단순하다: 도덕적 고려를 특징짓는 요소들은 무한히 가변적인데 반해, 일반적인 원칙들은 고정되어 있거나 적어도 유한하고 제한되어 있다. 달리 표현해서, 현실은 어떠한 일반적 도덕 원칙보다 더 섬세하며, 따라서 어떠한 일반적 도덕 원칙도 현실의 온갖 복잡성을 바르게 평가할 수 없다. 햄릿은 "하늘과 땅에는 당신의 철학에서 상상된 것보다 더 많은 것들이 있다"고 말한다(『햄릿』 1막 5장).

그것은 도덕적 추론이 불가능하다는 말은 아니다. 반대로 특수주의자들에게 도덕적 추론은 일반적인 실천적 문제해결이 가능한 것과 똑같은 방식으로 가능하다. 어떤 사람이 어디에 집을 살지를 어떻게 결정하는가 하는 문제를 고찰해보자. 사람은 몇몇 보편적 선호를 가질 수 있지만, 정확히 어느 집을 살지를 결정하는 데 적용될 수 있는 규칙은 없다. 물론 결정을 돕기 위해 사람들은 종종 일반적인 선호나 규칙의 목록을 가지고 시작한다. 그러나 이것들은 그들이 대지 위에 있는 부동산과 마주할 때마다 지속적으로 수정된다. 그래서 사람들이 흔히 이렇게 말하는 것을 들을 수 있다: "나는 많은 수리가 필요한 집은 절대 안 살 거라고 했지만, 이 집에 너무 반해서 살 수밖에 없었다." 마찬가지로 사람들이 도덕적 숙고를 시작할 때 그들은 어떤 일반적 선호나 규칙을 (전쟁은 안 되고, 거짓말은 안 되고 등등) 가지고 시작할 수도 있지만, 이것들은 그들이 도달하는 최종 결론을 결정하지 않는다.

때때로 도덕판단은 합리적 일관성의 제약을 받아야 하며, 일반적인 규칙이 없이는 일관성은 불가능하다고 말해진다. 일관성 제약은 특수주의에도 적용된다: 명백히 동일한 상황들에서 상이한 판단을 내리는 것을 정당화하려면, 특수주의자는 그 두 상황들 사이에서 도덕적으로 관계있는 차이들이 무엇인가를 설명해야 한다.

특수주의는 신학자 조셉 플레처(Joseph Fletcher: 1905~91)가 개발한 기독교윤리인 상황윤리(situation ethics)와 몇몇 공통적 특징들을 공유한다. 중요한 세부 차이점들이 있지만, 양자 모두 어떠한 도덕적 추론이나 판단도 불가능하게 만드는 무도덕성으로 빠지지 않으면서 고정된 규칙들에 의해 지배되는 도덕을 거부하려는 시도들이다.

참조

—3.22 사려

—4.3 일관성

—4.18 보편화가능성

—5.12 근본적 특수성

—5.15 관점

참고문헌

Joseph Fletcher, *Situation Ethics* (Philadelphia, PA: The Westminster Press, 1966)

Odo Marquard, *Farewell to Matters* of *Principle* (Oxford: Oxford University Press, 1989)

Brad Hooker and Margaret Olivia Little, eds., *Moral Particularism* (Oxford: Oxford University Press, 2001)

2.11 완전주의 Perfectionism

우리는 공식적으로 평등주의 시대에 살고 있다. 우리는 모든 인간의 평등한 존엄과 가치를 인정하며 영웅들의 가면을 벗기고 싶어 한다. 그러나 끝까지 이런 접근방식으로 나아가는 것은 어렵다. 결국 아인슈타인과 셰익스피어는 변변찮은 이 책의 저자들보다는 인간의 완전성에 더 가까이 근접한 정신을 가졌었음은 틀림없는 사실이다. 그것을 부정한다면 미쳤다고 보일 것이다. 그럼에도 그것을 인정하는 것은 객관적으로 말해서 어느 정도 탁월한 인간의 사례가 있다는 믿음을 필요로 한다. 이것은 무슨 뜻인가? 그리고 어떻게 그런 객관적 기준들이 있을 수 있는가? 도덕적 완전주의자들은 자신들이 그 해답을 가지고 있다고 생각한다.

인간 본성과 본성의 완전성

만약 인간 본성이란 것이 있고 그 본성이 다소간 완전해지거나 무뎌질 수 있다면, 도덕적 선택과 성품과 행위에 대한 객관적 기준 같은 것이 있을 수 있다. 도덕적 완전주의 이론가들에게는, 무엇이든 우리로 하여금 더 완전한 본성을 실현하도록 돕는 것이 바로 도덕적으로 "선한" 것의 효력이다. 문제는 인간 본성이 무엇이고 그것을 완전하게 만든다는 것이 무슨 의미인가 하는 것이다.

덕윤리는 한 가지 가능한 대답을 제공한다. 플라톤과 아리스토텔레스 같은 이론가들은 인간의 탁월성(*aretē*), 특히 인간의 영혼 혹은 마음(*psychē*)의 탁월성에 대해 글을 썼다. 영혼의 다른 부분들은 다른 탁월성들을 가진다. 따라서 (1) 지성, (2) 정념과 욕망, (3) 야망과 기백, 그리고 (4) 그것들 사이의 관계에 대한 탁월성들 혹은 덕들이 있다.

물론 우리는 인간의 다른 완전성에 대해서도 이야기할 수 있다. 예컨대 신체의 완전성을 생각해보자. 분명 우리는 올림픽 10종 경기 우승자나 세계 정상급 발레리나나 연주회 피아니스트가 하루 종일 소파에 앉아 텔레비전만 보는 사람보다는 신체의 완전성을 성취했다고 말할 수도 있다.

어쩌면 우리는 신과의 관계(신학적 덕), 자기 가족과의 관계, 자기 사회와의 관계(시민적 덕), 다른 생물체와의 관계, 심지어 자연 세계와의 관계(생태학적 덕)에 대해서도 이야기할 수 있다. 어쩌면 우리는 어느 정도 완전한 정치적 질서(정치적 덕)에 대해 의미심장하게 이야기할 수 있다.

이런 다양한 완전성들을 확인했다면, 다음 물음은 그것들을 기르기 위해 우리는 무엇을 할 필요가 있는가 하는 것이다. 왜냐하면 그것들을 기름으로써만 우리는 도덕적 삶을 살 것이기 때문이다.

완전성으로 가는 길

이성은 — 자연과학과 사회과학의 형태로 — 건강과 질병, 즉 병리학과 치료에 대한 정보를 제공할 수 있다. 연습은 육체적 기술과 솜씨를 향상시키는 수단을 제공할 수 있다. 그래서 우리는 어떤 사람이 신체와 전문기술의 탁월성을 보다 완전하게 만들기 위해 무엇을 해야 할지를 즉시 설명할 수 있다. 도덕적 완전주의자들에게는 이를 행하는 것이 타당하다. 왜냐하면 우리 자신을 그렇게 향상시키는 것은 실로 윤리적 문제이기 때문이다.

그러나 이성이 도덕적 이상이나 지적 이상을 충분히 명확하게 말해줄 수 있을까? 도덕적 완전성에 대한 이론들은 종종 무엇이 완전하고 완전하지 않은가에 대해 모호하지 않은 규칙들이 명확히 말해질 수 있다는 생각을 거부한다. 만약 이성이 규칙들에 의존하는데 규칙들이 완전성을 명확히 말해줄 수 없다면, 완전주의는 이성과 볼일이 없는 셈이다.

다른 한편으로 어쩌면 이성은 더 많은 무언가를 포함할 수도 있다. 카벨(Stanley Cavell: 1926~)과 매킨타이어(Alasdair MacIntyre: 1929~) 같은 철학자들은 자신의 도덕적 주장과 도덕적 자아를 다른 사람이 이해할 수 있게 만들려고 노력하면서 친구 사이나 함께 사는 공동체의 구성원 사이에서 진행되는 대화들이 도덕적 완전성에 관한 논의에서 중요하다고 강조했다. 이런 방향에 따라 매킨타이어는 도덕적 논의를 위한 새로운 모범과 기준을 확립할 수 있는 새로운 공동체를 규정하려면 우리는 새로운 성 베네딕트를 필요로 한다는 유명한 말을 했다(『덕의 상실』[*After Virtue*], 1981).

그러나 충분히 객관적인 기준이 그런 과정을 통해 나타날 수 있을까? 역사는 도덕적 완전주의자들이 설정한 이상들이 별로 보편적이고 객관적이지 않다는 것을 말해준다. 고대 로마의 사상가들은 덕을 정의함에 있어서 남성이라는 뜻의 라틴어 *vir* (이로부터 "남성다움"(virility)이란 낱말이 나온다) 개념을 사용하며 아마 그것을 가지고 인간 완전성에 대한 다소 비전형적인 이상을 채택한다. 아리스토텔레스는 아테네의 남자 귀족을 모범으로 삼아 덕의 내용을 구체화시킨 것으로 잘 알려져 있다. 그리고 사실 도덕적 완전주의는 종종 허영심에서 자신을 인간 완전성의 본보기로 치켜세우는 이론에 빠진 엘리트주의자와 귀족의 윤리이론이라는 비판을 받아왔다. 그러나 민주주의적이고 평등주의적인 사회가 스스로를 향상시키고 보다 완전한 사회나 국가라는 이상을 더 잘 실현할 방법을 찾을 때, 도덕적 완전성 개념은 그 사회를 움직이는 화제로 중요하지 않을까?

실제의 완전주의

비록 완전주의는 매우 엘리트주의적으로 들릴 수 있지만, 여러 면에서 그것은 일반인들의 평범한 관심사에 여러 다른 도덕이론들보다 더 밀접한 관계를 맺고 있다. 잘 팔리는 자기계발 도서의 급격한 성장이 증명하듯이, 결국 우리는 모두 어떻게 하면 더 잘 살 수 있는가를 알고 싶어 한다.

도덕적 완전주의 자체는 일종의 자기계발 지침을 제공한다. 많은 사람들은 돈을 버는 데에, 아이와 가족에, 정치적 혹은 사회적 공헌에, 오락에, 혹은 지적인 연구에 얼마만큼의 시간을 할애할 것인가에 대한 선택을 내려야 한다. 적절한 균형과 혼합을 찾는 것은 힘든 일이지만, 어떤 인간 완전성에 대한 이상이 도움을 줄 수도 있다. 인간 완전성을 토대로 우리는 자기 아이, 자기 책, 그리고 세계의 빈민과 더 많은 시간을 보내기 위해 더 낮은 봉급의 직업을 선택할 수도 있다. 결국 대부분 사람들의 말에 의하면, 재산의 축적이 인간 완전성을 특징짓지는 않는다. 하지만 얼마만큼을 희생해야 하는가? 심리학, 역사, 인류학, 사회학의 자료들이 도움을 줄 수 있다. 친구 및 스승과의 대화, 심지어 소설, 시, 영화, 그림도 중요할 수 있다. 어쩌면 자연 세계에서 보내는 시간도 중요할 것이다. 여하튼 답을 발견하려면 어떻게 하면 인간의 삶을 가장 훌륭하게 영위할 수 있는가에 대한 대화를 필요로 할 것이다. 그것이 바로 반성적인 도덕적 존재의 의미이다.

참조

—2.16 덕윤리

—3.12 개인적/집단적

—3.22 사려

참고문헌

Alasdair MacIntyre, *Whose Justice? Which Rationality?* (South Bend, IN: University of Notre Dame Press, 1988)

Stanley Cavell, *Conditions Handsome and Unhandsome: The Constitution of Emersonian Perfectionism* (Chicago: University of Chicago Press, 1990)

Thomas Hurka, *Perfectionism* (Oxford: Oxford University Press, 1993)

2.12 실용주의 Pragmatism

세계의 새로운 정치폭력 기술의 발전은 그것을 올바르게 처리할 방법에 대한 많은 도덕적 숙고를 불러일으켰다. 이것은 몇몇 정부들이 자기방어의 합법성에 적용되는 것으로 오랫동안 신봉되어온 원칙을 버리게 만들었다. 이 원칙들 가운데는 많은 사람들이 "즉각적 위협"의 원칙 혹은 "명백하고 현존하는 위험"의 원칙이라 부르는 것이 있다.

많은 윤리학자들과 법학자들에 의하면, 자기방어를 위해 폭력적으로 행동하는 것은 선수를 쳤든 아니든 오직 "명백하고 현존하는 위험"이 있는 경우에만 정당화된다. 그것은 적어도 국제관습법과 관련하여 1837년 미국과 영연방 해군 간의 충돌사건 이후로 통용되었던 학설이다. 국제연합 헌장의 2항과 51항은 오직 "즉각적" 위협이 있을 경우에만 자기방어 행동을 합법화함으로써 이 학설을 따른다.

그러나 아마 오늘날의 사정은 1837년과 다를 것이다. 당시에는 상상할 수 없던 힘을 가진 오늘날의 무기들은 그 목표물에 매우 신속하고 은밀하게 도달될 수 있다. 따라서 목표물이 된 사람들이 그것을 감지하고 효과적인 자기방어 방법으로 대응할 수 있으리라는 생각은 비합리적이다. 아마도 통신, 수송, 살인기술의 새로운 발전은 명백하고 현존하는 위험의 원칙을 시대에 맞지 않는 원칙으로 만들 것이다. 그렇다면 아마 폭력적 예방수단이 과거에는 도덕적으로 허용되지 않았던 경우에도 도덕적으로 허용될 것이다. 우리는 어떻게 해결해야 할까?

실용주의적이 되자

어떤 사람들은 불변하거나 유일한 원칙을 찾을 테지만, 실용주의자들은 주저하지 않고 도덕 원칙을 일종의 진화론적 방식으로 — 즉 새로운 여건에 적응해야 하는 지침으로 — 생각한다.

이런 견해에서는 "도덕적 사실"이란 것은 없다. 만약 그 용어가 도덕적 관행 및 도덕적 행위자와 무관하게 존재하며 모든 사람에게 적용되며 시간이 지나도 불변하는 도덕적 진리를 의미한다면 말이다. 오히려 도덕은 움직이는 것이며, 현실적이고 구체적인 사회적 관행과 담론과 문제에 단단히 얽혀 있다.

그렇다면 어떤 행동이나 생활방식이나 정책이 옳은지 그른지를 결정하는 문제는 우리가 어떤 독립적이거나 논리적으로 앞선 진리를 파악할 것을 요구하지 않는다. 그것은 "저 밖에" 독립적으로 있는 무언가를 — 예컨대 신이 명령하는 것이나 이성이 정당하다고 인정한 것이나 자연법이 규정하는 것을 — 발견하라고 요구하지 않는다. 실용주의는 도덕적 결정, 규칙, 원칙, 법률 등에 대해 판단하는 더 좋은 방법은 우리의 이해관심, 믿음, 역사, 우리가 당면한 문제를 감안하면서 우리가 우리의 삶을 관리하기 위해 지금까지 생각해낸 최선의 방법들대로 판단하는 것이라고 주장한다.

그렇다면 실용주의적 결정에 이른다는 것은 추론과 이론화를 배제하지 않는다; 그러나 그것은 윤리적 추론과 이론화가 현실의 관행과 여건과 문제와 분리될 수 없다고 주장한다. 추론은 우리가 신처럼 사물들을 바라보게 되는 어떤 독립적 관점이나 스피노자의 표현대로 영원의 관점으로(*sub specie aeternitatis*) 우리를 데려가지 않는다. 도덕적 추론을 올바르게 이해함은 언제나 (그것이 받아들이든 않든) 사회적이고 구체적이고 실천적인 삶과 직접 연결된다. 그것은 그것에 참여하는 사람들의 경험과 역사와 습관에 기초를 둔다.

도덕적 실용주의를 이해함에 있어서 또 다른 유용한 예는 총기소유권에 대한 논쟁에서 찾을 수 있다. 미국에서 이 권리의 많은 옹호자들은 미국 헌법수정안 제2조와 그들이 그 수정안을 제정한 사람들의 본래 의도였다고 믿는 것에 호소한다. 실용주의자들에게는 2백 년 전 사람들의 집단이 도달한 도덕적 결론이 그 이후로도 영원히 유효하리라는 가정은 그저 어리석을 뿐이다. 그 이후로 세계는 너무나 많이 변하여 새로운 도덕적·정치적 규칙들이 필요하다는 것은 충분히 가능한 말이다. 오직 사람들이 축적해온 경험과 다양한 대안의 구체적 효과만이 이야기해줄 수 있다.

실용주의가 아닌 것

도덕적 추론에 대해 이렇게 생각하는 것은 도덕적으로 절대적인 것을 거부하므로 상대주의를 함축한다고 생각될 수도 있다. 그러나 상대주의가 문화들이나 사회들이나 시대들이나 개인들이 서로를 판단할 수 없고 심지어 이해할 수조차 없음을 뜻한다면, 실용주의는 상대주의적이지 않다. 국제법 및 통상(通商) 원칙과 마찬가지로, 타자에 대한 도덕판단은 문화들과 국가들과 사회들 서로 간의 실제 경험에 대한 숙고를 통해 발전할 것이다. 서로 다른 문화들은 서로의 과학기술을 비판할 수 있듯이 서로의 도덕에 대해 비판할 수 있다.

그럼에도 불구하고 실용주의는 관용적이며 다원주의적이다. 다양한 도덕 원칙들을 채용하는 것은 실용주의적으로 가능하며, 서로 다른 사회들은 서로 다른 문제들에 직면하고 서로 다른 필요와 감수성을 가지고 서로 다른 가치들을 가질 수 있다. 따라서 실용주의는 도덕을 완전히 규정하고 결코 다른 원칙으로 보완하거나 대체할 필요가 없는 단일한 원칙으로 도덕이 환원되어야 한다는 주장에 매달리지 않는다.

어떤 도덕체계는 도덕 규칙과 행위가 그것들의 결과에 의해 판단되어야 한다고 주장한다는 점에서 결과주의적이라고 일컬어진다. 다른 도덕체계는 규칙과 행동에 대한 평가가 대체로 그것들의 결과보다는 그것들 자체의 특징에 중심을 두기 때문에 의무론적이라고 일컬어진다.

실용주의는 이 범주들 중 어느 것에도 정확히 들어맞지 않는다. 왜냐하면 그것은 적어도 도덕적으로 중요한 면에서 행동과 그 결과 사이에 근본적 구분이 있다는 생각을 거부하기 때문이다. 행동과 그 결과가 모두 도덕적으로 관련된 것으로 간주되어야 한다. 사실 그것들은 그러함에 틀림없다. 왜냐하면 그것들은 서로로부터 완전히 유리될 수 없기 때문이다.

참조

—2.1 결과주의

—2.14 상대주의

—3.19 수단/목적

참고문헌

John Dewey, *Human Nature and Conduct* [1922] (Carbondale: Southern Illinois University Press, 1988)

James S. Gouinlock, *Rediscovering the Moral Life: Philosophy and Human Practice* (Amherst, NY: Prometheus Books, 1993)

Hugh LaFollette, "Pragmatic Ethics," in *Blackwell Guide to Ethical Theory* edited by Hugh LaFollette (Malden, MA: Blackwell, 2000), 400~19.

2.13 합리주의 Rationalism

"윤리학 수업에 오신 어려분을 환영합니다. 지금까지 여러분은 기본적인 도덕적 공리와 공식을 배웠습니다. 또 여러분은 여러분의 포켓용 도덕 계산기를 사용하는 방법을 배웠습니다. 이번 시간에는 도덕적 딜레마를 해결하기 위해 이 원칙들을 사용하는 방법을 배워보겠습니다. 나는 분필로 칠판에 그 사실들을 적을 겁니다. 여러분의 결론을 계산해내고 기억하세요 — 여러분의 계산결과를 보여주세요!"

수학의 결론들이 매우 확실하고 논란의 여지가 없고 분명한 반면, 윤리학의 결론들은 매우 불확정적이고 논란의 여지가 많고 모호하다는 사실에 대해 많은 사람들은 좌절을 느껴왔다. 그러나 사람들이 수학 문제를 푸는 것처럼 도덕적 수수께끼를 푸는 것을 상상하는 것은 어리석다고 보일 수 있지만, 이것이 실제로 어느 정도 가능할 수 있다는 희망은 합리주의자들의 노력을 고무시켰다.

17세기와 18세기 동안 데카르트, 스피노자, 라이프니츠, 클라크 같은 사상가들은 관념들의 내용과 관계를 통해 합리적으로 도덕적 진리를 확정할 방법을 찾으려 했다. 마음 혹은 영혼은 이성이나 직관이나 지성을 통해 원칙을 파악할 수 있으며 그런 다음 도덕적 결론을 추론해낼 수 있다고 그들은 주장했다.

합리주의자들에게 도덕 제1원칙으로부터 도덕판단을 추론하는 것은 수학과 형식논리가 바로 그러하듯이 연역적이다. 이는 도덕이 수학 및 형식논리와 같은 정도로 확실하게 결정되게 한다. 이런 종류의 도덕적 숙고에 느낌이나 감정이 들어갈 자리가 없다는 것은 놀랄 일이 아니다. 대신 합리적으로 인식할 수 있는 조화와 균형과 법칙성, 그리고 일종의 스토아적 억제가 건전한 도덕적 진리를 특징짓는다.

이렇게 이성에 의존하는 것은 초기 근대와 계몽주의 사상가들에게 보다 확실하고 보편적인 도덕뿐만 아니라 종교적 독단주의에 대한 대안을 약속했다. 물론 합리주의가 종교와 완전히 반대되는 것은 아니다. 여전히 신앙심 깊은 합리주의자들은 단순히 자연신교 신봉자들의 경우에서처럼 자연법의 형태로 신법을 합리적으로 파악함으로써 이성이 계시를 보완할 수 있다고 생각했다.

"합리주의"라는 용어는 또한 보다 광범위한 윤리학적 의미를, 즉 서양철학의 많은 부분을 특징짓는 의미를 — 말하자면 사물들, 특히 도덕적 문제에 대한 추론 활동이 일종의 중용을 함양하고 심지어 정념과 정서와 감정에 대한 지배력을 함양한다는 관념을 — 포함한다. 그렇다면 합리적 사상가들에게 이성은 도덕적 진리를 파악할 뿐만 아니라 감정을 통제하고 정돈하고 길들이며 성품을 구축한다. 흄과 같은 도덕감정 철학자들조차 이런 견해를 공유한다.

어떻게 합리주의가 가능한가?

보다 엄밀한 형태의 합리주의가 작용하려면, 우선 윤리의 제1원칙들이 무엇인지를 확립할 수 있어야 할 것이다. 예컨대 고대 스토아학파 사람들은 견고한 인상들, 즉 마음이 확신을 갖고 그것의 믿음들의 기초로 삼을 수 있는 의심의 여지없는 관념들이나 현상들의 존재를 주장했다. 이후 데카르트는 "명석하고 판명한" 본유 관념들이 있다고 주장했고, 스피노자는 평범한 경험이나 경험과학을 통해서는 가능하지 않은 도덕적 (그리고 다른 종류의) 주장들에 어느 정도 안정감을 부여하는 통념들을 기술했다.

이것을 확립하고 나면 당신은 이 원칙들로부터 나오는 추론에서 어떻게 수학적 엄밀함이 가능한지를 설명할 필요가 있다. 이를 수행하기 위해 많은 합리주의자들은 내적 관계의 학설이라는 것을 주장했다. 이것은 관념들 사이의 혹은 사물들 사이의 도덕적 관계들은 그 관념들에 내재(內在)하는 것이며, 관습이나 사회화나 습관이나 느낌처럼 우연적이고 변하기 쉬운 것들에 의해 외부로부터 그것들에게 주어지는 것이 아니라는 생각이다. 합리주의자들은 수들의 관계처럼 이 관계들이 본질적이고 내재적이어서 도덕적 주장들은 수학과 연역논리의 확실성과 불변성과 보편성을 성취할 수 있다고 주장할 필요가 있었다.

그러므로 이런 종류의 합리주의가 받아들여지기 위한 모든 것을 마련하는 것은 다소 어려운 주문이며, 오늘날 엄밀한 윤리적 합리주의자들은 확실히 소수파이다. 철학자들은 대체로 합리주의의 주요 항목들에 대해 회의적이다: 어떤 제1원칙을 확립할 가능성, 도덕 원칙들로부터 연역적으로 추론할 가능성, 사물들과 관념들 사이의 도덕적 관계들이 일정하고 내적일 가능성에 대해 회의적이다. 그럼에도 불구하고 도덕적 숙고의 영역에서 질서와 일반적인 원칙을 세우려는 모든 이론가들에게는 분명 어느 정도 합리주의적 충동이 남아 있다.

참조

—1.20 공감

— 3.22 사려

— 4.18 보편화가능성

참고문헌

René Descartes, *The Passions of the Soul* [1645~6], edited by Stephen H. Voss (Indianapolis, IN: Hackett Publishing, 1989)

Samuel Clarke, *A Demonstration of the Being and Attributes of God* [1704] *and Other Writings* (Cambridge: Cambridge University Press, 1998)

Scott MacDonald, ed., *Being and Goodness: The Concept of the Good in Metaphysics and Philosophical Theology* (Ithaca, NY: Cornell University Press, 1991)

2.14 상대주의 Relativism

흔히 상대주의는 어떤 것이 옳거나 그르다고 생각하는 그 사람의 마음 말고는 어떤 것이 그 자체로 옳거나 그르다는 것을 부정하는, "뭐든지 괜찮다"는 식의 윤리로 여겨진다. 이는 홀로코스트나 집단 강간이나 인종 청소를 일반적으로 그르다고 말하는 것을 불가능하게 하므로, 많은 사람들이 상대주의를 인간의 품위에 대한 커다란 위협이라고 보는 이유는 쉽게 알 수 있다. 예컨대 라칭거 추기경으로 있던 마지막 며칠 동안 교황 베네딕트 16세는 다음과 같이 말했다:

> 자신을 "온갖 교설의 풍랑에 휩쓸리고" 흔들리게 하는 상대주의가 오늘날의 기준으로는 (받아들일 수 있는) 유일한 태도인 것처럼 보입니다. 우리는 자신의 자아와 자신의 욕망을 최고의 목적으로 삼으며 어떠한 것도 확실하다고 인정하지 않는 상대주의의 독재를 향해 나아가고 있습니다. (*National Catholic Reporter*, 2005년 4월 22일; 「에페소서」 4장 14절에서 인용)

그러나 상대주의자라는 것은 탈근대주의자라는 것과 약간 비슷하다: 많은 사람들이 상대주의자라고 비난을 받았지만, 그들 중 극소수만이 스스로를 상대주의자라고 인정한다. 아마도 저명한 도덕철학자들은, 소위 상대주의자들이 주장하듯이, 어떤 도덕판단도 다른 도덕판단보다 우월하지 않다고 주장하진 않을 것이다. 그럼에도 그들이 말하는 바는 종종 세부적인 내용에 주의를 기울일 준비가 되지 않은 사람들에게 혼란을 주기에 충분할 만큼 서로 밀접하다.

도덕적 상대주의란 무엇인가?

아주 넓은 의미에서 도덕적 상대주의자란 도덕 규칙과 원칙이 절대적이고 보편적이며 모든 사람에게 모든 장소에서 항상 적용된다는 견해를 거부하는 사람이다. 상대주의 자체가 절대적이고 보편적으로 참이라는 주장이 모순적이지 않다는 사실에 주의하자. 도덕적 상대주의자들이 모든 것을 상대적이라고 생각할 필요는 없다. 오직 도덕 규칙과 원칙이 그렇다고 생각할 필요가 있을 뿐이다.

상대주의는 여러 근거에서 절대주의를 거부할 수 있다. 절대주의를 비판하는 비인지주의자들은 도덕 규칙은 그것을 안다고 의미 있게 말할 수 있는 성질의 것이 아니라고 주장하면서, 도덕 규칙의 인식과 이해가능성에 대한 물음에 초점을 둔다. 반실재론자들은 도덕적 사실, 적어도 객관적인 도덕적 사실은 존재하지 않는다는 형이상학적 명제를 주장한다. 다른 사람들은 도덕은 시간과 장소에 따라 변하고 진화하며, 한 집합의 상황에 적절한 도덕률이 다른 집합의 상황에는 적절하지 않을 수 있다고 주장한다.

이 모든 반절대주의적 입장들을 상대주의적이라고 말할 수 있다. 왜냐하면 그것들은 도덕이 영원하고 보편적이고 상황과 무관한 것이 아니라고 주장하기 때문이다. 오히려 도덕은 특정한 문화, 역사, 종(種), 사회집단, 종교, 혹은 개인에 뿌리를 두고 있다. 사람은 이런 특수한 사정에 따라서만 "옳음"과 "그름"을 이해할 수 있을 뿐이다.

그리고 이런 특수한 사정이 항상 주관적인 것은 아니라는 점에 주의하자. 따라서 많은 사람들이 그렇게 하듯이 상대주의를 주관주의(主觀主義)와 동일시하는 것은 잘못이다. 서로 다른 사회의 서로 다른 객관적 특징이 서로 다른 객관적 도덕을 산출할 수 있다. 도덕에 대한 어떠한 기술도 "그것이 무엇에 상대적인지"뿐만 아니라 "무엇이 그것을 결정하는지"를 상세히 기술하기 전까지는 불완전하다. 예컨대 도덕은 사회들"에 상대적"일 수 있으며, 식량부족의 객관적 상태나 부의 분배, 혹은 일부 사람들이 주장한 것처럼 사회의 기후에 "의해 결정될" 수 있다.

이로 인한 불가피한 결과는 경쟁하고 양립할 수 없는 도덕적 기준들이 존재하리라는 것이다. 그리고 그것들을 심판할 객관적이거나 독립적인 도덕적 기준이 없기 때문에, 어느 하나가 다른 하나보다 더 우월하다고 주장할 수 없다. 실제로 도덕들이 충돌할 때 그것들 사이의 차이점을 합리적으로 해소하지 못할 수 있다. 이것이 실재론자들을 지치게 만드는 문제이다. 그들은 포괄적이거나 보편적인 도덕적 일치 혹은 합의가 불가능하리라는 관념을 용납할 수 없다고 여긴다.

상대주의는 무도덕적인가?

비판가들은 상대주의가 결국 도덕을 완전히 버릴 것이라고 주장한다. 그들의 논증은 다음과 같이 요약될 수 있다:

1. 만약 상대주의가 참이라면 도덕 원칙들의 집합이 하나 이상일 것이며 이 원칙들의 집합들 중 어느 것도 다른 어떤 집합보다 객관적으로 우월하지 않다.
2. 만약 어떤 원칙들의 집합도 다른 어떤 집합보다 객관적으로 우월하지 않다면, 다른 것보다 더 좋거나 더 나쁜 어떤 도덕적 가치들을 이야기하는 것은 의미가 없다.
3. 그러나 더 좋거나 더 나쁘다는 판단이 없다면 도덕은 불가능하다.
4. 그러므로 만약 상대주의가 참이라면 그것은 도덕을 불가능하게 만든다.

이 논증은 직관적 호소력은 있으나 아마 상대주의에 반대하여 논점을 교묘히 회피하고 있음에 틀림없다. 실마리는 두 번째 전제이다: 절대주의자들에게는, 만약 객관적 기준이 없다면 더 좋거나 더 나쁜 어떤 도덕적 가치들을 이야기하는 것은 의미가 없다. 그러나 이 전제는 바로 많은 상대주의자들이 반박하는 바이다. 그들은 사람들이 옳음 혹은 그름, 좋음 혹은 나쁨 같은 도덕적 용어들의 뜻을 이해할 수 있다고 주장할 것이다. 다만 사람들이 그것들을 객관적 판단들이라는 환상을 가지지 않고 이해한다면 말이다. 그 용어들을 올바르게 사용하기 위해 사람들은 자신의 유한성, 즉 자신의 한계를 인정해야 한다. "오직 객관적 판단만이 중요성을 가진다"는 절대주의적 주장이 바로 논쟁의 대상이므로, 그것을 상대주의에 대한 반론에서 전제로 취할 순 없다.

사실 보편주의를 따르지 않고도 구체적 가치들을 활발히 옹호하는 것에는 아무런 논리적 모순이 없다. 예컨대 1930년대 고조에 달한 소련의 압제에 직면한 상대주의자를 생각해보자. 그녀가 강제노동수용소는 부도덕하다는 판단에 대해 절대적 근거를 갖고 있지 못하다는 사실은 아무런 실천적 의미도 없을 수 있다. 소련의 압제에 반대하는 사람에게 그것은 도덕적 추론에 관한 철학적으로 흥미로운 문제점에 불과할 것이다. 그러므로 그녀가 자신의 반항을 고취시키는 도덕적 가치에 틀림없이 덜 헌신적이리라는 생각은 전혀 자명하지 않다. 게다가 만약 우리가 도덕은 객관적 진리보다는 예컨대 인간의 주관적 공감으로부터 솟는다고 믿는다면, 왜 도덕적으로 절대적인 것들이 없다는 사실이 도덕적 동기부여에 어떤 영향을 미친다고 생각하는지를 이해하기 어렵다.

참조

—1.21 전통과 역사

—2.15 주관주의

—3.1 절대적/상대적

—5.10 다원주의

참고문헌

Martin Hollis and Steven Lukes, eds., *Rationality and Relativism* (Cambridge, MA: MIT Press, 1982)

*Richard Rorty, *Objectivity, Relativism, and Truth* (Cambridge: Cambridge University Press, 1990)

*Maria Baghramian, *Relativism*, revised edition (New York: Routledge, 2004)

2.15 주관주의 Subjectivism

2003년 2월 15일, 100만으로 추정되는 사람들이 영국과 미국 정부는 이라크와의 전쟁을 하지 말라고 촉구하기 위해 런던의 거리로 나왔다. 항의자들 중 일부는 "토니 블레어: 살인자. 조지 부시: 살인자"라고 외쳤다. 다른 사람들은 "하나, 둘, 셋, 넷, 우리는 당신들의 피 흘리는 전쟁을 원하지 않는다"라는 슬로건을 반복하여 외쳤다.

이 두 슬로건은 사람들이 도덕판단을 이해하는 방식의 두 가지 특징을 묘사한다. 첫 번째 것은 — "토니 블레어: 살인자" — 사실적 주장으로서의 도덕판단의 예이다. 이 진술에 따르면, 블레어가 아마도 합법적 죽임과 불법적 죽임에 관한 객관적 법률을 명백히 위반했기 때문에 그가 살인자라는 것은 틀림없는 사실이다. 두 번째 것은 — "우리는 당신들의 피 흘리는 전쟁을 원하지 않는다" — 보다 주관적인, 말하자면 강한 불찬성의 태도를 표현하는 도덕판단의 예이다. 많은 사람들에게 그 사실적 주장과 태도는 도덕판단이 어떤 무게를 가지기 위해 반드시 가져야 할 것이라고 보인다. 달리 말해서 어떤 것이 그르다는 말은 그저 하나의 사실을 진술하는 것일 뿐만 아니라 그것에 대한 불찬성의 태도를 드러내는 것이다. 단지 어떤 것에 대해 불찬성하는 것은 오직 개인적 선호로만 보일 뿐이며, 그것만으로는 도덕판단을 구성할 수 없다.

이것이 적어도 "상식적인" 이해이다. 그러나 주관주의자들은 이것이 근본적으로 잘못된 견해라고 주장한다. 증거로서 그들은 2003년 런던 거리로 쏟아져 나온 사람들을 다시 한 번 봐달라고 요구할 수 있다. 그것은 전쟁의 도덕성에 대해 어떤 사실적 주장을 하는 것처럼 보일지 모르나, 우리가 현장에 있으면서 압도적으로 받게 되는 느낌은 — 부드럽게 표현해서 — 임박한 침공에 대한 강한 불찬성의 느낌이다. 주관주의자는 이것이 도덕판단은 본질적으로 냉정한 이유와 논리적 논증에 관한 것이 아니라 우리의 정서적 태도에 관한 것이라는 현실을 반영한다고 주장할 수 있다.

주관주의의 종류

주관주의의 대부(代父)는 데이비드 흄이다. 그는 합리성만으로는 행동의 이유를 완전히 산출할 수 없다고 논했다. 그의 유명한 말처럼, "내 손가락을 긁기 위해 온 세상을 파괴하는 것이 이성에 반대되는 것은 아니다"(『인간 본성에 관한 논고』 제2권, 3부, 3절). 이 말로 그는 어떤 것을 다른 것보다 더 좋아하기 위해서는 인간은 어떤 면에서는 그것에 대해 달리 느껴야 한다는 것을 의미했다; 그리고 합리성은 오직 참과 거짓, 진술들 사이의 관계에 관한 것이므로 어떤 느낌의 원천일 수 없다. 그러므로 이성은 느낌에 봉사하는 작용을 하거나 심지어 느낌에 영향을 줄 수 있지만 이성 자체가 느낌을 산출할 수 없다: "이성은 정념의 노예이며 노예일 뿐임에 틀림없으며, 그것에 봉사하고 복종하는 것 이외에 주제넘게 다른 지위를 탐낼 수 없다"(『인간 본성에 관한 논고』 제2권, 3부, 3절).

집단적 혹은 단체적 주체라는 개념이 의미를 가진 만큼, 집단적 혹은 사회적 주관주의에 대해 이야기하는 것도 가능할 수 있다. 이런 이유로 많은 사람들은 사회적 상대주의를 사회적 주관주의와 결부시킨다. 그러나 주관주의에 따르면 서로 다른 사회적 주체들이 서로 다른 도덕들을 산출할 수 있는 반면, 주관주의가 틀리더라도 상대주의는 가능하다. 서로 다른 사회들은 서로 다른 객관적 이유로 서로 다른 도덕을 가질 수도 있다.

가장 극단적인 형태의 주관주의는 에이어(A. J. Ayer)가 옹호했던 이론인 정서주의(emotivism)이다. 그것은 때로는 "우우! 만세!" 이론이라고도 한다. 왜냐하면 그것은 사람들이 뭔가를 "옳거나 그르다"고 말할 때 그들은 단지 자신의 주관적 느낌들을 과장해서 나타낼 뿐이라고 주장하기 때문이다. 에이어는 언어가 우리로 하여금 오해를 하게 만든다고 말한다. "임신중절은 그르다"는 참이거나 거짓인 사실적 주장처럼 보인다. 그러나 실제로 그런 진술의 논리적 문법은 참도 거짓도 아니고, 그저 정서나 느낌의 표현일 뿐인 "임신중절 — 왝!"과 같은 문구로 더 잘 이해된다.

비판

정서주의에 대한 주된 반론은 만약 그것이 참이라면 의견을 달리하는 사람들 사이에 도덕적 논쟁은 있을 수 없다는 것이다; 그리고 모든 도덕적 추론은 허위일 것이다. 정서주의자들은 사람들이 좋아하는 어떤 음악 작품에 대해 의견을 달리할 때처럼 여전히 토론의 여지는 있다는 말로 응답한다. 그러나 그들은 그 토론의 여지가 일반적으로 가정하는 것보다 더 좁다는 것은 인정할 것이다. 많은 사람들은 이 입장은 문제가 있다고 여긴다. 예컨대 우리는 고문이나 인종 청소나 독재를 반대하지 않는 사람들에게 뭐라고 말할 수 있겠는가?

다소 덜 극단적인 형태의 주관주의는, 비록 도덕은 인간의 감정이나 공감이라고 일컬을 수 있는 것에 (자비심, 감정이입 등의 일반적인 느낌들에) 뿌리를 두지만, 이것이 도덕에 대해 아무 할 말이 없다는 뜻은 아니라고 주장한다. 한 예로 정서들은 합리적이고 개념적인 숙고에 의해 불어넣어진다. 예컨대 사람들이 인종차별적인 이유들 중 하나는 그들이 가지각색의 피부색을 가진 사람들 사이의 차이에 대해 잘못되고 혼란한 관념을 가지고 있기 때문일 수 있다. 따라서 이성은 최소한 우리에게 느낌을 불어넣는 사실들을 올바르게 이해하는 역할을 담당한다. 또한 좋은 추론에는 일정한 유형의 성품과 감정적 성향을 배양할 수 있는 억제와 절제와 개방의 습관들이 포함될 수 있다.

주관주의는 보다 광범위한 도덕적 담론을 끌어낼 수 있다. 주관주의는 철학이 담당하는 역할뿐만 아니라 시, 소설, 사진, 그림, 영화, 음악의 역할도 인정한다. 대체 누가 홀로코스트 관련 사진들이 사람들에게 아무런 도덕적 영향도 미치지 않는다고 생각하겠는가? 실제로 종종 가장 큰 영향을 끼치는 것은 도덕적 대화의 비이론적인 부분들이다. 그럼에도 비판가들은 만약 그 이야기가 이성과 사실이 아니라 사람들의 느낌에서 멈춘다면 도덕은 안전한 토대를 갖지 못할 것이며 활력 없고 방임적인 상대주의로 빠진다고 주장한다.

주관주의는 비인지주의와 — 도덕판단은 참도 거짓도 아니라는 견해와 — 복잡한 관계를 가진다. 많은 주관주의자들은 비인지주의자이지만, 우리는 또한 도덕판단이 그것과 관련된 주관적 상태나 성향이나 태도를 정확히 기술하는 경우에는 그것이 참이거나 거짓이라고 주장할 수도 있다. 역으로 비인지주의자들은 주관주의자가 아닐 수도 있다. 우리는 도덕판단은 참도 거짓도 아니고 그것이 도덕적 행위자의 태도를 기술하지도 않는다고 주장할 수 있다. 그리고 물론 많은 인지주의자들은 반주관주의자이다.

참조

— 1.20 공감

— 3.6 인지주의/비인지주의

— 4.18 보편화가능성

— 5.14 회의주의

참고문헌

A. J. Ayer, *Language, Truth and Logic* (London: Victor Gollancz, 1936)

J. L. Mackie, *Ethics: Inventing Right and Wrong* (London: Pelican Books, 1977)

Simon Blackburn, *Ruling Passions* (Oxford: Oxford University Press, 1998)

2.16 덕윤리 Virtue Ethics

전(前) 미국 대통령 빌 클린턴의 탄핵을 둘러싼 대소동에 많은 유럽인들은 어리둥절했다. 그리고 도덕철학의 두 주요 전통은 그런 유럽인들의 시선을 뒷받침했다. 결과주의자들은 그의 행동의 결과에 우리의 주목을 집중시킬 것이고, 아마 그것이 대통령으로서의 그의 업무와 무관하다는 결론을 내릴 것이다. 의무론자들은 그가 남편으로서의 의무를 다하진 못했지만 주요 세계지도자로서의 의무를 다하지 못한 것은 아니라고 지적할 것이다.

그러나 여론의 거대한 물결은 그의 행동은 중대한 "인격의 문제"이기에 도덕적으로 문제가 심각하다고 확신했다. 보다 철학적으로 말해서, 우리는 클린턴과 르윈스키의 불륜관계는 그의 색욕과 무절제와 의지박약을 드러낸다고 말할 수 있다. 그가 선서를 하고도 허위진술을 한 것은 아마 지나친 야심과 자만심과 부족한 정의감의 징후였을 것이다. 요컨대 그 불륜관계는 클린턴이 위대한 지도자에게 요구되는 덕들을 결여했음을 보여주었다.

이런 사고방향은 우리가 어떻게 행동해야 하는가가 아니라 어떤 종류의 인간이어야 하는가에 초점을 두는 오래된 윤리학적 논의의 흐름을 반영한다. 이 접근방식에 따르면, 옳은 행동은 그 행동을 실행한 사람의 덕에 따라 정해지는 것이지 그 반대로가 아니다. 이런 사고의 흐름을 "덕윤리"라고 하게 되었다. 결과주의적 이론 및 의무론적 이론과 더불어, 덕윤리는 오늘날 흔히 윤리에 대한 세 번째 주요 사고방식으로 인정받고 있다.

탁월성

덕윤리는 후대에 로마인들이 라틴어로 비르투스(*virtus*)라고 번역한 아레테(*arete*) 혹은 탁월성에 관한 고대 그리스인의 담론에서 시작한다. 그 기본 생각은 모든 사물들과 마찬가지로 인간은 특정한 본성 혹은 본질을 가진다는 것이다. 도토리가 거대한 떡갈나무로 자라나듯이 인간은 자궁에서 시작하여 완전히 성숙했을 때 그들의 충만한 혹은 완전한 존재를 실현하여 탁월해진다. 탁월성의 성취와 더불어 행복(*eudaimonia*)이 온다.

보다 정확히 말해서, 인간은 자신의 완전한 잠재성을 실현 혹은 현실화하는 것이 가능하다고 말해야 한다. 인간 본성의 실현은 어느 정도 완전할 수 있다, 즉 어느 정도 완벽할 수 있다. 질병과 벌레와 화재와 빈약한 토양이 떡갈나무의 발달을 잠시 멈추거나 비틀 수 있듯이, 병과 전쟁과 기근이 인간 본성의 발달을 잠시 멈추거나 비틀 수 있다. 개인은 자신이 어디에서 태어날지, 혹은 자신이 누구에게 태어날지, 혹은 인간의 (혹은 수목의) 발달에 중요한 세상의 많은 다른 것들을 좌우할 수 없다. 이 때문에 실제로 탁월성을 성취하는 것은 부분적으로 행운 혹은 "도덕적 운"이라고 하는 것에 달렸을 수도 있다.

그러나 떡갈나무의 발달에는 관계가 없지만 인간의 발달에 관계된 다른 어떤 것이 있다 — 사회가 그것이다. 어쨌든 아리스토텔레스에 따르면 인간은 떡갈나무와 달리 그저 자라는 것이 아니다: 인간은 관습과 관례와 전통에 의해 길러지며 교육을 받으며 사회화되며 훈련을 받는다. 올바르게 길러졌을 때, 인간은 그저 강하고 건강한 신체만을 얻는 것이 아니라 어떤 성품적 특성을 발달시킨다. 성품은 일정한 정서적 특성이나 성향의 집합을 뜻한다. 정서와 욕구와 정념이 탁월한 방식으로 배양될 때, 사람들은 그저 생물학적 탁월성만이 아니라 도덕적 덕도 성취한다.

이런 관점에서 볼 때, 예컨대 성욕은 그 자체로 좋은 것도 나쁜 것도 아니다. 우리는 (어쩌면 자신의 배우자나 동반자를 적합한 방식으로 욕망하면서) 유덕하게 욕망하거나 (부적합한 상대를 부적합한 방식으로 욕망하면서) 부덕하게 욕망할 수 있다. 유사하게 분노는 그 자체로는 좋은 것도 나쁜 것도 아니다. 우리는 (중대한 부정의에 대한 정당한 분개처럼) 유덕하게 분노를 느끼거나 (사소한 모욕에 반응하여 벌컥 화를 내는 것처럼) 부덕하게 분노를 느낄 수 있다. 『인간 행동에 대해』(1975)에서 오크쇼트가 표현한 것처럼, 윤리는 행하느냐 안 행하느냐 하는 물음보다는 우리가 일을 행하는 방식에 더 깊이 관련된 것이다.

이성과 습관

"윤리적"과 "도덕적"이란 낱말은 "성품으로부터 나오는"을 뜻하는 낱말로부터 유래한다 — 그리스어 에티코스(*ēthikos*) 혹은 에티케(*ēthikē*)와 라틴어 모랄리스(*moralis*). 또한 에티코스와 모랄리스는 모두 습관 혹은 관습에서 나온다는 의미를 담고 있다. 여기에는 충분한 이유가 있다. 왜냐하면 덕윤리학자들이 이해하는 것처럼, 습관은 성품의 형성에 결정적 역할을 수행하기 때문이다. 정서적 성향과 심지어 지적 성향을 형성하고 강화하고 훈련시키고 조절하는 습관을 통해서이다. 도덕적 탁월성 혹은 덕이 발달하고 안정화되는 것은 습관의 토양에서이다. 습관은 가족과 공동체와 종교적 의식과 교육을 통해, 어쩌면 공공정책을 통해 사회적으로도 양육된다.

습관은 지성에도 영향을 미친다. 주지하다시피 아리스토텔레스는 인간을 "합리적 동물"이라고 불렀다. 그러나 아마 어떤 의미에서 인간은 천성적으로 논리적으로 사고하는 반면에, 논리와 과학과 분석 등의 기교는 교육과 연습을 통해 가르쳐져야 한다. 그래서 덕윤리학자들은 공히 도덕적 덕뿐만 아니라 지적인 덕에 대해서도 이야기한다.

모든 덕윤리학자들이 습관에 그렇게 큰 중요성을 부여한 것은 아니다. 특히 스토아학파 사람들은 덕을 세움에 있어서 거의 이성에만 초점을 둔다. 플라톤에 대한 일부 해석은 그도 그러했다고 본다. 이 이론들에 의하면 덕을 세우고 강화하기 위해선 이성은 감정을 지배해야 하며 자연법과 같은 독립적 규범이나 이성에 의해 파악되는 초월적 형상에 따라 행동해야 한다.

무엇이 덕인가?

전통적으로 덕윤리학자들은 주요 덕들을 네 가지로 분류했다:

1. 지적 덕목인 지혜와 사려 (*sophia*와 *phronesis*, *prudentia*);
2. 우리의 정신적 부분의 덕목인 용기 (*andreia*, *fortitudo*);
3. 정념과 정서와 욕망의 덕목인 절제 (*sophrosyne*, *temperantia*, *moderatio*);
4. 시민질서와 정치질서의 덕목이며 위의 세 가지 덕들을 조화시키는 덕목인 정의 (*dike*, *iustitia*).

아우구스티누스와 아퀴나스 같은 기독교 철학자들은 여기에 믿음과 희망과 사랑(혹은 자애, *caritas*)이라는 신학적 덕목을 덧붙였다.

덕윤리학자들의 한 가지 흥미로운 주장은 — 오직 선한 사람만이 어떤 주어진 상황에서든 선한 행동이 무엇인지를 안다는 이상한 이유로 — 선한 행동이 무엇인가와 선한 사람이 무엇을 행하는가 사이에 밀접한 연관이 있다는 것이다(『니코마코스 윤리학』 1113a32~3). 이것은 유덕한 사람이 행하는 바가 실제로 "선한" 것과 "나쁜" 것을 정의하거나 결정한다는 뜻으로 받아들여질 수 있다. 혹은 그것은 오직 충분한 지적 숙련과 정서적 성숙을 성취했을 경우에만 사람들이 객관적이고 독립적인 도덕의 기준을 파악할 수 있다는 뜻일 수도 있다. 그 차이는 중요한 차이이며, 이 차이는 도덕적 선함에 대한 철저히 다른 형이상학적 태도를 수반한다.

참조

—1.10 번영

—2.9 자연주의

—2.11 완전주의

—3.12 개인적/집단적

참고문헌

Aristotle, *Nicomachean Ethics*, edited by Sarah Broadie (Oxford: Oxford University Press, 2002)

Roger Crisp and Michael Slote, eds., *Virtue Ethics* (Oxford: Oxford University Press, 1997)

*Stephen Darwall, *Virtue Ethics* (Oxford: Blackwell, 2002)

제3부

윤리학의 중심 개념

3.1 절대적/상대적 Absolute/Relative

여성의 성기를 자르는 것은 그릇된 일이다. 토론해보자. 그러나 여러분의 토론이 조용하리라고 기대하지 말라. 많은 비판가들이 그것을 "여성 외음부 절단"이라 하자고 주장하는 것처럼, 그것을 기술하는 중립적 방법조차 찾기 어려울 정도로 이것은 가장 논란의 여지가 많은 주제들 중 하나이다.

많은 서양인들에게 아프리카와 세계 다른 곳들에서 자주 일어나는 여성의 성기를 자르는 관례는 너무나 그릇된 일이다. 가부장적 사회에서 만연하는, 여성의 신체와 쾌락에 반하는 뿌리 깊은 폭력을 — 또한 그 사회에 살고 있는 여성에 대한 내면화된 억압을 — 이보다 더 확실히 드러내는 관례가 있는가?

그러나 사람들은 그런 관례가 다른 문화권에서는 어떤 전통적인 역할, 말하자면 문화적 정체성, 미학, 성인식, 서양 지배에 대한 저항 등에 깊이 뿌리 박힌 역할을 담당하고 있음을 인정한다. 게다가 다른 사람들을 심판하는 서양인들은 누구인가? 그들이 그르다고 생각하기 때문에 다른 사람들은 그들의 의견에 굴복해야 하고 자신들의 유서 깊은 관습을 버려야 한다고 주장할 때, 서양인들은 그저 문화적 제국주의자들이 아닌가? 우리는 유럽인과 미국인이 아프리카인을 학대해온 길고 잔인한 역사에 비해 서양인들은 자신들의 일에 대해 간섭을 받지 않았다고 생각할 것이다.

우리가 그 논쟁에서 어느 편을 들지는 우리가 도덕을 절대적이라고 생각하는지 아니면 상대적이라고 생각하는지에 달려 있을 수 있다. 만약 도덕이 어느 곳에서나 어느 때나 모든 사람 혹은 사물에게 보편적으로 적용되거나 그것들을 구속한다면, 그것은 절대적이다. 이런 이유에서 많은 사람들은 이런 도덕관을 기술할 때 "절대적" 대신에 "보편적"을 사용한다. 만약 도덕이 오직 특정한 장소와 때에만 특정한 사람 혹은 사물에게 적용되거나 그것들을 구속한다면, 그것은 상대적이다.

상대주의의 융성

사회학적으로 지난 몇 백 년에 걸쳐 절대주의로부터 상대주의로의 중요한 변동이 있었다. 인간 역사의 대부분에 걸쳐 대부분 사람들은 도덕적 규범이 어떤 절대적 권위로부터 — 신 혹은 신과 비슷한 무언가로부터 — 왔다고 생각했기 때문에 그것은 절대적이거나 보편적이라고 가정되어왔을 것이다. 옳은 것은 옳은 것이고 그른 것은 그른 것이다, 이상. (그러나 서로 다른 사람들이 서로 다른 신을 섬긴다는 것을 인정하는 다신교는 흥미롭게도 보다 상대주의적인 방향으로 기능했다.)

근대의 — 몽테스키외, 흄, 퍼거슨(Adam Ferguson: 1723~1816)의 철학처럼 — 세속적 철학의 융성과 더불어 도덕적 상대주의가 더욱더 대중적이게 되었고, 그런 만큼 오늘날 사람들은 흔히 한 문화나 사람에게 그른 것이 다른 문화나 사람에게는 그른 것이 아닐 수도 있음을 당연한 말로 받아들인다.

그러나 상대주의의 늘어난 인기는 부분적으로 오해를 야기한다. 서양의 많은 사람들은 관용을 높이 생각하며 제국주의의 오명을 지닌 모든 것도 피하려 한다. 그리고 가치들을 상대적이라고 말하는 것은 이렇게 행동하는 하나의 방편처럼 보인다. 만약 우리의 가치가 상대적이고 자신의 문화에 국한된다면, 누구도 다른 문화의 가치에 대해 판단할 권리는 없다. 그리고 실제로 관용과 상대주의라는 근대적 관념들이 동시에 발전했다는 것은 우연이 아닐 것이다.

다른 한편으로 어쩌면 관용에 대한 상대주의적 주장은 여러 측면에서 문제를 지나치게 단순화한다. 무엇보다 논리적으로 말해서 관용과 상대주의는 함께 갈 필요가 없다. 예컨대 관용은 하나의 보편적이고 절대적인 도덕적 가치라고 생각하는 편이 더 나을지 모른다. 사실 이것이 어쩌면 자신이 상대주의자라고 생각하는 많은 사람들이 믿는 바일 것이다: 모든 시간과 장소에서 모든 사람은 관용적이어야 한다. 더 나아가 관용은 상대주의적 도덕의 가치일 필요가 없다. 어떤 집단은 그것의 상대적 가치들 중 하나로 다른 집단의 가치를 완전히 무시하기로 모순 없이 결정할 수 있다. 상대주의적 경향을 가진 어떤 나치주의자는 "우리 나치들에게 반유대주의는 좋은 것이다, 그러니 비판을 중지하라"고 주장할 수 있지 않을까? 그렇다면 물론 시어도어 시크(Theodore Schick)와 루이스 본(Lewis Vaughan)이 "상대주의자들의 자승자박"이라 했던 문제가 — 즉 상대주의자들이 상대주의 자체를 절대적 진리라고 주장하는 명백히 자기 모순적이고 자기 논박적인 행동이 — 있다.

어떤 경우든 도덕적 절대주의와 상대주의는 메타윤리학적 입장들이라는 점을 아는 것이 중요하다: 그것들은 구체적 윤리 판단의 내용이 아니라 윤리의 본성에 관계된 것들이다. 이는 그것들이 역사적으로는 연관되어 있을 수도 있지만 자유주의나 제국주의의 가치들과 절대주의나 상대주의 사이에 논리적이거나 필연적인 연결고리가 없음을 뜻한다.

객관적과 주관적

우리는 또한 절대적/상대적 구별과 객관적/주관적 구별을 구분해야 한다. 만약 어떤 것이 우리의 관점과 무관하게 참이거나 실재하거나 유의미하다고 말해질 수 있다면 그것은 객관적이라고 한다. 그리고 만약 어떤 것이 어떤 주체와 관련하여 오직 특정한 관점에서만 참이거나 실재하거나 유의미하다고 말해질 수 있다면 그것은 주관적이라고 한다. 대조적으로 절대적/상대적 구분은 진리의 범위, 즉 그것이 지리, 문화, 역사, 사람을 가로질러 보편적으로 유효한지 아니면 그것들의 어떤 부분집합에 본질적으로 국한되는지와 관계가 있다. 어떤 사람들이 왜 객관적-절대적 짝과 주관적-상대적 짝에서 각 용어를 서로 맞바꿀 수 있다고 생각하는지는 이해하기 쉬우나, 그것들은 실제로 동의어들이 아니다.

예컨대 유지할 수 있는 입장이든 아니든, 우리가 주관적 근거를 가진 절대적 가치들을 신봉할 수 있다는 생각에는 의미가 있다. 예컨대 당신은 주관적 도덕 감정이나 느낌이나 선택이 없이는 도덕은 불가능하거나 의미가 없기 때문에 도덕적 가치들을 객관적으로 기초한다는 것은 불가능하다고 생각할 수 있다. 그러나 당신은 또한 일정한 도덕적 주장들은 절대적일 수 있다고 생각할 수 있다. 예컨대 모든 사회가 맹세를 하는 제도를 가진 것은 아니다. 그러나 일단 그 제도에 참여하여 맹세를 하기로 선택한다면 그 맹세를 위반하는 것은 절대적으로 그른 일이 아닐까? 우리는 또한 인간 감정의 본성을 감안한다면 — 설령 어떠한 도덕적 주장도 객관적이지 않더라도 — 음핵절제는 언제 어느 곳에서든 모든 사람에게 그릇된 일이라고 주장할 수 있다. 확실히 그것은 변호하기 힘든 입장일지 모르나, 그것이 자명하게 모순적인 것은 아니다. 덴마크 철학자 키르케고르나 적어도 그의 책에 나온 등장인물들 중 한 명은 절대자에 대한 주관적 토대의 헌신이 바로 진정한 신앙의 본질이라고 주장했다. 이것은 기독교적 실존주의에 깊이 결합된 입장이다.

보다 솔직히 말해서, 도덕이 주관적이라는 것은 절대적이면서 객관적으로 참일 수 있다 — 마찬가지로 아이스크림 맛에 대한 선호가 주관적이라는 것은 절대적이면서 객관적으로 참이다. 유사하게 문법이 상대적이라는 것은 절대적이면서 객관적으로 참인 것과 마찬가지로, 도덕이 상대적이라는 것은 절대적이면서 객관적으로 참일 수 있다. 따라서 도덕적 상대주의가 객관적이면서 심지어 절대적으로 참이라는 메타윤리학적 입장을 주장함에 있어서 도덕적 상대주의자들은 전혀 모순이 없을 수 있다; 윤리적 주장들은 상대적일 수 있지만, 윤리적 주장들에 대한 메타윤리학적 진술은 그럴 필요가 없다.

절대적/상대적 구분과 객관적/주관적 구분은 대중적이고 통속적인 담론에서는 다소 부주의하게 사용된다. 그것들을 올바르게 사용하려면 두 가지를 염두에 둘 필요가 있다: 첫째, 그것들의 정확한 의미; 둘째, 그것들은 도덕 일반의 본성에 관련된 것이므로 그 자체로는 우리에게 어떻게 행동해야 하는지 혹은 어떻게 행동해선 안 되는지에 대해 아무것도 말해주지 않는다는 사실.

참조

— 2.14 상대주의

— 3.6 인지주의/비인지주의

— 3.20 메타윤리학/규범윤리학

— 5.10 다원주의

참고문헌

John Locke, "Letter on Toleration: Humbly Submitted" [1689] (Indianapolis, IN: Hackett Publishing, 1983)

*Gilbert Harman and Judith Jarvis Thompson, *Moral Relativism and Moral Objectivity* (Oxford: Blackwell, 1996)

*Maria Baghramian, *Relativism* (London: Routledge, 2004)

3.2 행위/규칙 Act/Rule

도덕적 채식주의자로서 콘치타는 무엇이든 동물식품을 먹는 것은 그르다고 생각했다. 그러나 여기 남아메리카의 외딴 지역에서 그녀는 매우 호의적이지만 가난한 가족으로부터 염소젖이 담긴 그릇을 받게 되었다. 그 젖이 나온 염소는 당신이 상상할 수 있을 만큼 자유로운 삶을 영위했다. 그러나 그녀가 자신이 섭취하는 음식에 관해 스스로 부여한 도덕 규칙이 중요한 의미를 가진다면, 그녀가 편의를 위해 그 규칙을 그냥 무시할 수 있을까?

규칙은 도덕적 의사결정을 더 쉽게 만들 수 있다. 그러나 어떤 예외도 인정하지 않는 실질적 도덕 규칙을 발견하는 것은 아주 힘든 일이다. 살인하지 말라 — 그러나 만약 살인을 함으로써 당신이 수백만의 무고한 사람을 구할 수 있다면 어쩔 것인가? 거짓말 하지 말라 — 그러나 국가안보가 걸려 있는 경우에도? 속이지 말라 — 그러나 하는 대로 내버려두면 당신을 빈털터리로 만들 악의적인 사기꾼과 부딪혔을 경우에도? 그렇다면 사람들은 그냥 규칙을 버려야 하는가, 아니면 현실 세계의 복잡한 문제를 다룰 만큼 그것을 유연하게 만들 방법이 있는가?

규칙의 역할

우리는 도덕 규칙이 수행하는 역할에 대해 확실히 알아둘 필요가 있다. 가장 전통적인 모델은 규칙을 일반 원칙과 행동 사이에 위치시키는 것일 것이다. 도덕의 기초에는 보통 하나 이상이지만 그렇게 많진 않은 기본적인 일반 원칙들이 있다. 예컨대 그것들에는 네가 대접받고 싶은 대로 남을 대접하라고 하는 황금률이나 최대 다수의 최대 행복을 극대화하도록 행동해야 한다는 고전적 공리주의의 원칙이 포함된다.

그렇다면 이 일반 원칙들은 도덕 규칙을 산출하는 데 이용될 수 있다. 예컨대 거짓말하지 말라, 혹은 속이지 말라, 혹은 살인하지 말라, 왜냐하면 그렇게 하는 것이 전체 행복을 감소시키기 때문이거나 당신이 스스로에게 그렇게 하지 않을 것이기 때문이다. 그런 다음 우리는 특수한 상황에서 이 규칙들을 따라야 한다.

이 모델에 따르면, 만약 어떤 특수한 상황이 규칙을 어기는 행동을 요구하는 것 같다면 그 규칙의 배후에 있는 기본 원칙으로 되돌아감으로써 해결책을 발견할 수 있다. 그렇다면 우리는 기본 원칙이 다수의 규칙을 산출하고 다른 규칙이 그 규칙을 이기는 경우도 있으므로, 그 기본 원칙은 당신이 생각했던 것처럼 무예외의 규칙을 요구하지 않음을 발견할 수 있다. 예컨대 콘치타의 사례에서 그녀의 기본 원칙은 다른 사람에 대한 존중이고, 염소젖을 거부하는 것은 그녀가 완벽히 만족하면서 살아가는 염소보다 집주인들을 존중하지 않는 셈일 수 있다.

채식주의자라는 것은 보통 생명존중의 원칙을 존중하는 옳은 방법이지만 항상 그렇진 않다.

그러나 몇몇 사람들이 보기에 이 해결책의 문제점은 그것이 규칙들을 경험법칙에 불과한 것으로 만드는 것처럼 보인다는 것이다. 만약 규칙들이 배후에 있는 일반 원칙에 의해 무효화될 수 있다면, 궁극적으로 도덕판단을 기초하는 것은 그 규칙이 아니라 원칙이다. 실제로 각 사례는 그 자체의 잘잘못에 대해 판단을 받아야 하며, 규칙들은 통상 무엇을 행하는 것이 옳은가에 대한 대략적 지침만을 우리에게 줄 수 있다.

이것은 공리주의의 고유한 문제점으로 보인다. 많은 비판가들은 일관성 있게 적용된다면 그 원칙이 전체 행복의 증가를 위해 엄청난 부정의를 정당화할 것이라고 말한다. 예컨대 우리는 시끄럽게 떠드는 군중을 달래기 위해 무고한 희생양에게 유죄를 선언할 수도 있다. 그 이론의 일부 옹호자들은 공리주의는 일반적으로 최대 행복을 증진하는 규칙들을 따라야 한다는 (그들은 이것을 **규칙 공리주의**라고 한다) 말로 응답했다. 말하자면 우리는 어떤 규칙들이 일반적으로 행복을 극대화하며 고통을 최소화하는지를 알아내고, 개별적 경우에는 행복을 희생해야 할지라도 그 규칙들을 지켜야 한다. 그들은 이것이 사려 있는 행동이라고 주장한다. 왜냐하면 사람들은 언제나 개별적 경우에 자신의 행동을 옳은 것으로 보이게 만들 방법을 찾아 그것을 합리화하려는 경향이 있기 때문이다. 그러나 다른 한편으로 개별적 경우에 행복을 희생한다는 것은 바로 공리주의의 원칙을 훼손하는 것이 아닐까? 어쩌면 무엇이 옳은 행동인지를 결정할 때 우리는 오직 기본 원칙에만 의지하여 판단해야 하며 따라서 규칙들은 그냥 방정식에서 사라질 수 있다. 이것이 실제로 중대한 문제를 제기할까?

행동이 먼저고 규칙은 나중이다

이보다 더 근본적인 대응은 도덕이 정확히 반대로 작용한다고 말하는 것이다. 원칙으로부터 규칙들을 도출하고 그런 다음 특정한 행동을 평가하기보다는, 사실 우리는 항상 어떤 특정한 행동이 그 상황에서 옳은지를 생각해봄으로써 무엇이 옳은 행동인지를 판단해야 한다. 이런 견해를 도덕적 특수주의라고 한다. 왜냐하면 그것은 각각의 경우는 독특하므로 옳은 행동은 단순히 일반 원칙들에 호소함으로써 식별될 수 없다는 생각에 기초를 두고 있기 때문이다.

유사하게 행위 공리주의자들은 우리는 당면한 특정 행동이 행복을 극대화하고 고통을 최소화하는가를 판단해야 한다고 말한다. 그런 다음 행위 공리주의는 도덕적 특수주의처럼 도덕적 반성을 숙고 중인 특수한 상황에 국한한다. 그러나 행위 공리주의는 어떤 행동을 옳은 행동으로 만드는 것은 언제나 하나뿐이라고, 즉 그 행동이 공리를 극대화한다는 사실뿐이라고 말한다는 점에서, 그 두 견해들은 서로 매우 다르다. 대조적으로 특수주의는, 도덕적으로 결정적인 무언가는 말할 것도 없고, 항상 도덕적으로 관련되는 무언가가 있다는 것을 부정한다.

도덕적 특수주의는 반직관적인 것처럼 보이나, 그것은 왜 사회가 좋은 도덕 규칙과 원칙을 발전시켜왔는지를 설명할 수 있다. 유사한 사례들이 유사한 반응들을 요구하고 그래서 도덕판단에서 패턴들이 나타난다는 것은 놀라운 일이 아니다. 예컨대 100개 중 99개의 특정한 사례에서 거짓말이 그르다는 것을 알게 된다면, "거짓말은 그르다"를 규칙으로 정하는 것은 쉬운 일이다. 규칙들의 수준에서의 유사성도 뚜렷해지며, 따라서 규칙들의 모음으로부터 훨씬 더 일반적인 원칙을 추상하는 것도 가능해진다. 그런 다음 이론과 규약과 법률에서 이 규칙들과 원칙들을 공식화하는 것이 유용해진다. 그러나 여기서 기억해야 할 중요한 것은 규칙들과 원칙들은 어느 개별적 행동이 옳은지 그른지에 대한 특정한 판단에서 유래한다는 것이다; 그것들 자체가 이 판단을 결정하지 않는다. 도덕은 원칙들 아래서가 아니라 행동들 위에서 작용한다.

행위/규칙 구분은 공리주의에 관한 논쟁에서 가장 흔하게 일어난다. 그러나 우리가 본 것처럼 그것은 실제로 도덕 일반의 본성에 대해 훨씬 더 광범위한 의미를 가진 구분이다.

참조

—2.10 특수주의

—3.19 수단/목적

—5.12 근본적 특수성

참고문헌

John Rawls, "Two Concepts of Rules," *Philosophical Review*, 64 (1955): 3~32

*William H. Shaw, *Taking Account of Utilitarianism* (Oxford: Blackwell, 1998)

Stephen Darwall, ed., *Consequentialism* (Oxford: Blackwell, 2002)

3.3 나쁨/악 Bad/Evil

조지 W. 부시는 세 다른 국가들을 "악의 축"이라고 묘사한 것에 대해 비웃음을 당했다. 그 비웃음은 대체로 정치적인 것으로서 그 문구가 경솔했음을 시사한다. 하지만 거기에는 무언가 더 있었다. 비판의 일부는 그가 사용한 "악"의 개념이 여하튼 기이하거나 고지식하거나 단순하다는 의견에 있었다. 이런 비판이 정당했는가?

악이 존재하는가 하고 물을 때, 자연적 악과 도덕적 악을 구분할 필요가 있다. 자연적 악에는 지진, 역병, 홍수, 쓰나미, 그리고 엄청난 고통을 일으키는 다른 자연적 사건들이 포함된다. 고대 에피쿠로스학파 사람들은 이런 악의 범주를 중시했던 반면, 1759년 소설 『캉디드』(*Candide*)의 저자 볼테르(Voltaire: 1694~1778)와 1777년 『자연종교에 관한 대화』(*Dialogues Concerning Natural Religion*)의 저자 데이비드 흄 같은 근대인들은 그런 악들의 존재가 선하고 전능한 신을 존재할 수 없게 만들지는 않더라도 매우 미심쩍게 만든다고 주장했다. 다른 한편으로 종교적 사상가들은 종종 자연적 악을 우리의 죄에 대한 처벌이라고 간주했다.

마니교의 이원론

그러나 사람들이 악에 대해 이야기할 때 대체로 그들은 도덕적 악에 대해 — "그냥 우연히 일어난" 나쁜 일이 아니라 인간의 행위나 초자연적 행위의 결과인 나쁜 일에 대해 — 이야기한다. 악의 개념을 사용한 한 인상적인 예는 — 두 대립하는 신들, 즉 선한 신과 악한 신이 세계에 널리 퍼져 있다고 주장했던 3세기의 페르시아 사상가 마니(Manes)의 이름을 딴 — 마니교에서 발견될 수 있다. 그렇다면 마니교에 따르면, 그릇된 일을 행하는 것은 전 우주적 전쟁에서 어둠에 동조하는 행위이다. 그것은 도덕과 세계에 대한 완고하고 이원론적인 사고방식이다. 여기서 악은 단순히 어떤 선한 것의 결여나 타락이 아니라 차라리 그 나름대로 존재하는, 즉 선에 반대되는 현실적 존재이다.

악인가 무지인가? 의지박약인가 반항인가?

그러나 마니교 전통과 달리, 나쁜 소행을 적극적 악이 아니라 소극적으로 무지나 결여의 탓으로 돌리는 전통이 있다. 예컨대 『변명』(*Apology*), 『향연』(*Symposium*), 『국가』, 그리고 플라톤의 다른 대화편들에서 소크라테스는 부도덕을 일종의 착오와 무지라고 주장한다. 선에 대한 앎은 선함을 가져오며, 역으로 선함은 선에 대한 앎을 가져온다. 소크라테스에 따르면, 만약 우리가 선하지 않다면 우리는 선에 대해 모르는 것임에 틀림없다. 플라톤의 원문에 따르면, 이를 사실로 여길 한 가지 이유는 나쁜 것을 행하는 것은 그 자체의 본성으로 인해 그것이 다른 사람에게 해를 끼치는 것과 마찬가지로 악행자 본인에게 실제로 해를 끼치며, 알면서 자기 자신에게 해를 끼칠 사람은 아무도 없기 때문이다. 그러므로 누구도 알면서 나쁜 것을 행하진 않는다.

아우구스티누스는 부도덕은 무지라는 명제를 순전히 헛소리라고 간주했다. 아우구스티누스는 사람들이 무엇이 옳고 그른지를 분명히 이해할 때에도, (a) 알면서 그리고 (b) 의도적으로, 도덕적으로 그른 행동을 행할 수 있으며 종종 행한다고 주장했다. 이런 의도적 반항은 아리스토텔레스가 아크라시아(akrasia)라고 부른 것이나 의지박약과는

— 그 행동이 그릇됨을 알면서도 충동이나 욕망에 의해 잘못을 행하도록 압도당하거나 휘둘리는 것과는 — 다르다. 아크라시아와 달리 이러한 반항은 의도적으로 선함에 반하는 행동을 하는 것이다(그리고 아우구스티누스에게는 선함의 궁극적 토대인 신에게 반하는 행동을 하는 것이다). 부도덕한 반항은 "나쁜"보다 더 무거운 용어로 표현해야 할 것이다; 반항과 더불어, 나쁨은 "악"이 된다.

움츠러든 존재로서의 부도덕

나쁨 혹은 악은 또한 (플라톤과 아우구스티누스에 의하면) 퇴화한 것 혹은 타락한 것으로 이해되었다. 이 설명에 따르면, 도덕은 단순히 선한 것을 행함에 관한 것이 아니다; 그것 또한 선함에 관한 것이다. 앎과 행함과 선함은 인간의 탁월성 혹은 완전성 혹은 덕을 실현하는 것에 해당한다; 그리고 이런 완전성을 실현하는 것은 바로 우리의 존재를 실현하는 것이다. 그렇다면 부도덕은 나쁜 일이나 악한 일을 행하는 것뿐만 아니라, 나쁨 혹은 악을 뜻한다. 그것은 실제로 보다 못한 인간이 됨을 뜻한다. 나쁜 사람은 매우 실재적인 의미에서 선한 사람보다 못한 사람이다. 사탄조차도 반신(反神, anti-God), 즉 선함의 정반대는 아니다. 그는 차라리 매우 선한 것이 퇴보한 형상, 타락한 천사이다. 플로티누스(Plotinus: 기원전 3세기), 프로클로스(Proclus: 410~85), 위(僞) 디오니시우스(Pseudo Dionysius: 500년), 보에티우스(Boethius: 480~525/6) 같은 신플라톤주의자들은 이런 견해를 크게 진전시켰다.

악을 다시 생각함

니체는 이 모든 기독교적-플라톤적 허튼소리를 떨어내고 도덕적 용어의 본뜻을 살리는 "재평가된" 가치들로 대체할 필요가 있다고 믿었다. 니체는 "선함"은 원래 어떤 문화를 창조하고 선도하고 지배했던 강한 개인들을 가리켰다고 주장했다. "나쁨"은 약자들과 추종자들, 그리고 강하고 창조적인 사람들의 문화적 하수인들을 표시한다. 바로 기독교적-플라톤적 문화가 이런 의미들을 거꾸로 뒤집어 그것들을 강자들에게 불리하게 사용함으로써, "선함"은 순수, 육체와 욕망의 부정, 겸손, 복종, 희생과 연결되어 추상적이고 형이상학적인 용어가 되었다. "나쁨"은 "온유한 자에게 복이 있나니"라는 슬로건하에 "악"이 되었다. 이런 개념적 무기들을 사용하여 약자들은 성공적으로 (도덕적) 세계를 강자들로부터 빼앗았다.

다른 방식으로 독일 철학자 아렌트(Hannah Arendt: 1906~75)는 우리의 악 개념을 바꾸려고 시도했다. 만약 무언가가 악이라면 홀로코스트가 악이다; 그리고 만약 누군가가 악이라면 나치의 "마지막 해결책"(*Endlösung*)의 설계자인 아이히만(Adolf Eichmann: 1906~62)이 악이다. 아이히만 같은 나치들은 흔히 괴물 같은, 여하튼 인간이 아닌 존재들로 여겨진다. 그러나 (자신은 유대인인) 아렌트가 이스라엘에서 1961년에 열린 재판에서 드디어 아이히만을 보았을 때, 그녀는 괴물이 아니라 한 평범한 인간, 수백만 명의 살인과 학대와 빈곤을 낳는 것이 그의 일상적 활동이었던 둔감하고 흔해빠진 관료를 보았다. 그리하여 그녀는 아이히만에게서 자신이 "악의 평범함"이라 부른 것을 발견했다. 그녀가 마주한 공포의 일부는 오늘날에는 악이 전혀 장대한 우주적 사건이 아니라는 사실을 발견한 것이다. 우리들 가운데 어느 누구도 우리들 가운데 가장 나쁜 사람과 완전히 다른 것은 아니다. 조심하지 않는다면 우리의 일상생활의 평범한 메커니즘들이 가장 소름끼치는 범죄를 일으킬 수 있다.

참조

— 3.4 선행/악행금지

— 5.1 아크라시아

— 5.5 타락

참고문헌

Augustine, St, *Confessions* [late fourth century], translated by Rex Warner (New York: Penguin, 1963)

*Friedrich Nietzsche, *On the Genealogy of Morals* [1887] *and Ecce Homo*, translated by Walter Kaufmann and R. J. Hollingdale (New York: Vintage Books, 1967)

Hannah Arendt, *Eichmann in Jerusalem: A Report on the Banality of Evil* [1963], revised edition (New York: Penguin Books, 1994)

3.4 선행/악행금지 Beneficence/Non-maleficence

한 여자가 길을 걸어가고 있는데 그녀의 핸드백에서 돈지갑이 떨어진다. 다른 한 여자가 이것을 보고 아무 말도 없이 그냥 지나간다. 세 번째 여자가 그것을 발견하고 그것을 떨어뜨린 여자에게 주워서 돌려준다. 그러나 그 다음 돈지갑이 다시 떨어진다. 네 번째 여자는 돈지갑을 보고 그것을 주워 들고 사라진다.

세 번째 여자는 분명 적절히 처신했다. 그녀는 선행을 — 다른 사람에 대한 친절함과 선함, 다른 사람의 선에 이바지하려는 의도적 행동을 — 보여주었다. 네 번째 여자는 분명 나쁘게 처신했다. 그녀는 악행을 — 다른 사람에게 불친절이나 잔인함이나 다른 잘못, 즉 다른 사람들에게 손해를 끼치는 의도적 행동을 — 보여주었다. (악행은 그릇된 혹은 불법적인 의도적 행동을 뜻하지만 일반적으로 정치, 사업, 공무의 맥락에 국한되는 배임행위와 혼동해선 안 된다.) 그러나 그냥 지나간 두 번째 여자는 어떤가? 분명 선행을 한 것은 아니나, 그녀가 악행을 범한 것일까? 결국 그녀는 지갑을 떨어뜨린 여자로부터 실제로 지갑을 가져가진 않았다. 그녀는 잘못을 했는가, 아니면 그녀는 단지 옳은 일을 하지도 그른 일을 하지도 않은 것인가? 그런 상황에서 중립이 가능한가?

나쁜 짓을 하지 않는 두 가지 길이 있다고 보인다: (1) 다른 사람들의 선에 도움이 되는 방향으로 적극적으로 행동함으로써 그들에게 유익한 것 (선행), 그리고 (2) 아무 행동도 하지 않음으로써, 즉 적극적으로 그들의 선에 도움을 주지도 않고 아마 그들이 해를 입게 내버려 두겠지만 소극적으로 그들에게 해를 끼치지도 않음으로써 단순히 그들에게 나쁜 짓을 하지 않는 것 (악행금지). 그러나 다른 사람들에게 해를 끼치는 것과 그들이 해를 입도록 내버려두는 것 사이에 차이가 있을까? 어떻게 행동함과 행동하지 않음이라는 두 가닥들이 서로 잘 맞을까? 도덕은 주로 선행 혹은 단순히 악행금지에 관한 것인가? 그리고 그저 악행을 하지 않음이 충분히 선한 것일까?

우선, 해를 끼치지 말라?

"우선, 해를 끼치지 말라"는 명령은 고대 로마의 의사 갤런(Galen of Pergamum: 131~201)과 고대 그리스의 히포크라테스(Hippocrates: 기원전 460~380)에서 유래하는 것으로 추정되어왔다. 그 명령은 일반 사람들이 아니라 직업적 의사들에게 내린 것이었다. 그럼에도 해로운 행동을 피하는 것이 윤리에서 가장 중요하다고 말하기 위해 그것을 차용할 수 있다. 이것을 이룬 다음에야 우리는 적극적으로 선을 증진하는 것에 대해 근심할 수 있다. 이것은 다소 소극적인 말처럼 들릴 수 있으나, 무엇을 해야 하는가보다 무엇을 피해야 하는가를 강조하는 도덕체계들이 많이 있다. 예컨대 십계명 중 여덟 가지는 금지명령이다; 유일한 두 가지 적극적 훈계들은 자기 부모를 공경하고 주일을 거룩히 보내라는 것이다.

서로 다른 도덕적 뼈대들은 선행과 악행금지에 다른 무게를 실어주는 경향이 있다. 예컨대 모세 5경(經)의 윤리는 타락한 인간에 대한 개념에 기초를 두고 있다. 그러니만큼 그것은 대부분 죄를 범하려는 인간 성향과의 싸움에 관련되어 있다. 이와 대조적으로 복음서의 도덕은 자기 이웃에 대한 사랑과 적극적 친절을 보여주는 것에 더 깊이 관련된 것으로 보인다. 복음서에 묘사된 것처럼, 나사렛 예수는 다른 사람들로 하여금 매춘부와 간부(姦夫) 같은 죄인을 용서하고 도와줄 것을 권한 것에 비해 죄인을 벌주는 것에는 관심이 적었던 것처럼 보인다.

선행과 악행금지에 대한 강조상의 차이는 결과주의적 윤리체계와 의무론적 윤리체계 사이의 차이들 중 일부를 가리킨다. 의무론적 윤리는 다른 사람에 대한 우리의 의무들에 초점을 두며, 그 의무들의 대부분은 부정적이다: 우리는 해를 끼치거나 공격을 하거나 명예를 훼손하거나 거짓말을 하거나 훔쳐서는 안 된다. 의무론적 윤리는 실제로 친절하거나 상냥하거나 배려하거나 호의적이거나 관대해야 한다는 식의 의무들은 더 적게 규정한다. 따라서 의무론적 윤리는 선행보다 악행금지를 더 장려하는 경향이 있다.

다른 한편으로 결과주의적 윤리는 우리가 항상 최상의 결과를 ("최상"이 뜻하는 바가 서로 다른 결과주의적 윤리들에 따라 다르지만) 끌어내는 행동을 하거나 그런 규칙을 따라야 한다는 생각에 기초를 두고 있다. 선을 행하는 것은 나쁜 것을 행하는 것뿐만 아니라 선한 것도 나쁜 것도 행하지 않는 것보다 더 좋은 일이다. 따라서 결과주의적 윤리는 단순히 악행금지가 아니라 실제의 선행을 장려한다. 게다가 결과주의적 관점에서 볼 때 우리는 실제로 해를 끼치는 것뿐만 아니라 해를 막지 못한 것에 대해서도 — 해를 끼침과 막음이 어느 정도 똑같이 우리의 힘이 미치는 범위에 있고 해를 막는 대가가 너무 크지 않다면 — 비난을 받을 수 있다. 결과주의자들에 따르면, 우리는 고통이나 해를 끼치는 것을 피해야 할 뿐만 아니라; 또한 고통이나 해를 줄이고 행복과 번영을 증진해야 한다.

사람들은 배고픈 자와 가난한 자에 대한 의무를 가지는가?

앞서 말한 그 여자와 그녀가 떨어뜨린 지갑으로 돌아가서, 대부분 사람들은 두 번째 여자가 나쁘게 처신했다는 결론을 내릴 것이다. 유일한 의견불일치는 그녀가 얼마나 나빴는가 하는 문제일 것이다. 결과주의자들에게는 호의적으로 행동할 기회가 매우 쉬웠는데도 그렇게 행동하지 못한 것은 중대한 도덕적 결점이다. 의무론자도 그녀를 비난할지 모른다. 그러나 그녀가 어떤 작위(作爲)의 죄를 범하지 (실제로 훔치거나 거짓말을 하거나 다른 어떤 그릇된 일을 행하지) 않았을 경우,

그녀의 단순한 부작위(不作爲)의 죄는 덜 심각할 것이다.

그러나 일단 우리가 선한 일을 행할 기회가 그다지 가깝지 않은 상황을 살펴보게 되면 그 의견불일치는 더욱더 경직될 수 있다. 예컨대 세계의 굶주리고 가난한 사람들의 어려운 처지를 생각해보자. 만약 우리가 적극적 선행의 의무가 악행금지의 의무만큼 중요하다고 생각한다면, 그들을 먹이고 그들의 빈곤을 구제하는 데 큰 도움을 주지 않는 것은 심각한 도덕적 결점이다. 그러나 만약 악행금지가 선행보다 더 중요하다고 간주한다면, 가엾고 비참하지만 우리가 그들의 어려운 처지를 구제해줄 의무는 없다. 이것은 지나가는 사람에게 그녀가 지갑을 떨어뜨렸다는 것을 말해주지 않은 사람을 비난해야 할지 말지를 생각해내는 것보다 훨씬 더 심각한 도덕적 논쟁거리이다. 그것은 우리를 도덕적이란 말이 무엇을 뜻하는가 하는 핵심적 물음으로 데려간다.

참조

—2.4 의무론적 윤리학

—3.7 작위/부작위

—3.13 상해

—5.16 의무초월

참고문헌

*Peter Singer, *Practical Ethics*, 2nd edition (Cambridge: Cambridge University Press, 1993)

Garett Cullity, *The Moral Demands of Affluence* (Oxford: Oxford University Press, 2004)

Tim Mulgan, *The Demands of Consequentialism*, new edition (Oxford: Oxford University Press, 2005)

3.5 원인/이유 Cause/Reason

1914년 6월 28일 아침, 가브릴로 프린치프(Gavrilo Princip)는 프란츠 페르디난트(Franz Ferdinand) 대공과 그의 부인 소피가 타고 있는 자동차에 두 발의 총알을 발사하여 그들을 살해하면서 1차 세계대전을 발발시켰다. 우리는 "프린치프의 행동의 원인은 무엇이었나?"와 "프린치프의 행동의 이유는 무엇이었나?" 하고 물을 수 있다.

우리는 (가설적으로) 그가 어린 시절에 학대를 받았고, 뇌에 악성 종양이 있었고, 충돌을 해소하는 방법은 폭력뿐이라고 생각하게끔 사회화되었고, 정신분열적 망상으로 고통을 받고 있었고, 지배계급에 의해 착취를 당했다는 등의 사정이 프린치프의 공격의 원인되었을지 모른다고 말할 수 있다. 그러나 그가 페르디난트를 죽인 이유들은 다음과 같은 것들을 포함하여 약간 다를 수 있다: 세르비아에 대한 오스트리아-헝가리 제국의 지배력을 약화시키는 것, 혹은 귀족들에게 역사에서 그들의 시대는 끝났다는 메시지를 전달하는 것, 혹은 감지할 수 있는 (아마도 전사한 동지의 죽음을 복수하겠다는 자신의 약속을 지키려는) 도덕적 책무를 완수하는 것.

원인과 정당화

행동의 원인을 묻는 것과 행동의 이유를 묻는 것 사이의 구분은 "인과적 설명"과 "도덕적 정당화" 사이의 차이와 관련되어 있다. 인과적 설명은 인간의 행동을 어떤 인과적 질서의 결과, 다양한 과학적 법칙들에 의해 기술될 수 있는 질서(존재의 질서)의 결과로 이해하려 한다. 이것은 인간의 행동이 자연 질서 혹은 어떤 다른 인과적 질서, 즉 많은 사람들이 저항하고 싶어 하는 것의 일부라는 생각을 수반한다. 게다가 인과적 설명은 도덕적 평가를 수반하지 않는다. 어떤 사람의 행동을 설명하는 것이 반드시 그것에 대한 도덕판단을 내리는 것은 아니다.

대조적으로 도덕적 정당화는 그 조사 중인 행동이 도덕적으로 허용할만하거나 심지어 의무적인 것임을 증명하는 이유들의 제시를 수반한다. 그렇다면 도덕적 정당화와 변명은 윤리적 주장들의 제시를 수반한다. 설명에서도 이유에 호소할 순 있으나, 설명은 정당화나 변명이 아니다.

어떤 사람들은 도덕적 행동을 끌어내는 추론은 독특한 종류의 질서(인식의 질서)의 일부라고 주장한다. 인과적 질서에서 일어나는 일들은 필연적이고 결정론적으로 일어나지만, 이 관점에서 나온 추론과 반성의 질서는 그렇지 않다. (a) '모든 인간은 죽는다'와 (b) '소크라테스는 인간이다'가 주어지면, (c) '소크라테스는 죽는다'는 논리적으로 필연적인 결과가 따른다. 이 말과 다음의 말은 매우 다른 말처럼 보인다: 사회적 여건, 화학적 뇌작용, 나의 우연적 심리구조 등이 주어진다면, 나는 '소크라테스가 죽는다'고 생각하게 되어 있다. 실제로 칸트 같은 사상가들에게는 도덕적 행동은 정의상 원인들의 필연적인 결과일 수 없다; 오직 이성에 기초하여 자유롭게 행해졌을 때에만 행동을 도덕적이라고 부르는 것이 의미가 있다. (1.2 행위 절을 보시오.)

별로 분명하지 않다?

하지만 설명과 도덕적 정당화 사이의 경계선은 다소 모호해질 수 있다. 예컨대 누군가 "네 행동을 설명해봐라!" 하고 요구할 경우처럼, 우리의 행동 이유는 그 행동의 설명에서 인용될 수 있다. 적어도 그것이 우리를 행동하게 만드는 동기로 소용된다는 의미에서 이유를 원인이라고 볼 수 있다.

일부 철학자들은 이유와 원인의 구분에 반대했다. 스피노자는 이유와 원인은 사실 같은 것이지만 서로 다르게 이해된 것들이라고 생각했다(『에티카』(1677)를 보시오). 유사하게 헤겔과 쇼펜하우어(Arthur Schopenhauer: 1788~1860)는 이유와 원인의 차이를 주장하면서도 그것들의 공통적 기반을 가정했다. 헤겔에게는 이유와 원인은 실은 모두 그가 "이성"이라 부른 것, 심원한 형이상학적 이성에 뿌리를 두고 있다. 쇼펜하우어에게는 그것들이 모두 소위 의지라는 것에 뿌리를 두고 있다. 보다 최근에 자연주의적 성향의 철학자들은 도덕적 추론을 자연주의적이고 인과적 관점에서 — 즉 엄밀한 자연과정으로 — 이해하려 했다. 예컨대 폴 러셀(Paul Russell: 1955~)은 흄의 저작을 이런 식으로 해석했다.

목적인

원인(*aitia*)에 대한 보다 고대의 개념, 즉 아리스토텔레스가 "목적인(目的因)"이라 부른 것도 윤리에 관련된다(『형이상학』 1권, 3장). 목적인은 결코 현대적 의미의 원인이 아니라 결말(*telos*) 혹은 목적 혹은 어떤 것의 궁극적 실현이다. 도토리의 목적인은 성숙하고 건강한 떡갈나무이다. 유아의 목적인은 영원한 진리를 명상하는 성인(成人)이다. 목적인의 윤리적 면은 이것이다: 어떤 행동이나 방침의 도덕적 적당함을 평가함에 있어서 우리는 그것이 관련된 목적인의 성취를 방해하는지 아니면 고무하거나 부합하는지를 판단해야 한다. 만약 그렇지 않다면 그것은 도덕적으로 적당하지 않다.

참조

— 1.4 자율성

— 2.9 자연주의

— 2.13 합리주의

참고문헌

*Immanuel Kant, *Groundwork for the Metaphysics of Morals* [1785], edited by Allen Wood (New Heaven, CT: Yale University Press, 2002)

Arthur Schopenhauer, *The World as Will and Representation* [1819, 1844], 2 vols., translated by E. F. J. Payne (London: Dover, 1996)

Paul Russell, *Freedom and Moral Sentiment: Hume's Way of Naturalizing Responsibility* (Oxford: Oxford University Press, 1995)

3.6 인지주의/비인지주의 Cognitivism/Non-Cognitivism

신은 삼위일체인가? 이 물음에 대한 대답이 무엇인가는 잠시 접어

두고, 대신 어떤 종류의 대답이 가능한가를 생각해보자. 예컨대 한 종류의 대답은 사실을 진술하는 주장을 하는 것이다. 그러나 그런 물음에 대한 대답을 사실의 문제처럼 진술하는 것이 가능할까? 설령 실제로 그런 사항에 관한 "사실"이 있더라도, 누가 그것을 알 수 있을까? 신이 삼위일체라고 말하는 것은 딸기가 맛있다고 말하는 것과 어느 정도 비슷하게, 그 대답은 단순히 의견의 문제일 수 있지 않을까 — 그것은 그저 같은 의견을 가진 사람들이 생각하는 바가 아닐까? 그리고 그 문제에 대해 사실을 진술하는 것이 불가능하다면, 이는 (a) 어떤 대답이든 그렇게 사실을 진술하려는 대답은 거짓이거나 (b) 단순히 그런 사례에서는 참과 거짓 사이에 유의미한 구분이 없음을 뜻하지 않을까?

이 구분은 진위가 의심스러운 사실에 대해 충분히 까다롭다. 그러나 그것은 도덕적 물음에도 적용될 수 있다. "식인풍습이 그릇된 것인가?" 하는 물음을 생각해보자. 우리는 우선 이 물음이 모종의 사실에 관한 물음인가 하고 물을 수 있다. 만약 그렇지 않다면, 이는 모든 가능한 대답이 개인적 의견이거나 사회적 관례이거나 "참"과 "거짓"이 여기선 아무 의미도 없는 어떤 다른 것임을 뜻하는가? 혹은 문제의 사실은 없지만 어떤 진리치(참 혹은 거짓)가 부여되어야 할 것처럼 보인다면, 이는 모든 대답이 어떤 의미에서 거짓임을 (혹은 참임을) 뜻하는가? 물론 이 물음과 관련하여 문제의 사실이 있더라도 (따라서 그 물음에 대한 대답은 참이거나 거짓일 수 있다는 말이 의미가 있더라도) 과연 누가 그 사실이 무엇인지를 알 수 있겠는가?

실재론자와 인지주의자

"이러이러한 것이 도덕적으로 옳거나 그르다"는 식의 사실이 있다고 생각하는 사람들은 도덕 실재론자라고 한다. 만약 여기에 덧붙여 그런 사실을 알 수 있다고 생각한다면 그들은 인지주의자라고 한다. 행동이 도덕적으로 옳거나 그르다고 말할 문제에 관해 어떤 사실도 없다고 주장하는 사람들은 비실재론자 혹은 반실재론자라고 한다. 일부 비실재론자들은 따라서 그들의 입장이 모든 도덕판단은 무의미하다는 주장을 함축한다고 생각한다. 그러나 다른 비실재론자들은 의견을 달리한다. 그들은 우리가 알 수 있는 도덕적 사실은 없지만, 그래서 참도 거짓도 아니지만, 도덕판단은 여전히 의미가 있다고 생각한다. 달리 말해서 도덕 언어는 의미가 있지만 그것은 마땅히 "지식"이라고 할만한 결론을 산출하진 않는다. 그런 사람들은 비인지주의자라고 한다.

여러 면에서 인지주의는 위의 입장들 가운데 가장 즉각적으로 관심을 끄는 입장이다. 만약 도덕적 사실 같은 것이 있고 우리가 그것을 알 수 있다면, 사람들은 안전한 토대 위에 엄격한 윤리를 세울 공산이 있다. 도덕적 가치들은 우리 주변의 물리적 세계에 관한 기초적 사실들처럼 논란의 여지가 없을 것이고 권위를 가질 것이다.

문제는 어떻게 도덕적 사실 같은 것이 있을 수 있는가를 이해하기 어렵다는 것이다. 사실들은 대체로 우리가 직접적으로든 간접적으로든 눈으로 보거나 측정하거나 관찰할 수 있는 것과 관계가 있다. 그러나 우리가 도덕 원칙을 눈으로 보거나 측정하거나 관찰할 수 있다는 생각은 어리석은 생각처럼 들린다. 사람들이 어떻게 느끼고 무엇을 생각하는지에 관한 사실들이 있다는 말은 맞는 말이다. 그러나 이 사실들은 실재의 일반적 본성이 아니라 오직 그 사람들에 관한 사실들이다. 그래서 설령 사람들이 무엇을 느끼는지 혹은 무엇을 옳거나 그르다고 믿는지에 관한 사실들이 있더라도, 그것들은 도덕 실재론이 요구하는 성질의 객관성을 도덕적 가치들에게 제공하지 않는다. 게다가 누가 과연 이 사실들을 인지주의가 요구하는 방식으로 알 수 있겠는가? 이런 사실들을 감지할 수 있는 모종의 도덕감이나 직관을 가정하지 않고는 어떻게 이것이 가능할지는 상상하기조차 어렵다.

비실재론자와 비인지주의자

그러나 이는 실재론에 대한 대안들이 더 매력적이라는 말은 아니다. 에이어처럼 도덕판단은 참도 거짓도 아니며 문자 그대로 무의미하다고 주장하는 비실재론자들은 우리로부터 인간 삶의 가장 중요한 특징들 중 하나를 박탈한다. 우리는 아무 도덕적 가치도 없는 삶을 상상할 수 있을까?

다른 한편으로 대부분의 비인지주의자들은 그렇게 멀리까지 가려하지 않는다. 에이어처럼 도덕적 주장은 알 수 있는 사실들에 관한 것이 아니라고 논하면서도, 그들은 도덕적 주장이 무의미한 것은 전혀 아니라고 주장한다. 스미스와 흄 같은 도덕감정론자들은 도덕판단이 공감 혹은 정감 같은 선천적인 이타적 충동으로부터 나오며, 그것은 다른 사람들과 그들의 행동에 대한 정서적 반응에 뿌리를 두고 있다고 주장한다. 사람들은 예컨대 다른 사람에게 불필요하게 상처를 주는 것은 그르다고 말한다. 왜냐하면 그들은 결과로서 일어나는 고통을 공감할 수 있으며 그런 종류의 행동은 그들의 도덕적 감성에 어긋나기 때문이다. 그러므로 어떤 의미에서 우리는 불필요한 해악을 피해야 한다고 느낀다. 이성의 역할은 우리가 이 느낌들을 정리하고, 상황과 관련된 원인과 결과를 생각해내고, 효과적으로 반응하도록 돕는 것이다. 이런 관점에서 볼 때, 추론은 객관적인 도덕적 진리들을 발견하는 것이 아니다.

그러나 실재론자들은 이런 사고방식은 도덕에 아무런 적절한 토대도 남겨주지 않을 것이라고 반론한다. 궁극적으로 모든 것이 그저 느낌에 의존한다면, 도덕적 느낌을 전혀 가지지 않는 사람들은 말할 것도 없고 어떻게 우리는 악의적이거나 비뚤어진 느낌을 가진 사람들과 논쟁할 수 있겠는가?

그러므로 그 딜레마는 어쩔 수가 없다. 인지주의자들은 도덕이 그저 거기에 있는 보이지 않는 사실들에 기초하고 있다고 믿는 반면, 비인지주의자들은 도덕이 그것에 충분한 기초를 제공하지 않는 것처럼 보이는 감정에 기초하고 있다고 믿는다. 그러므로 도덕 이론가들은 물건을 사는 많은 손님들과 똑같은 입장에 놓인다: 우리가 필요한 것은 손에 넣을 수 없고, 손에 넣을 수 있는 것은 별로 좋아 보이지 않는다.

참조

—1.13 직관

—2.9 자연주의

—5.14 회의주의

참고문헌

*J. L. Mackie, *Ethics: Inventing Right and Wrong* (Harmondsworth, Middlesex: Pelican Books, 1977)

David Owen Brink, *Moral Realism and the Foundation of Ethics* (Cambridge: Cambridge University Press, 1989)

*Geoffrey Sayre-McCord, *Essays on Moral Realism* (Ithaca, NY: Cornell University Press, 1989)

3.7 작위/부작위 Commission/Omission

비욘은 한스를 싫어하고 그가 죽었으면 한다. 한스는 비욘이 이런 식으로 생각하는지 전혀 모른다. 알았다면 그는 바보처럼 자기 자동차의 수리를 받으려고 비욘의 정비소에 가진 않았을 것이다. 비욘은 정비소에서 떠나는 길에 제법 위험한 굽은 내리막길이 있음을 알고 한스의 자동차에 있는 브레이크액 케이블을 끊어 이 상황을 이용하려는 충분한 의도를 갖고 있다. 그러나 그가 절단을 하려할 때 그는 케이블이 이미 망가져 있음을 발견한다. 그것은 그냥 닳아서 해졌다. 물론 비욘은 그것을 일부러 고치려 하지 않았고 한스는 정말 추락해서 죽는다. 비욘은 살인죄를 면한 것일까, 아니면 그는 살인죄를 면할 방법을 알았다고 말하는 편이 더 정확할까?

사람들이 행한 것 (작위) 그리고 그들이 행하지 않은 것 (부작위) 사이의 차이는 충분히 명백하다. 그러나 그 구분이 순식간에 애매해지는 데에는 두 가지 길이 있다. 첫 번째는 그것의 도덕적 중요성과 관계가 있다: 비욘이 한스를 죽였다고 말하는 것보다는 그가 한스를 죽게 내버려두었다고 말하는 편이 더 정확할 것이다. 그러나 두 시나리오에서 결과에 영향을 미치는 비욘의 의도와 능력이 같았다고 가정하면, 작위와 부작위의 차이가 그의 죄를 조금이라도 덜어주는가?

두 번째는 어쨌든 그 구분이 유효한지 않은지를 묻는다. 사람들은 흔히 다른 일을 행함으로써 어떤 일을 행한다. 예컨대 나는 스위치를 가볍게 튕김으로써 전등을 켠다. 그러나 때때로 우리는 어떤 다른 일을 행하지 않음으로써 어떤 일을 행할 수 있지 않을까? 바로 이것의 명백한 사례들이 많은 것처럼 보인다. 우리는 사람들이 모른다는 사실을 알고 있으며 그들이 알아야 하며 우리가 그들에게 쉽게 말해줄 수 있는 일들을 밝히지 않음으로써 그들을 속인다. 우리는 사람들이 필요로 하는 허가를 내주지 않음으로써 그들이 해야 할 일을 하지 못하게 막는다. 기타 등등.

따라서 비욘이 브레이크 라인을 실제로 절단한 것이 아니라 단지 그것을 고치지 않았다는 사실은 충분히 명백하지만, 이는 그가 살인을 범하지 않았음이 명백하다는 뜻은 아니다. 우리는 실제로 어떤 사람이 가는 길에 위험물을 두는 것뿐만 아니라 어떤 임박한 위험을 그 혹은 그녀에게 경고하지 않음으로써 살인을 범할 순 없는가?

죽임과 죽게 내버려둠

이 쟁점은 의료윤리에서 중대한 의미를 가진다. (대부분의 병원에서 표준적인 처치인) 의학적 치료가 어떤 사람을 계속 생존시킬 수 있을 경우, 그 사람을 죽게 내버려두는 것과 (환자가 동의했더라도) 실제로 그 사람을 죽이기에 충분한 양의 극약을 주사하는 것이 (적어도 네덜란드 외에는 대체로 불법인 것이) 어떻게 다른가? 전자를 흔히 수동적 안락사(passive euthanasia)라 하고 후자를 능동적 안락사(active euthanasia)라 한다. 두 경우 모두 환자는 죽는다. 그러나 후자의 경우에는 의사가 능동적으로 죽임에 관여하는 반면, 전자의 경우 그들이 말하는 것처럼 의사는 단지 자연의 섭리에 맡길 뿐이다. 이것이 도덕적 차이를 낳는가? 그렇든 그렇지 않든, 대부분의 사람들에게는 어떤 것이 작위의 결과가 아니라 부작위의 결과라는 사실이 그것만으로 그 결과에 대해 아무에게도 책임을 물을 수 없음을 의미하진 않는다는 것이 분명해 보인다. 논쟁은 이것이 어떤 악행의 심각성에 영향을 미치는가, 그리고 왜 그것이 여전히 악행인가 하는 물음에 관련되어 있다.

부작위의 비난가능성

우리는 두 가지 이유에서 사람들이 그들의 부작위에 대해 도덕적으로 비난받을 수 있다고 주장할 수 있다. 첫 번째 이유는 의도이다. 만약 도덕판단에서 결정적인 것이 행위자의 의도라면, 중요한 문제는 어떤 것이 작위에 의해 혹은 부작위에 의해 일어났는가 하는 문제가 아니라 그것이 다른 결과를 초래하도록 행동할 수 있었을 어떤 사람에 의해 의도되었다는 사실이다. 그래서 비욘의 경우, 그가 한스를 죽이려고 의도했으며 브레이크 라인을 고칠 수도 있었다는 사실은 직접 그것을 잘랐을 경우만큼 그를 비난받을만하게 만든다.

이런 방향의 논증은 너무 강하다고 들린다. 더욱이 사람들은 직관적으로 그 라인을 실제로 자르는 것이 그저 그것을 고치지 않은 것보다 좀 더 나쁘다고 느낀다. 어쩌면 여기서 우리의 직관이 분명히 잘못된 것일 수도 있다. 그러나 그것은 인간 본성에 대한 통찰에 뿌리를 두고 있을 수 있다. 어쩌면 해를 끼치려는 행동은 보다 많은 악의적 노력을 필요로 하는데 반해, 그냥 해가 일어나도록 내버려두는 것은 사악함보다는 나약함의 표시일 수 있다. 이런 이유로 많은 사람들은 부작위가 도덕적 비난을 면한다고 생각하진 않으면서도 그것이 작위적 행동보다는 덜 심각하다고 생각할 수 있다.

우리가 부작위들에 대해 책임이 있다고 주장하는 두 번째 이유는 많은 사람들에게 도덕은 작위와 부작위의 결과에 관한 것이기 때문이다. 결과가 전부이며, 우리는 쉽게 책임을 벗진 못한다. 왜냐하면 어떤 결과는 우리가 행하지 않은 일의 결과이기 때문이다.

하지만 이런 방향의 논증이 가진 문제점은 우리를 너무 많은 일에 대해 책임지게 만들 수 있다는 점이다. 온갖 나쁜 일은 내가 막을 수 있었던 사건이지만 나는 막지 않는다. 그저 편안한 서양 생활방식으로 살면서 나의 생활과 수입을 고통 구제에 바치지 않음으로써 내가 막을 수도 있었을 나쁜 일이 일어나고 있다. 어쩌면 이는 나를 비난받을만한 사람으로 만들 것이다. 실제로 혼드리치(Ted Honderich)는 세계 다른 지역들의 고통을 치유함에 있어서 서양인들의 부작위의 크기는 빈곤 국가들이 서양에 대한 공격 개시를 정당화할 만큼 크다고 주장했다(『인류에 대한 테러리즘』[*Terrorism for Humanity*], 2003). 다른 한편으로 분명 우리는 자기 자신에게 가지는 의무들이 있으며, 다른 사람들의 필요에 대한 지나친 헌신은 틀림없이 그런 의무들의 불이행을 수반할 것이다.

그러나 그 경계선이 어떻게 그려지든, 도덕은 작위뿐만 아니라 부작위에도 관련되어 있음은 분명해 보인다. 비욘과 한스의 사례에 관한 많은 사항들이 불분명하지만, 비욘이 한스의 죽음에 대해 도덕적으로 비난받을만함은 분명 논란의 여지가 없다.

참조

—1.2 행위

—3.14 의도/결과

—5.13 개인의 개별성

참고문헌

Frances Myrna Kamm, "Harming, Not Aiding, and Positive Rights,"

Philosophy and Public Affairs 15(1) (Winter 1986): 3~32

R. G. Frey and Christopher Wellman, *Blackwell Companion to Applied Ethics* (Oxford: Blackwell, 2003)

Bonnie Steinbock and Alastair Norcross, eds., *Killing and Letting Die*, 2nd edition (New York: Fordham University Press, 2004)

3.8 동의 Consent

1973년 여름, 텍사스의 한 작은 집에서 프로판 가스탱크가 폭발하여 젊은 운동선수이며 전역군인인 도널드 "댁스" 코워트가 심한 부상을 입었다. 댁스는 눈이 멀었고 그의 몸의 65퍼센트 이상이 3도 화상을 입었다. 폭발과 뒤이은 화재의 열이 너무 강해서 그의 여러 손가락을 한꺼번에 말 그대로 녹여버렸다. 댁스의 아버지는 폭발로 사망했다.

병원에서 댁스는 — 계속적인 반대에도 불구하고 — 염수 목욕 같은 괴로운 시술을 받도록 강요받았다. 그 시술을 받지 않으면 자신이 죽을 것이라는 말을 들었을 때, 댁스는 분명히 차라리 죽겠다는 뜻을 나타냈다. 정신과 의사는 그가 정신적으로 충분한 능력이 있다고 여겼다.

비록 심하게 용모가 손상되고 눈이 멀고 여러 손가락을 잃었지만, 댁스는 회복되었다. 나중에 그는 결혼을 했고 환자권리를 전문으로 하는 변호사가 되었다. 믿거나 말거나 그는 여전히 자신이 죽도록 내버려두었어야 한다고 주장한다. 왜일까? 왜냐하면 그는 누구도 그 사람의 동의 없이 — 설령 그 치료가 도움이 되더라도 — 의학적 치료를 받도록 강요되어선 안 된다고 믿기 때문이다.

이것은 묘한 입장처럼 보일 수 있다. 왜냐하면 그것은 치료될 수 있는데도 사람들이 고통 받는 것을 선택하고 심지어 죽는 것을 허용하기 때문이다. 그러나 그것은 현대의 많은 윤리적 담론을, 특히 의료윤리의 담론을 지배하게 되었다. 법은 그것을 "충분한 정보에 의거한 동의"(informed consent; 혹은 "사전동의")라고 하는 공식정책으로 명시했다. 우리는 충분한 정보에 의거한 동의는 선보다 권리를 우선시한다고 말할 수도 있다. 이 말로 우리는 동의의 요구는 선한 것조차 거부할 권리를 인정함을 뜻한다. 우리는 특히 한 사람의 몸처럼 친밀하고 개인적인 것에 관한 문제에서 나쁜 선택을 내릴 권리가 있다.

이 공식정책의 중심에 자율성 개념이 있다. 자율적 개인은 — 온정적 간섭주의든 자선이든 다른 것이든 — 최소한의 간섭을 받으며 스스로 자신의 삶의 방향과 자기 몸의 처분을 결정할 수 있어야 한다. 진실로 동의하기 위해 우리는 이렇게 동의해야 한다:

1. 자유롭게
2. 강요 없이
3. 의심할만한 스트레스나 감정이나 중독 없이
4. 관련 사항에 대한 지식과 이해를 가지고.

이런 요건들 각각은 그 자체로 복잡하다. 자유란 정확히 무엇이며, 우리는 실제로 어느 정도 자유로운가? 무엇을 강요라고 간주하는가? 어떤 때에 스트레스나 감정이 방해 요소가 되는가? 어떤 지식이 관련 있는가? 의학적 시술의 모든 가능한 영향을 설명하려면 여러 날이 걸릴 수도 있으며, 그런 다음에도 우리 대부분은 그것을 이해할 수 없을 것이다. 그러나 충분한 정보에 의거한 동의는 최소한 동의한 날로부터 가까운 미래에 어떤 일이 일어날 수 있는지, 왜 그것이 일어나는지, 보다 멀게는 어떤 결과가 있을 수 있는지, 그리고 어떤 대안이 가능하며 이용할 수 있는지를 우리가 이해해야 한다고 요구한다.

적격성

그러나 위의 네 가지 요건 외에 또 다른 무언가가 있다. 이 모든 요건을 의미 있게 충족하려면, 우리는 제대로 발달되고 기능하는 이성의 능력뿐만 아니라 정서적 성숙함을 가져야 하고 세상이 돌아가는 이치에 대한 지극히 단순한 이해 이상을 가져야 한다. 철학자들은 적격성의 요건이 되는 이런 종류의 관념들을 정리한다. 유아와 정신장애자는 — 설령 그들이 제한적으로나마 자유로울 수 있으며 지식을 가질 수 있더라도 — 이런 점들에서 적격하다고 합리적으로 기대할 수 없다. 그들의 경우 어쩌면 그들의 바람에 어긋나더라도 누군가가 그들을 대신하여 동의를 하거나 동의를 거부할 권한과 권위를 부여받아야 한다. 예컨대 위임권, 부모자식 관계, 후견인 자격, 보호자 자격 같은 장치를 통해 다른 사람이 이런 권한과 권위를 부여받을 수 있다.

이런 이유로 노인 및 그들을 돌보는 사람과 국가 사이의 충돌은 아주 까다롭다. 예컨대 걸을 때마다 자주 넘어지고 기억도 오락가락하고 집도 옷도 불결한 노령의 할머니는 그녀가 지난 60년 동안 살아온 집에서 강제로 떠나 본의 아니게 양로원으로 옮겨져야 할까?

많은 다른 일에 동의를 하기에는 너무 어리다고 생각되는 10대들이 임신중절을 하려할 때, 실로 사태는 이론(異論)이 분분해진다. 미성년자는 임신중절을 위해 그들 부모의 동의를 얻어야만 할까? 그들은 판사나 다른 국가공무원의 동의를 받아야 할까? 그리고 물론 동의와 관련된 다른 복잡한 문제들이 여전히 남아 있다.

암묵적 동의와 추정적 동의

동의는 반드시 명시적으로 진술되어야 하는가? 아니면 우리는 어떤 사람의 행동으로부터 합당하게 동의를 추론할 수 있는가? 예컨대 공무원을 이용하는 것은 우리가 국가의 권위에 동의함을 뜻하는가? 그 물음은 성행위와 간통의 사례에서 지독하게 때로는 비극적으로 까다롭다. 정확히 어떤 경우에 우리는 어떤 다른 사람이 성적 접촉에 동의했다는 결론을 정당하게 내릴 수 있을까? 신체적 제스처들이 충분한가? 우리는 한 잔 혹은 세 잔 혹은 여덟 잔, 몇 잔의 와인을 마신 후에 동의 능력을 상실하는가? 이것은 사소한 문제가 아니다. 그것은 로맨스와 성폭행을 나누는 경계선을 그린다.

대체로 긍정적 동의의 표현이 동의의 인정에 필수적이라고 생각된다. 그러나 어떤 경우에는 어떤 부정적 표현으로 동의의 거절을 표시하지 않은 한에는 동의가 주어졌다고 추정하는 편이 더 나을 수 있다. 예컨대 자동차 사고의 희생자가 의식을 잃었다면, 우리는 — 의학적 치료를 받지 않겠다는 일종의 사전지시가 없는 한에는 — 그 혹은 그녀가 의학적 치료를 받길 원한다고 추정한다. 2005년 미국의 테리 쉬아보(Terri Schiavo) 사례는 이런 쟁점에 집중되었다. 사람들은 종종 생전유언이나 사전지시 같은 수단을 통해 그들이 동의하거나 동의하지 않을 종류의 사항에 대한 그들의 바람을 미리 말해두라는 조언을 받는다. (1.4 자율성 참조)

이식에 적합한 장기가 부족하기 때문에, 모든 사람은 — 동의하지 않는다고 표시하지 않은 한 — 그들이 죽을 때 장기기증에 동의한 것으로 추정되어야 한다고 많은 사람들이 주장했다. 그러나 현재 영국 같은 곳에서는 사정이 반대로 돌아가고 있다: 사람들이 미리 장기기증에 동의를 표시하지 않은 한에는 동의하지 않는 것으로 추정한다. 장기기증에 대한 추정적 동의는 분명 절대적으로 그것을 필요로 하는 사람들이 이용할 수 있는 장기의 수를 증가시킬 것이다. 그러나 그것은 너무 많은 것을 추정하는 것일까?

참조

—1.4 자율성

—1.19 권리

—3.4 선행/악행금지

참고문헌

*Ruth R. Faden, Tom L. Beauchamp, and Nancy M. P. King, eds., *A History and Theory of Informed Consent* (Oxford: Oxford University Press, 1986)

Jessica W. Berg, Paul S. Appelbaum, Lisa S. Parker, Charles W. Lidz, *Informed Consent: Legal Theory and Clinical Practice*, 2nd edition (Oxford: Oxford University Press, 2001)

Alan Wertheimer, *Consent to Sexual Relations* (Cambridge: Cambridge University Press, 2003)

3.9 사실/가치 Facts/Values

여자들은 수유를 통해 유아들을 먹일 수 있다. 수정 후 10일째인 태아는 여전히 쌍둥이로 나눠질지가 최종적으로 결정되지 않는다. 시장가격으로 구입한 코코아는 재배자들에게 최저생활 임금을 보장하지 않는다.

이것들은 모두 사실들이다. 어느 것도 의심할 여지가 없는 것은 아니나, 모두 주어진 문제영역의 전문가들에게는 일반적으로 받아들여지는 사실들이다. 그러나 많은 사람들은 이와 같은 사실들이 규범적 내용도 갖는다고 믿는다: 즉 그것들은 사태가 마땅히 어떠해야 하는지에 대해 우리에게 무언가를 말해준다. 다소 단순하게 말해서, 여자들은 수유를 통해 유아들을 먹일 수 있으므로 그들이 어린아이의 1차 양육자가 되어야 한다고 생각하는 사람들이 있다; 혹은 수정 후 10일째인 배아로부터 태어날 아이 혹은 아이들의 정체성은 아직 결정되지 않은 상태이므로 그것을 중절하는 것은 전혀 잘못이 아니라고 생각하는 사람들이 있다; 혹은 만약 시장가격보다 더 높은 가격으로 코코아를 구입하는 것이 재배자들에게 일정 수준의 수입을 보장한다면 우리는 그런 가격으로 코코아를 구입해야 한다고 생각하는 사람들이 있다. 각 경우에 사실과 가치 사이에 연결고리가 만들어진다.

그 간격에 유의하라

그러나 이 연결고리의 본질은 심히 불확실하다. 주된 문제는 순전히 사실적인 전제들에 의존하는 어떤 논증도 우리가 무엇을 해야 하는가를 말해주는 결론을 산출할 수 없다는 것이다. "10일 된 배아는 아직 구별된 개체가 아니다"와 "그런 배아를 중절하는 것은 허용되어야 한다" 같은 진술들 사이에는 간격이 있다. 이런 "~해야 한다"는 어디서 온 것일까? 전제로부터는 아니다. 왜냐하면 전제는 어떠해야 하는가가 아니라 어떠한가를 기술할 뿐이기 때문이다.

이것은 별로 상상력을 동원할 필요 없이 "존재와 당위의 간격"이라고 한다. 가장 근본적으로 그것은 단지 논증이 어떻게 작용하는가에 관한 논리적 주장이다. 어떤 평가적 결론도 비평가적 전제들로부터 나올 수 없다, 이상. 따라서 사실에 대한 이야기로부터 가치에 대한 이야기로의 비약은 정당화되지 않는다. 잘 알려져 있듯이, 흄은 1740년의 『인간 본성에 관한 논고』 제3권, 1부, 1절에서 이런 요지를 논했다.

주장된 "사실/가치 구분"은 흔히 이런 논리적 주장을 넘어서 사실과 가치는 완전히 별개의 영역에 속한다는 주장으로 나아간다. 이런 생각은 설득력이 덜한 것처럼 보인다. 예컨대 우리는 태아가 어떻게 다루어져야 하는가 하는 문제에 대한 어떤 도덕판단에 도달하기 전에 그것의 본성에 대한 사실들을 알 필요가 있다. 예컨대 인종차별주의에 대한 도덕적 반감이 인종적 우월성은 과학적으로 꾸며낸 이야기라는 사실과 어떻게 연결되는가도 생각해보라. 따라서 그것이 논리적 연결고리가 아니라면 사실과 가치 사이의 연결고리는 무엇인가?

연결 만들기: 사실과 느낌

사실과 가치의 연결을 시도할 수 있는 여러 가지 방법이 있다. 한 가지 방법은 명백히 사실적 용어에는 평가적 내용이 스며들어 있으므로 그 간격이 환영임을 보여주는 것이다. 예컨대 "사람"이라는 개념은 부분적으론 도덕적 범주의 개념이다. 사람이라는 것은 어떤 신체적 유형일 뿐만 아니라 일정한 도덕적 권리를 가진다는 것이기도 하다. 그러므로 배아가 사람인가 아닌가 하는 물음은 부분적으로 사실의 문제이지만 제거할 수 없는 도덕적 측면도 가진다. 유사하게 "충분한 수입"이란 개념도 부분적으로 도덕적이다. 왜냐하면 "충분한"은 사람이 합당하게 충족된 삶을 영위하기 위해 무엇을 가져야 하는가에 대한 개념과 관련해서만 이해될 수 있기 때문이다. 예컨대 "여성"처럼 명백히 생물학적인 개념도 사회적·평가적 내용을 지닐 수 있다. 이런 비판적 전략은 사실/가치 구분을 효과적으로 부정하며, 사실적인 것과 평가적인 것 사이에는 기껏해야 흐릿한 경계선만 있다고 역설한다.

또 다른 전략은 논리에 의해서는 아니지만 그 간격을 메우는 것이다. 이것이 흄의 접근방식으로 보인다. 흄과 다른 "도덕적 주관주의자들"은, 도덕은 이성이 아니라 느낌이나 감정에 뿌리를 두고 있다고 논한다. 그러므로 어떤 도덕판단도 (어떤 "당위" 진술도) 배타적으로 이성의 산물이거나 관할일 수 없다.

그럼에도 사람들이 어떻게 느끼는가는 그들이 무엇을 생각하는가에 의해 성격지어진다; 그리고 이렇게 이성은 감정에 영향을 미칠 수 있다. 그래서 예컨대 (비록 틀렸지만) 이론적으로 일정한 인종 집단이 다른 인종 집단보다 우월하다고 생각하는 사람들은 그들을 열등한 자로 취급하는 것이 전혀 잘못이 아니라고 느낄 수도 있다. 또한 이성은 다양한 인과적 체계에 관한 사실들, 즉 도덕판단에 영향을 미칠 수 있는 지식을 밝힌다. 예컨대 인체에 미치는 방사능의 영향을 아는 것은 핵무기 사용이나 감소된 우라늄 병기에 대한 우리의 판단에 영향을 미칠 수 있다. 그래서 사실의 역할은 우리의 느낌들에 정보를 주는 것이고, 그렇게 함은 때때로 느낌을 변화시킨다. 우리는 단지 그런 도덕판단의 변화들이 사실들 자체로부터 논리적으로 따라 나오진 않음을 인정하면 된다.

비판가들은 이런 접근방식은 합리적으로 정당화할 수 없는 충동에 너무 많은 것을 내맡긴다고 주장한다. 예컨대 어떤 인종주의자가 "인종"에 관한 모든 사실을 알고도 계속 편견을 가진다면 어떻게 할 것인가? 어떤 가치도 사실들로부터 가차 없이 흘러나오진 않음을 인정하면, 어떻게 우리는 그 사실을 앎에도 불구하고 계속 고집을 피우는 것에 대해 그 사람을 비판할 수 있는가?

그렇다면 아마 도덕적 설득과 비판은 건전한 논증을 제시하는 것뿐만 아니라 일정한 느낌, 감정, 감수성의 배양을 수반해야 할 것이다. 그렇다면 윤리에 대한 생각은 윤리이론뿐만 아니라 예술 및 문학을 포함할 수 있다. 예컨대 로티(Richard Rorty: 1931~)는 도덕은 소설을 통해 가장 잘 논의된다고 주장한다. 우리가 그 문제를 얼마나 잘 해결하든, 아마 "X는 사태가 돌아가고 있는 방식이다"로부터 "X는 사태가 돌아가야 할 방식이다"로 움직일 간단한 방법은 없음을 인정해야 할 것이다.

참조

—1.15 자연법

—2.9 자연주의

참고문헌

M. C. Doeser and J. N. Kraay, eds., *Facts and Values: Philosophical Reflections from Western and Non-Western Perspectives* (Dordrecht: Martinus

Nijhoff, 1986)

Richard B. Brandt, *Facts, Values, and Morality* (Cambridge: Cambridge Unviersity Press, 1996)

Hilary Putnam, *The Collapse of the Fact/Value Dichotomy and Other Essays* (Cambridge, MA: Harvard University Press, 2002)

3.10 중용 The Golden Mean

「스타워즈」의 두 3부작들은 (혹은 여러분이 정 원한다면, 6부작은) 옳음과 그름, 선과 악의 고전적인 이원론적 견해를 묘사한다. 비록 (도교의 "도"를 명백히 수긍하면서) "힘"은 선하고 어두운 "측면들"을 가진 하나의 것이지만, 도덕은 본질적으로 둘 중 어느 한쪽으로 묘사된다.

비록 현실의 삶에선 도덕은 흑과 백뿐만 아니라 회색 그늘에 관련되어 있다고 지적하는 것이 일반적이지만, 이원론적 모델은 여전히 윤리에 대한 기본 사고방식으로 남아 있다. 어떤 사람들은 이런 도덕적 이원론을 우주는 두 대립하는 신들, 즉 순전히 선한 하나의 신과 순전히 악한 다른 신이 서로 다투는 장소라고 믿었던 고대 종파의 이름을 따서 마니교라고 부른다. 피타고라스학파 같은 다른 철학적 조직들도 이원론적 견해를 제시했다. 이후의 비판가들, 예컨대 여성주의 철학과 해체에 가담한 사람들은 이원론적 모델을 타파하려 했다. 어쨌든 그것들 사이의 경계선이 날카롭든 희미하든, 그리고 그것을 타파하는 것이 더 좋든 나쁘든, 전형적인 이원론적 모델은 이원적인 도덕적 대안들을 정반대로 대립하는 것으로 나타낸다.

악덕	**덕**
탐욕	관대
자부심	겸손
비겁함	용기

그러나 아리스토텔레스는 매우 다른 방식으로 옳음과 그름을 개념화했다. 그는 덕들이 한편으론 결핍과 다른 한편으론 과도의 적절한 균형으로 간주되어야 한다고 생각했다. 그러므로 여러분은 두 개의 항들(덕과 그것에 대응하는 악덕)이 아니라 세 개의 항들(덕과 그것의 결핍인 악덕과 그것의 과도인 악덕)에 대해 생각할 필요가 있다.

악덕	**덕**	**악덕**
탐욕	관대	낭비
굴종	겸손	자부심
비겁함	용기	무모함

어떤 경우에는 그 용어가 어느 것이 악덕이고 어느 것이 덕인지를 분명하게 하지 않는다. 예컨대 겸손은 그것이 과도하다면 악덕일 수 있으며, 유사하게 자부심도 균형이 잡히면 덕이다. 다른 경우에는 낱말 자체가 그 자질이 높이 평가될 것인지 웃음거리가 될 것인지를 우리에게 말해준다: 용기는 언제나 좋은 것이고 비겁함은 언제나 나쁜 것이다.

도식의 이점

이것은 덕과 악덕을 도식화하는 대단히 유력한 방법이다. 설령 세 개의 항들 각각에 맞는 낱말이 존재하지 않더라도, 실로 어떤 덕이든 악덕이든 이렇게 이해될 수 있다. 친절을 예로 들어보자. 이것은 당신이 너무 적게 가질 수는 있어도 너무 많이 가질 수는 없는 것이라고 생각할지 모른다. 그러나 선심 쓰는 체하거나 능력을 빼앗거나 질식하게 만드는 유형의 과도한 친절이 있다. 당신은 또한 심술궂음은 당신이 너무 적게 가질 수 있는 것이 아니라고 생각할지 모른다. 그러나 만약 중용이 온순함이라면 지나치게 온순한 것이 가능할 수 있음을 알 수 있다. 왜냐하면 때때로 당신은 굳고 단호해야 하기 때문이다.

이런 사고방식은 선과 악을 대립하는 힘들로 보는 전통적 사고방식으로부터 우리를 다소 벗어나게 한다. 선함은 본질적으로 균형 혹은 조화의 발견에 관한 것이므로, 그것을 "악"으로 불리는 것과 대립되는 것으로 보는 것은 별로 이해가 되지 않는다. 니체의 관점에서 그것은 선과 악의 도덕이 아니라 좋음과 나쁨의 도덕을 제안하며, 여기서 나쁘다는 것은 마니교적 투쟁에서 편을 바꾸는 것이 아니라 최선의 방향에서 벗어난다는 뜻이다.

또한 그 모델은 어쨌든 최근의 도덕적 담론의 가장자리로 물러난 고대 윤리학의 한 중심 개념을 — 한계(*peras*)를 — 가리킨다. 오늘날 한계 개념은 사람들에게 (매우 소비적이고 경쟁적인 사회의 사람들에게는 특히) 나쁜 것이라는, 방해받거나 좌절당하거나 감금당하거나 말림당하는 것과 동의어라는 인상을 줄 수 있다. 그러나 많은 고대 그리스인과 로마인에게는 한계는 존재와 선함에 모두 본질적이다. 한계를 상실하는 것은 정의(定義), 즉 사물을 그것이 있는 바대로 정의하고 그것을 그것이 아닌 것으로부터 구별하는 경계선을 상실하는 것이다. 부제한적임, 무한정임, 억제할 수 없음, 극단적임, 격렬함 등의 개념, 즉 “모든 걸 다 가짐”의 개념은 많은 고대인에게 혼란한 것, 무절제한 것, 과도한 것, 인간 탁월성의 왜곡과 타락, 그리고 사악한 것이라는 인상을 주었을 것이다.

실천적으로 말해서, 중용의 관점에서 사고하는 것의 한 가지 유용성은 표면적으로 옳다고 보이는 방향으로 너무 멀리 나가려는 것에 제동을 걸어준다는 것이다. 예컨대 자율성은 의료윤리에서 매우 중요한 것으로 간주된다. 그러나 만약 우리가 자율성(자치)은 좋은 것이고 타율성(다른 사람에 의한 통치)은 그것에 대응하는 악덕이라고 생각한다면, 자율성이 더 많을 수록 더 좋다고 생각하기 쉽다. 그러나 예컨대 어떤 사람이 좋은 판단을 내릴 전문지식이 없는 일에 대해 의사결정을 내려야 할 경우에는 어떤 의미에서 그 사람은 지나치게 많은 자율성을 가진 것일 수 있다. 때로는 다른 사람의 지도를 받는 것이 현명하다. 어쨌든 아리스토텔레스의 중용 학설은 우리가 좋은 것을 지나치게 많이 가질 수 있음을 우리에게 상기시킨다.

참조

—1.6 성품

—1.11 조화

—2.16 덕윤리

—3.3 나쁨/악

—4.13 반성적 평형

참고문헌

Aristotle, *Nicomachean Ethics*, edited by Sarah Broadie (Oxford: Oxford University Press, 2002), Book II, Chapters 6~7

*J. O. Urmson, *Aristotle's Ethics* (Oxford: Blackwell, 1988)

*Sarah Broadie, *Ethics with Aristotle* (Oxford: Oxford University Press, 1991)

3.11 명예/수치 Honor/Shame

코폴라(Francis Ford Coppola) 감독의 영화 「대부」(The Godfather)의 첫 대사에서 보나세라는 마피아 보스 돈 꼴리오네에게 이렇게 말한다: "나는 내 딸을 미국식으로 키웠어요. 나는 그 아이에게 자유를 주었죠. 하지만 나는 그 아이에게 절대 가족의 이름을 더럽히지 말라고 가르쳤어요." 즉각 영화의 주제가 드러난다. 마피아 윤리의 중심 개념은 정의나 행복이나 공정성이나 이성이 아니라 명예이다.

사회이론가들은 명예와 수치에 기초를 둔 사회를, 죄의식에 기초를 둔 사회로부터 구별해왔다. 이것에는 윤리적 의미, 부분적으로 왜 아라비아어에는 "타협"에 해당하는 낱말이 없는가를 설명하는 의미가 있다.

명예를 가진다는 것은 공적인 인정에 의존한다는 의미에서, 명예는 공적인 것이다. 공적으로 인정받고 승인되지 않는 한, 우리는 명예를 가질 수 없다. 명예는 또한 사회적 지위와 계급과 특권에 대한 권리를 주장한다는 의미에서도 공적이다. 명예는 다른 사람들에게 존중과 신뢰를 요구한다. 아래 계급의 사람들에게 명예는 경의와 복종을 요구한다. 「대부」 전체에 걸쳐 우리는 자기 형이 "공공연히 자주 얻어맞고 다닌다"는 마이클의 분개에서 이것을 몇 번이고 보게 된다.

많은 사회에서 명예는 물려줄 수 있는 것이다. 우리는 그것을 가지고 태어날 수 있다. 또한 획득할 수도 있는 것이다. 명예를 획득할 수 있는 방법은 다양하지만, 변함없이 명예는 모종의 공적인 행동을 통해 획득된다. 명예를 부여하는 행동은 용기, 관용, 관대, 자비 등과 같은 덕을 보여준다. 명예는 힘과 기술이 드러나는 경쟁에서 좋은 결과를 통해 획득될 수 있다. 명예는 작위를 받거나 메달 혹은 상을 받는 것 같은 공적이고 권위 있는 의식을 통해서도 부여될 수 있다. 경례하기, 절하기, 무릎 굽혀 인사하기, 경칭 사용하기 등이 명예의 유지에 수반된다.

명예는 전통적으로 남자다움, 상무(尙武)의 덕, 전투 등과 연관되어 왔지만, 꼭 그럴 필요는 없다. 엄청난 희생, 동정, 외교의 행동도 명예를 보장한다. 여자들의 명예는 전형적으로 가부장제를 통해 그들의 성적인 행동, 특히 그들을 획득할 자격이나 권한이 없는 사람의 성적인 유혹을 거부하거나 견뎌내는 능력과 연관되어왔다. 그러므로 보나세라의 딸이 성교를 거부했을 때, "그녀는 자신의 명예를 지켰다." 명예는 개인적일 수도 있고 집단적일 수도 있다. 그래서 우리는 가족의 명예 혹은 국가의 명예에 대해 말할 수 있다.

명예는 획득할 수 있을 뿐만 아니라 상실할 수도 있다. 상실은 불명예스럽다고 여기는 행동을 통해서뿐만 아니라 공적으로 무례나 모욕이나 도전이라고 인식된 (혹은 그렇게 인정될 수 있는) 행동을 통해서 일어난다. 명예를 잃었을 때 사람은 수치를 당한다. 수치를 피하거나 없애려면, 보상이나 회복을 위한 적극적인 공적 행동이 필요하다. (일부 철학자들은 물론 수치라는 개념을 다른 식으로 사용했다. 예컨대 칸트는 자율적으로 행동하지 못하고 대신에 욕망이나 외적 압력에 굴복하는 수치에 대해 적는다.)

명예와 수치를 죄의식과 자부심으로부터 구별하는 것은 그것들이 공적이고 수행적(遂行的)이라는 특징이다. 사람은 은밀히 죄의식을 느낄 순 있지만 은밀한 명예나 (비록 어떤 사람이 스스로에 대해 수치스러울 순 있지만) 은밀한 수치를 느낄 순 없다. 거꾸로 명예와 수치를 받은 사람들로선 그것들에 상응하는 어떤 주관적 상태들을 가질 — 어쩌면 그런 상태들이 있음을 인정하더라도 — 필요는 없다. 물론 명예와 수치의 윤리가 죄의식을 배제할 필요는 없다. 실제로 우리는 오늘날 그 두 가지가 병존한다고 주장할 수 있다. 수치는 또한 통상 자아에 관계되는 것으로 정의되는 반면 죄의식은 행동에 관계된다.

많은 사람들이 생각하기로는, 명예를 가져오는 행동은 선하거나 유덕하다고 생각되는 행동을 부분적으로 규정한다. 유사하게 불명예와 수치를 가져오는 행동은 나쁘고 사악한 행동들을 규정한다. 명예를 가져오거나 유지하는 행동들 중 일부는 하지 않을 수 없는 행동들이다. 그런 만큼 명예와 불명예 개념은 의무들을 확립한다. 예컨대 군복무는 명예를 얻기 위한 선택적 방법이 아니다; 그것은 요구되는 것이다. 혼외정사의 거부는 여자가 더 높은 지위를 얻기 위한 방법이 아니다. 그것은 명예의 필수조건이다.

문제점

명예 개념은 종종 도덕가들을 괴롭힌다. 왜냐하면 역사적으로 그것은 바람직하지 않고 폭력적인 수많은 행동들에 관련되어왔기 때문이다. 일반적으로 한 개인이나 집단에게 수치와 불명예를 가져온 사람들에게는 폭력적 앙갚음만이 명예를 회복할 수 있다. 그래서 모욕에 대응하여 — 특히 일반적인 남자다움의 관점에서 — 결투나 다른 폭력적 앙갚음이 요구된다.

간통을 범한 것에 대해 — 설령 본의 아니게 그랬더라도 — 여자들은 폭력적으로 (예컨대 그들의 얼굴에 산을 뿌림으로써) 벌을 받는다. 때때로 가족에게 불명예를 가져온 여자들은 수치를 표현하고 가족의 명예를 회복하려는 의도에서 나온 "명예살인"(honor killing)이라는 관례로 죽임을 당한다.

"혈통과 명예"라는 개념으로 (예컨대 1935년의 "독일인의 혈통과 명예의 보호하기 위한 뉘른베르크 법"으로) 자신들을 조직했던 나치들은 부분적으로 독일이 베르사유조약으로 겪었던 불명예와 굴욕에 대해 유럽의 다른 지역에 폭력적 보복을 폭발시킨 것으로 이해될 수 있다.

와이엇-브라운(Bertram Wyatt-Brown)에 따르면, 명예 개념은 북부 노예폐지론자들에게 당한 수치와 불명예를 구실삼아 남부 연방이 폭력적 계승을 꾀하는 데 일조했다(『옛 남부의 명예와 폭력』, 1986). 어떤 사람들은 아랍 국가들이 이스라엘에게 표출하는 긴장감은 팔레스타인 점령, 그곳 인구 대부분의 퇴거, 이스라엘군의 승리를 통해 그들이 경험했던 불명예로 설명한다.

우리는 명예로운 사람들을 인정하는 것은 동시에 수치스럽거나 불명예스럽다고 규정되는 계층을 확립할 것을 필요로 하는가 하고 궁금해할 수 있다. 남부 신사와 연방 신사 계층의 확립은 "검둥이"와 "노예"의 창출을, 또한 반대로 "검둥이"와 "노예"의 창출은 남부 신사와 연방 신사 계층의 확립을 필요로 했을까? 독일인의 명예 회복은 유대인에 대한 비방을 필요로 했을까? 만약 "매춘부"가 존재하지 않는다면 "처녀"가 존재할 수 있을까?

명예에 관한 논쟁의 해결

만약 우리가 명예와 수치라는 개념들을 거부하지 않으면서 그것들에 관한 문제에 수반되는 논쟁을 해결하고자 한다면, 우리는 우선 명예가 요구하는 행동의 종류와 의무의 종류를 이해해야 한다. 한 사람이 다른 한 당사자에게 수치를 안기려 하지 않는 한, 양 당사자가 체면을 지킬 수만 있다면 충돌의 해결은 가능할 것이다. 이것은 쉽지 않다.

만약 우리가 당사자들을 움직이는 명예와 수치의 주장들에 의혹을 던짐으로써 논쟁을 해결하고자 한다면, 우리는 그 주장들의 설득력을 — 예컨대 한 여자가 강간을 당했다고 해서 그녀 가족의 이름을 더럽히진 않는다고 논함으로써 — 무너뜨리거나 뒤엎거나 제거할 방법을 찾아야 할 것이다. 이것 역시 쉽지 않다. 그러나 그것이 이 개념들 속에 스며들듯이 엮여 있는 폭력과 억압으로부터 벗어나는 유일한 길일 수도 있다.

참조

—3.13 상해

—3.23 공적/사적

—4.15 성과 성별

참고문헌

Bertram Wyatt-Brown, *Southern Honor: Ethics and Behavior in the Old South* (Oxford: Oxford University Press, 1982)

Bernard Williams, *Shame and Necessity* (Berkeley: University of California Press, 1993)

June Price Tangney and Ronda L. Dearing, *Shame and Guilt* (New York: The Guilford Press, 2002)

3.12 개인적/집단적 Individual/Collective

미국 동전들에는 "여럿으로 이루어진 하나"(*e pluribus unum*)라는 표어가 새겨져 있다. 이 문구는 기존 정치적 독립체들(영국의 13개 북미 식민지들)의 집단으로부터 하나의 국가(미국)가 형성된 방식을 가리킨다. 이것은 미국의 형성방식에 대한 정확한 기술일 순 있지만, 그것이 사회에 전체적으로 통용되는가?

로크와 같은 고전적 자유주의 이론가들뿐만 아니라 롤즈처럼 그들과 밀접한 보다 현대의 이론가들은 개인주의라고 하는 것에 따라 사회를 상상한다. 이 견해에 따르면, 사회는 개인들의 연합으로부터 나온다; 그리고 사회는 그런 개별적 부분들의 결합일 뿐이다. 전체는 그 부분들에 지나지 않는다.

찰스 테일러(Charles Taylor: 1931~)의 사고처럼, 공동체주의적 사고는 이런 견해에 다소 근본적인 방식으로 도전한다. 공동체주의자들에게는 사회가 개인들에 앞선다. 즉 개인들이 먼저 존재하여 사회를 산출하는 것이 아니다. 대신 개인들은 오직 사회적 배경으로부터 나타난다. 우리 각각은 가족이나 어떤 다른 종류의 돌봐주는 집단에서 태어난다. 그리고 각각은 사회적 방식으로, 예컨대 일정한 사회적 역할을 담당하거나 사회적 논란에서 일정한 입장을 취한다거나 음악·문학·상업·철학 같은 특정한 사회제도에 종사함으로써, 한 개인이 된다.

공동체주의자들에게 도덕판단은 추상적인 방식이나 보편적인 방식으로, 혹은 근본적으로 특수한 방식으로 이해될 수 없다. 오히려 도덕판단은 그것이 구체적으로 놓여 있는 전통과 관습과 공동체의 관점에서 이해되어야 한다.

일부 사람들은 어떤 면에서 훨씬 더 강한 입장, 전체론(holism)과 연계된 입장을 취한다. 집단주의자들이나 전체론자들에게는 전체는 부분보다 더 거대하여 때로는 부분보다 더 중요하다. 그래서 『사회계약론』(1762)에서 루소는 사회로 조직화될 때 개인의 의지들은 형이상학적으로 다르고 더 거대한 무언가를 — 일반의지(general will)를 — 낳으며, 국민의 의지를 표현하는 것은 개인들의 의지의 집합이 아니라 일반의지라고 논했다. 유사하게 마르크스는 사회 계급은 개인들의 합성이나 네트워크 이상의 것이며, 그것을 움직이는 힘은 개인적 동기와 이해관심과 욕망보다 더 중요하다고 논했다.

공공선

윤리적 관점에서 볼 때, 집단주의적·전체론적 이론은 우리로 하여금 개인의 선과 권리와 덕만이 아니라 공공선과 집단의 권리와 시민적 덕도 고려할 것을 요구한다는 점이 중요하다. 개인의 권리는 사회적·시민적 책임에 의해 보완되어야 한다. 진정으로 유덕해지기 위해 우리는 그저 개인적 선에만 이바지할 수 없다; 우리는 정치적·사회적 선과 탁월성을 돌보는 활동과 제도에 참여해야 한다. 윤리적 반성은 개인의 권리뿐만 아니라 전체 집단의 선도 고려해야 한다. 윤리적으로 건전한 삶은 개인의 이익과 복리라는 관점에서는 제대로 이해되지 않는다. 한 사람이 놓여 있는 공동체의 복리나 선도 고려되어야 하며 우위를 차지해야 할 것이다.

개인주의 이론이 시민적 덕과 사회적 선에 대해 아무 말도 하지 않는 것은 아니나, 보다 전체론적인 성향을 가진 비판가들은 흔히 시민적 덕과 사회적 선에 대한 개인주의 이론의 주장이 충분하지 않다고 주장했다. 에치오니(Amitai Etzioni)는 이 논점에 관해 매우 큰 영향력을 미쳤다.

사회의 선에 이바지함은 아마 틀림없이 기본적 의료와 교육과 깨끗한 환경을 모든 사람에게 제공함을 뜻할 것이다. 그러나 실제로 이것을 달성하는 것은 개인의 권리와 선의 제한이나 침해를 요구하는 것처럼 보인다. 예컨대 국민의료보장을 제공하는 것은 개인에게 재산의 일정 부분을 국가에 양도할 것을 요구할 수 있다. 이것은 또한 보다 적은 치료 선택권을 가지거나, 혹은 배급이나 공평한 분배의 절차들이 절망적으로 지연되는 상황에 직면해야 함을 의미할 수 있다. 여기서 개인에게 자기가 원하는 대로 자기 재산을 처분할 자격을 주는 재산권은 사회적 선의 요구와 충돌한다.

또한 출입국관리는 자신이 원하는 곳에서 여행하고 일하고 거주할 개인의 권리가 이민에 반대하여 스스로를 보존하려는 문화와 국가의 권리라고 이해될 수 있는 것과 충돌하는 사례를 보여준다. 프랑스는 프랑스 문화를 보존하기 위해 이민자를 제한할 권리가 있는가? 이스라엘이 이민정책과 재산양도에서 유대인에게 특권을 주는 것이 정당화되는가?

"공공선" 및 "집단" 개념들에 관한 주된 문제점은 그 개념들이 그것들을 구성하는 개인들의 관점에서 보다 근본적으로 이해되지 않는다면 추상적 개념들로만 보일 수 있다는 점이다. 예컨대 만약 공공선에 이바지한다는 것이 궁극적으로 우리가 사회의 넓은 영역을 가로질러 개인들의 이해관심에 이바지한다는 것을 의미하지 않는다면, 우리는 어떻게 "공공선"에 이바지한다는 생각을 이해할 수 있겠는가? 한 국가 안에 있는 개인들은 번영하지 않는 반면 국가는 번영할 수 있다는 말은 단순히 모순이 아닐까? 게다가 개인보다 집단에게 특권을 부여하는 것은 개인 권리의 폐지와 심지어 대량학살을 정당화했던 길고 무서운 역사를 가지고 있다. 개인을 집단에게 잡아먹히게 하지 않고 집단이 만족할 수 있을까?

참조

—1.19 권리

—1.21 전통과 역사

—5.13 개인의 개별성

참고문헌

Charles Taylor, *Sources of the Self: The Making of Modern Identity* (Cambridge, MA: Harvard University Press, 1989)

Amitai Etzioni, ed., *The Essential Communitarian Reader* (Lanham, MD: Rowman & Littlefield Publishers, 1998)

Michael J. Sandel, *Liberalism and the Limits of Justice*, 2nd edition (Cambridge: Cambridge University Press, 1998)

3.13 상해 Injury

1992년 뉴맥시코 주의 앨버커키에서 70세의 스텔라 라이벡은 패스트푸드점 드라이브스루를 이용하다 뜨거운 커피를 무릎에 쏟았다. 상해가 너무 심해 그녀는 피부이식을 요하는 3도 화상으로 8일 동안 병원 신세를 졌다. 그런 다음 그녀는 맥도날드에 대해 배상청구를 (입은 손해에 대한 법적 배상의 요청을) 하여 보상금으로 20만 달러를 받았다.

라이벡은 분명 상해를 입었고, 법관들은 맥도날드가 그 상해에 대해 법적으로 과실이 있다고 판결했다. 그러나 상해의 도덕성은 어떠한가?

어떤 행동이 도덕적으로 허용할만한지 않은지에 대한 평가는 흔히 그 행동이 어떤 사람에게 상해를 입혔는지 혹은 입힐 것인지에 대한 평가를 수반한다. 표면상으로 "상해" 개념은 꽤 명쾌한 것처럼 보이나, 언제나처럼 철학자들은 이런 환상을 빠르게 흩어버릴 수 있다. 예컨대 아리스토텔레스는, 설령 사망을 하더라도 명성에 손상을 입을 수 있고 이것이 그 명성을 가진 사람에게는 상해인 것처럼, 죽은 사람조차 상해를 입을 수 있다는 반직관적인 주장을 했다. 그러므로 그 개념에는 그것을 음미할 가치가 있게 만드는 많은 철학적 결점들이 있다.

감소와 방해

상해의 가장 평범한 의미는 예전엔 좋았던 것을 감소시키거나 퇴화시킨다는 것이다. 그래서 예전엔 건강했던 어떤 사람의 폐를 찔러 그 기능을 손상시키는 것은 상해이며, 이는 예전엔 정상적 정신건강을 향유했던 사람에게 불안 증세와 우울증과 불면증을 겪게 할 것이다. 이런 형태의 상해는 전에 없었던 정신적 혹은 육체적 고통과 피해를 포함한다.

그러나 기존의 선을 감소시키거나 파괴하는 것만이 상해로 간주되는 것은 아니다. 상해는 잠재적이거나 가능한 미래의 선의 실현을 방해하거나 차단할 수 있다. 그래서 설령 우리가 한 어린이를 고통 없이 갑자기 죽이더라도, 그 살인이 그 어린이가 스스로나 다른 사람을 위해 실현할 수 있었을 (실현했을?) 미래의 선을 차단한다면 그 어린이는 상해를 입은 셈이다.

어린이의 사례는 단순하고 발전되지 않은 가능성을 포함하지만, 나이가 더 많은 사람들도 이런 형태의 상해를 입을 수 있다. 왜냐하면 하이데거가 주장했던 것처럼 인간은 기투(企投; project)를 행하는 존재이기 때문이다. 인간은 단순히 현재의 어떤 행동으로부터 또 다른 행동으로 옮겨가는 것이 아니다. 그들의 활동은 과거의 역사에 기초하여 자기 자신을 미래로 내던진다. 사람들은 그냥 낱말을 읽는 것이 아니다; 그들은 학위를 받고 교수, 성직자, 의사, 사회사업가가 되기 위해 공부한다. 사람들은 그냥 성교를 하는 것이 아니다; 그들은 관계를 맺으며 가족과 혈연관계를 형성한다.

의도

상해의 영향을 평가하면서 흔히 그 상해가 의도적으로 야기된 것인지를 아는 것이 중요하다고 생각된다. 설명 결과가 같더라도 우연히 어떤 사람을 쏜 것과 의도적으로 어떤 사람을 쏜 것은 다른 것일 수 있다. 그러나 의도가 없다는 것은 그것만으로 결과로서 생긴 상해에 대한 충분한 변호는 아니다. 이것은 아마 의도된 행동에 의해 직접적으로 일어난 것이 아니라 부주의에 의해 일어난 상해의 사례에서 가장 분명히 드러날 것이다. 법적으로 사람들은 부주의를 어떤 사람이나 사물의 안전이나 복리를 신중하고 합당한 방식으로 돌보지 못한 것이라고 규정한다. 따라서 다섯 살 된 자녀가 강에 빠져 죽은 부모는 설령 그들이 실제로 아이의 머리를 강물에 밀어 넣은 것은 아니더라도, 아이가 거기서 놀도록 내버려둔 것에 대해선 부주의했다는 판결을 받을 수 있다.

부주의 개념을 얼마만큼 더 밀고나갈 수 있을까? 한 가지 흥미로운 상해 개념은 선을 극대화하는 데 실패했다는 것이다. 어린이에게 가능한 최상의 교육이나 영양이나 의료를 제공하지 못한 것이 그 어린이에게 상해를 입힌 것인가? 부유한 사람이 가난한 사람이나 국가에게 의료와 교육과 안전을 제공하지 않는 것이 그들에 대한 하나의 상해로 간주되어야 하는가? 이 경우들에 통상적 의미의 부주의는 적용되지 않는다고 보이나, 도덕적으로 말해서 왜 그것이 적용되어선 안 되는지를 보여줄 합당한 이유들이 필요하다.

상해와 배상

바빌로니아의 함무라비 법전과 유대교 율법은 "보복의 법"(*lex talionis*)을 — 상대방에게 상해를 입힌 사람에게는 그 앙갚음으로 어떤 식으로든 그에게 상해를 입히는 것이 정의롭다는 생각을 — 표현한다. "그런 자는 애처롭게 여기지 말라. 목숨은 목숨으로, 눈은 눈으로, 이는 이로, 손은 손으로, 발은 발로 갚아라"(「신명기」 19장 21절). 그러나 플라톤의 『변명』(25a~e) 및 다른 저술들에서, 소크라테스는 설령 다른 사람들이 당신에게 해를 끼쳤더라도 다른 사람들에게 해를 끼치는 것은 항상 그르다고 주장한다. 왜냐하면 자기 사회의 다른 구성원들의 삶을 더 나쁘게 만드는 것은 결국 자기 자신의 삶을 더욱 나쁘게 만들 수 있기 때문이다. 게다가 더 많은 생명들을 감소시키는 것은 전혀 사태를 더 좋게 만들지 않는다. 상해를 입힌 사람은 병든 사람이며 치료와 개선이 필요한 사람이지 해악이라고 생각해선 안 된다. 성서 안에서 「마태복음」 5장 38~42절은 「신명기」와 반대되는 명령을 내리는 것처럼 보인다("누가 너의 오른빰을 치거든 왼빰마저 돌려 대라").

다른 철학자들은 예컨대 전쟁, 자기방어, 범죄자 처벌에선 다른 사람에게 상해를 입히는 것이 때로는 허용가능하다고 논한다. 마키아벨리(Niccolo Machiavellie: 1496~1527)는 특유의 명료한 용어로 범죄자에게 상해를 입히는 것을 지지하는 보다 가혹한 논리를 제시한다: "만약 어떤 사람에게 상해를 입혀야 한다면 그의 복수를 두려워할 필요가 없을 정도로 가혹해야 합니다"(『군주론』[*The Prince*], 3장; 1513).

참조

—1.10 번영

—1.17 고통과 쾌락

—3.7 작위/부작위

—3.17 합법적/도덕적

참고문헌

Joel Feinberg, *Harm to Others* (Oxford: Oxford University Press, 1984)

Gerald J. Postema, ed., *Philosophy and the Law of Torts* (Cambridge: Cambridge University Press, 2001)

F. M. Kamm, *Intricate Ethics: Rights, Responsibilities, and Permissible Harm* (Oxford: Oxford University Press, 2006)

3.14 의도/결과 Intentions/Consequences

닉 박사와 렉터 박사는 모두 똑같은 높은 양의 모르핀을 자신의 환자에게 주사했고, 두 환자들은 모두 똑같이 고통스런 질병을 가진 말기 환자들이었다. 두 환자들은 똑같이 죽음에 임박했으며, 모르핀 외에는 그들의 건강에 영향을 미칠만한 다른 어떤 주사도 맞지 않았다. 그들의 무력한 신체에 가해진 높은 투약량의 효과는 같았다 — 그들은 곧 사망했다. 양자의 경우에 의사들은 예상결과가 사망임을 알고 있었다. 그러나 오직 닉 박사만이 그의 환자를 죽였다. 어떻게 이것이 가능한가?

이중효과의 원칙

이것은 우리가 이중효과의 원칙(principle of double effect)을 받아들일 경우에 가능하다. 이 원칙은 오랫동안 가톨릭 신학에서 중요한 원칙이었으며, 그 기원은 보통 아퀴나스의 『신학대전』으로 거슬러 올라간다. 이 원칙의 배후에 있는 단순한 생각은, 행동은 하나 이상의 결과들을 가질 수 있으며 이 모든 결과들이 의도된 것은 아니라는 것이다. 그래서 예컨대 한 의사는 환자의 고통을 덜어줄 의도로 많은 양의 모르핀을 주사할 수 있다. 그러나 만약 이 약으로 자신의 환자를 죽이려고 의도하지 않았다면, 그 약이 환자를 죽이더라도 살인죄를 범한 것은 아니다. 그러나 그녀의 의도가 그 환자를 죽이는 것이었다면, 우리는 (그 죽임을 정당화할 수 있건 없건) 그 의사가 환자를 죽였다고 말할 것이다.

(a) 의도되고 예견된 결과와 (c) 의도되지도 않았고 예견되지도 않은 결과 사이에는 중간 범주가 있다: (b) 의도되진 않았지만 예견된 결과. 예컨대 한 치과의사는 이를 뽑는 것이 자신의 어린 환자에게 어느 정도 고통을, 즉 예견하지만 없앨 순 없고 오직 덜어줄 수만 있는 고통을 일으킬 것임을 예견한다. 그러므로 사람들은 약간의 고통을 일으키는 것에 대해 치과의사를 비난하지 않는다. 왜냐하면 사람들은 이 고통이 치과의사가 의도한 좋은 결과를 — 이의 제거와 더 많은 고통의 완화를 — 위해 지불할 수밖에 없는 대가라고 인정하기 때문이다. 이중효과의 원칙은 설령 우리가 나쁜 결과를 예견할 수 있더라도 그 나쁜 결과가 의도된 좋은 결과를 위한 (a) 불가피하고 (b) 받아들일만한 부수현상이라면, 사람들이 때로는 그 나쁜 결과를 수반하거나 감수하는 것이 허용된다고 주장한다.

이것은 우리가 닉 박사와 렉터 박사 사이의 차이를 알 수 있게 해준다. 닉 박사는 그의 환자를 죽이려고 의도했고 이 목적을 달성하기 위해 모르핀의 높은 투여량을 이용했다. 렉터 박사는 오직 그의 환자의 고통을 덜어주려고 했으며, 이를 위해 잠재적으로 치명적인 양을 주사할 수밖에 없었다. 그러나 환자의 고통을 끝내는 것이 그만큼 중요했으므로, 렉터 박사는 이것이 받아들일만한 대가, 즉 감수할만한 위험이라고 추정했다. 그렇다면 이중효과의 원칙에 따라 오직 닉 박사만이 자신의 환자를 죽인 것에 책임이 있다.

원칙으로부터 실천으로

그 원칙은 사람들이 단서조항들을 무시하기 때문에 때로는 설득력이 없는 것처럼 보인다. 예컨대 그 원칙은 좋은 결과를 의도한 경우에는 나쁜 결과가 예견되는 어떤 일이든 행해도 된다고 말하진 않는다. 추가적으로 다른 조건들이 충족되어야 한다. 이 조건들에는 보통 다음의 것들이 포함된다:

1. 그 좋은 결과를 성취하는 데 더 나은 대안이 없어야 한다. 만약 그 좋은 결과를 가져올 다른 수단들이 있더라도, 그것들은 동일한 해악이나 더 나쁜 해악을 초래할 것임에 틀림없어야 한다.
2. 의도된 좋은 결과가 해악보다 더 커야 한다. 그저 사소한 좋은 결과를 위해 더 큰 해악을 초래하리라고 예견된 일을 행하는 것은 받아들일 수 없다.
3. 그 이익은 그 해악의 결과가 아니라 오직 그 행동 자체의 결과여야 한다. 따라서 그 원칙에 따르면 죽음에 의해 고통을 줄이려는 의도는 받아들일 수 없다. 고통의 감소와 죽음이 모두 모르핀을 준 것의 결과일 경우에만 그 원칙이 적용될 수 있다.

물론 그 원칙을 받아들이는 사람들 사이에서도 정확히 이 조건들이 무엇인가 하는 문제는 많은 논쟁과 의견불일치를 가져온다. 즉각 그 원칙을 거부하는 사람들은 우리는 도덕적 행위자로서 우리의 행동의 모든 결과에 대해 — 적어도 우리가 예견할 수 있는 결과에 대해 — 책임이 있다고 생각하기 때문에 거부하는 것일 수도 있다. 이런 견해에서 보면, 닉 박사와 렉터 박사는 모두 자신들의 행동의 결과가 무엇일지를 알고 있어야 하고, 투약을 계속할지 여부를 결정하기 위해 그들이 계속하는 것이 계속하지 않는 것보다 더 좋은 결과를 가져올지를 계산해야 한다. 중요할 수 있는 유일한 의도는 (의도는 전혀 중요하지 않을 수도 있다) 무엇이든 전체적으로 최선의 결과를 가져올 것을 행하려는 의도이다. 이중효과 원칙을 받아들이는 사람들도 이런 계산을 해야 한다는 것은 인정한다. 유일한 차이는 이중효과의 원칙은 의사들이 실제 그 죽음의 대행자가 아닌 척할 수 있게 해준다는 것이다. 비판가들은 우리가 그냥 우리의 책임에 보다 직접적으로 직면하는 편이 더 낫다고 주장한다.

전쟁도 이중효과의 원칙이 작용하는 사례를 제공한다. 동일한 행동을 수행하는 — 그 와중에 무고한 민간인이 죽게 되는 목표물에 폭탄을 투하하는 — 두 폭격기 조종사들을 생각해보자. 한 조종사는 민간인을 죽이기 위해, 말하자면 그저 그 가학적 쾌락을 즐기기 위해 목표물에 폭탄을 투하한다. 다른 조종사는 정의로운 전쟁에서 결정적이고 비례적인 군사적 우세를 점하려는 목적으로 목표물에 폭탄을 투하한다. 두 행동들 사이에는 중대한 도덕적 차이가 있는 것처럼 보인다. 그리고 실제로 사람들은 흔히 바로 이런 이유로 히로시마와 나가사키에 원자폭탄을 투하한 조종사들의 무죄를 증명한다. 그러나 무고한 사람들이 받은 고통의 크기 때문에 (그것이 성취된 좋은 결과보다 더 중요한가?), 그리고 동일한 군사적·정치적 목적을 성취할 수 있는 대안적 수단의 가능성 때문에 (제한적 함락이나 침공이 더 효과적이었을까?) 그 쟁점은 여전히 논란의 여지가 남아 있다.

참조

—3.5 원인/이유

—3.7 작위/부작위

—3.19 수단/목적

참고문헌

Thomas Aquinas, *Summa Theologica* [1266~75], edited by the Fathers of the English Dominican Province (Westminster, MD: Christian Classics, 1981), II~II, Question 64, Article 7

Jonathan Glover, *Causing Death and Saving Lives* (Harmondsworth: Penguin, 1977)

*P. A. Woodward, *The Doctrine of Double Effect: Philosophers Debate a Controversial Moral Principle* (South Bend, IN: University of Notre Dame Press, 2001)

3.15 내재주의/외재주의 Internalism/Externalism

"나는 음식물 쓰레기를 썩혀 퇴비로 만들어야 한다는 것을 알고 있지만, 그냥 그렇게 하고 싶지 않을 뿐이다." 이는 친숙하고 충분히 납득할 수 있는 견해처럼 들린다. 누구에게나 해야 한다고 생각하면서도 실제론 하고 싶지 않은 일들이 있지 않은가? 일부 윤리이론가들에 따르면, 이것은 전혀 가능하지 않다.

내재주의자들은 여러 부류일 수 있다. 일반적으로 말해서, 그들은 "나는 X를 해야 한다"는 도덕적 사실, 혹은 "나는 X를 해야 한다"는 인식이나 믿음이나 판단은 "나는 어떻게든 X를 하려는 동기가 있다"는 것을 함축한다고 주장한다. 이것은 내가 항상 그 동기에 따라 행동할 것이라는 뜻은 아니다. 예컨대 나는 내가 옳은 일을 못하게 하는 어떤 다른 일을 하려는 더 강한 동기를 가질 수 있다. 그럼에도 내재주의자들에게는 누구도 어떻게든 X를 하려는 동기 없이 자신이 X를 해야 한다고 진심으로 믿을 순 없다. 이렇게 내재주의자들은 관념이나 이유와 동기 사이의 틈새를 메우려고 시도한다.

대조적으로 외재주의자들은 도덕은 동기와 관련하여 중립적이라고 생각한다. "나는 X를 해야 한다"는 도덕적 사실 혹은 "나는 X를 해야 한다"는 인식이나 믿음이나 판단은 내가 실제로 X를 하고 싶은지에 대해선 아무것도 말해주지 않는다. 도덕적으로 옳은 일이나 본인이 도덕적으로 옳다고 생각하는 일이라도 그것을 하고 싶어 하지 않는 것은 완벽히 가능하다.

왜 내재주의인가?

언뜻 보기에 보통 외재주의가 직관적으로 더 설득력 있는 입장처럼 보인다. 결국 사람들은 "해야 하는 것은 알지만 하고 싶진 않다"라는 말을 한다. 그러나 내재주의자들은 그런 경우에 사람들은 자신이 말한 바를 말 그대로 행할 작정은 아니라고 주장한다. 예컨대 음식물 쓰레기를 퇴비로 만들지 않는 사람을 생각해보자. 그녀가 "나는 음식물 쓰레기를 썩혀 퇴비로 만들어야 한다는 것을 알고 있다"고 말할 때, 그녀가 정말로 의미하는 것은 이런 것이다: "나는 모든 사람이 내가 음식물 쓰레기를 썩혀 퇴비로 만들어야 한다고 말하는 것을 알고 있지만, 나는 그것에 동의하지 않는다." 혹은 "나는 퇴비 만들기에 관한 주장들을 이해할 수 있지만, 그것들이 논리적으로 옳다고 판단하지 않는다." 그리고 이것은 실제로 그런 상황에서 대부분의 사람들이 자신의 진의(眞意)를 설명하기 위해 할 말과 잘 들어맞는 것처럼 보인다.

예컨대 어떤 사람은 이렇게 주장할 수 있다: "나는 퇴비 만들기가 환경적 관점에서 좋은 일이라는 것은 인정하나, 큰 그림에서 볼 때 나 한 사람이 퇴비를 만드는가 안 만드는가가 그렇게 큰 차이를 낳으리라고 생각하지 않는다. 그것은 나를 화나게 할 것이며, 나와 내 가족의 생활을 더 힘들게 만들 것이며, 보다 효과적인 다른 환경친화적 행동에 대해 흥미를 잃게 만들 것이다. 요컨대 퇴비 만들기는 좋은 일이지만 온갖 불이익을 감수하면서 내가 그것을 반드시 해야 할 만큼 좋은 일은 아니다." 그러나 이 말은 그저 자신이 퇴비 만들기를 했다면 좋았을 것이라고 생각한다는 말일 뿐, 사실 그녀는 결국 자신이 퇴비 만들기를 해야 한다고 생각하진 않음을 뜻한다.

이제 어떤 사람이 정말 자신이 퇴비를 만들어야 한다고 생각한다는 것이 어떤 뜻일지를 숙고해보자. 그 생각을 진실하게 주장하려면, "나는 음식물 쓰레기를 썩혀 퇴비로 만들어야 한다는 것은 알고 있지만 다만 그렇게 하고 싶지 않을 뿐이다"와 같은 진술을 문자 그대로 해석하는 것은 또 다시 거부해야 한다. 보다 분명히 말해서, 그런 사람은 이렇게 말할 가능성이 더 높다: "나는 음식물 쓰레기를 썩혀 퇴비로 만들어야 한다고 생각하며, 내가 그렇게 하지 않을 때마다 나는 그것을 그냥 던져버리는 것에 저항하려는 약간의 충동을 느낀다. 그러나 부엌에 냄새나는 버킷을 두었다가 정원 밑바닥까지 끌고 갈 것을 생각할 때마다, 나는 도저히 그것을 감당하기 어렵다고 느낀다. 나도 퇴비를 만들곤 싶지만, 보다 편안한 생활을 훨씬 더 원한다." 이 경우에 그 사람은 결국 퇴비 만들기를 원한다. 다만 그녀는 그녀의 다른 욕망을 압도할 만큼 그것을 원하는 것이 아닐 뿐이다.

강한 내재주의

일부 내재주의자들은 더 멀리 나아간다. 플라톤의 『변명』에서 소크라테스는 어떤 사람이 그릇된 일임을 진심으로 알고 있는 일을 실제로 행하는 것을 불가능하다고 주장했다. 왜냐하면 그릇된 일을 행하는 것은 궁극적으로 자기 자신에게 해를 입히는 것이며 누구도 알면서 그렇게 하진 않을 것이기 때문이다. 따라서 모든 악행은 실제론 무지의 소산임에 틀림없다. 이렇게 강한 내재주의는 변호하기 더 어려우며 부도덕한 행동은 자신의 이익에 반한다는 전제, 그 자체로 매우 의문스러운 전제를 받아들일 경우에만 이해될 수 있다.

그러나 소크라테스의 예는 내재주의와 외재주의 중 어느 쪽이 더 그럴듯하다고 보이는가는 보다 광범위한 우리의 도덕적 책임들에 달려 있음을 보여준다. 예컨대 도덕은 그저 신의 명령이거나 사회적 관례의 문제라고 생각한다면, 신이나 사회가 어떤 일을 요구할지 모르나 (그래서 당신은 그것을 해야 하지만) 당신은 다른 것을 원한다고 믿는 것이 정직한 것이다. 그러나 이것조차도 내재주의자들에게는 만족스럽지 못한 것처럼 보일 수 있다. 왜냐하면 당신이 그런 견해를 갖고 있다면, 당신은 실제로 신이나 사회의 바람은 당신에게 아무런 도덕적 요구도 하지 않는다고 말하지 않을까? 당신은 자신이 X를 해야 함을 알고 있다고 말하지만 실제론 그런 것을 믿지 않는 사람의 입장으로 돌아가지 않을까?

참조

—1.7 양심

—3.5 원인/이유

—5.3 잘못된 신념과 자기기만

참고문헌

*Bernard Williams, "Internal and External Reasons" [1980], in his *Moral Luck: Philosophical Papers 1973~1980* (Cambridge: Cambridge University Press, 1981) 101~13

Derek Parfit, "Reasons and Motivation," *Aristotelian Society Supplementary Volume 71* (1997): 99~130

Elijah Millgram, ed., *Varieties of Practical Reasoning* (Cambridge, MA: MIT Press, 2001)

3.16 본질적/도구적 가치 Intrinsic/Instrumental Value

그린턴의 변두리에는 많은 희귀 야생동물에게 서식지를 제공하는 작은 숲이 있다. 그런데 바로 여기가 왈코가 새로운 슈퍼마켓을 세우고 싶은 곳이다. 그린턴의 주민 대다수는 개발이 추진되기를 원한다. 그들은 대부분 사람들이 그 숲에 자주 가지 않으며 그 숲에서 즐거움을 얻긴 하지만 슈퍼마켓이 더 쓸모 있을 거라고 주장한다. 우리 숲 살리기 운동(SOFA)은 이를 문제 삼지 않지만, 만약 그 숲이 파괴된다면 대체할 수 없는 가치를 가진 무언가를 잃게 될 것이라고 강조한다. 지방의회의 기획부는 어떻게 결정해야 할까?

이를 해결하기 어려운 문제로 만드는 것은 양측이 그 숲의 가치를 매우 다른 관점에서 본다는 것이다. 왈코를 지지하는 주민들은 숲의 도구적 가치를 보고 있다 — 그들은 숲의 가치를 그것이 어떻게 이용될 수 있는가, 그리고 그것이 그들뿐만 아니라 희망컨대 더 광범위한 공동체를 위하여 무엇을 해줄 수 있는가라는 관점에서 평가한다는 뜻이다. 숲은 오직 사람들이 그곳에 가는 것을 즐기기 때문에 좋은 것이다. 그러나 사람들은 슈퍼마켓에 가는 것을 더 즐기거나 적어도 더 많은 전체적 쾌락을 얻는다. 왜냐하면 그곳을 오가는 것이 숲을 찾는 것보다 다소 덜 즐겁긴 하겠지만 수없이 그곳을 오갈 것이고 숲에는 오직 가끔씩만 찾아갈 것이기 때문이다. 그러므로 사람들이 숲과 슈퍼마켓으로부터 얻는 이익을 고찰했을 때, 슈퍼마켓이 으뜸이 된다.

흥미롭게도 SOFA는 여전히 개발에 반대하면서도 이를 문제 삼진 않는다. 이는 SOFA가 두 번째 종류의 가치도 보기 때문이다: 본질적 가치. 말하자면 그들은 숲이 주민이나 다른 어떤 사람에게 무언가를 해줄 수 있기 때문에 가치가 있다고 믿지 않는다. 또한 그들은 그 숲이 인간에게 도움을 주든 영향을 주든 상관없이 그 자체로 가치를 가진다고 믿는다. 그들은 여러 영역들 중 한 곳에서 이런 가치를 찾을 수 있다. 예컨대 그 숲의 자연적 아름다움이나 단순히 희귀 야생동물의 존재가 그 자체로 가치 있다고 보일 수 있다.

본질적 가치와 도구적 가치의 구분은 도덕적 우선순위의 결정에서 중요하다. 사람들은 도구적 가치를 가진 온갖 종류의 것들을 얻으려고 애쓴다. 가장 명확한 예는 돈이며, 그것은 오직 우리가 그것을 가지고 무언가를 할 수 있기 때문에 가치가 있는 것이다; 그 자체로는 그것은 아무 가치가 없다. 사람들이 도구적 가치를 가진 다른 것뿐만 아니라 돈을 간절히 원하는 이유는 아마 돈이 그들로 하여금 본질적 가치를 가진 것을 얻을 수 있게 해주기 때문일 것이다. 행복이 그런 것들 중 하나일 것이다. 사람들은 행복이 어떤 다른 것을 얻기 위한 수단이기 때문에 갈망하는 것이 아니다. 사람들은 행복이 그 자체로 좋은 것이기 때문에 원하는 것이다.

칸트는 사람이 그 자체로 목적이라고 주장한 것으로 잘 알려져 있다. 칸트에 따르면, 이 주장의 한 의미는 사람을 단순히 수단으로 이용하는 것은 절대적으로 그르다는 것이다. 사람들을 노예로 삼거나 착취하거나 다른 목적을 성취하기 위한 수단으로 취급해선 — 설령 그 목적의 성취가 다른 사람들을 즐겁게 하더라도 — 안 된다. 예컨대 우리가 몇몇 불운한 사람들을 (그들의 의지에 반해) 의학실험에 인간 기니피그로 이용한다면 결국 많은 사람들이 보다 행복하고 좀 더 즐거운 삶을 영위하게 될지 모른다. 그러나 설령 그렇게 하는 것이 많은 무서운 질병을 치료하더라도, 칸트에 따르면 그것은 그릇된 일이다.

무엇이 본질적 가치를 가지는가?

그러나 행복은 분명 본질적 선이고 돈은 도구적 선이라 가정하더라도, 훨씬 더 구별하기 어려운 여러 가지 선들이 그대로 남는다. 이것은 아마 자연 세계와 환경을 생각할 때 가장 분명하게 드러날 것이다. 오늘날 대부분 사람들은 "환경을 보호할" 필요가 있다고 믿는다. 이에 대해 그들이 제시하는 이유는 그것의 도구적 가치와 연관된다. 만약 생물의 다양성이 줄어들거나 지구가 더워지거나 하천이 오염되면 사람들은 고통을 겪을 것이라고 주장된다. 자연 속에 보호할 필요가 있는 어떤 본질적 가치가 있는 것은 아니다; 우리는 그저 인간의 자기이익만 고려하면 된다.

그러나 네스(Arne Naess: 1912~)가 "심층생태학"이라고 부른 것을 지지하는 사람들은 이런 논의가 충분히 전개되지 못했다고 주장한다. 어떤 종(種)이 인간의 부당한 행위로 인해 멸종한다면 (예컨대 대기오염으로 전멸한 어떤 특정한 종의 꽃) — 그 종의 존재가 인간의 이익에 도움이 되든 안 되든 — 그것은 나쁜 일이라고 그들은 말한다. 자연은 그 자체로 가치를 가지며, 사람들은 자기이익이 아닌 이유로 — 즉, 자연 자체를 위해 — 자연을 보호해야 한다.

이런 입장이 가진 어려운 문제는 무언가가 본질적으로 가치가 있다는 주장의 난점들을 드러낸다. 행복이 본질적으로 가치가 있다는 생각은 이해가 된다. 왜냐하면 행복할 수 있는 존재들은 (예컨대 인간은) 그들 자신의 관점에서 그들의 삶이 더 좋아지거나 더 나빠질 수 있는 존재들이기 때문이다.

그러나 우리가 관점을 가지지 않는 대상들에 대해 이야기하기 시작하면, 그런 대상의 행복에 관해서는 사정이 약간 다르다고 보인다. 그런 대상들에게는 — 설령 우리가 이 맥락에서 "더 좋은"과 "더 나쁜"

같은 관념들을 이해할 수 있더라도 — 그것들의 삶이 더 좋아지는지 더 나빠지는지는 아무 의미가 없다. 그러므로 그런 종류의 사물들에 대해 행복한지 불행한지를 이야기하는 것은 전혀 이해가 되지 않는다. 만약 자연이 여러 측면에서 지각력이 없는 존재라면, "해를 입지 않는" 다면 그것의 삶이 전보다 더 좋아질 것이라는 말이 과연 의미가 있을까? 실로 무생물에게 해를 끼친다는 것이 무슨 의미일까?

가치가 존재하려면, 지각력이 있는 존재들이 어떤 사물들을 가치 있는 것으로 인식할, 목적을 위한 수단이나 목적 자체로 인식할 필요가 있다고 보인다. 즉 일부 철학자들은 가치가 여하튼 본래적이며 사물들 안에 독립적으로 존재할 수 있다고 주장하지만, 가치는 오직 평가자에게만 아니면 적어도 평가자와 평가된 사물 사이의 관계에서만 존재할 수 있다고 말하는 편이 더 설득력이 있다. 숲에 사는 새들과 다른 동물군들이 이런 의미에서 지각력이 있는 평가자들인가? 나무들은 어떤가? 그것들은 자극에 반응하며 스트레스를 받을 수 있으나, 그것으로 충분한가? 생태계나 종(種)이나 서식지나 자연 세계 전체를 지각력이 있는 존재라고 말하는 것이 의미가 있는가? 그러나 지각력은 어쩌면 너무 제한적 기준일 것이다. 많은 생물중심주의 윤리학자들은 지각력이 있든 없든 단순히 생명 자체가 본질적 가치를 가진다고 주장해왔다.

본질적 가치는 인간이 부여하고 인정하는 가치라고 생각될 수 있다. 어쩌면 인간 평가자들에게 (예컨대 아마존 열대우림 같은) 생태계와 (예컨대 글렌 캐니언이나 그랜드 캐니언 같은) 지층(地層)들조차 그 자체로 가치를 가진다는 말이 의미를 가질 수도 있다. 말하자면 인간이 가치평가를 행하지만, 인간은 자신에게 도구적 가치가 없음에도 불구하고 그것들을 본질적 가치를 가진 것으로 평가한다. 1998년 스코틀랜드 북서쪽 해안에서 심해 산호초가 발견되었다. 다윈 마운즈(Darwin

Mounds)라고 불리는 그 산호초는 인간에게는 거의 혹은 전혀 쓸모가 없다. 그 비유용성에도 불구하고 인간은 그 산호초 자체를 본질적으로 가치 있는 것으로 평가할 수 있는가? 혹은 그것은 터무니없는 생각인가?

참조

—1.12 이해관심

—3.1 절대적/상대적

—3.19 수단/목적

—3.21 도덕적 대상/도덕적 행위자

참고문헌

Roderick Chisholm, *Ethics and Intrinsic Values*, edited by John R. White (Heidelberg: Universitäts Verlag, 2001)

Michael J. Zimmerman, *The Nature of Intrinsic Value* (Lanham, MD: Rowman & Littlefield, 2001)

*Andrew Light and Holmes Rolston III, *Environmental Ethics* (Malden, MA: Blackwell, 2003)

3.17 합법적/도덕적 Legal/Moral

법률 조언을 받은 뒤, 그레첸은 자기 이웃에 사는 앨에게 들러 그의 오른손 엄지손가락을 잘라냈다. 앨은 항상 그레첸을 괴롭혔지만 그녀는 어찌해야 할지를 몰랐다. 그러다가 그녀는 아직 폐지되지 않은 오랫동안 잊혀져온 법률을 우연히 발견했다. 그 법률에는 만약 어떤 사람이 당신의 사과나무를 손상시킨다면 당신은 그 사람의 손가락을 제거할 권리가 있다고 적혀 있다. 바로 지난주에 앨은 자기 차를 후진하다가 그녀의 앞마당에 있는 나무를 들이받았고, 이것이 바로 그녀에게 필요했던 구실이었다. 그녀는 그에게 상처를 입힐 수 있었고 그렇게 하는 것이 올바른 것일 수도 있었다.

그러나 분명 그레첸은 도덕적으로 말해서 올바른 것은 아니었다. 왜냐하면 어떤 것의 합법적임은 그것이 도덕적임을 뜻하지 않기 때문이다. 만약 그것이 사실이라면 "부도덕한 법률"이란 말은 모순어법일 것이다. 그러나 사람들은 일반적으로 예컨대 노예제를 합법화하거나 여성 선거권을 제한한 법률처럼 많은 법률들이 부도덕하거나 그랬었다고 믿는다. 마찬가지로 어떤 것이 비합법적이라는 이유로 그것이 부도덕한 것은 아니다. 나치 독일의 국방국에서 복무해야 할 법적 의무를 이행하지 않거나 거부한 양심적 거부자들은 부도덕하게 행동한 것이 아니라 도덕적으로 행동한 것이었다. 요컨대 "도덕적"은 "합법적"과 동일하지 않다; 그것들 중 어느 쪽도 다른 쪽을 함축하지 않는다.

따라서 사실 우리는 어떤 행동의 합법성으로부터 그것의 도덕성에 관해, 혹은 어떤 행동의 도덕성으로부터 그것의 합법성에 관해 아무것도 추론할 수 없다. 이 정도는 분명할 것이다. 그러나 더 어려운 문제는 합법성과 도덕성의 관계가 어떤 관계여야 하는가 하는 문제다.

신권정체와 자연법

도덕률과 법률이 완전히 같아야 한다고 주장하는 것은 오직 어떤 극단적 형태의 신권정체를 옹호하는 사람들뿐이다. 예컨대 이슬람 율법(*sharia*)은 모든 이슬람교도들이 그것에 따르며 살아가는 도덕률이다. 많은 유력한 이슬람 국가들의 정부는 완전히는 아니나 부분적으로 이슬람 율법을 국가 법률에 편입시켰다. 예컨대 아프가니스탄의 탈레반(Taliban)처럼 이슬람 율법을 어느 정도 그대로 집행하는 것이 국가의 의무라고 주장했던 사람들은 주류가 아니라 예외이다. 자신의 배우자에게 거짓말하는 것이나 자선사업에 돈을 한 푼도 내지 않는 것은 부도덕할지 모르나, 이런 결점에 반하는 법을 세우는 것이 국가의 업무라고 생각하는 사람은 드물다. (물론 민법은 절대로 종교적 교리에 기초를 두어선 안 된다고 주장할 충분한 이유들도 있다.)

비록 모든 도덕이 법률에 받아들여져야 한다고 주장하는 사람은 드물지만, 보다 많은 사람들은 모든 법률이 도덕에 기초를 두거나 적어도 양립해야 한다고 주장한다. 이것은 자연법 전통의 입장이며, 정의의 기본 원칙들은 자연적으로 주어지며 비록 모든 자연법들을 통합할 필요는 없지만 민법은 그것들과 완전히 양립할 수 있어야 한다고 주장한다. 그러므로 자연법에 위배되는 모든 법령은 결코 진정한 혹은 공정한 법률이 아니다. 따라서 예컨대 영국법은 "자연적 정의"를 보편적으로 인정받는 자명한 정의의 기본 원칙으로 인정한다; 그리고 만약 어떤 법률이 자연적 정의에 위배된다고 보이면, 그것은 사법심사라는 과정을 거칠 수 있다. 미국 독립선언문(1776)도 유사한 추론에 의존한다.

법실증주의

그러나 현대에 법률과 도덕의 관계에 관한 가장 유력한 입장들 중 하나는 법률은 도덕과는 거의 별개로 사회가 인정하고 효력을 준 규칙들과 제도들의 집합이라고 주장하는 법실증주의이다. 이런 입장의 극단적 형태는 어떤 법률의 타당성은 결코 그것의 도덕성에 의해 결정되지 않는다고 주장하는 반면, 덜 극단적 형태는 어떤 법률의 타당성이 때로는 그것이 도덕성에 의해 결정될 수도 있음을 인정한다. 모든 형태의 법실증주의에 공통된 바는 모든 법률의 도덕성과 합법성 사이에 어떤 필연적 연관이 있음을 인정하지 않으리라는 점이다.

그러므로 법실증주의뿐만 아니라 어떤 법철학에 대해서든, 난제는 합법적인 것과 도덕적인 것 사이의 관계가 무엇인지를 보여주는 것이다. 왜냐하면 우리는 분명 우리의 법률체계의 도덕성에 대해 어느 정도 관심을 가지고 있기 때문이다. 법률은 도덕의 영역과 구분되면서 그 자체로 고유한 권위의 원천을 가진, 독립적 의무와 허용의 영역을 확립하는 것처럼 보인다. 그러나 그 두 영역들은 또한 어느 정도 중첩되는 것처럼 보인다. 만약 어떤 법률이 부도덕하다는 사실이 그 법률을 무효화할 순 없지만, 그것은 그 법률의 개정을 시도할 이유이거나 적어도 왜 사회가 그 법률을 개정해선 안 되는지에 대한 충분한 이유를 요구할 것이다. 왜냐하면 도덕의 전체가 법률의 전체여야 한다고 주장할 사람이 거의 없듯이, 법률이 도덕과 완전히 무관하다고 주장할 사람도 드물기 때문이다. 진리는 이 두 극단들 사이의 어딘가에 놓여 있다고 보인다. 그러나 그것들 사이의 공간은 매우 넓다.

참조

— 1.15 자연법

— 1.19 권리

— 3.23 공적/사적

참고문헌

Jeremy Bentham, *Of Laws in General*, edited by H. L. A. Hart (London: Athlone Press, 1970)

Ronal Dworkin, *Taking Rights Seriously* (Cambridge, MA: Harvard University Press, 1977)

H. L. A. Hart, *The Concept of Law*, 2nd edition (Oxford: Oxford University Press, 1994)

3.18 해방/억압 Liberation/Oppression

프랑스에선 공립학교에서 이슬람 여성들이 여러 형태의 히잡(*hijab*, 정숙한 의복)을 쓰는 것을 금지해왔다. 이 전통 양식의 의복들(베일, 키마르(*khimar*), 차도르(*chador*), 부르카(*burqa*))을 비판하는 사람들은 그것들이 여성을 가부장제와 가정생활이라는 이동감옥에 가두고 남성에겐 허락된 자유의 대부분을 여성에겐 인정하지 않음으로써 여성을 억압한다고 말한다. 이에 대한 응답으로 그 금지령 자체가 억압적이라고 주장된다. 왜냐하면 그것은 이슬람 여성에게 종교적 자유뿐만 아니라 자기표현의 자유도 부정하기 때문이다. 심지어 히잡은 서양적인 (혹은 적어도 이슬람이 아닌) 아름다움, 패션, 성적 착취의 억압적 개념체계로부터 여성을 해방시킨다고 주장된다.

근대의 중요한 정치적 개념이 자유라는 (혹은 자유였다는?) 사실을 감안하면, 이 곤란한 문제가 억압과 해방에 대한 관념들에 달려 있다는 것은 놀라운 일이 아니다. 그러나 우리가 억압으로부터 사람들을 해방시킬 필요를 호소할 때 우리는 무엇을 뜻하는가?

억압의 유형

국가는 질서 있는 자유를 확보하고 공식화할 수 있다. 그러나 그것은 흔히 (경찰, 군사력, 규제, 조세제도 같이) 사람들로부터 생명과 자유와 재산, 그리고 자세한 정보에 근거하여 팽창력 있게 사고할 수 있는 수단들을 박탈할 강압적 도구들을 배치한다. 공권력은 인간 세계에서 가장 해방적인 제도들 중 하나이면서 또한 가장 파괴적이고 억압적인 제도들 중 하나이기도 하다.

억압은 정치적일 뿐만 아니라 경제적일 수도 있다. 경제 제도들은 인간의 삶과 번영에 필요한 서비스와 물질적 재화를 생산하고 분배한다. 그 제도들은 노동과 그것에 대해 사람들이 받을 보상을 할당한다. 그것들이 도덕적으로 건전한 방식으로 할당하는가를 반성하는 것이 중요하다. 특히 (a) 생산과 분배와 보상의 과정뿐만 아니라 (b) 그 과정의 결과는 정밀한 도덕적 조사를 받아야 한다. 빈곤이 (예컨대 자연재앙의 결과가 아니라) 구조적인 경우에 우리는 그것으로부터의 해방을 말할 수 있지 않을까?

경제활동 참여자들이 동등한 힘을 요구하지 않음을 인정하면서, 마르크스주의 전통을 연구하는 철학자들은 많은 경제 관계들이 착취의 형태들이라고 비판한다. 착취는 유력한 사람들이 자신들이 마땅히 가져야 할 것보다 더 많은 것을 무력한 사람들로부터 뽑아낼 때 — 예컨대 충분한 보수를 받는 소유주나 고용인이 노동자들로 하여금 저임금을 순순히 받아들이게 만들기 위해 그들의 절망적 상황을 이용할 때 — 발생한다.

사람들이 자신의 자유를 감소시키는 관념들을 받아들이게 될 수 있다는 의미에서, 억압은 또한 개념적일 수 있다. 관념들과 믿음들은 그 자체로 전제적(專制的)일 수 있다. 이런 종류의 억압을 찾아내는 것은 흔히 어려운 일이다. 왜냐하면 개념들과 믿음들은 표준화되고 내면화되기 때문이다. 말하자면 일단 우리가 관념들과 믿음들과 관례들에 익숙해지면 그것들이 정상적이고 자연스럽고 당연한 것으로 보이게 된다 — 우리의 정체성의 일부, 우리가 숨 쉬는 그 공기의 일부, 세상 일이 돌아가는 방식의 일부가 된다. 그리하여 더 검은 피부를 가진 사람들이 노예화되거나 종속적인 사회적 지위로 떨어져야 한다는 것이 정상적이고 자연스러운 것처럼 보인다. 여자들이 투표를 하거나 계약을 맺거나 행정관으로 복무할 수 없는 것이 당연한 것으로 보인다. 많은 어떤 사람들은 너무 적게 가지는데 반해 다른 사람들은 너무 많은 것을 소유하는 것이 당연한 것처럼 보인다. 자가용을 몰고 다니고 소고기를 먹는 것이 정상적이고 자연스러운 것으로 보인다.

볼테르 같은 계몽주의 철학자들과 그들을 추종하는 많은 사람들은 종교적 믿음이 많은 개념적 (또한 정치적) 형태의 억압의 뿌리라고 비판해왔다. 예컨대 린 화이트(Lynn White: 1907~87)는 신이 인간에게 다른 피조물들에 대한 "지배권"을 부여하는 — 「창세기」 1장 26절뿐만 아니라 아브라함 종교의 여타 요소들이 세계의 많은 지역에서 환경윤리를 파탄시켰다고 주장했다. 메리 데일리(Mary Daly: 1928~)는 언어가 여성의 억압에 일조하는 방식에 주의를 기울였다(『하나님 아버지를 넘어서: 여성들의 해방 철학을 향하여』[*Beyond God the Father: Toward a Philosophy of Women's Liberation*], 1973). 다른 한편으로 구티에레즈(Gustavo Gutierrez: 1928~) 같은 해방신학 옹호자들은 종교가 해방의 도구로 기능할 수 있다고 주장했다(『해방신학』[*Teologia de la liberación*], 1971).

현실

아프리카인들에게 영향을 미쳐온 것처럼, 인종차별주의는 이 모든 형태의 억압들의 가장 유해한 합류점을 보여준다. 공권력은 아프리카뿐만 아니라 널리 외국에서도 "블랙아프리카 사람들"을 가두고 구속하는 데 이용되었다. 경제적 탈취와 힘의 불균형은 착취와 빈곤으로 이어졌다. 종교는 인종적 종속의 정당화에 (그리고 대항에) 이용되었다. 그리고 정신적 열등성과 범죄 성향에 관한 이론들이 억압자와 피억압자 모두에게 표준화되고 내면화되었다.

가장 어려운 문제는 어떤 식으로 억압이 내면화될 수 있는가, 그리고 그것이 정말 내면화될 수 있는가 하는 문제이다. 히잡의 예를 들어보자. 많은 여성들이 이런 형태의 의복을 입기로 선택했다는 사실이 반드시 그것에 반대하는 주장에 대한 응답은 아니다. 자유롭게 그런 선택을 했다고 주장하는 여성들은 다른 사람들뿐만 아니라 자기 자신에게 충분히 정직하지 않다고 논할 수 있다. 그들은 자기도 모르거나 부인하는 여러 형태의 강압들과 힘들에 의해 영향을 받았을 수도 있다. 그들은 불행하게도 자신을 억압하는 가치들과 관념들을 내면화했을 수도 있다. 그러므로 그들의 "선택들"은 진정 자유로운 것이 아니라 습관화된 것이다. 노예가 되기로 선택한 사람이 진정 자유로운 선택을 했다고 생각할 수 있을까?

이런 형태의 비판은 매우 강력한 동시에 매우 위험하다. 피억압자들에 의해 내면화되거나 맹목적으로 받아들여질 때, 억압은 특히 더 완강해질 수 있다. 억압은 눈에 보이지 않게 될 뿐만 아니라; 억압의 희생자들 스스로에 의해 실행되고 유지된다. 투옥자들은 스스로 자신들의 교도관이 된다. 이런 일이 일어날 수 있다는 가능성은 민주주의 이론에 대해 난감한 문제가 된다. 왜냐하면 그것은 사람들의 바람과 선택이 조금 덜 자유로운 사회에 찬성하도록 왜곡될 수 있다는 것을 함축하기 때문이다. 그러나 문제는, 우리가 우리와는 달리 다른 사람들은 자기들이 자유롭게 행동하고 있다는 잘못된 생각을 갖고 있다고 주장하게 되면, 우리는 오만과 위선과 제국주의의 위험에 빠질 뿐만 아니라 우리가 스스로에게 부여한 완전한 인간다움을 다른 사람들에겐 인정하지 않는 위험에 빠진다는 것이다.

참조

—4.15 성과 성별

—5.6 허위의식

—5.11 힘

참고문헌

Frantz Fanon, *The Wretched of the Earth*, with a preface by Jean-Paul Sartre [1961] (New York: Grove Press, 1963)

Peter Singer, *Animal Liberation* [1975], 2nd edition (New York: New York Review of Books, 1990)

Christian Hendricks and Kelly Oliver, eds., *Language and Liberation: Feminism, Philosophy, and Language* (Albany: State University of New York Press, 1999)

3.19 수단/목적 Means/Ends

할리우드 대작들의 흑백 도덕 세계에서도 회색의 영역이 나타난다. 1994년의 슬래커 영화인 「점원들」(Clerks)에 나오는 랜달의 걱정을 들어보자. 그는 저항군(좋은 사람들)이 두 번째 데스스타(Death Star)를 파괴하는 「스타워즈」(Star Wars)의 에피소드에 대해 걱정한다. 왜? 그는 이렇게 설명한다: "내가 장담하건대 그 물건에서 일하는 도급인들이 있었겠지: 배관공, 알루미늄 벽널 작업자, 지붕 이는 사람." "일하려고 고용된 그 모든 무고한 도급인들이 — 자신들과는 무관한 전쟁의 희생자로 — 죽었다."

당신은 이 계약자들이 무고한 사람들이 아니며 그들도 자기 고용인의 악한 본성에 대해 알고 있었다고 주장할 수 있다. 그러나 설령 그들의 무고함을 인정하더라도 우리는 그냥 목적이 수단을 정당화한다고 말할 순 없을까? 데스스타는 모든 행성을 파괴할 수 있었고; 그것의 소유주인 제국은 우주를 공포에 빠트리기 위해 그것을 사용하려 했다. 만약 그것의 건설을 막는 유일한 방법이 수천 명의 도급인들을 죽이는 것이라면, 그렇게 하자. 무고한 사람들이 사는 모든 행성보다는 그들을 희생하는 편이 더 낫다. 달걀 몇 개도 깨지 않고 오믈렛을 만들 순 없다.

데스스타의 극단적인 힘은 그 예를 다소 비현실적으로 보이게 만들지만, 보다 현실적인 전쟁의 "부수적 피해"(collateral damage)에서도 같은 문제가 발생한다. 누구든지 전쟁에 나가는 사람은 무고한 시민이 죽을 것임을 알고 있다. 이런 수단의 사용을 정당화하는 어떤 목적이 — 정권 교체, 침략자 격퇴, 대량학살 중단 — 있을까?

이론적 함의

결과주의적 도덕이론은 수단과 목적 교환에 대해 가장 개방적이다. 결과주의자들은 행동이나 규칙이 옳은지 그른지는 그것들이 좋은 결과를 내는지 나쁜 결과를 내는지에 달려 있다고 주장한다. 그러나 우리는 모든 결과나 적어도 모든 직접적 결과를 고려해야 한다. 따라서 이 견해에 따르면, 많은 사람들의 죽음을 초래하는 어떤 행동이 보다 많은 사람들을 구할 경우 당신이 그 행동을 어떻게 정당화할 수 있을지를 아는 것은 매우 쉬운 일이다.

대조적으로 의무론적 도덕이론은 수단과 목적의 계산에 대해 별로 관대하지 않다. 의무론자들은 행동은 그 자체로 옳고 그르며, 그른 행동이 좋은 결과를 내더라도 그것이 그 행동을 옳은 행동이나 정당화할 수 있는 행동으로 만드는 것은 아니라고 주장한다. 따라서 무고한 사람들을 죽이는 것은 설령 그 결과로 더 많은 사람들을 살리더라도 항상 그릇된 행동이다.

결과주의와 의무론적 윤리가 부분적으로 수단과 목적 계산에 대한 그것들의 태도에 의해 정의될 수 있는데 비해, 이런 계산은 덕윤리 같은 다른 종류의 도덕이론에는 맞지 않는다. 덕윤리의 이론적 토대는 수단과 목적의 관계에 대한 일반적 규칙이나 입장을 전혀 수반하지 않는다.

문제점

그러나 결과주의자들과 의무론자들에게 문제를 일으키는 것은 바로 이 쟁점에 대한 그들의 명확한 태도이다.

의무론적 윤리의 문제점은 바람직한 목적을 위해 불미스러운 수단의 사용을 절대 허락하지 않는다는 것은 어리석다고 보인다는 점이다. 예컨대 데스스타처럼 너무나 악하고 막을 수 없을 것 같은 대상과 직면했을 때, 분명 우리는 그것을 막으려고 몇몇 무고한 사람들을 죽이는 것에 대해 지나치게 결벽하게 굴 여유가 없다. 여기엔 "도덕적 방종"의 위험이 있다: 다른 사람들의 현실적 고통과 심지어 죽음을 대가로 치르더라도 자신의 도덕적 순수성을 — 혹은 허영심을 — 더럽힐 수 있는 일을 행하는 것을 거부함을 말한다. 그러므로 의무론자에게 주어진 문제는 자신의 입장이 훨씬 더 숭고한 선을 위해 통상적으로 나쁘다고 말하는 일의 수행을 완전히 금하진 않는다는 것을 보여주거나; 왜 이것을 절대로 허락해선 안 되는지에 대한 매우 훌륭한 이유를 제시하는 것이다.

결과주의자의 문제점도 똑같이 명백하다. 왜냐하면 종합적 결과만이 중요하다면 온갖 부정의들이 묵인될 수 있는 것처럼 보이기 때문이다. 확실한 결말이 충분히 좋다면, 우리는 무고한 사람들에게 — 그들을 죽이든 강탈하든 심지어 고문하든 — 무슨 짓이든 할 수 있다. 그러나 몇몇 기본 인권들이나 적어도 다른 사람들을 품위 있게 대우해야 한다는 원칙들은 존중되어야 한다. 뭐든지 괜찮다는 식의 입장으로 이어지는 미끄러운 경사길에서 미끄러지지 않기 위해선, 순전히 결과만 관심을 갖는 계산에 의해 뒤집어질 수 없는 어떤 원칙들이 있어야 한다고 보인다. 결과주의자의 계산법은 개인의 생명의 존엄성과 가치에 무관심한 것처럼 보인다. 그러므로 결과주의자에게 주어진 문제는 자신의 입장이 훨씬 더 숭고한 선을 위해 뭐든지 할 수 있게 허락하진 않는다는 것을 보여주거나; 왜 그것을 허락하는가에 대한 매우 훌륭한 이유를 제시하는 것이다.

듀이(John Dewey: 1859~1952)와 다른 실용주의자들은 목적과 수단을 철저히 구분하는 것은 인위적이고 잘못된 생각이라고 비판했다. 어떤 행동방침에 대한 도덕판단을 하면서 우리는 그 수단을 목적과 함께 판단한다. 분명 어떤 수단이 받아들일만한지를 결정함에 있어서 그 목적의 중요성도 고려되어야 하지만, 어떻게 그것들을 서로 분리하여 고려한다는 것이 도덕적으로 이해될 수 있는가? 무모하게 수단과 목적을 가르는 것은 세상사를 너무 단순화할 위험이 있다.

참조

— 1.19 권리

— 2.4 의무론적 윤리학

— 3.14 의도/결과

참고문헌

Bernard Williams, "Utilitarianism and Moral Self-Indulgence," in his

Moral Luck: Philosophical Papers 1973~1980 (Cambridge: Cambridge University Press, 1981)

Henry S. Richardson, *Practical Reasoning about Final Ends* (Cambridge: Cambridge University Press, 1994)

Ted Honderich, *On Political Means and Social Ends* (Edinburgh: Edinburgh University Press, 2005)

3.20 메타윤리학/규범윤리학

Metaethics/Normative Ethics

아리와 잰은 모두 중매결혼은 그르다고 생각하는 반면, 힐러리와 빌리는 그것이 괜찮다고 생각한다. 그러나 이 쟁점과 관련된 매우 중요한 측면에서 힐러리와 빌리가 그런 것처럼 아리와 잰도 의견을 달리한다. 어떻게 이것이 가능할까?

이 수수께끼에 대한 해답은 메타윤리학과 규범윤리학의 구분에 있다. 규범윤리학은 어떤 특정한 사항이 — 예컨대 중매결혼이 — 옳은지 그른지에 대한 판단을 내리는 것에 관련된 것이다. 그러므로 힐러리와 빌리가 그런 것처럼 아리와 잰은 동일한 규범적 판단을 내리고 있다. 그러나 이것은 도덕적 사고가 관여하는 바의 일부일 뿐이다. 또한 메타윤리학이란 것이 있으며, 이것은 바로 윤리의 본성과 그것의 가장 기본적인 개념들에 — 예컨대 "옳음"과 "그름", "좋음"과 "나쁨"에 — 관여한다. 그 용어는 ~의 위에, 혹은 ~을 넘어서, 혹은 ~에 걸쳐 있음을 뜻하는 그리스어 메타(*meta*)에서 온 것이다.

이 예에서 아리와 잰은 규범윤리학의 문제에 관해선 의견을 같이하지만 메타윤리학에 관해선 의견을 달리한다. 아리는 도덕판단이 객관적 사실에 관한 것이라고 믿는 반면, 잰은 그것이 단지 개인적 선호나 느낌의 표현이라고 믿는다. 이 점에 관해선 힐러리는 아리와 의견을 같이하고, 빌리는 잰과 의견을 같이한다. 그러므로 아래의 도표가 설명하듯이, 이 네 사람들 속에서 누구도 다른 사람과 완전히 의견이 같진 않다.

		메타윤리학적 입장	
		도덕판단은 객관적 사실에 관한 것이다	도덕판단은 주관적 선호를 표현한다
규범적 입장	중매결혼은 도덕적으로 그르다	아리	잰
	중매결혼은 도덕적으로 받아들일 수 있다.	힐러리	빌리

따라서 사람들은 메타윤리학에 관해선 의견을 같이하면서도 서로 다른 특정한 규범적 도덕판단을 내릴 수 있다; 혹은 동일한 규범적 판단을 내리면서도 메타윤리학에 관해선 의견을 달리할 수 있다.

메타윤리학적 입장

가장 잘 알려진 메타윤리학적 입장들에는 다음과 같은 것들이 있다:

- **도덕 비실재론** 혹은 **도덕 반실재론**: 도덕적 사실 같은 것은 없다.
- **비인지주의**: 인식할 수 있는 도덕적 진리는 없으며, 도덕적 진술은 참도 거짓도 아니다.
- **인지주의**: 도덕적 진리는 인식될 수 있으며, 도덕적 진술은 참이거나 거짓이다.
- **주관주의**: 도덕판단은 근본적으로 찬성과 불찬성 같은 도덕적 행위자의 주관적 반응들에 근거를 둔다; "좋음"과 "나쁨" 같은 도덕적 용어들은 오직 그런 주관적 반응들을 참조해서만 이해될 수 있다.

규범적 입장

잘 알려진 규범윤리학적 입장들 중 몇몇은 다음과 같은 것들이다:

- **공리주의**: 좋은 결과와 나쁜 결과를 그것들의 공리나 가치로 명시하는 결과주의적 윤리학.
- **칸트주의 윤리학**: 당신이 항상 보편적 법칙이 되기를 바라는 준칙(準則) 혹은 규칙에 — 칸트가 "정언 명령"(categorical imperative)이라고 부른 것에 — 따라서만 행동하는 것이 우리의 근본 의무라고 생각하는 의무론적 윤리학.
- **특정한 종교의 윤리학**: 종교에 의해 명시된 도덕적 행위의 규칙들을 가지고 어떤 행동이 옳은지 그른지, 혹은 도덕적으로 허용할만한지 금지되는지를 열거한다.

분명한 구분?

메타윤리학적 입장들은 어떤 성질의 것이 도덕판단인지, 그리고 그것의 용어들이 어째서 유의미한지에 관해 말하는 반면, 규범적 입장들은 어떤 행동들 혹은 어떤 종류의 행동들이 옳은지 그른지를 우리에게 말해준다.

그러나 이 두 가지 서로 다른 수준의 도덕적 사고가 충분히 분명한 것처럼 보일지라도, 그것들이 완전히 분리될 순 없다. 예컨대 아리와 잰이 그렇게 근본적으로 다른 메타윤리학적 견해들을 가지고 있다면, 중매결혼 문제에 대한 그들의 명백한 의견일치는 표면적으로 드러난 만큼 그렇게 분명하지 않다. 아리가 그것은 "그르다"고 말할 때, 그는 그것이 절대적이고 객관적으로 그르다고 생각한다. 그러나 잰이 자신은 그것은 "그르다"고 생각한다고 말할 때, 그녀 스스로 인정하는 것처럼 그녀는 단지 자신의 느낌을 표현한 뿐이다. 지금 잰의 느낌은 매우 강할 수도 있다. 그러나 그들의 메타윤리학적 자세가 궁극적으로 그들의 규범적 주장에서 어떤 차이를 낳더라도 놀랄 일은 아닐 것이다. 예컨대 아리는 중매결혼의 "그릇됨"에 대해 잰보다 덜 관대할 수 있다. 왜냐하면 잰은 어째서 다른 사람들이 자신과 의견을 달리하며, 어째서 결정적으로 자신의 의견이 더 나은지에 대해 그녀가 말해줄 수 있는 객관적 이유가 없다는 것을 인정해야 하기 때문이다. 그녀에게는 어떤 지점에서 논의는 그 끝에 이른다. (물론 그 지점에서 그녀는 관용 대신에 힘에 의지할지 모른다.) 이것은 "중매결혼은 그르다"는 말에 의해 표현되는 도덕적 태도는 오직 그것을 말하는 사람의 메타윤리학적 견해를 참작할 경우에만 충분히 이해될 수 있음을 뜻한다. 메타윤리학은 규범윤리학에 영향을 미친다.

참조

—2.4 의무론적 윤리학

—2.6 신명

—3.1 절대적/상대적

—3.6 인지주의/비인지주의

—3.16 본질적/도구적 가치

참고문헌

A. J. Ayer, *Language, Truth, and Logic* (New York: Dover Publications, 1946)

*Peter Singer, ed., *A Companion to Ethics* (Oxford: Blackwell, 1993)

*James Fieser, *Metaethics, Normative Ethics, and Applied Ethics: Contemporary and Historical Readings* (Florence, KY: Wadsworth Publishing, 1999)

3.21 도덕적 대상/도덕적 행위자

Moral Subjects/Moral Agents

벤저민 프랭클린(Benjamin Franklin: 1706~90)은 여러 해 동안 채식주의자였다. 그러나 보스턴에서 떠난 첫 번째 항해에서 그의 배가 바람이 없어 멈추게 되자, 배의 선원들은 큼직한 대구를 잡아서 굽기 시작했다.

[프랭클린이 그의 자서전에서 회상하기를] 예전에 나는 물고기를 매우 좋아했고 이 물고기들이 프라이팬에서 뜨겁게 데워지자 아주 훌륭한 냄새가 났다. 나는 원칙과 기호 사이에서 잠시 주저했다: 그 물고기들의 배를 가르자 그것들의 위 속에서 나온 더 작은 물고기들을 보았다는 사실을 기억해낼 때까진.

그런 다음 나는 너희들이 서로 먹는다면 우리가 너희들을 먹어선 안 될 이유가 없지 않은가 하고 생각했다. 그래서 나는 대구를 아주 배불리 먹었다.

이것이 채식주의를 포기할 충분한 이유이든 아니든, 이 이야기는 도덕적 대상들과 행위자들 사이의 구분과 그 구분의 중요성을 훌륭히 설명한다. 도덕적 행위자는 도덕적 책임을 가지며, 도덕적으로 혹은 부도덕하게 행동할 수 있으며, 도덕적 근거에서 훌륭하게 행동했다거나 나쁘게 행동했다고 심판받을 수 있는 자이다. 예컨대 자동 기계는 설령 그것이 선한 일이나 악한 일을 행하게 프로그램되어 있더라도 도덕적 행위자가 아니다. 왜냐하면 그것은 자신의 행동에 대해 아무 통제력이 없으며, 따라서 어떠한 식으로도 책임이 있다고 생각될 수 없기 때문이다.

대조적으로 도덕적 대상은 사정이 좋아지거나 나빠질 수 있는 대상으로서, 도덕적 행위자가 그것의 이해관심을 고려해야 할 책임이 있는 대상이다. 달리 말해서 도덕적 대상들은 도덕적 지위를 요구할 권리를 가지므로 다른 도덕적 존재들은 대안적 행동방침을 숙고할 때 마땅히 그들을 고려해야 한다. 아마 가장 분명한 사례는 아기들일 것이다. 아기들은 아직 도덕적 행위자가 아니다. 그들은 자신이 무엇을 행하고 있는지 모른다; 그들은 옳고 그름에 대한 이해력이 전혀 없다. 그래서 예컨대 한 아기가 무언가를 고양이에게 집어던져 그 불쌍한 동물을 죽이더라도 아기에게 그 행동에 대한 도덕적 책임을 묻는 것은 어리석을 것이다. 그러나 아기들은 거의 항상 도덕적 대상들로 간주된다. 만약 당신이 의도적으로 무언가를 아기에게 집어던져 죽인다면 당신은 도덕적 책임을 지게 될 것이다.

우리가 그것의 복지 혹은 복지 이해관심을 고려해야 하는 대상만이 도덕적 대상이란 점을 인식하는 것이 중요하다. 위의 물건 집어던지기 이야기를 다시 이어서, 만약 어떤 사람이 돌을 꽃병에 던져 깨트린다면 도덕적 행위자로서 돌을 던진 사람은 그 손상에 대해 책임져야 할 것이다. 그러나 이는 그 꽃병이 도덕적 대상이란 말은 아니다. 꽃병은 사정이 좋아진다거나 나빠진다고 말할 수 있는 관점을 가지지 않기 때문에, 돌을 던진 사람의 행동은 그 꽃병의 사정에 영향을 미치지 않는다. 꽃병을 깨트림은 예컨대 그 행동이 꽃병 주인과 모든 다른 깨질 수 있는 대상의 주인들처럼 도덕적 대상의 복지에 영향을 미치는 경우에만 도덕적으로 그르다.

행위자만이 대상인가?

벤저민 프랭클린은 채식주의자였을 때 인간이 아닌 동물들을 죽이지 않는 것이 도덕적 행위자로서 자신의 책임이라고 생각했다. 왜냐하면 그것들은 도덕적 대상이었기 때문이다. 그렇다면 무엇이 그로 하여금 물고기에 대한 그의 마음을 바꾸게 했는가? 그는 물고기들이 다른 물고기들을 죽이는 것에 대해 아무런 고민도 하지 않음을 알았다. 그것들은 서로를 혹은 스스로를 도덕적 대상으로 보지 않는다. 그것들은 서로의 복지와 이해관심을 고려하지 않는다. 그리고 이것은 그것들이 도덕적 행위자가 아니며 도덕적 대상을 인식할 능력조차 없기 때문이다.

이제 프랭클린은 자신의 추론을 전혀 상세히 설명하지 않으며, 그래서 그를 잘못 해석할 가능성도 있다. 그러나 표면적으로 프랭클린은 물고기들은 도덕적 행위자가 아니므로 그것들을 도덕적 대상으로 취급할 필요가 없다고 생각했던 것처럼 보인다. 그것들은 자신들이 무엇을 죽이는지에 대해 신경 쓰지 않으므로 그도 자신이 그것들을 죽이는 것에 신경 쓸 필요가 없다.

이것은 오직 도덕적 행위자만이 도덕적 대상일 수 있다는 일반적 원칙을 제안한다. 달리 말해서 도덕적 행위자로서 사람들은, 오직 (a) 그것들이 도덕적 행위자거나 (b) 다른 도덕적 행위자의 복지가 그것들에게 달려 있을 경우에만, 다른 사물들이나 생물들의 복지 관심을 고려할 필요가 있다는 것이다.

이것은 어떤 것이 도덕적 행위자가 아니더라도 도덕적 대상일 수 있다고 주장한 벤담의 견해와 대조된다. 그가 이렇게 적었다: "문제는 그것들이 논리적으로 생각할 수 있는가, 혹은 그것들이 말을 할 수 있는가가 아니라 그것들이 고통을 겪을 수 있는가이다."

도덕적 대상 개념과 행위자 개념을 너무 밀접히 연결시키면, 갓난아기와 중증 정신지체아 같은 한계적 존재들에 관해선 어려운 문제들을 낳는다. 이들이 도덕적 행위자들이 아니라면, 이는 우리가 그들을 도덕적 대상들로 취급할 필요가 없음을 뜻하는가? 일부 사람들은 전체적으로 혹은 일반적으로 도덕적 대상이 되는 다른 구성원들과 같은 종(호모 사피엔스)의 존재이므로 그들을 도덕적 대상으로 취급해야 한다고 주장했다. 그러나 이 논증은 빈약해 보인다. 왜냐하면 종의 구성원이라는 자격은 도덕적 범주가 아닌 것처럼 보이기 때문이다.

두 개념은 모두 정도에 있어서 변화하는 것으로 볼 수 있다. 결국 인간도 완전히 자율적이고 책임을 지는 행위자는 아니다: 우리의 결정과 선호는 유전자와 양육과 문화에 의해 형성된다. 따라서 도덕적 행위자가 아닌 물고기들은 다소 덜 완전한 도덕적 대상이지만 그럼에도 도덕적 대상이다. 그러나 여기서 우려되는 바는 이런 해결책은 그 물고기보다 훨씬 더 미끄럽다는 것이다.

참조

—1.2 행위

—1.12 이해관심

—4.16 종차별주의

참고문헌

Peter Singer, *Animal Liberation*, 2nd edition (London: Jonathan Cape, 1990)

Michael Slote, *Morals from Motives* (Oxford: Oxford University Press, 2001)

Tom Regan, *Animal Rights and Human Wrongs* (Lanham, MD: Rowman & Littlefield Publishers, 2003)

3.22 사려 Prudence

1991년 미국 대통령 조지 H. W. 부시는 이라크군을 쿠웨이트에서 쫓아낸 다음 미군을 바그다드에 진입하도록 명령한 것은 그 자신의 표현으로 "사려"가 없었다고 논했다. 그의 아들인 조지 W. 부시는 2차 걸프전 시기에 다소 다른 결론에 도달했다. 이것은 그 두 남자들이 서로 다른 도덕적·정치적 이론에 따랐기 때문인가? 상황이 변했기 때문인가? 혹은 단지 한 부시가 다른 부시보다 더 "사려"있었기 때문인가?

근대 어법에서 "사려"는 흔히 "조심" 혹은 "신중"이란 뜻으로 사용된다. 그러나 철학에서의 사려는 아리스토텔레스가 가장 완전하게 표현한 그것의 고대적 용법을 어느 정도 유지하고 있다. 아리스토텔레스는 어떤 사람들은 이론적 문제에 관해선 매우 총명하면서도 현실생활의 문제에 관해선 여하튼 매우 무능하다는 사실을 관찰했다. 아리스토텔레스는 이론적 문제를 다루는 종류의 지적 능력과 실천적 문제를 다루는 종류의 지적 능력을 구분함으로써 이 기묘한 현상을 설명했다. 그는 전자를 소피아(이론적 지혜)라고 불렀고; 후자를 프로네시스(실천적 지혜) 혹은 (라틴어 *prudentia*에서 나온) 사려라고 불렀다.

이 구분은 성공한 윤리학 교수들이 어째서 자신들의 도덕적 삶에선 매우 서투르게 실패하는지를 설명하는 데 도움이 된다. 더 일반적으로 말해서, 그 개념은 윤리적 추론의 중요한 요소에 — 즉 일반적인 도덕 이론을 특수한 실제상황에 적용하는 것에 — 주의를 기울이게 하는데 유용하다. 행동에 대한 윤리적 추론은 이런 식으로 정식화될 수 있다:

1. 도덕 원칙 X에 따라서 살아라.

2. 이런 상황에서는 Y가 X에 따라서 살기 위한 방법이다.

3. 그러므로 Y를 행하라.

이것은 상당히 쉬운 것처럼 들리지만, 실제로 이런 "실천적 삼단논법"을 전개하거나 다른 방법으로 실천적 추론을 수행하는 데에는 어려움이 만만치 않다.

일반적인 규칙들, 특수한 상황들

최선의 도덕 원칙을 결정하는 것은 상당히 힘든 일이다. 아리스토텔레스가 말한 것처럼 이것이 "전체적으로 잘 사는 것과 관련해서 무엇이 좋고 유익한지"(『니코마코스 윤리학』, 1140a25~30, 1140b4~6)를 결정하기 위해 사려를 이용하여 도덕 이론가들이 하는 작업이다. 그러나 그뿐만 아니라 도덕적 삶은 특수한 상황에서 어떻게 그 이론의 이념들을 실현하고 좋은 판단(*gnomē*)을 내릴 수 있을지를 지적으로 생각해내라고 요구한다.

아리스토텔레스와 그의 추종자들은 이를 행할 방법을 생각해내는 과정을 숙고라고 한다. 그렇다면 사려란 도덕적으로 옳은 실천으로 이끄는 좋은 추론과 효과적인 숙고라고 말할 수도 있다. (이 과정은 추론을 요구하기에, 정확히 말해서 비이성적인 존재들은 도덕적으로 행동할 수 없다.)

법정에 있는 모든 사람이 법을 알 수도 있으나 그것을 어떻게 특수한 상황에 적용할지에 대해선 흔히 많은 생각을 필요로 한다. 그러므로 증언을 들어보고 문제의 사실들을 알고 난 다음에 판사들과 배심원들은 숙고해야 한다. 만약 그것을 성취하는 데 숙고의 과정이 필요하지 않다면, 법률 소송에서 어떻게 정의를 실현할지를 생각해내는 것은 수학공식처럼 단순할 것이다. 우리는 어떤 도표나 컴퓨터를 가지고 그 것을 할 수 있을 것이다.

사려는 일반적인 원칙과 법칙과 개념을 이용하여 잘 추론하는 능력과 더불어 삶의 경험을 필요로 한다는 점에서 이론적 추론과는 다르다고 보인다. 아마 사려는 또한 관련 요소들의 변화를 민감하게 느끼고, 사물들이 어떻게 작동하는지와 인과적 연쇄들이 어떻게 세계에서 작용하는지를 이해하고, 그리고 물론 이 모든 것들을 결합하는 기술 같은 것들을 필요로 할 것이다.

이 모든 것은 바그다드로 진군한 것이 "사려 있는" 것이었는가 하는 물음이 어째서 처음에 보인 것보다 더 미묘하고 중요한 문제인가를 분명하게 드러내준다.

참조

—1.7 양심

—4.9 정의와 합법성

—5.12 근본적 특수성

참고문헌

Aristotle, *Nicomachean Ethics*, edited by Sarah Broadie (Oxford: Oxford University Press, 2002), Book VI, Chapters 7~8

*Thomas Aquinas, *Summa Theologica* [1266~75], edited by the Fathers of the English Dominican Province (Westminster, MD: Christian Classics, 1981), II~II, Question 47~55

Robert Hariman, ed., *Prudence: Classical Virtue, Postmodern Practice* (University Park: Pennsylvania State University Press,2003)

3.23 공적/사적 Public/Private

갓프리는 흠잡을 데 없는 삶을 살고 있다. 그는 다른 사람들에게 친절하고 결코 편견을 가지지 않고 항상 공정한 훌륭한 시민이다. 하지만 그는 대부분의 시간을 혼자 사는 집의 자물쇠로 잠기고 창문도 없는 다락방에 은둔하면서 자신이 애정을 쏟는 프로젝트를 완성하기 위해 암호가 걸린 컴퓨터에서 작업하곤 한다: 동물과 유대인과 어린이를 살해하고 고문하는 것이 주요내용이며 또한 매우 외설적인 장면을 그리는 초현실주의 비디오게임. 이것은 결국 갓프리가 좋은 사람이 아니라 도덕적으로 비정상적인 괴물임을 뜻하는가? 아니면 그가 닫힌 문 뒤에서 무슨 장난을 치든 그것은 순전히 그의 권리이며 우리가 도덕적으로 판단할 문제가 아닌 것일까?

아브라함 신앙의 도덕에서는 한 인간의 행동의 프라이버시는 전혀 중요하지 않다. 신은 도덕의 원천이며 그에게 비밀은 없다: "야훼께서는 사람의 발자국 하나하나를 살피시니 사람의 일이 그의 눈길에서 벗어날 수가 없다"(「잠언」 5장 21절). 그러나 서양에서의 세속주의와 자유주의의 융성은 같은 시대에 나타난 공적 영역과 사적 영역의 분리를 예견했다. 예컨대 존 스튜어트 밀은 그의 매우 유력한 저서 『자유론』(1859)에서 "개인은 자기 자신에 대해, 자신의 육체와 마음에 대해 주권을 가진다"라고 주장했다. 어떤 사람이 한 일들이 오직 자신에게만 영향을 미치는 경우에는, 다른 사람들이 그 사람이 한 일들에 대해 그 사람을 심판할 권리가 없다.

그러나 이 두 입장들은 완전히 양립할 수 있다. 밀이 말한 바는 정부와 법적 제도의 형태로 사회가 개인의 사적인 용무에 간섭할 권리가 없다는 것일 뿐이다. 그러나 이는 우리가 사적으로 부도덕한 일을 행할 수 없다는 뜻은 아니다. 이는 사적인 부도덕은 오직 개인의 (그리고 어쩌면 신의) 관심사일 뿐이라는 뜻이다. 그래서 예컨대 우리는 갓프리가 다락방에서 매우 나쁜 행동을 하고 있다고 생각할 수도 있지만 그것에 대해 우리가 그를 질책할 일은 아닐지 모른다. 오직 그가 그 더러운 게임을 공적 영역에 내놓으려고 시도할 경우에만, 혹은 그가 자신의 부도덕한 행동을 통해 다른 사람들에게 영향을 미칠 것 같은 경우에만 그의 사적 부도덕이 공적 용무가 된다.

엄밀히 사적인 부도덕이 가능한가?

그러나 그렇게 순전히 사적인 부도덕의 가능성은 많은 사람들에게 점점 직관적으로 설득력이 없는 말처럼 들리게 되었다. "만약 아무에게도 해를 끼치지 않는다면 그것이 뭐가 잘못이란 말인가?" 그리고 어쨌든 도덕이란 필연적으로 관계들에 관한 것이며, 사람들이 도덕적 대상을 대하는 방법에 관한 것이며, 그러므로 본질적으로 혼자서 하는 행동에 적용되는 것이 아니지 않은가?

그러나 어떤 것이 아무런 해를 끼치지 않는 경우에 그것을 그르다고 말하는 것은 전혀 의미가 없다는 엄밀한 결과주의적 경향을 취하더라도, 그리고 도덕은 본질적으로 관계들에 관한 것이더라도, 갓프리 같은 사람의 행동에 관심을 가져야 이유가 적어도 세 가지는 있다.

첫째 이유는 경제학자들이 기회비용이라 부르려는 것이다. 우리가 무언가를 행할 때마다 우리는 다른 무언가를 행하지 않는다. 그래서 당신은 갓프리가 자신의 비디오게임에 투자한 시간에는 비용이 — 즉 그가 행하지 않지만 행할 수 있었을 좋은 일들이 — 있다고 말할 수도 있다.

둘째 이유는 자기 자신에 대한 해를 심각하게 받아들여야 한다는 것이다. 만약 사람들에게 해를 끼치는 것이 도덕적으로 그르다면 자기 자신에게 해를 끼치는 것도 도덕적으로 그르다. 만약 당신이 원한다면 국가나 다른 사람들은 당신이 스스로에게 해를 끼치는 것을 허락해야 한다는 주장에는 일리가 있을지 모르나, 이것은 당신이 행하는 비가 해를 일으키지 않으며 도덕적으로 건전하다는 뜻은 아니다. 우리는 우리 자신에게 관계한다. 갓프리의 경우 그는 자신에게 어떤 해를 일으키는가? 우리는 그의 프로젝트가 도덕성을 좀먹으며 사악한 습관과 태도를 — 예컨대 반유대주의, 여성의 객체화, 고통에의 무관심 등을 — 조장할 것이라고 말할 수 있다.

갓프리에 대한 이야기에서 볼 때 그것은 받아들이기 어렵다고 보일 수 있다. 왜냐하면 공적으로 다른 사람들에 대한 그의 행동은 나무랄 데가 없기 때문이다. 그러나 이는 곧 갓프리에게 관심을 가지는 셋째 이유로 이어진다. 이 이야기는 (결국 이 가공의 이야기는) 전혀 그럴듯하지 않다. 적어도 일부 행동에 관해선 우리가 사적으로 행하는 바는 우리가 공적으로 행동하는 방식에 영향을 미칠 수 있다.

만약 우리가 갓프리한테서 어떠한 여성혐오증이나 인종차별주의를 감지할 수 없다면, 그것은 단지 그가 자신의 편견을 잘 감추었기 때문일 뿐이다. 어쩌면 가능할지 모르나, 그와 같은 종류의 사적 쾌락에 탐닉하는 사람이 자기 집 문밖을 나서자마자 그 쾌락을 발생시키는 비정상적 욕망과 판단을 순식간에 끊는다는 것은 있을법하지 않는 일이다. 이 견해에 따르면, 우리가 공적 도덕뿐만 아니라 사적 도덕에도 관심을 가져야 하는 이유는 단지 우리가 완전하게 분리된 삶을 영위하지 않기 때문이다: 공적인 삶은 사적인 삶으로, 또한 그 반대로 범람하기 마련이다.

그러나 우리의 자아가 공적 자아와 사적 자아로 완전히 분리될 수 없다는 사실이 사적 행동에 대한 법적 제재를 정당화하지는 않음을 깨닫는 것이 중요하다. 아마도 여기서 자유권은 도덕적 관심을 능가할 수도 있다. 그러나 공적 행동에 대한 판단보다는 관대한 형태를 띠겠지만 위의 사실은 사적 행동에 대해 내려질 수 있는 도덕적 판단을 정당화한다.

하나의 반론은 사적 탐닉이 반사회적 행동을 조장하기보다는 오히려 사람들에게 부도덕한 욕망으로부터의 해방을 — 공적 악행을 실제로 방지하는 일종의 카타르시스를 — 제공할 수 있다는 것이다. 이것은 포르노그래피를 찬성하는 논변이다: 사람들이 공적으로 자신의 공상을 행동으로 옮기기보다는 은밀하게 공상에 빠지는 편이 더 낫다는 논변이다. 어쩌면 경험적 자료가 이 논쟁의 해결에 중요할 수 있다. 사적 공상이 사람들로 하여금 반사회적 욕망을 실행에 옮기도록 조장하는가 아니면 단지 그것들로부터의 해방을 제공하는가 하는 문제는 잘 고안된 정신분석학적 실험으로 결정해야 할 문제이다. 어쩌면 도덕철학자들이 다른 전문가들의 도움을 필요로 할 영역이 바로 이 영역일 것이다.

그러나 물론 우리는 사적 행동의 심판에 반대한다고 가정해야 한다. 동성애자, 타인종 간의 부부, 유대인, 신교도, 구교도, 이슬람교도, 기타 사람들에 대한 과거의 — 사악하고 부도덕한 — 사적 행동은 바로 갓프리의 행동처럼 나타났었으리라는 기억은 강력한 경계의 신호이다. 사적 행동에 대해 도덕판단을 내리기 전에 — 혹은 어떤 판단을 내리더라도 그 행동을 바꾸려고 간섭하기 전에 — 우리는 그 행동의 공적 악영향에 대해 얼마만큼 확신해야 할까?

양심의 문제

물론 때로는 그 긴장관계가 다른 방향으로 움직인다. 만약 그런 의무가 있다면, 선한 개인이 나쁜 대중에게 — 예컨대 부도덕한 공동체나 국가나 고용주에게 — 다해야 할 의무는 무엇인가?

양심적 병역거부자들과 납세거부자들에게는, 이것이 다소 민감한 물음일 수 있다. 한편으로 아마 한 국가의 모든 시민은 설령 동의하지 않더라도 공법(公法)을 지지할 의무를 가짐에 틀림없다. 우리는 우리가 그것에 동의하지 않는다는 이유로 지역 자동차도로 속도제한을 그냥 무시할 순 없다. 다른 한편으로 부당한 전쟁이나 박해처럼 우리가 심히 부도덕한 행동으로 간주하는 것에 국가가 관여하는 경우, 그 경우가 바로 개인들이 공법을 위반하고 공동체의 행동규칙에 반대하는 것이 허용될 뿐만 아니라, 그렇게 하는 것이 의무인 경우가 아닐까?

미국 남부의 노예들이 자유로운 주(州)들이나 캐나다로 달아나게 도와주는 언더그라운드 레일로드(Underground Railroad)를 운영했던 사람들은 법을 위반하고 관습에 대항하고 있었다. "백인 전용" 간이식당에 앉음으로써 인종차별 법률과 관습을 위반했던 흑인들도 마찬가지다. 우리가 공적 의무에 반항하기 전에 공적 제도의 비도덕성에 대한 우리의 개인적 도덕판단은 얼마만큼 강하고 확실해야 하는가? 누가 그 판단을 내릴 것인가?

이것들은 어려운 문제이며 정부와 개인들 모두를 한동안 계속 괴롭힐 것이다.

참조

—1.6 성품

—1.10 번영

—1.19 권리

—3.17 합법적/도덕적

참고문헌

*Donald G. Jones, ed., *Private and Public Ethics: Tensions Between Conscience and Institutional Responsibility* (New York: The Mellen Press, 1978)

Raymond Geuss, *Public Goods, Private Goods* (Princeton, NJ: Princeton University Press, 2003)

*Christopher Wellman and John Simmons, *Is There a Duty to Obey the Law?* (Cambridge: Cambridge University Press, 2005)

3.24 스토아적 세계주의 Stoic Cosmopolitanism

개인들은 개별 국가의 시민들이다. 어떤 사람들은 그들이 요구하는 (그리고 그들에게 요구되는) 권리와 책무는 오직 그 정치적 영토의 실정 민법으로부터 나온다고 말한다. 유사하게 소위 윤리적 지역중심주의자라는 사람들은 도덕적 가치와 원칙과 의무는 어쩔 수 없이 사람들이 속한 지역 정부와 문화와 민족과 소속 공동체에 뿌리를 두고 있으며 그것들을 벗어나지 않는다고 주장한다. 그러나 왜 우리는 공동체의 경계선을 초월하여 도덕적 고려를 확장시켜선 안 되는가? 그리고 어떤 사람이 임의적인 정치적 경계선이나 문제의 어떤 다른 공동체 경계선을 건너 이주했다는 이유만으로, 그 혹은 그녀가 도덕적 지위를 획득할 수 있다는 말은 불합리한 말처럼 들리지 않는가?

세계도시

지역중심주의자들과 대조적으로, 고대 스토아철학자들은 모든 사람을 의무에 그리고 서로에게 — 어쩌면 다른 종들에게까지 — 구속시키는 보편적 자연법(*jus naturalis*) 학설을 받아들여 발전시켰다. 스토아철학자들에게는 우리의 책무는 지역공동체의 경계선으로 제한되지 않는다. 우리는 공통적 본성, 공통적 합리성, 그리고 도덕적 대화와 토론을 위한 공동의 토대를 가지고 있다. 세계의 모든 다른 사람을 이웃으로 인식할 수 있으며, 우리 지역의 제도를 그것을 훨씬 초월한 관점에서 비판할 수 있다.

견유학파(犬儒學派) 사람인 디오게네스(Diogenes of Sinope: 기원

전 4세기)는 이렇게 말했다: "어디서 왔느냐는 물음을 받자 그는 '나는 세계의 시민이다' 하고 대답했다"(디오게네스 라에르티우스[Diogenes Laertius], 『유명한 철학자들의 인생』[*Lives of Eminent Philosophers*], VI: 63). 이와 유사하게 스토아철학자들은 전체 우주를 단일한 사회, 모든 합리적 존재가 속하며 모두가 동료 시민들이 되는 하나의 사회라고 말했다. 자연법을 이해하고 그것에 따라 행동하는 사람들은 자신들의 국가의 시민으로만이 아니라 보편적 공동체, 즉 세계도시(Cosmopolis)의 시민으로 살아간다.

누스바움과 공동의 다문화주의

마사 누스바움(Martha Nussbaum: 1947~)은 덜 형이상학적이고 새롭게 개선된 형태의 스토아적 세계주의는 현대인들에게 유용한 도덕적 숙고의 틀을 제공한다는 주장으로 큰 영향력을 미쳤다. 그녀의 주장에서 중요한 것은 스토아적 세계주의는 상호 적대적이고 이해할 수 없는 상태의 분리주의적이고 고립되고 편협한 공동체들에게 맡기지 않고도 지역의 정치적·도덕적 특성들의 유지를 가능하게 한다는 것이다. 세계주의는 우리가 서로에 대한 책무를 함양하고 존중하며 서로 대화하고 논의하는 공동의 방식을 찾도록 요구한다. 이렇게 그것은 정치적-윤리적 쟁점을 오직 국가적·개인적 이해관심의 관점에서만 해석하는 홉스주의적 (혹은 "현실주의적") 학설과 우리를 분열시키고 어떠한 공통적 토대도 제공하지 않는 상대주의적 관념에 대항하는 평행추를 제공할 것이다.

보편적 인권을 선언한 프랑스혁명의 「인권선언문」(1789)과 토마스 제퍼슨의 「독립선언문」(1776) 같은 초기 근대의 정치적 문서들도 유사한 계획에 의해 생겨났다. 이런 제스처의 가장 최근 사례들 중 하나는 1948년 국제연합이 채택한 「세계인권선언」이다.

아마 국제형사재판소(ICC)는 세계주의의 한 사례로 간주될 수 있다. 그러나 보편적 인권 개념만큼 아마 여기에는 어떤 위험들이 도사리고 있다. 그런 재판소가 강대국이나 상대적 약소국에 대한 소송을 처리하면서 진정 공평무사하리라고 기대할 수 있을까, 아니면 그것은 독단적이고 심지어 제국주의적인 권력의 확장을 위한 가면이 될까? 판사들은 보통선거와는 거리가 먼 방식으로 재판소에 임명되며, 국내 판사들이 겪는 것과 같은 승인과 해임 절차를 겪지 않는다. 게다가 국제연합 가입국들 중 많은 나라들은 심히 비민주적이며 실제로 인권을 거의 존중하지 않는다. 왜 그런 나라들이 국제 재판의 판결에서 발언권을 — 심지어 거부권을 — 가져야 하는가?

보편적 권리에 대한 관념은 실제론 서양인들이 (흔히 숨겨진 동기를 갖고) 다른 민족들에게 강요하는 지역적 관념이라고 주장했던 사람들 중에는 중국인들이 있다. 이 주장은 중요한 물음을 제기한다. 비지역적 권리들의 집합이 가능할까? 사람들은 진정 세계인, 즉 세계시민이 될 수 있을까?

참조

— 1.15 자연법

— 2.13 합리주의

— 2.14 상대주의

참고문헌

Cicero, *On Moral Ends*, edited by Julia Annas (Cambridge: Cambridge University Press, 2001)

Immanuel Kant, *Perpetual Peace and Other Essays* [1795], translated by Ted Humphrey (Indianapolis, IN: Hackett Publishing, 1983)

Martha Nussbaum, "Patriotism and Cosmopolitanism" [1996] in her *For Love of Country?* (Boston, MA: Beacon Press, 2002)

제4부

평가, 판단, 비판

4.1 소외 Alienation

인터넷은 사람들을 더 가까이 모았는가, 아니면 뿔뿔이 흩어지게 만들었는가? 인스턴트 메신저와 이메일은 원거리의 직접 통신을 제공한다. 그러나 밤낮으로 컴퓨터 화면에 눈을 붙이고 있는 사람들은 자기 주변의 살아 있는 사람들과는 접촉을 덜 한다. 이메일 공세는 우리의 시간을 빨아들이고; 증식하는 웹사이트들의 미로는 우리를 종종 쓸모없는 정보의 산에 묻어버린다. 온라인 성교가 실제의 성교를 대신한다. 전자 애완동물이 생명을 가진 애완동물을 불필요하게 만든다. 가상현실 게임들이 스포츠를 대신한다.

연결된 세계의 이런 부정적 측면들은 흔히 기술이 인간을 소외시키고 있다는 주장으로 요약된다. 현대의 삶은 정신착란적이고 고립적이고 경쟁적이라고 평가된다. 인간은 자신들이 일자리, 재화, 서비스, 생활의 편의를 위해 서로 경쟁하는 사태를 만들었다. 사람들은 주로 현금거래 관계를 통해, 즉 다른 사람들이 우리에게 (그리고 우리가 그들에게) 돈을 바라고 주의를 기울이게 되는 상업적 상호작용을 통해 다른 사람들과 상호작용한다. 가족은 소비와 교환의 도구가 된다. 그리고 물론 (인종들 사이의 관계나 종교들 사이의 관계는 말할 것도 없고) 소유주와 노동자 사이의 관계는 현재 진행 중인 투쟁의 관계이다. 이런 삶의 방식은 마르크스가 우리의 종적인 존재(species being)라고 불렀던 것에 근본이 되는 것, 또한 아리스토텔레스와 진화생물학자들처럼 다양한 사상가들이 주목했던 것으로부터 — 우리의 사회성, 즉 우리의 협력적이고 공동체적인 필요들로부터 — 우리를 소외시켜 왔다.

소외의 형태

그러나 소외가 반드시 다른 사람들로부터의 소외일 필요는 없다. 우리는 또한 우리의 진실한 자아로부터 소외될 수 있다. 그래서 소외된다는 것은 떨어지는 것, 자기 자신으로부터 멀어지는 것이며, 여하튼 우리가 있어야 할 곳에, 우리가 어울리거나 편안한 곳에, 우리가 진실로 자기 자신일 수 있는 곳에 있지 않는 것이다.

우리는 우리의 마음도 몸도 완전히 자신의 것일 수 없는 공장이나 사무실에서 힘든 하루를 보낸 뒤에 무엇을 하게 될까? 교통체증과 대중교통수단의 혼잡과 싸우고 난 사람들, 쇼핑하고 요리하고 부양가족을 돌보고 난 사람들의 관심을 끄는 것은 무엇일까? 그것은 힘든 지적 혹은 예술적 작업은 아닐 것이다. 우리는 고통의 감각을 없애주는 것, 어떤 단순하거나 육감적인 것, 알코올이나 텔레비전이나 성교 같은 것을 찾을 가능성이 더 높다. 그러나 이런 삶은 우리의 지적 능력들과 그것들이 주는 근본적 만족들로부터 우리를 소외시킨다.

특히 마르크스주의자들은 자신의 창작물로부터의 소외에 대해서도 이야기한다. 근대의 자본주의적 생산체계 안에서 노동자들은 주로 자기가 명령받은 일을 한다. 그들은 다른 사람들이 짜놓은 운영계획을 따르며, 다른 사람들이 다른 사람들을 위해 고안한 재화들을 생산한다. 그러나 비판가들은, 사람들은 이렇게 소외시키는 삶의 방식 이상의 것을 필요로 한다고 말한다. 인간은 호모 사피엔스라기보다는 호모 파베르(*home faber*)이다. 그들은 만드는 자들, 말하자면 개인적이고 자유롭고 자발적이고 자기결정적인 창조력을 통해 자아를 실현하는 존재들이다.

또한 일부 비판가들은 현대의 인공적 삶들이 사람들을 자연 세계로부터 멀리 떨어지게 만드는 상태에 대해서도 불평한다. 우리의 밝고 편안한 도시들은 수많은 오락과 쇼핑과 일자리를 제공한다; 그러나 그것들은 식물들 및 다른 동물들을 막을 뿐만 아니라, 사람들이 자신의 삶을 완전하고 행복하게 만들기 위해 필요로 하는 아름다움과 고요함과 심지어 투쟁조차도 막아버린다. 또 다른 사람들은 성역할과 성차별적 노동, 그리고 성적 정체성에 대한 우리의 관념들이 인간의 삶에서 가능한 훨씬 더 넓은 다양성으로부터 개인들을 소외시키는 점을 지적한다.

그러므로 어떤 실천이나 이론이 인간을 소외시킨다고 비판하는 것은 그 주장의 타당성이나 그 전제의 진위를 직접적으로 묻는 것은 아니다. 차라리 그것은 우리를 우리가 지녀야 할 진정한 본성으로부터 멀어지게 만들고 삶에서 진정 중요한 것들로부터 끊어진 채로 버려둔다고 주장하는 것이다.

참조

—1.4 자율성

—1.16 필요

—4.2 본래성

참고문헌

Karl Marx, "Alienated Labor" in his *Economic and Philosophical Manuscripts of 1844* (Amherst, NY: Prometheus Books, 1988)

Martin Heidegger, "The Question Concerning Technology" [1954], in David Farrell Krell, ed., *Martin Heidegger: Basic Writings*, revised and expanded edition (New York: Harper Collins, 1993)

Bartell Ollman, *Alienation: Marx's Conception of Man in a Capitalist Society*, 2nd edition (Cambridge: Cambridge University Press, 1976)

4.2 본래성 Authenticity

"원래 모습대로 행동하라"는 관념은 대중문화에서 매우 매력적인 관념이다. 멋있는 사람은 제조된 것이지 본래적인 것이 아니라고 여겨지는 대중음악에 대한 기호를 절대 받아들일 수 없다 — 예컨대 몽키스(Monkees), 백스트리트 보이즈(Backstreet Boys), 스파이스 걸스(Spice Girls)를 보라. 그들의 음악, 복장, 심지어 가수들조차도 이윤이라는 지배적 목적으로 음악업계가 선택한 것이다. 본래적인 음악은 민속적이고 지역적이고 민족적이고 전위적인 음악, 얼터너티브 컨트리 같은 새로운 잡종 음악, 인디 록(indie rock) 등에서 찾아진다. 인공물이 만연한 문화에선 본래적인 진짜에 프리미엄이 붙는 법이다.

때로는 우리가 생각하고 느끼고 욕망하고 믿고 행하는 모든 것이 어떤 다른 사람에 의해 정해지는 것처럼 보인다. 부모, 동료, 광고, 종교적 권위, 지식인, 정부고관, 유명인, 기타 수없이 많은 사람들이 우리가 어떠해야 할지에 관한 명령과 공식을 휘두르는 것처럼 보인다. 그러나 일부 철학자들에게 다른 사람들의 명령에 따라 사는 것은 (특히 그렇게 사는 것이 의식적으로 인지되지 않는 경우에는) 인간의 자유와 우리의 진정한 자아에 대한 부정이다. 그러므로 그것은 비본래적인 것이며 거부해야 할 것이다.

본래성과 실존주의

"본래성"을 비판적 용어로 사용하는 것은 원래 사르트르(Jean-Paul Sartre: 1905~80)와 보부아르(Simone de Beauvoir: 1908~86) 같은 실존주의 철학자들과 연관되어 있다. 그러나 사르트르와 보부아르의 개념은 현상학자인 하이데거의 저작, 특히 그의 『존재와 시간』(*Being and Time*, 1927)으로부터 나왔다.

실존주의자들은 "실존이 본질에 앞선다"고 선언한다. 이 말에서 그들은, 그들 이전의 대부분의 철학자들의 견해와는 반대로, 인간의 본성이나 내재적 본질은 없음을 뜻한다. 먼저 인간이 존재한다. 인간은 자신이 단순히 버려졌음을, 무의미하고 결국 뭉그러질 우주 속으로 던져졌음을 깨닫는다. 그런 다음 자신의 자유로운 선택과 창조적인 활동을 통해 인간은 자기 자신과 자신의 가치와 세계의 의미를 창조한다.

그러나 인간적 현실을 있는 그대로 마주보면서, 자신의 모습과 믿음에 대한 책임을 받아들이는 것은 사람에게 어려운 일이다. 대부분 사람들은 자신들이 무엇인가를 자신들을 초월하는 힘들이 결정하는 것처럼 주장하면서, 사르트르가 잘못된 신념(*mauvaise foi*)이라 했던 것 속에서 살아간다(『존재와 무』[*Being and Nothingness*], 1944). 사람들은 차라리 자신들을 사회적 "구성물", 혹은 역사의 변증법적 발전의 산물, 혹은 소비자 대중문화의 피조물, 혹은 자연적 원인들의 연쇄의 필연적 결과, 혹은 자연선택의 결과물, 혹은 어떤 신성의 피조물이라고 믿는 편이 나을 것이다. 그리고 여러 면에서 사회 질서는 이를 인식하지 못하게 가리거나 방해하도록 조직화되어왔다. 보부아르는 현대사회의 가학적이고 가부장적 질서는 여성들을 — 그녀의 1949년 책 제목인 — 『제2의 성』(*The Second Sex*)으로 만들어 여성들의 본래성을 좌절시켰다고 역설했다.

실존주의자들에 따르면, 인간의 자유와 책임을 숨기는 학설들과 믿음들은 단순한 거짓이 아니다. 그것들을 주장하면서 어떤 수준에 있는 사람들은 그것들이 거짓임을 알고 있다. 그러므로 그것들은 거짓 이상이다; 그것들은 잘못된 신념이다. 설령 도덕적 명령들이 어떻게든 신이나 자연에 의해 사람들에게 주어지더라도, 그것들을 받아들일지 말지는 여전히 우리에게 달려 있을 것이다: 모세는 십계명을 돌려줄 자유가 있었다.

그렇다면 본래적으로 산다는 것은 잘못된 신념으로 살지 않는다는 뜻이다. 그것은 인간의 자유를 인정하고 존중하며 자신이 누구이며 무엇인가에 대한 책임을 받아들이는 것을 뜻한다. 많은 실존주의자들에 따르면, 사람들은 우선 자기 자신의 죽음이라는 현실과 존재의 무의미함을 분명하게 직면함으로써 본래적 존재가 된다. 그런 다음 그들은 좋은 신념을 가지고 단호하게 무엇이 될지를, 즉 가장 자기 자신다운 존재방식을 선택해야 한다.

본래적인 선택

1975년 4월 14일, 21세의 카렌 앤 퀸란(Karen Ann Quinlan)은 쓰러진 다음 지속적 식물인간 상태에 빠졌다. 오랜 법적 투쟁 후에 그녀의 가족은 그녀의 생명유지 장치를 제거하기로 결정했다. 퀸란의 가족은 생명유지 장치를 제거하자 카렌이 스스로 숨을 쉴 수 있다는 것을 발견했다. 그녀는 1985년에 사망할 때까지 지속적 식물인간 상태로 살았다.

그 가족이 해야 했던 선택은 매우 어려운 것이었다. 그들과 같은 상황에서 (실제론 거의 어떤 상황에서든) 우리 사회는 사람들에게 수많은 비본래적인 선택사항들을 제공한다. 본래적으로 그런 선택을 내린다는 것은 우선 그 난제를 정면으로 받아들이고, 거기에 다른 사람들이 우리를 위해 미리 마련해놓은 간단한 해답이 있는 것처럼 꾸미지 않는 것을 뜻한다. 다른 사람들이 우리에게 조언을 해줄 수도 있지만, 단순히 권위자들에게 — 예컨대 종교나 의학이나 대중문화나 학계나 심지어 국가의 권위자들에게 — 맡기는 것은 본래적인 선택이 아닐 것이다. 본래성은 책임을 전가하지 않음을 뜻한다. 우리는 온전히 그 부담을 스스로 짊어져야 하며; 오직 가장 자기 자신다운 확고한 존재의 선택에 기초하여 자유롭게 결정을 내려야 한다. 다른 어느 누구도 당신을 대신하여 선택할 수 없다.

확실히 이것은 어려운 일이다. 그러나 그것이 과연 실제로 가능한가? 비판가들은, 본래성 관념은 우리가 관습과 전통과 인간 본성과 사회적 압력과 외부적 권위에 의해 속박을 당하고 있음에도 우리가 완전히 자유롭고 스스로 결정하는 행위자들이라는 잘못된 상상을 하고 있다고 주장한다. 우리는 본래성 관념을 좋아할 순 있지만, 우리가 과연 정말 그럴 수 있을까?

참조

—1.2 행위

—1.4 자율성

—3.2 행위/규칙

참고문헌

*Robert C. Solomon, ed., *Existentialism* (New York: Random House, 1974)

Charles Taylor, *The Ethics of Authenticity* (Cambridge, MA: Harvard University Press, 1992)

*Corey Anton, *Selfhood and Authenticity* (Albany: State University of New York Press, 2001)

4.3 일관성 Consistency

"나는 편견을 가진 사람이기보다는 차라리 역설을 말하는 사람이 되겠다"고 썼을 때, 루소는 도덕적 선함은 기본적으로 엄격한 논리의 문제가 아니라 오히려 인간 감정의 문제라는 널리 주장된 관념을 표현했다. 그러므로 일관성은 논리의 최고 요건일진 모르나 윤리의 최고 요건은 아니다. 예컨대 동정심이 절대적 일관성보다 더 중대한 도덕적 덕목일 것이다. 보다 분명히 말해서, 왜 우리는 일관성이라는 이성적 요구가 사람들에게 도덕적으로 요구된다고 생각해야 하는가? 그렇다면 만약 사람들이 이성적으로 일관성 없는 방식으로 행동한다면 어떻게 해야 하는가? 그렇게 행동하는 것은 철학자들 같은 이성의 찬미자들을 불쾌하게 할 수도 있다. 그러나 이성의 위반이 곧 도덕의 위반인가? "어리석은 일관성은 편협한 마음에서 나온 도깨비다"(「자기신뢰」[Self-Reliance], 1841)라는 에머슨(Ralph Waldo Emerson: 1803~82)의 말은 적어도 윤리학에 관해선 옳았을 것이다.

그러나 일관성이 윤리적 행동의 최소한의 제약이라는 생각은 이론적 철학에서뿐만 아니라 상식에서도 훌륭한 혈통을 갖고 있다. 어떤 사람이 자신의 도덕적 선언과 일관되지 않게 행동할 때, 이의를 제기하는 것은 논리학자들만이 아니다; 그런 사람들은 일반적으로 위선자들이라고 한다. 베이컨 샌드위치를 먹으면서 채식주의를 옹호하는 것; 혹은 주식 배당금에 의존하며 살아가면서 자본주의에 이의를 제기하는 것; 혹은 은밀한 불륜관계를 저지르면서 일부일처제를 설교하는 것; 이것들이 단지 논리적 비일관성이라고 말하는 것은 일반인들이 도덕으로부터 기대하는 것에 정면으로 대드는 것이다.

일관성의 요구

그렇다면 만약 우리가 루소에 반대하여 일관성이 윤리학에서 어떤 역할을 담당한다는 견해를 받아들인다면, 그 역할이란 무엇인가? 첫 번째 주목할 사항은, 도덕적 비일관성이 진정 논리적 비일관성이려면, 도덕 규칙들이 모든 도덕적 행위자들에게 적용되어야 한다는 것이다. 도덕적 행위자들은 모두 예외 없이 동일한 방식으로 도덕판단의 창살 앞에 서야 한다. 그렇지 않으면, 엄밀히 말해서, 도덕적 위선의 수많은 사례들이 논리적으로 비일관적이지 않을 수 있다. 예컨대 다음과 같은 명령의 짝들을 생각해보자.

1. 일부일처제는 도덕적 명령이다.
2. 그러나 나한테는 아니다.

1. 다른 사람들은 고기를 먹어선 안 된다.
2. 그러나 나는 먹을 수 있다.

각 명제들 사이엔 아무런 논리적 비일관성이 없다. 왜냐하면 첫 번째 명제는 다른 사람에게 적용되고 두 번째 명제는 나에게만 적용되기 때문이다. 논리적 비일관성들은 사람들이 도덕 규칙들에 예외를 만들 수 없을 경우에만 나타난다. 그래서 예컨대 "일부일처제는 도덕적 명령이다"라는 말은 그저 그것이 모든 사람에 대한 명령이라는 말이다. 그리고 "다른 사람들은 고기를 먹어선 안 된다"는 잘못 만들어진 도덕 규칙이다. 왜냐하면 어떤 도덕 원칙도 매우 타당한 이유 없이 "다른 사람들"에게만 적용될 순 없기 때문이다. 실제로 우리는 도덕 원칙의 특징은 그것이 보편적으로 적용되어야 한다는 것이거나, 적어도 그것을 지지하는 사람들에게 보편적으로 적용되어야 한다는 것이라고 말할 수 있다.

대부분의 윤리이론가들은 이런 일관성 요구를 받아들인다. 그러나 일부 — 여러분이 이런 표현을 관대히 받아들여 준다면 — 예외들이 있다. 특수주의자들은 도덕적 삶의 특징인 온갖 복잡하고 다양하고 심지어 유일무이한 상황들에 적용될만한 일반적 도덕 규칙들을 형성하는 것은 단순히 불가능하다는 이유에서 일관성 제약을 (혹은 통상 일관성 제약으로 보이는 것을) 거부할 것이다; 그리고 하나 이상의 사례에 적용되는 규칙들이 없다면, 비일관성은 불가능하다. 정서주의자들은 도덕적 선언들이 참이거나 거짓일 수 있는 진술들이라고 믿지 않는다; 그것들은 논리적 모순이나 반대를 산출할 수 있는 성질의 진술들이 전혀 아니다.

토대와 기준으로서의 일관성

일관성 제약을 거부하는 사람들이 있는가 하면, 다른 사람들은 일관성은 그저 도덕의 한 가지 제약이 아니라 도덕이 근본적으로 무엇인가를 정초하는 것이라고 주장한다. 가장 주목할 것으로서 칸트의 "정언명령"은 일관성을 윤리의 중심에 놓는다: "당신이 동시에 그것이 보편적 법칙이 되어야 한다고 의지할 준칙에 따라서만 행동하라"(『도덕 형이상학 정초』[*Groundwork of the Metaphysics of Morals*], 1785). 이 말의 의미는 일관성은 어떤 행동의 원칙이 도덕적으로 건전한지 건전하지 않은지에 대한 기준으로서 결정적이라는 것이다.

칸트에게는 어떤 행동의 원칙 혹은 "준칙"은 모든 사람이 그 행동을 수행하는 것이 논리적으로 가능한 경우에만 도덕적이다. 예컨대 거짓말하는 것은 보편적일 수 없다. 왜냐하면 자신이 진실을 듣고 있다고 가정하는 사람에게만 거짓말을 할 수 있기 때문이다 ― 그러나 만약 모든 사람이 항상 거짓말을 한다면 누구도 그렇게 가정하지 않을 것이기 때문이다. 유사하게 도둑질도 보편적으로 받아들여질 수 없다. 왜냐하면 우리는 오직 자기 물건을 빼앗기는 것을 거부하는 사람으로부터만 훔칠 수 있기 때문이다 ― 그러나 만약 모든 사람이 누구로부터든 자신이 원할 때마다 무엇이든 자신이 원하는 것을 빼앗기로 서로 동의한다면 어느 누구도 자기 물건을 빼앗기는 것을 거부할 수 없기 때문이다. 그것을 거부하는 것은 곧장 논리적 비일관성으로 이어질 것이다. 왜냐하면 그때 우리는 동일한 사안에 대해 찬성하는 동시에 반대할 것이기 때문이다. 칸트에 따르면, 이런 종류의 비일관성이 부도덕한 행동의 특징이다 ― 부도덕한 사람들은, 다른 사람들은 원칙들에 구속되기를 요구하면서 자신들을 그 원칙들로부터 면제시킨다. 게다가 칸트에게는 만약 행동이 일관성을 요구하는 준칙에 근거를 둔다면 그것은 도덕적으로 건전하다.

일관성 있게 그릇된

그러나 일관성만으론 도덕적 수용가능성의 보증에 충분하지 않다. 그것은 도덕적 행동의 필요조건일 순 있지만, 그것이 충분조건이라는 주장은 설득력이 없는 것처럼 들린다. 문제는 도덕적으로 반대되는 많은 가치체계들이 또한 완벽히 일관적일 수 있다는 사실이다. 예컨대 남자와 여자에게 혹은 심지어 다른 민족 집단에게 상이한 권리를 부여하는 체계를 옹호하는 것은 일관적이다. 이런 도덕체계가 그르다는 것을 보여주려면, 우리는 비일관성 이상의 것에 호소할 필요가 있다. 우리는 주민의 일정한 구성원들을 차별하는 것, 즉 권리와 특권의 위계를 설정하는 것은 정당하지 않음을 보여줄 필요가 있다.

설령 그 차별이 어떤 비일관성에 의지하고 있음을 보여줄 수 있더라도, 각개의 도덕적 논쟁이 그 논쟁자들이 비일관성의 오류를 범했기 때문에 일어남을 증명하는 것은 어렵다. 어렵지만 어쩌면 불가능한 것은 아닐지 모른다. 여전히 많은 사람들이 칸트의 뒤를 따라 일관성을 윤리학의 중요한 요소라고 본다.

참조

—2.10 특수주의

—2.13 합리주의

—4.18 보편화가능성

참고문헌

*Robert Paul Wolff, *The Autonomy of Reason: A Commentary on Kant's Groundwork of the Metaphysics of Morals* (New York: Harper Collins,

1974)

Alasdair MacIntyre, *Whose Justice? Which Rationality?* (South Bend, IN: University of Notre Dame Press, 1988)

Elijah Milgram, *Ethics Done Right: Practical Reasoning as a Foundation for Moral Theory* (Cambridge: Cambridge University Press, 2005)

4.4 반례 Counterexamples

불임치료는 여자들이 이제까지보다 더 많은 나이에도 어머니가 될 수 있게 만들었다. 그러나 2005년 1월에 여자아이를 출산한 66세의 루마니아인 아드리아나 일리에스쿠(Adriana Iliescu) 같은 사례에선 모든 사람이 그 어머니를 축하할 것 같진 않다. 가톨릭 신문기자인 크리스티나 오도네(Christina Odone)는 이렇게 적었다: "어떤 일정한 나이를 넘어서 출산하는 것은 비자연적이다." 그 어머니의 산과의사인 리처드 케네디(Richard Kennedy)도 이렇게 밝혔다: "그 나이의 여성에게 임신은 잠재적으로 위험한 모험이다 … 어느 의사든 여자들에게 다른 식으로 조언하는 의사는 비전문가적이며 잘못을 범하는 것이다." 또 다른 학자인 아만다 플라텔(Amanda Platell)은 그 아이가 "양로원에 있는 노파"를 어머니로 가질 것이라는 사실을 애석해했다.

이 모든 비판을 반박하는 한 가지 유력한 방법은 반례를 제시하는 것이다. 우선 그 출산이 비자연적이라는 오도네의 불평에 반대하여, 우리는 예컨대 거의 모든 현대 의약품과 물질적 편의품들처럼 사람들이 전적으로 인정하는 수많은 비자연적인 것들을 지적할 수 있다. 이 반례들은 그런 출산이 비자연적이라는 사실이 그것이 그르다는 것을 증명하기에는 충분치 않음을 보여준다.

그 임신이 위험하다는 케네디의 불평에 반대하여, 우리는 예컨대 전쟁 혹은 다른 위험한 시기에 아이를 낳으려는 것처럼 별로 적당하지 않은 때에 아이를 가지려고 노력했던 사람들의 예들을 지적할 수 있다. 만약 이런 사람들도 그르다고 말할 작정이 아니라면, 비판가들은 단지 그 임신의 위험이 그것을 비난할 이유라고 논해선 안 된다. 사실 그것은 그 어머니를 용감하다고 생각할 이유라고 말할 수도 있다.

플라텔의 의견에 반대하여, 우리는 많은 사람들이 이상적인 생활 상태에서 부모가 되는 것은 아님을 지적할 수 있다. 그러나 장애자나 수감자나 빈민이나 우울한 자나 무식한 자가 아기를 갖는 것은 그르다고 말할 작정이 아니라면, 비판가들은 단지 그녀가 자식에게 이상적인 부모가 될 수 없다는 이유로 일리에스쿠 씨를 비난해선 안 된다.

반례 논증의 형식

물론 이 반응들 중 어느 것도 논쟁을 끝내진 않는다. 그러나 각각은 반례의 힘을 보여주는 두드러진 증거이다. 반례 논증이 작용하는 방식은 다음과 같다:

1. *p*라는 (예컨대 *x*는 그르다는) 주장이 있다.
2. 반례 *a*에서 *p*는 참이 아니다 (*x*는 그르지 않다).
3. *p*는 참이면서 참이 아닐 수 없다 (*x*는 그르면서 그르지 않을 수 없다).
4. 그래서 *p*라는 주장이 거짓이거나 반례 *a*가 거짓이다.

5. 반례 a는 거짓이 아니다.

6. 그러므로 p는 거짓이다 (그리고 x는 그르지 않다).

그렇다면 분명 이런 논증이 효과가 있으려면, 그 자체로 참이며 (전제 5) p가 참이 아님을 증명하는 (전제 2) 반례를 잘 선택해야 한다. 만약 이 두 조건들이 만족된다면, 그 반례 논증은 결정적일 수 있다. 마찬가지로 반례 논증을 반박하기 위해선 우리는 이 조건들 중 어느 것이 만족되지 않음을 증명할 필요가 있다.

반례의 거부

예컨대 그 임신에 대한 케네디의 반대이유는 그것에 대한 반례들이 그가 제시한 명제(위험한 임신을 권하는 것은 그르다)가 거짓임을 보여주지 못한다는 근거에서 지지될 수도 있다. 왜냐하면 누구든 충분히 건강하지 않거나 안전한 곳에서 살지 않는 경우 그녀에게 아이를 가져보라고 권하는 것은 실제로 그르다고 주장될 수 있기 때문이다. 이 경우에 반례는 우리로 하여금 주장하는 바가 정확히 무엇인가에 주목하게 하는데 도움이 될 수 있다: 케네디는 그 어머니가 아기를 가진 것이 그르다고 주장한 것이 아니라, 단지 의사가 그녀에게 아기를 가질 것을 권하는 것이 그르다고 주장했다.

또한 우리는 비판가들이 장애자나 빈민이나 우울한 자나 무식한 자가 아기를 갖는 것은 그르다고 생각해야 한다고 주장함으로써 플라텔의 의견에 대한 이익제기를 반박할 수 있다. 비판가들의 반례는 상황이 마땅히 어떠해야 하는가가 아니라 단지 대부분 사람들이 어떻게 생각하는가를 보여준다. 그러나 물론 그런 대답이 효과가 있으려면 플라텔은 이를 악물고 어떤 사람이 부모가 되기에 적합한가에 대한 가혹한 판단에 동의하면서 그래야 하는 근거를 제공해야 했을 것이다.

이것이 반례들이 매우 위력적일 수 있는 이유이다. 반례들은 논증의 부담을 전가하여 그 사람이 반례에 맞서 자신의 입장을 변호하게 만들거나, 혹은 그 반례가 분명하게 드러내는 불쾌한 결과를 받아들이게 만든다.

참조

—4.3 일관성

—4.13 반성적 평형

—4.17 사유실험

참고문헌

*Elias E. Savellos, *Reasoning in the Courts: The Elements* (Belmont, CA: Wadsworth Publishing, 2000)

*Julie van Camp, *Ethical Issues in the Courts: A Companion to Philosophical Ethics* (Belmont, CA: Wadsworth Publishing, 2000)

*Patrick J. Hurley, *A Concise Introduction to Logic*, 9th edition (Belmont, CA: Wadsworth Publishing, 2005)

4.5 공정성 Fairness

부모가 무언가를 주지 않았을 때 어린아이들은 종종 "그건 불공정해요"라고 불평한다. 실로 "공정성"은 일반적이고 항구적인 윤리적 개념이다. 그러나 그것은 또한 매우 모호한 개념이다.

공정성은 다음 두 가지 요소에 대한 고려를 필요로 한다고 보인다:

1. **분배**, 즉 무언가를 할당하는 방식에 대한 관념; 그리고
2. 어떤 수혜자 계층 및 그들이 분배를 통해 얻는 것과 어떤 다른 계층의 **비교**.

물론 삶이 얼마만큼 공정해질 수 있는가는 어떤 대상들이 분배되는 방식을 우리가 전혀 제어하지 못하는 정도에 따라 제한된다. (예컨대 질병과 지능 — 그러나 환경오염과 교육처럼 우리가 분명 제어하는 대상들이 이것들에 영향을 미치는 방식에 주목하라). 게다가 공정성은 수혜자들을 비교하여 적절한 분배가 이루어질 때 성취된다는 말은 별 볼 일 없는 동어반복처럼 들린다: 공정성은 공정한 분배가 된다.

『니코마코스 윤리학』에서 아리스토텔레스는 공정성이 무엇인가에 대해 어쩌면 보다 분명하게 설명하는 원칙을 제공한다. 그것은 흔히 이렇게 바꿔 말해진다: "평등한 자들을 평등하게, 평등하지 않은 자들을 평등하지 않게 대우하라"(2권 6절과 5권 3절). 이 원칙을 공정성에 적용한다면, 공정성은 (그들의 평등성에 합당한 방식으로) 평등한 자들은 평등하게 분배받고 불평등한 자들은 불평등하게 분배받을 것을 요구한다고 말할 수 있다; 양자의 경우에 이렇게 하는 것은 사람들을

공평하게 대우함을 뜻한다. (물론 누가 평등한 자들이고 누가 불평등한 자들인가를 가리는 문제는 엄청난 정치적·윤리적 싸움을 일으켰다.)

예컨대 만약 모든 시민이 평등하다면, 모든 시민은 법 앞에서 평등한 권리와 평등한 대우를 받아야 한다. 그러나 성인과 비교하여 어린이는 평등한 자가 아니므로, 그들 사이에서는 권리와 특권이 불평등하게 분배되어야 한다 — 그러나 이것은 불평등한 방식이나 여전히 공평하며 그들의 불평등함에 합당한 방식이다. 예컨대 성인은 투표를 하고 계약을 맺고 배심원석에 앉을 권리가 있지만 어린이는 그럴 권리가 없다 (그 역은 불공정할 것이다). 다른 한편으로 어린이는 돌보는 사람에 의해 부양을 받을 권리가 있지만 성인은 그럴 권리가 없다 (그리고 이를 거꾸로 행하는 것은 불공정할 것이다).

현대의 윤리적 담론에서 뜨거운 논쟁을 일으킨 또 하나의 논란은 동성애자들의 결혼을 허락하지 않는 것이 공정한가 하는 문제이다. 대부분의 나라들에서 대부분의 동성 커플들은, 결혼을 통해 이성 커플들에게 분배되는 권리와 특권과 보호를 부여받지 못한다; 즉 그 분배는 불평등하다.

게이나 레즈비언의 결혼을 찬성하는 사람들은 기존의 분배가 불공정하다고 주장한다. 왜냐하면 이 두 종류의 쌍에는 이성 커플들과 같은 취약성을 가지며 동일한 선을 산출하는, 법적으로 자격이 있고 성관계에 동의할 수 있는 성인 시민들이 포함되기 때문이다. 동성 결혼을 반대하는 사람들은 동성의 결혼과 이성의 결혼은 어떤 의미에서 불평등하며, 그래서 양자에게 같은 결혼의 권리를 부여하는 것은 적절하지 않다고 주장한다.

공정으로서의 정의

잘 알려져 있듯이, 존 롤즈는 『정의론』(*A Theory of Justice*, 1971) 및 관련 논문들에서 공정성에 대한 특정한 개념을 통해 정의를 규정하는 방식을 분명하게 말했다. "공정성은 합리적이고 자격 있는 사람들이 완전히 개인적 이해관심으로부터 자유로운 경우에 선택할 원칙들에 따라 사물들을 분배하는 것이다."

이 개념을 명료화하기 위해, 롤즈는 사람들이 자신들의 개인적 사정에 대해 아무것도 알지 못하게 하는 장치인 "무지의 베일"(veil of ignorance)이라는 아이디어를 개발했다. 그래서 무지의 베일하에서 우리는 우리의 성별, 계급, 인종, 종교, 육체적 혹은 지적 능력, 가족사 등에 대해 알지 못하게 된다. 이 상상적 장치는 어떤 집단에게 특권을 부여하지 않는 원칙을 선택한다는 것의 의미를 밝혀준다고 롤즈는 주장했다. 이렇게 선택된 원칙들은 (적어도 롤즈가 사람들이 베일하에서 숙고하리라고 생각한 방식대로 숙고한다면) 모든 사람에게 "공정"할 것이다.

롤즈가 무지의 베일하에서 선택되리라고 생각한 원칙들 중 하나는 분배의 최소극대화(maximin) 원칙이라고 한다. 롤즈에 따르면, 공정성은 분배의 평등을 추정한다. 평등에서 벗어나면서도 공정한 것은 오직 가장 못사는 사람들의 수준을 끌어올려 주는 분배일 것이다. 그렇다면 가장 공정한 불평등 분배는 최소 수혜자의 처지를 극대화시키는 분배일 것이다. 따라서 완벽하게 공평한 분배가 예컨대 100이라는 생활수준 지수를 가져온다면, 불평등을 일으키거나 받아들일만한 재분배는 오직 그것이 최소 수혜자들의 생활수준 지수를 101이나 그 이상의 수준으로 높이는 경우에만 받아들일만할 것이다. 최소 수혜자들의 생활수준 지수를 100이나 그 이하로 낮추는 재분배는 결코 받아들일 수 없다. 최소치를 140으로 끌어올린 불평등 분배는, 그것이 가장 부유한 사람들의 위치를 얼마나 증진시키든, 최소치를 150으로 끌어올린 불평등 분배보다 더 나쁠 것이다.

참조

— 1.19 권리

— 2.2 계약론

— 4.3 일관성

참고문헌

Matthew Clayton and Andrew Williams, eds., *Social Justice* (Malden, MA: Blackwell, 2004)

*John Rawls, *Justice as Fairness: A Restatement*, edited by Erin Kelly (Cambridge, MA: The Belknap Press, 2001)

Amartya Sen, *Inequality Reexamined* (Cambridge, MA: Harvard University Press, 1992)

4.6 오류들 Fallacies

이 위원회는 프랑켄슈타인 교수가 제안한 인간 배아줄기세포 연구가 부도덕함을 알아야 한다. 우리는 과거의 경험으로부터 과학자들이 인간 생명을 대상으로 한 실험을 허락받았을 때 항상 무서운 결과들이 뒤따른다는 것을 알고 있다. 우리는 프랑켄슈타인이 매우 불쾌한 인물이라는 것을 알고 있다. 그리고 우리는 대다수 대중이 이 연구를 반대한다는 것도 알고 있다. 그러므로 우리에게는 선택이 있다: 그 교수가 우리를 위험한 길로 데려가게 할 것인가, 아니면 옳은 것을 지지하여 이 지원서를 거부할 것인가?

다른 모든 담론들에서와 마찬가지로 도덕적 담론에서도 나쁜 추론은 무수히 많다. 그리고 위의 상상적 문단도 나쁜 추론들로 가득 차 있다. 그러므로 윤리학에서 제대로 논증을 하려면 우리는 이런 논리적 오류들을 잡아내고 스스로 그런 오류들을 범하지 않을 능력이 필요하다.

형식적 오류

제대로 작동하지 않는 논증은 오류가 있다고 말해진다. 그러나 오류들은 다양한 형태로 나온다. 형식적 오류들은 그 잘못이 논증의 구조에 있는 것들이다. 이런 오류들에서 우리는 흔히 그 논증이 무엇에 관한 것인가에 주목하지 않고도 왜 그것이 오류가 있는가를 알 수 있다. 다음과 같은 예를 살펴보자:

1. 만약 당신이 그저 재미로 무고한 사람들을 죽인다면, 당신은 나쁜 사람이다.
2. 당신은 나쁜 사람이다.
3. 그러므로 당신은 그저 재미로 무고한 사람을 죽인다.

이 오류는 "후건긍정"이라 불리며, 이 구조를 가진 모든 논증은 오류가 있음에 틀림없다. 그 구조는 이렇게 표현될 수 있다:

1. 만약 p라면 q이다
2. q이다
3. 그러므로 p이다

결론이 결코 그 전제들로부터 귀결되지 않는다. 우리는 참인 전제들로부터 명백히 거짓인 결론을 끌어내기 위해 그 구조를 이용하는 반례에서 이를 분명하게 알 수 있다.

1. 만약 그것이 고양이라면(p), 그것은 포유동물이다(q).
2. 이 개는 포유동물이다(q).
3. 그러므로 이 개는 고양이다(p).

비형식적 오류

대조적으로 비형식적 오류들은 그것들의 실제 내용 때문에 오류가 된다. 예컨대 위의 연설에서 그 제안된 연구가 그르다는 결론에 대해 여러 이유들이 제시된다. 한 가지는 "대다수 대중이 이 연구를 반대한다"는 것이다. 그래서 그 논증은 "만약 대중이 어떤 것을 반대한다면, 그것은 그르다"는 전제에 달렸다. 만약 우리가 그 전제를 받아들인다면 다음과 같은 논증이 논리적으로 뒤따를 것이다:

1. 만약 대다수 대중이 어떤 것을 반대한다면, 그것은 그르다.

2. 대다수 대중이 줄기세포 연구를 반대한다.

3. 그러므로 줄기세포 연구는 그르다.

이것은 (전건긍정이라 불리는) 타당한 구조이므로 형식적 오류는 없다. 그러나 비형식적 오류가 있다. 왜냐하면 첫 번째 전제는 거짓이기 (그리고 일반적으로 판단을 그르치게 한다는 점에서 거짓이기) 때문이다. 만약 대다수 대중이 태양이 지구 주위를 돈다거나 마녀들이 존재한다고 믿는다고 해서 그런 믿음이 참이 되진 않을 것이다. 이런 잘못된 추론 방식은 매우 일반적이기 때문에 그것은 그 자체의 명칭을 가진다: 대중에의 호소(*argumentum ad populum*).

네 가지 다른 오류들

실제로 위의 짧은 연설은 적어도 네 가지 다른 오류들의 예를 포함한다. 대인 논증(*argumentum ad hominem*)은 어떤 입장 자체가 아니라 그 입장을 주장하는 사람을 공격한다: 프랑켄슈타인 교수가 "매우 불쾌한 인물"이라는 사실은 그의 연구의 도덕성과 무관하다.

"그 교수가 우리를 위험한 길로 데려가게 할 것인가, 아니면 옳은 것을 지지하여 이 지원서를 거부할 것인가?" 하는 물음은 거짓 이분법을 제시하며 또한 선결문제를 요구한다. 그것은 — 그 교수가 부가된 일정 조건하에서 연구를 수행하도록 허락하는 것과 같은 — 사실 다른 선택이 있음에도 오직 두 가지 배타적 선택들만 줌으로써 거짓 이분법을 (혹은 거짓 대안들을) 제시한다. 그것은 선결문제를 요구한다. 왜냐하면 그것은 여전히 논의의 대상이라고 생각되는 것을 — 그 연구의 진행을 허락하는 것이 그른 것인지를 — 미리 가정하기 때문이다.

아직 더 있다: 또한 위의 연설은 (그것이 주장하는 바에 의하면) 통상적 (과학자들에게 인간 생명을 대상으로 한 실험을 허락했을 때 무서운 결과들이 뒤따른다는) 사실로부터 이 특수한 사례가 그르다는 결론을 주장함에 있어서 우연의 오류를 범한다. 그러나 "보편적"인 것이 아니라 "통상적"인 것에는 그 본성상 예외가 있기 마련이다. 그래서 어떤 특수한 결과가 통상적인 것으로부터 나올 것이라곤 가정할 수 없다: 위의 주어진 사례에선 그것이 예외일 수도 있다.

윤리학 관련 저서에서 열거하기엔 너무나 다양한 오류들이 있다. 그 고전적 형태들을 정식으로 배우지 않고도 오류가 있는 논증을 잡아내는 것은 충분히 가능한 일이나, 가장 일반적인 형태들을 잘 알아두는 것은 확실히 유용하다. 결국 오류들이 그렇게 흔한 이유는 그것들이 매우 유력하기 때문이다: 사람들은 본성적으로 오류들을 잡아내는 데 별로 능숙하지 못하며, 많은 사람들은 심지어 오류들이 설득력이 있다고 느끼는 것처럼 보인다. 그러므로 오류들을 공부하는 이유는 부당하지만 설득력을 가진 논증들의 수사학적 힘에 대항하는 면역력을 가지도록 도와주려는 것이다. 이것은 시간을 투자할 가치가 있는 예방책이다.

참조

—4.3 일관성

—4.4 반례

—5.3 잘못된 신념과 자기기만

참고문헌

John Shand, *Arguing Well* (London: Routledge, 2000)

Nigel Warburton, *Thinking from A to Z*, 2nd edition (London: Routledge, 2000)

*Julian Baggini and Peter S. Fosl, *The Philosopher's Toolkit: A Compendium of Philosophical Concepts and Methods* (Oxford: Blackwell, 2003)

4.7 불편부당성과 객관성 Impartiality and Objectivity

장융(張戎)의 『대륙의 딸들』(*Wild Swans*, 1992) 중에 제9장은 "부패하지 않는 사람과 살기"라 한다. 문제의 그 사람은 마오쩌둥(毛澤東) 시절 중국에서 지방관이었던 장융의 아버지 왕유이다. 그는 가족들에게 특권을 주는 것은 그릇된 일이라는 공산당의 방침을 엄격히 고수했다. 그는 심지어 아기를 낳은 자기 부인을 걸어서 30분 걸리는 병원에서 집까지 데려다 주려고 공무용 차량을 보내준 한 동료를 질책했다. 왕유는 공무원 본인이 타고 있지 않는 경우에는 공무용 차량을 이용해선 안 된다고 주장했고, 그 동료는 당시 마을을 떠나 있었다.

왕유가 따랐던 가치체계에 대해 우리가 어떻게 생각하든, 그가 그것을 그렇게 객관적으로 적용한 것은 칭찬할만하지 않은가? 객관성은 윤리에서 바람직하지 않은가? 그럼에도 이 이야기에 대한 대부분 사람들의 반응은 그의 대응이 도덕적으로 고결하다기보다는 냉혹하다는 것이다.

객관성의 의미

이 이야기는 도덕적 "객관성"이란 무엇을 의미하는가 하는 물음을 제기한다. 가장 엄밀한 의미에서, 인간의 관례나 욕망이나 믿음이나 다른 어떤 주관적인 것으로부터 독립하여 존재하거나 규정될 수 있는 경우에 도덕은 객관적이다. 이것은 윤리 원칙 자체의 본성과 관련된 객관성이다.

그러나 — 도덕 원칙 자체가 진정 객관적인지와 관계없이 — 도덕이 적용되는 방식에 관련된 또 다른 의미의 "객관성"이 있다. 이런 의미를 어떤 교사가 교실에서 적용될 규칙들을 부과하는 방식과 비교해보자. 명백히 이 규칙들은, 그것들이 만들어진 문화와 상황 밖에선 객관적으로 존재하지 않는, 단지 인위적인 사회적 구성물들이다. 그럼에도 그 교사가 모든 사람을 똑같이 대우하면서 제멋대로 편애하지도 않고 특권을 박탈하지도 않는다면 그녀는 이 규칙들을 객관적으로 적용할 수 있다.

이런 종류의 객관성은 흔히 "불편부당성"이라 하며, 분명 그것이 도덕적 준칙을 따르는 적절한 방법인 경우가 많다. 그러나 장융의 이야기가 말해주는 것처럼, 완전히 불편부당하고 자신과 특별한 관계의 사람들에게조차 절대 특권을 주지 않는 것은 몰인정한 것처럼 보인다. 그럼 객관성은 항상 완전한 불편부당성을 수반해야 하는가?

객관적이지만 편파적인

반드시 그렇진 않다. 그 이유를 알려면, 우리는 규칙들 자체와 그것들의 적용과 그것들의 정당화를 구분할 필요가 있다. 밝혀질 바대로 도덕 규칙들은 편파성을 허용하면서도 여전히 객관적일 수 있다. 요컨

대 다음과 같이 구분된다:

- **규칙 자체의 불편부당성:** 도덕 규칙은 우리가 우리와 가까운 사람들을 다르게 대하는 것을 허용하지 않으며, 우리는 이 규칙을 객관적으로 따라야 한다.
- **규칙 적용의 불편부당성:** 도덕 규칙은 우리가 우리와 가까운 사람들을 일정 정도는 다르게 대하는 것을 허용하며, 우리는 이 규칙을 객관적으로 따라야 한다.
- **규칙 정당화의 불편부당성:** 도덕 규칙은 여러 상황에서 편파성을 허용하며 심지어 요구할 수도 있지만, 이 규칙 자체는 완전히 불편부당한 관점에서, 예컨대 공리주의 같은 규범적 입장에서 정당화될 수 있다.

두 번째 가능성은 사람들이 직계가족과 가까운 친구에게 보다 더 많은 관심과 배려를 베푸는 것을 허용하는 도덕체계를 상상하는 것이 어떻게 가능한지를 보여준다. 그러므로 도덕 규칙을 객관적으로 적용하라는 요건에는 우리와 가까운 사람들을 위해 부적절한 방식으로 규칙을 악용하지 않고 또한 다른 사람들이 같은 방식으로 그들 자신에게 호의를 베푸는 것을 허용하지 않는 것이 포함될 것이다. 규칙들은 다양한 행동을 허용할 수 있지만, 각 규칙은 다른 규칙들만큼 엄격하고 일관성 있게 유지되어야 한다.

이에 비해 도덕적 책무에 관해선 중대한 차이점들이 있을 수 있다. 예컨대 침몰하는 배에서 사람들을 구해야 하는 응급상황에 처한다면, 우리는 자기 가족과 절친한 친구를 도와야 한다는 특별한 책무, 즉 우리가 똑같은 방식으로 낯선 사람을 도와야 한다고 요구하지 않은 책무를 가진다고 주장될 수 있다.

불편부당한 윤리체계

여러 도덕체계들은 분명 적용의 불편부당성만이 아니라 규칙 자체의 불편부당성을 요구하는 것처럼 보인다. 예컨대 벤담의 공리주의는 "각자는 하나로 간주되며, 누구도 하나 이상으로 간주되지 않는다"고 요구한다. 엄격히 따른다면, 이 말은 친구와 가족에 대한 특별한 대우는 그들을 다른 사람보다 더 중요하다고 간주할 것을 요구하므로, 윤리적으로 그들을 특별대우해선 안 된다고 요구하는 말처럼 들릴 것이다.

기독교윤리가 복음서의 가르침을 따르는 것이라면, 그것 역시 가족 유대의 약화를 요구하는 것으로 보일 것이다. 이것이 다음에 나오는 구절을 포함하여 여러 구절들이 전달하고자 하는 메시지인 것처럼 보인다: "예수의 어머니와 형제들이 예수께 왔으나 사람들이 많아서 만날 수가 없었다. 그래서 어떤 사람이 예수께 '선생님의 어머님과 형제분들이 선생님을 만나시려고 밖에 서 계십니다' 하고 알려 드렸다. 그러나 예수께서는 사람들에게 '하느님의 말씀을 듣고 그대로 실행하는 사람들이 내 어머니이며 내 형제들이다' 하고 말씀하셨다"(「누가」 8장 19~21절).

도덕 규칙을 불편부당하게 적용할 필요가 있다는 말은 일관성의 요구처럼 보인다. 도덕 규칙 자체는 일체의 편파성도 허용해선 안 된다는 말은 훨씬 더 강한 주장이며 훨씬 더 논란의 여지가 많은 주장이다.

참조

—3.6 인지주의/비인지주의

—4.3 일관성

—5.13 개인의 개별성

참조문헌

Brian Barry, *Justice as Impartiality* (Oxford: Oxford University Press, 1995)

Brad Hooker, *Ideal Code, Real World: A Rule-Consequentialist Theory of Morality* (Oxford: Oxford University Press, 2000)

Michael Moore, *Objectivity in Ethics and Law* (Burlington, VT: Ashgate, 2004)

4.8 존재와 당위의 간격 The "is/ought gap"

세계보건기구(WHO)에 따르면, 대마초 혹은 마리화나의 사용에 의한 심각한 건강상의 영향들에는 인지 발달과 정신운동 수행의 장애가 포함된다. 대마초를 피움에 의한 만성적인 건강상의 영향들에는 다음의 것들이 포함된다: 인지 기능의 선택적이고 때로는 영구적인 장애; 대마초 의존성의 발전; 정신분열증의 악화; 호흡기 및 주요 기관지의 상피조직 손상; 폐렴; 감염에 대한 폐방어 감소; 그리고 출생체중의 감소로 이어지는 태아 발달의 장애. 이것은 대마초 사용이 도덕적으로 그르다는 것을 보여준다.

마지막 문장과는 별개로 앞 문단의 각 문장은 오직 사실의 문제만을 포함한다. 그러나 그 문단은 무언가 다른 것, 즉 "대마초 흡연은 도덕적으로 그르다"는 가치판단으로 끝맺는다. 그러나 존재에 대한 전자의 진술들로부터 당위에 대한 후자의 주장을 얻는 것이 가능한가? 존재와 당위의 간격을 메우는 것의 어려움은 도덕철학에서 주요 쟁점이었으며, 여전히 완전하게 해결되지 않은 쟁점이다.

흄의 문제

이 쟁점에 대한 근대의 논의는 흄에서 시작하며, 그는 1740년 『인간본성에 관한 논고』에서 이렇게 말한다:

> 내가 지금까지 마주친 도덕에 관한 모든 이론체계에서, 나는 그 저자가 한동안 일상적인 추론 방식으로 진행하면서 신의 존재를 입증하거나 인간사에 관한 소견을 말하는 것을 항상 주목해왔다; 그때 '~이다' (is)나 '~이 아니다' (is not) 같은 명제의 통상적 계사 대신, '~해야 한다' (ought)나 '~해선 안 된다' (ought not)로 연결되지 않은 명제와 마주치지 않을 수 없음을 깨닫고 나는 깜짝 놀랐다. 이런 변화는 감지하기 힘들다; 그러나 매우 중요하다. (3권, 1부, 1절)

근본적으로 이것은 단순한 논리적 주장이다. 생선을 언급하는 전제로부터 수상(首相)에 관한 결론으로 나아갈 수 없는 만큼, 하나의 논증은 "존재" 진술만 포함하는 전제들로부터 "당위"를 표현하는 결론으로 나아갈 수 없다. 결론은 그 전제들에 의해 입증되어야 한다. 그리고 전제들이 결론 안에 있는 것을 전혀 언급하지 않는다면, 이런 입증은 불가능하다.

이것이 처음에 나온 대마초에 관한 문단이 좋은 논증이 아닌 이유이다. 비록 대마초 사용이 야기하는 해악들의 긴 목록이 있겠지만, 그것은 그저 사실들의 목록이다. 그것은 당위에 대해선 아무것도 말하지 않고, 오직 존재에 대해서만 말한다. 따라서 이 사실들로부터 대마초 흡연이 그르다는 결론을 내리는 것은 그 사실들이 입증하는 것 이상을 말하는 것이다.

이 간격을 메우기 위해 필요할 것은 "소비자의 건강에 다수의 광범위한 부정적 영향들을 미치는 생산품을 소비하는 것은 그르다"와 같은 평가적 전제이다. 그러나 원래의 결론이 오직 사실들로부터 귀결되지 않는다는 동일한 이유에서, 그 전제 자체가 결코 사실들만으로 입증될 수 없다는 것에 주의할 필요가 있다: 어떤 당위도 결코 단순한 존재로부터 도출될 수 없다.

"사실과 가치의 구분"

"존재와 당위의 간격"은 흔히 "사실과 가치의 구분"과 동의어로 간주된다. 그러나 이런 이름표를 제 것이라고 주장하는 두 가지 매우 다른 생각들이 있다.

(1) 순전히 사실적 전제로부터는 어떠한 평가적 결론도 연역될 수 없다.
(2) 사실은 어떠한 평가적 내용도 가지지 않는다; 사실에는 가치가 개입되지 않는다.

두 번째가 첫 번째보다 더 강한 명제이다. 예컨대 사실적 전제는 순전히 사실적이지 않을 수도 있다는 주장은 (1)과 모순되지 않는다: (2)와 모순되게, 일부 사실들은 평가적 내용을 분명 가진다. 그러므로 이런 설명에 의하면, 사실과 가치는 상호배타적인 두 영역들에 속하는 것이 아니다. 비록 (1)은 순전히 사실적 전제들에 대해서 유효하지만, 이것은 사실과 가치가 다른 논증들에서 결코 섞일 수 없음을 의미하진 않는다.

우리 마음대로 한다면 우리는 흄이 기술한 것과 같은 "존재와 당위의 간격"은 (1)에 해당하고; 수많은 현대 철학자들에게 영향을 미친 소위 "사실과 가치의 구분"은 (2)에서 표현된 더 강한 주장을 가리킨다고 말할 수 있을 것이다. 그러나 사실상 철학자들 사이에서 이 용어들의 실제 용법은 보다 애매하고 논란의 여지가 있다. 그러므로 우리는 "존재와 당위의 간격"과 "사실과 가치의 구분"이 규정될 수 있는 다양한 방식들에 대해 세심한 주의를 권한다.

참조

—1.15 자연법

—2.9 자연주의

—3.5 원인/이유

—3.6 인지주의/비인지주의

—3.9 사실/가치

참고문헌

*David Hume, *An Enquiry Concerning the Principles of Morals* [1751]: *A Critical Edition* (Oxford: Clarendon Press, 1999)

Hilary Putnam, *The Collapse of the Fact/Value Dichotomy and Other Essays* (Cambridge, MA: Harvard University Press, 2002)

Peter Railton, *Facts, Values, and Norms* (Cambridge: Cambridge University Press, 2003)

4.9 정의와 합법성 Justice and Lawfulness

정의는 그것이 없을 때에 가장 주목하게 되는 이상한 것들 중 하나다. 사람들이 정의에 지지할 수도 있지만, 그 이상으로 사람들은 부정의에 반대한다. 그러므로 어떤 것이 부정의하다는 말은 도덕적 반대를 제기하는 일반적이고 강력한 방법이다. 그러나 정의는 다양한 의미들을 가진다. 가장 냉소적인 것은 플라톤의 『국가』에 나오는 트라시마코스가 "정의는 강자의 이익이다"(제2권) 라고 주장한 것이다. 달리 말해서 "정의롭다"는 관념과 법률과 관례는 단지 강자들이 자신의 권력을 확고히 다지고 확장하고 집행하기 위해 만들어낸 것들이다. 프랑스 탈구조주의자 푸코는 유사한 결론을 주장했다(『감시와 처벌』[*Discipline and Punish*], 1975).

플라톤적 정의: 모든 것이 제 위치에

플라톤의 『국가』는 사람들이 호소하는 가장 유명한 정의 개념들 중 하나이면서 동시에 어쩌면 가장 색다른 정의 개념들 중 하나를 전개한다. 거기서 플라톤은 정의가 하나의 정치적 이상이면서 동시에 영혼의 덕이라고 기술한다.

플라톤의 묘사에서 (혹은 적어도 그의 이야기에 나오는 인물인 소크라테스가 제공한 묘사에서) 정의는 도시 혹은 영혼의 부분들과 그것들의 활동들이 조화롭고 합리적으로 통치되는 하나의 완성된 전체로 통합된 상태이다. 각 시민과 각 계급의 사람들은 그들의 본성에 가장 적합한 방식으로 사회 질서 속에 놓인다.

생산과 봉사에 가장 적합한 사람들은 생산과 봉사의 위치(혹은 노예 상태!)에 놓인다; 전쟁에 가장 적합한 사람들은 전사 혹은 "수호자"의 역할에 놓인다; 사고와 통치에 가장 적합한 사람들은 "철인 왕 혹은 여왕"의 역할에 놓인다. 이것은 매력적인 견해이다. 결국 모든 사람이 가능한 가장 조화롭고 완전한 방식으로 자신에게 가장 적합한 일을 수행하며 가장 능력 있는 사람에 의해 통치되는 사회가 무엇이 나쁘단 말인가?

그러나 많은 사람들에게 플라톤의 국가는 부정의한 사회의 모델처럼 보인다: 모든 사람은 하라고 명령된 일을 수행해야 하며, 오직 엘리트들만 권력을 행사한다. 포퍼(Karl Popper: 1902~94)와 오크쇼트 같은 비판가들이 주장한 바대로, 플라톤의 정의는 폴 포트(Pol Pot)의 캄보디아 같은 전체주의적 정권에서의 정의처럼 보인다.

정의, 권리, 법

서로 다른 철학적 입장에서, 정의는 법과 서로 다른 관계를 유지한다.

- **법실증주의자들**은 법과 도덕 사이엔 필연적이거나 본질적인 연관이 없으며, 그 둘은 본질적으로 별개이며 다르다고 주장한다. 따라서 실증주의자들에게는, 정의는 (a) 단순히 "법이 규정하는 바"를 의미하는 무도덕적 용어이거나 (b) 우리가 법률을 비판하면서 의존할 순 있지만 그 자체는 합법성과 무관한 것이다.
- 대조적으로 **자연법 이론가들**은 법과 도덕 사이에 밀접한 연관이 있다고 주장한다. 그들의 이런 주장은 실제 사회의 법률을 초월하고 **자연적 정의**라고 하는 것의 토대가 되는 **자연법**과 실정 **민법** 사이의 구분에 의거한다.

이 견해에 의하면, 민법은 **자연법**에 따르거나 적어도 모순되지 않아야 한다. 민법들이 그럴 경우, 그것들은 정의롭다; 그것들이 그렇지 않을 경우, 그것들은 부정의하다. 이 개념은 기존 법을 비판할 근거를 제공한다.

- **관습법 전통주의자들**은 정의는 어떤 문화의 역사와 전통과 관습으로부터 흘러나온다고 주장한다. 거의 같은 방식으로, 고대 로마의 입법자들은 불문의 전통법(*mores maiorum*)에 의지했고, 유교적 통치자들은 리(理; 법, 예, 전통, 의식, 예의)를 통해 정의를 인식하려 했다.
- **권리 우선적 정의관들**은 자연법 이론과 마찬가지로 실정법에 대한 비판을 제기할 받침을 제공한다. 법률이나 정책이 기본권을 침해할 경우, 그것들은 부정의하다; 그것들이 기본권을 존중하거나 보장하거나 심지어 확장할 경우, 그것들은 정의롭다. 기본권의 이런 식의 기능은 특정 민법을 무효화하는 헌법, 혹은 관습법이나 판례법의 선례, 혹은 자연이나 신처럼 정치적 질서를 초월하는 것에 기초를 둘 수 있다.

분배적 정의

분배적 — 즉 다양한 재화와 서비스, 주로 경제적 재화와 서비스의 분배방식에 관계된 — 정의라는 또 다른 형태의 정의가 있다.

일부 사람들은 어떤 일정한 결과나 (『아나키에서 유토피아로』[*Anarchy, State and Utopia*, 1974]에서 로버트 노직이 명명한 것처럼) "목적 상태"(end state)는 설령 그것에 도달하기 위해 어떠한 법률이나 절차를 위반하지 않더라도 부정의할 수 있다고 주장한다. 이 부류의 비판가들은 재화와 서비스와 보호와 복리가 전체적으로 어떤 일정한 방식으로, 혹은 어떤 특정한 범위의 가능성 안에서, 혹은 합당한 부류의 사람들을 (그리고 어쩌면 다른 살아 있는 것들을) 포함하는 방식으로 분배되지 않는다면 그 사회 질서는 부정의하다고 논한다. 예컨대 일부 철학자들은 사람들이 — 연금이든 보상이든 처벌이든 — 그들이 "받을 만한" 것을 받는다면 그 사회는 정의롭다고 논한다. 다른 철학자들은 사람들이 "필요로 하는" 것을 받는 것이 정의로운 분배의 최소한의 요건이라고 주장한다(1.14절과 1.16절을 보시오). 또 다른 철학자들은 올바른 절차를 따른다면, 즉 정당한 법의 절차를 존중한다면 그 결과가 무엇이든 정의가 이루어진 것이라고 주장하면서 순수하게 형식적 혹은 절차적 정의관을 옹호한다.

그렇다면 분배주의적 비판가들은 부분적으론 부정의하지 않더라도 전체적으론 부정의할 수 있다고 주장할 수 있다. 그러나 이것이 가능한가? 잘 알려져 있듯이 키케로(Cicero: 기원전 106~43)는 『법률론』에서 "국민의 선이 최대의 법률이다"(3권, 3장, 8절)라고 말했다. 이는 국민을 하나의 전체로 말한 것인가, 아니면 개별적으로 말한 것인가?

정의와 처벌

법정은 "정의가 이루어지는가"를 지켜보기 위해 존재한다. 적절한 종류의 처벌이 적당한 대상자들에게 적절한 방식과 비율로 적절한 권위에 의해 적절한 이유로 주어질 때 정의가 이루어진다.

처벌에 대한 다섯 가지 주요 정당화들이 있다:

1. **응보** (올바르지 못하게 행동한 사람들에게 그 잘못에 대한 응답 혹은 보복으로 어느 정도의 처벌이나 위해를 가하는 것)
2. 그 범죄에 의해 손상되거나 파괴된 재화의 **회복**
3. 미래의 악행에 대한 **억제**

4. 범죄자의 **교도**

5. 대중의 **보호**

어떤 형사사법체계가 정의로운지 아닌지는 처벌에 대한 이 정당화들이 얼마만큼 합당한지, 그리고 그 체계가 이 정당화들이 요구하는 목표를 실제로 얼마만큼 달성하는지에 달렸다.

참조

—2.2 계약론

—4.5 공정성

—4.14 회복

참고문헌

H. L. A. Hart, *The Concept of Law* [1961], 2nd edition (Oxford: Oxford University Press, 1997)

*Ronald Dworkin, *Law's Empire* (Cambridge, MA: The Belknap Press, 1986)

David Miller, *Principles of Social Justice* (Cambridge, MA: Harvard University Press, 1999)

4.10 의전론 Just war theory

윤리적 원칙과 실천이 전혀 없는 상황을 상상해보라. 그것은 마치 전쟁 같을 것이다. 홉스가 법과 도덕의 영역 밖에 있는 인간의 삶을 "만인에 대한 만인의 전쟁"(『시민론』[*De Cive*], 1651)이라고 말한 것은 전혀 놀랄 일이 아니다. 너무나 중요한 것이 — 생존이 — 걸려 있기 때문에, 전쟁 동안에는 사람들이 어떠한 도덕적 금지도 무시하는 것이 정당화되는가? 전쟁은 확실히 무도덕적인 것처럼 보인다.

그러나 다른 한편으로 전쟁은 더없이 사회적인 현상이다. 그것은 사회조직, 합법화, 재정, 산업 등을 필요로 한다. 보통 도덕의 범위 내에 있다고 생각되는 다른 것들처럼, 전쟁은 다른 사람들과 세계에 심각한 영향을 준다. 그리고 부도덕하게 사느니 좀 더 도덕적으로 죽는 편이 더 낫지 않을까? 실로 많은 경우에 도덕은 아마 틀림없이 희생을 요구할 것이다. 그것의 사회성과 그 영향의 중대성 그리고 죽음도 불사하는 도덕의 요구들 때문에, 전쟁은 결국 도덕적 비난에 두드러지게 적합한 현상일 것이다.

의전론(義戰論)

비록 세계를 둘러싼 사회들이 공동으로 전쟁에 관한 규칙을 세웠지만, 대부분 철학자들은 의전론을 정식으로 정의한 것은 아우구스티누스라고 생각한다. 그 이론의 전반적 특징들은 두 가지 쟁점들로 나뉜다: (1) 우선 전쟁에 돌입할지(*jus ad bellum*)의 문제, 그리고 (2) 전쟁을 수행하는 방식(*jus in bello*). 이 쟁점들을 숙고하기 위해 철학자

들이 제시한 가장 두드러진 원칙들에는 다음과 같은 것들이 포함된다:

1. **합법적이고 자격 있는 권위:** 이 기준은 보통 전쟁 선포를 위한 올바른 절차를 거쳐 합법적이고 자격 있는 정부에 의한 공식적 선언을 뜻한다. 일부 사람들은 오직 민주주의 정부만이 자격 있는 권위라고 주장한다; 군사 행동에 대한 국제연합의 공식승인도 필요하다고 생각된다.
2. **대의명분:** 가장 일반적으로 "즉각적 위협"이나 "명백하고 현존하는 위험"에 직면한 상황에서의 자기방어가 대의명분이라고 간주된다. 그러나 최근 르완다와 보스니아-헤르체고비나에서 일어난 사건들의 결과로, 사만다 파워(Samantha Power: 1970~, *A Problem from Hell*, 2003) 같은 사상가들은 인도주의적 목적에서 군사적 중재의 강도를 높이는 것은 정당하다고 주장했다. 양측이 모두 해를 입을 때, 한쪽 편의 인구 가운데 고통당하는 사람들의 수가 고통당하는 다른 편 사람들의 수를 크게 상회하고, 미래에 더 많은 해악이 예상될 경우에만 한쪽 편이 전쟁에 돌입하는 것이 정당화된다.
3. **최후의 수단:** 이 기준에 의하면, 전쟁은 오직 평화적이고 비폭력적이며 비호전적인 수단들을 모두 강구한 후에만 수행될 수 있다.
4. **옳은 의도:** 이 기준은 관련된 사람들의 주관적 상태에 관한 평가를 수반하며, 그런 이유로 그것은 때때로 채택하기 어렵다. 그럼에도 그 기준은 전쟁의 의도가 명분과 일치하지 않더라도 적어도 그 의도가 좋은 의도일 것을 요구한다. 이 기준에 의하면, 대의명분(예컨대 자기방어)을 위해 싸우더라도 나쁜 의도를 (예컨대 약탈이나 복수) 가진 전쟁은 부정의한 전쟁으로 남는다.
5. **목표의 올바른 결말:** 보통 의로운 전쟁의 목표는 평화와 질서를 회복하거나 확립하는 것이다. 전쟁은 고통이나 고문이나 보복을 가하기 위해 수행

되어선 안 된다. 또한 올바른 결말에는 예컨대 항복 선언과 같이 적대행위를 인지하고 그것에 종지부를 찍기 위한 어떤 확실하고 효과적인 절차가 포함된다.

6. **성공:** 의전론자들은 군사행동이 목적을 성취하는 데 성공하리라는 합당한 기대가 있어야 한다고 주장한다. 무익한 전쟁은 정당화될 수 없다.
7. **적절한 수단:** 적절한 무기를 가지고만 전쟁을 할 수 있다. 일반적으로 비전투원들이나 무고한 사람들에게 지나친 해를 가하거나 지나친 고통을 가하는 무기들은 부당하다고 간주된다. 예컨대 핵폭탄, 지뢰, 화학무기, 생물학적 물질, 열화우라늄 같은 무기들은 부도덕하다고 말해진다.
8. **비례:** 본질적으로 이 기준은 배치되는 무력이 여하튼 그 전쟁이 대응하는 악행의 본성과 비슷해야 한다고 요구한다. 예컨대 저작권 침해를 이유로 다른 나라를 침공하는 것은 지나친 대응일 것이다.
9. **최소 사상자/최소 무력:** 많은 의전론자들은 가능한 한 적은 사람들이 해를 입어야 하며 전쟁 목표를 달성하기 위한 최소 무력이 사용되어야 한다고 주장한다. 환경 손상과 인간이 아닌 개체군에 대한 전쟁의 영향도 최소화되어야 한다. 이 요건에 따르면, 전쟁은 불필요하거나 잔인하거나 과도한 방식으로 수행되어선 안 된다.
10. **포로와 점령 영토에 대한 올바른 처우:** 이 윤리적 기준은 (백기를 흔드는 것과 같이) 항복을 위한 어떤 인정된 효과적 절차를 요구한다. 일단 사로잡히게 되면, 포로들은 다음과 같은 자격이 있다: 신원 확인과 추적; 시민일 경우에는 방면; 적당한 음식과 물; 안전하고 위생적인 주택; 적십자와 적신월사 같은 국제 인도주의 기관들에 대한 접근. 포로들을 고문하거나 강제노동을 시키거나 실험에 사용하거나 굴욕을 주거나 선전에 이용하거나 공개적으로 드러내선 안 된다. 점령 영토는 합병하거나 수탈하거나 식민지로 만들어선 안 된다; 시민들은 처벌을 받거나 방해를 받아선 안 되

며, 가능한 한 정상적 생활을 수행할 수 있어야 한다.

11. **기타 배제사항:** 일반적으로 군사행동은 성전, 큰 문화적 역사적 가치를 지닌 대상, 묘지, 언론사, 인도주의 봉사시설를 피하거나 최소한의 영향을 주어야 한다.

양심적 병역거부

전쟁 윤리에 관해 지속적으로 제기되는 물음들 중 하나는 징병에 관한 물음이다: 사람들로 하여금 전쟁에 나가 싸우도록 강요하는 것이 도덕적으로 허용가능한가? 일부 사람들은 사람들에게 세금을 낼 의무를 부과하는 것과 동일한 요건이 사람들로 하여금 그들의 국가가 수행하는 의로운 전쟁에 나가 싸우라는 의무를 준다고 주장해왔다. 전쟁에서 요구되는 행위들의 심각성은 이런 비유를 약화시키지 않는가? 국가는 전쟁 참여와 관련하여 일부 사람들이 주장하는 양심의 명령과 깊이 신봉하는 종교적 믿음을 존중해야 하는가?

참조

—1.19 권리

—4.9 정의와 합법성

—5.2 무도덕주의

참고문헌

Augustine of Hippo, *The City of God against the Pagans* [410 CE], edited by R. W. Dyson (Cambridge: Cambridge University Press, 1998); Book XV,

Chapter 4; Book XIX, Chapters 7, 12~14, 17

*Michael Walzer, *Just and Unjust Wars: A Moral Argument with Historical Illustrations*, 3rd edition (New York: Basic Books, 2000)

Brian Orend, "Justice after War," *Ethics and International Affairs* 16(I) (April, 2002): 43~57

4.11 온정적 간섭주의 Paternalism

사람들에게 잠재적으로 유해한 것들은 많다: 크랙 코카인을 흡입하는 것, 산에 오르는 것, 너무 많은 포화지방을 먹는 것, 안전벨트를 매지 않고 운전하는 것, 권투, 운동하지 않는 것, 신용카드로 지나치게 많은 물건을 사는 것. 그럼에도 사람들은 원한다면 이것들 가운데 대부분을 행할 권리가 있으며, 오직 몇몇만 불법으로 정해져 있다. 그러나 허용된 것과 금지된 것 사이의 구분은 합리적인가? 만약 아니라면, 더 많은 것이 금지되거나 허용되어야 하는가?

오늘날 도덕은 흔히 사람들이 그릇된 종류의 행동을 범하지 못하도록 행동을 통제하는 규칙들과 금지들에 관한 것이라고 생각된다. 그러나 분명 고대 그리스인에게 윤리는 자신의 삶을 가능한 한 더 좋아지게 만드는 방법을 비롯하여, 보다 광범위하게 올바른 종류의 사람이 되는 방법에 관한 것이었다.

(a) 선한 행동과 나쁜 행동, 그리고 (b) 선한 유형의 사람과 나쁜 유형의 사람에 관해 꽤 많은 것들을 손쉽게 밝힐 수 있다. 그러나 그렇게

한 다음엔 무슨 일이 일어나는가? 개인들은 옳은 행동을 할지 그리고 옳은 종류의 사람이 될지를 홀로 결정해야 하는가, 아니면 국가가 사람들이 스스로에게 해를 끼치는 행동을 하지 못하도록 막으면서 곁에서 그들을 도우려고 간섭해야 하는가? 달리 말해서, 국가는 사람들의 선을 위해 그들의 삶에 간섭할 도덕적 책임을 가지는가?

한 국가나 권위가 이렇게 간섭할 때, 그것이 "온정적 간섭주의적으로" 행동한다고 말한다. 그리고 온정적 간섭주의가 나쁘다고 주장하는 몇몇 이유들이 있다. 비판들은 일반적으로 두 가지 형태를 취한다: 원칙적 비판과 실용적 비판.

온정적 간섭주의에 대한 원칙적 반대

원칙적 비판은 전형적으로 개인들의 자율성에 — 그들의 자치 능력에 — 초점을 맞춘다. 비판가들은 인간은 스스로 자유로운 선택을 내릴 능력을 가지고 있으며, 이 능력을 — 잘하든 못하든 — 방해받지 않고 행사하는 것이 인간의 권리이다. 인간의 자율성은 단순히 인간의 권리가 아니라 가장 중요한 지위를 가진 것이다. 왜냐하면 자율성은 인간의 최대 존엄과 성취와 행복을 가능하게 하기 때문이다.

물론 자유는 한계를 가져야 하지만, 오직 자유로운 선택이 다른 사람들을 방해하거나 해를 끼칠 경우에만 그렇다. 밀이 "해악의 원칙"(Harm Principle)이란 것에서 적었듯이(『자유론』(1859), 1장), "권력이 문명화된 공동체의 구성원에게 그의 의지에 거슬러 정당하게 행사될 수 있는 유일한 목적은 다른 사람들에 대한 해악을 막기 위해서이다. 물질적이든 도덕적이든 그 자신의 선은 충분히 정당한 근거가 아니다." 이 설명에 의하면, 온정적 간섭주의는 인간의 자유를 손상시킨다.

원칙적 논변의 주된 약점은 논의의 여지가 없진 않으나 인간의 자율성의 정도를 과장한다는 점이다. 자유롭고 독립적이고 자신을 믿으며 합리적이며 자신의 의사결정력을 완전히 지배하는 인간의 이미지는 매력적이다. 그러나 여러모로 그것은 하나의 환상이다. 사람들은 그들의 환경과 상호작용하는 그들의 유전적 자질 및 기타 육체적인 천부적 자질의 결과물이다. 그들은 — 카페인, 세로토닌, 도파민, 다양한 페로몬, 테스토스테론, 에스트로겐 등의 영향은 말할 것도 없고 — 광고주, 부모, 친구, 영화, 국가적 영웅, 종교적 권위자 등으로부터 영향을 받고 속임을 당한다. 그리고 물론 사람들 사이의 권력 불균형은 그들이 할 수 있는 일과 할 수 없는 일에 지대한 영향을 미친다. 성인은 어린이일 수 없다. 그러나 어린이들의 자율성 결여가 그들에게 온정적 간섭주의적으로 행동하는 것을 합당하게 만드는 것처럼, 만약 우리가 생각하기에 그들이 불완전한 자율성을 갖고 있다면, 비록 제한된 방식이겠지만, 성인들에게 온정적 간섭주의적으로 행동하는 것도 합당할 수 있다. 더 과격하게 말해서, 자유의지 자체는 하나의 환영일 수 있다.

게다가 국가의 온정적 간섭을 옹호하는 사람들은 위와 같은 원칙적 비판에 대응하여 (공중보건 같은) 일정한 선을 제공해야 할 그들의 의무가 자유에 대한 개인의 이해관심을 완전히 능가한다는 원칙적 대답으로 응수할 수도 있다.

온정적 간섭주의에 대한 실용적 반대

그들이 궁극적으로 자율적이든 아니든 사람들을 마치 자율적이지 못한 것처럼 대하는 것은 사회와 개인에게 유해하다고 주장함으로써, 실용적 논변은 위와 같은 문제점들을 회피한다.

사람들은 마치 그들이 자기 자신의 삶에 책임이 있는 것처럼 느끼고 책임을 받아들이도록 용기를 북돋아줄 필요가 있다. 만약 그들이 그렇게 하지 않는다면, 그들은 수동적이고 의존적이고 책임을 다하지 않고 유해한 외부 영향들에 보다 민감하게 되고 보다 덜 생산적이게 되고 충분히 힘을 발휘하지 못하게 된다.

더 나아가 온정적 간섭주의는 효과가 없다고 주장할 수 있다. 예컨대 마약금지는 마약 소비를 줄이는 데 거의 효과가 없다. 그러나 온정적 간섭주의가 전혀 효과가 없다고 주장하기는 어렵다. 대부분의 전문가들은 안전벨트의 강제 착용이 자동차사고 사망자들을 줄였다고 주장할 것이다.

문화의 문제

서로 다른 문화들은 온정적 간섭주의에 대해 서로 다른 기본적 태도를 취한다. 미국은 상대적으로 온정적 간섭주의를 강하게 반대하는 경향을 자처하는 반면, 유럽 시민들은 국가가 자신들을 뒷받침해주고 자신들이 나쁜 선택을 하지 않도록 막아주는 것에 대해 편하게 느낀다. 그러나 양측 모두에서 온정적 간섭주의라고 보일 소지가 있는 모든 규정을 철폐하자고 주장할 정도로 개인의 자유에 완전히 몰입하는 사람들은 극소수이다. 그러므로 어떤 법안이 온정적 간섭주의라고 보일 수 있다는 사실이 자동적으로 그것을 거부할 이유는 아니다. 그러나 그것은 그 간섭에 대해 의문을 제기하고 그것이 필수적이며 정당한지를 물을 수 있는 계기가 된다.

참조

—1.4 자율성

—3.17 합법적/도덕적

—3.23 공적/사적

참고문헌

*John Stuart Mill, *The Basic Writings of John Stuart Mill: On Liberty, The Subjection of Women, and Utilitarianism* (New York: The Modern Library, 2002)

Robert Nozick, *Anarchy, State, and Utopia* (New York: Basic Books, 1974)

Guy Standing, *Beyond the New Paternalism: Basic Security as Equality* (New York: W. W. Norton & Co., 2002)

4.12 비례 Proportionality

사람들은 주차위반에 대한 처벌로 참수형에 처하는 것은 반대할 것이다. 어떤 사람의 자동차에 살짝 눌린 자국과 같은 손상에 대해 10억 달러를 요구하는 소송은 믿기 어렵다는 반응뿐만 아니라 격분을 일으킬 것이다.

그러나 얼마만큼이 적당한 것인가? 정의는 이익과 처벌의 분배를 요구할 뿐만 아니라, 그 분배가 적당하게 혹은 비례적으로 이루어지길 요구한다. 그렇다면 윤리적 숙고의 임무 가운데 일부는 어떤 것이 적당하고 어떤 것이 적당하지 않은가를 가려내는 것이다.

범죄자의 처벌

응보적 정의의 가장 중요한 원칙들 중에는 비례가 있다. 밀라노의 철학자 베카리아(Cesare Bonesana Marchese di Beccaria: 1738~94)는 처벌은 일관성 있게 적용되어야 한다고 (유사한 잘못은 유사한 처벌을 받아야 한다고) 주장했다. 그러나 이보다 더 나아가 그는 처벌은 정도와 종류에 있어서 그 범죄에 알맞아야 한다고 주장했다.

중벌은 오직 중죄에 대해서만 집행되어야 한다. 사소한 범죄는 가벼운 처벌을 받아야 한다. 그리고 그 처벌은 어쨌든 범죄의 성격을 반영해야 한다. 예컨대 미국 헌법수정안 제8조에 나온 말처럼, 처벌은 "잔인하고 비범한" 것이어선 안 된다. 그러나 어떤 처벌이 잔인한 처벌인가? 어떤 처벌들이 다양한 범죄들에 정확히 알맞은가?

베카리아는 사형에 반대했지만, 죽음에 대해선 죽음이 비례적 처벌이 아닐까? 일찍이 마하트마 간디는 "눈에는 눈으로라는 것은 온 세상 사람을 장님이 되게 만들 것이다"라고 말했다. 같은 뜻으로 사람들은 흔히 "남이 네게 나쁜 짓을 한다고 해서 너도 똑같이 하면 안 된다"고 말한다. 예수는 그의 추종자들에게 "원수를 사랑하라"(「누가」 6장 27절~36절), 그리고 "누가 너의 오른뺨을 치거든 왼뺨마저 돌려대라"(「마태오」 5장 39절)고 말한 것으로 전해진다.

많은 사람들은 잘못들에 대해 어느 정도 인도적으로 대응하는 것이 도덕과 정의와 문명의 요건이라고 생각하게 되었다. 그런 대응이란 어떠한 것이어야 하는가? 재산의 몰수나 자유의 박탈이 우선적 선택사항으로 나타났다. 보다 인도적일지는 모르나, 그것들이 비례적인가?

비례의 원칙은 여러 윤리적 숙고에서 나타날 수 있다. 예컨대 어떤 환자에게 소모된 노력과 자원은, 특히 다른 경쟁하는 필요들에 비추어 볼 때, 그 사람의 필요에 비례적인가? 실험용 혹은 식용 동물에게 가해진 해악은 획득된 과학적 지식과 영양분의 증가에 비례적인가, 아니면 과도한가?

비례적 대응?

2001년 9월 11일 이후로 미국 정부는 수백 명의 사람들을 사소한 비자 위반으로 체포하여 추방했다. 많은 사람들이 정당한 절차 없이, 심지어 친구와 가족에게 연락할 기회조차 없이 은밀히 추방당했다. 추방당한 사람들 중 일부는 미국에서 여러 해 동안 살면서 일을 하고 세금을 내고 아이들을 기르고 가족과 공동체의 유대를 쌓아온 사람들이었다. 많은 경우 비자 위반이 실제로 있었지만, 비판가들은 추방은 그런 위반에 비례하지 않는 처벌이었다고 주장했다.

처벌과 관련된 용도에 덧붙여, 비례 개념은 전쟁의 정당성을 평가함에 있어서도 중요하다. 어업해역의 침해에 대해서나 관세정책에 대한 의견불일치에 대응하여, 한 나라가 다른 나라에게 핵공격을 수행하는 것은 그릇된 일일 것이다. 군사력의 사용은 애당초 그것의 사용을 정당화했던 부당행위에 비례해야 한다. 1949년의 제노바 협약은 이 원칙을 공식화하면서, "예상되는 구체적이고 직접적인 군사적 우위에 비추어 과도한" 무력을 금하였다.

1945년 8월 6일 아침, 조종사의 어머니의 이름(*Enola Gay*)을 딴 작은 항공기가 그 동체에서 ("리틀 보이"라고 불린) 원자탄을 일본 도시인 히로시마에 투하했다. 폭발의 결과로 6만 6천여 명의 사람들이 죽었고 또 6만 9천여 명이 상해를 입었으며, 그들 대부분은 민간인들이었다. 3일 후, 나가사키에서의 원자탄 폭발은 3만 9천여 명을 죽였고 2만 5천여 명에게 상해를 입혔다. 1950년 즈음에는 대략 25만여 명이 다시 방사능 관련 질병으로 죽었다. 히로시마에 원자탄을 투하하기 5개월 전인 3월 9일과 10일 밤에 계획적으로 도쿄에 투하한 소이탄은 10만 명의 살아 있는 인간들을 태워버렸다.

이 공격의 도덕성은 뜨거운 논쟁을 일으켰다. 2차 세계대전의 중대한 이해관계가 이런 크기의 폭력을 정당화했는가? (자기) 군인들의 목숨을 살리기 위해 그렇게 많은 수의 (외국) 민간인들을 죽이는 것이 정당한가? 소비에트가 쳐내려 가서 쿠릴열도뿐만 아니라 일본의 더 많은 부분을 빼앗기 전에 미국의 승리를 확보하는 것이 그 폭격을 정당화했는가? 비례는 이론적으론 명확하지만 실천적으론 흔히 판가름하기 어렵다.

참조

—4.3 일관성

—4.9 정의와 합법성

—4.10 의전론

참고문헌

Cesare Beccaria, "*On Crimes and Punishments*" *and Other Writings* [1764], edited by Richard Bellamy (Cambridge: Cambridge University Press, 1995)

*Christopher Kaczor, ed., *Proportionalism: For and Against* (Milwaukee,

WI: Marquette University Press, 2002)

Jesper Ryberg, *The Ethics of Proportionate Punishment* (Dordrecht: Springer, 2004)

4.13 반성적 평형 Reflective Equilibrium

언론의 자유를 헌법에 정식으로 기술한 국가에선 꽤 큰 소수민족의 기분을 상하게 만드는 연극이 공연된다. 그것을 금지해야 한다는 요청이 있는 반면, 다른 사람들은 극작가의 표현의 자유를 옹호하려 든다. 이것은 개방사회에서 자유 언론의 한계에 대한 "국가적 논쟁"을 일으킨다. 이 논쟁은 어떻게 해결될 수 있을까?

한 가지 방법은 사회를 지배하는 가장 기본적인 도덕 원칙들로 돌아가 이 구체적 사례와 관련된 그 원칙들의 의미를 풀어보는 것이다. 이것은 대체로 **토대주의적** 접근법이다. 토대주의적 견해는 도덕이 하나 혹은 그 이상의 기본 원칙들에 의존하며; 그리고 일단 우리가 이 원칙들을 발견하면 모든 특수한 도덕판단들은 이 원칙들 안에서 그것들의 정당화를 발견할 것이라는 견해이다.

이것은 매력적인, 어쩌면 직관적으로 가장 그럴듯한 견해이다. 그러나 위의 논란이 되는 연극과 같은 사례들은 흔히 일반적인 도덕 원칙들을 적용하지 못해서 생겨나는 것이 아니라 그 원칙들이 무엇인가에 대한 의견불일치로부터 — 새로운 난감한 사례에 의해 분명하게 드러나는 난제들로부터 — 생겨난다는 것이 문제이다. 게다가 기본 원칙들은 그것들을 원래 공식화한 사람들이 희망했던 것만큼 항구적이거나 완전하지 않을 수도 있다.

예컨대 우리는 헌법에 정식으로 기술된 언론의 자유의 원칙이 그것이 추인된 이후의 역사적 발전을 — 오늘날 위의 연극이 유발하는 것과 같은 강한 모욕을 다루는 것을 중요한 도덕적 문제로 삼는 발전을 — 고려하지 않는 것 같다고 생각할 수 있다. 어쩌면 그 원칙이 이렇게 역사적 발전을 고려하지 못한 이유는 그것이 보다 많은 도덕적 합의가 있었고 따라서 예컨대 서로 다른 종교적 신앙을 가진 사람들이 생각할 바에 대해 걱정할 필요가 적은 시대에 공식화되었기 때문일 것이다; 혹은 소수민족들의 처우에 대한 도덕적 관심이 그 이후로 변했을 수 있다. 때때로 일반적인 원칙들은 도움이 되지 않을 수 있다. 왜냐하면 그것들은 주어진 사례의 특수성에 대해 이야기하기에는 너무 일반적이기 때문이다.

토대들이 도움이 되지 않는 경우

토대주의에 대한 대안은 특히 넬슨 굿맨(Nelson Goodman: 1906~98)과 존 롤즈를 연상시키는 반성적 평형의 방법이다. 이 과정의 출발점은 사람들은 일반적인 것에서부터 (언론의 자유는 하나의 권리이다) 구체적인 것에 (인종을 이유로 증오심을 부추기는 것은 그르다) 이르는 여러 가치들을 주장한다고 인정하는 것이다. 도덕적 논쟁은 이 가치들이 더 이상 서로 편안하게 어울리지 않음을 사람들이 깨달을 때 발생한다.

하나의 가치와 또 다른 하나의 가치가 상당히 상반되는 것을 요구하는 것처럼 보일 때 긴장이 발생한다. 이를 해결하기 위해 우리는 그저 더욱 일반적인 가치와 원칙으로 되돌아가 논란이 되는 사례에 대해 그 가치와 원칙이 함축하는 바를 "읽어내거나" 추론할 순 없다; 왜냐하면 일반적인 원칙들 자체도 새로운 상황에 비추어 수정될 필요가 있을 수 있기 때문이다(2.12절 「실용주의」를 보시오). 차라리 논쟁자들은 (기존의 그리고 새로운) 가치들의 전(全) 영역에 대해 반성해야 하며, 숙고를 통해 모든 가치들과 이해관심들과 원칙들이 — 예컨대 공정성, 정의, 의무와 같은 — 유효한 원칙들과 가치들의 요구를 만족시키는 방식으로 다시 한 번 서로 균형을 이루거나 조화를 이루는 지점으로 되돌아갈 수 있을 때까지 이 가치들을 수정하는 과정을 수행해야 한다(1.11절 「조화」를 보시오).

이 방법은 도덕이 하나 혹은 그 이상의 토대적 원칙들에 의존한다고 가정하지 않는다. 오히려 그것은 전체론적 접근법을 취하면서, 도덕적 가치들을 아래로부터 지지되는 것이 아니라 유연한 상호의존적 네트워크 안에서 결합되는 것으로 본다. 도덕적 가치들은 세계에 대해 이미 알고 있는 사실들과 우리의 기본적인 도덕적 태도들에 — 서로 — 정합적일 필요가 있다. 그 가치들은 더 크거나 작은 비중을 취하며, 감소와 증가를 수용하며, 물리적·사회적·도덕적 담론의 우주가 변할 때 새로운 별자리들 속에서 형태가 바뀌게 된다.

정합적이지만 그릇된?

반성적 평형의 관점에서 윤리를 생각한다는 것은 실제로 사람들이 현실 속에서 도덕적 의견불일치를 해소하는 진상과 일치한다는 장점이 있다. 그러나 비판가들은 이것이 도덕적 추론이 할 수 있는 최선의 것이라면, 윤리는 매우 작아질 것이라고 말한다. 왜냐하면 사회활동의 수준에 적용될 경우 그런 방법은 도덕적 진리보다는 합의에 특권을 부여하는 것처럼 보이기 때문이다. 사람들은 가치들을 수정하여 서로 평형을 이루도록 하지만, 그렇게하면 사회가 (그것이 무엇이든) "진정한 도덕"으로부터는 더욱 멀어질 수 있지 않을까? 정합적이면서 균형 잡힌 타락은 여전히 타락이다.

다른 비판가들은 개인의 수준에 적용될 경우 반성적 평형은 무엇이 옳고 그른가에 대한 사람들의 반성 이전의 예감이나 직관에 너무 많이 의존하는 것처럼 보인다고 지적한다. 그들의 견해들은 오직 그들이 일치된 앞선 확신들을 가지고 있을 때에만 일치한다. 그러나 왜 우리는 이 확신들이 옳은 확신들이라고 가정해야 하는가? 앞선 확신들을 뜻하는 또 다른 낱말은 "편견"이 아닐까?

이 두 비판들을 종합하면, 반성적 평형은 정합성의 필요에 의존하기 때문에 그것은 도덕에 아무런 안전한 토대도 남겨두지 않는다는 것이다. 물론 반성적 평형을 옹호하는 사람들은 이 비판을 받아들이면서 그런 것이 인간의 유한성, 인간의 처지라고 말한다. 더 나아가 옹호자들은 어쨌든 토대주의자들이 공상하는 그런 종류의 안정성을 제공할 수 있는 것은 아무것도 없다고 말한다. 그럼에도 의혹은 남는다: 엄밀히 정당화될 수 있는 단단한 뿌리가 없이, 그렇게 자유롭게 떠다니는 윤리가 도덕에 대해 요구되는 권위를 가질 수 있을까?

참조

—2.5 담론 윤리

—2.13 합리주의

—4.3 일관성

참고문헌

Nelson Goodman, *Fact, Fiction, and Forecast* (Cambridge, MA: Harvard University Press, 1955)

John Rawls, *A Theory of Justice* [1971], revised edition (Cambridge, MA: The Belknap Press, 1999)

*Thomas Pogge, *John Rawls: An Introduction* (Oxford: Oxford University Press, 2005)

4.14 회복 Restoration

최근 많은 사람들은 유럽인과 미국인의 노예무역 악행을 모종의 보상을 통해 바로잡아야 할 때라고 주장해왔다. 예컨대 노예의 후손들에게 보상을 해줄 수 있다. 그러나 이것은 온갖 종류의 문제들을 일으킨다. 그렇게 세대를 가로지른 보상이 이루어질 수 있을까? 악행자들의 후손이 악행을 당한 사람들의 후손에게 책임을 져야 하는가? 책임은 얼마만큼 확대되는가?

가장 근본적인 물음은 무엇으로 그렇게 중대한 악행에 대해 보상을 할 수 있는가 하는 물음이다. 희생자들에게 보상을 한다고 해서 정의가 이루어질 수 있는가? 혹은 모든 보상의 시도들은 그 악행을 하찮은 것으로 만들지 않을까?

정의는 합법성, 조화, 통일성, 분배, 상호성과 관련되어 있다. 그러나 많은 철학자들은 또한 정의가 어떤 악행에 의해 초래된 손해를 바로잡는 것과 관련되어 있다는 생각을 제안해왔다. 도덕적으로 말해서 어떤 것을 바로잡는다는 것은 치료적 혹은 회복적 정의라는 명칭으로 통한다. 달리 말해서 어떤 악행이 일어난 이후 정의로운 사태를 이루기 위해선 어떻게든 — 적어도 합리적으로 할 수 있는 만큼은 — 악행 이전의 상태로 사태를 되돌려놓아야 한다.

민사소송 및 불법행위법에서 손해에 대한 보상을 구하려는 생각은 이에 의존하고 있다. 대부분의 경우 (형벌에 반대되는) 교정을 위한 보상은 악행을 범한 사람들이 — 혹은 어떤 식으로든 악행을 저지른 사람들을 대신하는 권한을 위임받은 사람들로부터 — 피해 당사자들에게 돈과 재산을 양도하는 것으로 이루어진다. 이 이상의 것을 행할 수 있을까?

회복의 방법

어떤 형태의 처벌들은 공적이고 사적인 사과(謝過)를 포함한다. 이는 부분적으로 유감을 표현하고 유죄를 인정하는 것이 어떤 의미에서 회복적이라고 생각되기 때문이다.

다른 사람들은 하나의 바로잡는 수단으로서 자발적 공공봉사를 권했다. 왜냐하면 많은 악행들은 개인에게 해를 끼칠 뿐만 아니라 (합법성과 안전을 침식함으로써) 공공선에도 손상을 주기 때문에, 개인뿐만 아니라 공공선에 대해서도 모종의 복원이 이루어지는 것이 합당하다고 보인다.

19세기 퀘이커교도들은 감옥을 "고해소", 악행자들이 자신의 악행을 반성할 수 있는 장소로 개조하라고 주장했다. 이것은 어떤 의미에서 범죄자들을 책임 있는 시민의 지위로 회복시키는 것을 목적으로 한다.

어떤 사람들은 처벌을 통해서 어느 정도 회복이 이루어질 수 있다고 주장했다. 윌리엄 이안 밀러(William Ian Miller)처럼 이 견해를 옹호하는 사람들은 인간은 자신에게 악행을 범한 사람들이 고통을 받았거나 적어도 벌을 받았다는 사실을 앎으로써 일종의 만족감을 경험하는 것이 자연적이고 당연하다고 말한다.

그래서 판사들은 때때로 단지 응보로서가 아니라 회복적 정의의 형태로서 중노동을 통해 고통을 받는 것과 (차꼬와 대중의 조롱 같은) 수치를 당하는 것을 지시했다. 심지어 아퀴나스는 (혹은 적어도 『신학대전』의 마지막 부를 편찬한 사람들은) 하늘의 은총을 받은 사람들은 저주받은 사람들이 처벌받는 것을 볼 것이고 기뻐할 것이라고 주장했다(『신학대전』, 보충부, 제3a권, 제94문제, 1~3절; 「이사야」 56장 24절 참조; 「시편」 57장 11절 참조).

희생양 현상은 고통을 받는 자가 죄지은 자인지 아닌지는 사람들에게 전혀 중요하지 않을 수 있음을 시사한다. 그것은 마치 누군가 처벌을 받기만 한다면 사람들은 만족감을 얻는 것과 같다. 보다 최근에는 사형을 찬성하는 사람들은 사형이 사건종결에 대한 피해자들의 심리적 필요에 이바지한다고 이야기했다.

회복의 한계

회복이 형법체계의 한 고귀한 목적이더라도, 그것이 모든 형벌을 설명할 순 없는 것처럼 보인다. 예컨대 범죄자가 벌을 받는 모습을 봄으로써 사람들이 얻게 되는 만족감이 여하튼 회복을 돕는다는 말은 억지스러운 말처럼 들린다. 설령 그것을 이렇게 볼 수 있더라도 형벌들을, 특히 중벌들을 치료의 한 형태로 보아야 할지는 전혀 분명치 않다.

만약 어떤 사람이 살해를 당하거나 의료사고로 죽는다면, 사태를 되돌리는 것은 단순히 불가능하다고 보인다. 죽은 사람은 되살릴 수도 없고 대체할 수도 없다. 그리고 만약 어떤 사람이 너무나 사악하여 중죄를 저지른다면, 그 사람의 도덕적 품성을 회복시킬 수 있다는 생각이 과연 합리적일까? "교도"소가 정말 교도할 수 있을까?

"방풍림 살인자"라고 알려진 안드레이 치카틸로(Andrei Chikatilo)는 1992년에 52명의 살인에 대해 유죄선고를 받았고, 살해된 사람 중 대부분은 어린이들이었다. 그는 어린이들 중 여러 명의 생식기를 절단했다; 살아서 의식이 있는 아이들의 눈을 도려내기도 했다. 이런 경우에 도대체 어떤 회복적 정의를 성취할 수 있을까?

러시아 당국은 치카틸로의 오른쪽 귀 뒤에서 총을 쏴서 그를 사형에 처했지만, 이는 단 한 명의 어린이도 되살릴 수 없었고 희생자들이 겪었던 고통을 지워주지도 않았다. 그를 고문했더라도 마찬가지였을 것이다. 도스토예프스키(Fyodor Dostoevskii: 1821~81)의 유명한 소설에서 이반 카라마조프가 불평한 것처럼, "괴물들이 어린이들에게 고통을 다 가한 다음에 그것들을 잡아 지옥에 보내는 것이 무슨 소용이 있겠는가? 괴물들이 지옥에 있다는 것이 어떻게 사태를 바로잡을 수 있는가?"(『카라마조프의 형제들』[*The Brothers Karamazov*], 1880)

참조

—1.16 필요

—3.13 상해

—4.9 정의와 합법성

참고문헌

*Heather Strang and John Braithwaite, eds., *Restorative Justice: Philosophy to Practice* (Burlington, VT: Ashgate Publishing, 2000)

*Matthew Clayton and Andrew Williams, eds., *Social Justice* (Malden, MA: Blackwell, 2004)

Howard Zehr and Barb Toews, eds., *Critical Issues in Restorative Justice* (St Louis, MO: Criminal Justice Press, 2004)

4.15 성과 성별 Sex and Gender

옛말에 "남자애는 어쩔 수 없이 남자애다" 라는 말이 있다. 표면적으로 그것은 단순한 동어반복, 즉 동일성 진술처럼 보인다. 그러나 누구나 아는 바대로, 그 말에는 그보다 훨씬 더 많은 의미가 있다. 이 사소한 말은 성과 성별에 대한 수많은 관념들을 감추고 있으며, 그 관념들을 밝히고 해석하는 것은 상당히 어려운 지적 작업을 요할 것이다. 수많은 여성주의 윤리의 물음과 비판의 취지는 바로 그런 작업을 수행한 것이었다고 말할 수 있다.

그 속담이 의존하는 중요한 것들 중 하나는 성과 성별의 구분이다. 우리는 성(sex)을 생물학적이라고 말할 수 있다. 그것은 일정한 생물들을 여성과 남성으로 구분하는 육체적 측면이다. 그래서 정자는 남성의 것인 반면, 난자는 여성의 것이다; XX 염색체 쌍을 가진 생물은 여성인 반면에, XY 염색체 쌍을 가진 생물은 남성이다.

다른 한편으로 성별(gender)은 문화적이다. 그것은 각 성별에게 "여성적인" 것과 "남성적인" 것으로서 주어진 관념, 태도, 믿음, 패션, 예절, 의식, 역할이다. 따라서 육아, 가사, 간호 등과 같은 활동뿐만 아니라 빨간 립스틱을 바르고 스커트를 입고 진주 귀걸이를 달고 머리를 길게 기르고 레이스가 달린 블라우스를 입는 것은 여성적인 것으로 간주되며; 반면에 거친 언어, 중노동, 전투, 사냥 등과 같은 일을 할 뿐만 아니라 바지를 입고 거무스름한 흙빛 피부에 작업용 장화를 신고 화장을 하지 않고 머리를 짧게 자르는 것은 남성적이라고 생각된다.

성과 성별에 대한 관념들은 흔히 제한적이고 규정적이라고 생각된다. 성과 성별은 패션과 예절을 규정할 뿐만 아니라; 그것들은 가족과 직장과 사회생활 전반에서 성별 역할을 규정한다. 이런 규정들은 흔히 폭력적으로 강요된다. 2005년에 어떤 파티에서 "여자처럼 행동한다"는 이유로 100명의 사우디 남자들이 감옥에 갇히고 매질을 당했다. 1998년 10월 와이오밍 주 래러미에서 매튜 셰퍼드는 동성애자라는 이유로 맞아 죽었다.

비판으로서의 성과 성별

이런 미묘한 것들에 대한 인식은 이론들과 관행들 속에 포함된 성과 성별에 대한 가정들을 표면으로 드러내고 그 가정들이 거짓이거나 바람직하지 않다고 주장함으로써 그 이론들과 관행들을 비판할 여러 가지 방식을 끌어낼 수 있다. 가장 명확한 예로서, 비판가들은 흔히 어떤 관행이나 사태를 생각하는 방식은 (보통) 여성을 경시하고 남성에게 특권을 부여하는 암묵적 성별 개념을 내포한다는 사실을 보여주려 한다. 이런 계획은 매우 다양한 방식으로 ― 예컨대 계급, 위계, 환경, 종교, 언어 등에 초점을 맞추어 — 수행되었다.

그러나 이런 노선의 비판을 수행하는 사람들 사이에는 중요한 의견 불일치가 있다. 불공정한 성별 편견의 제거는 심층적 평등을 추구하는 것인가, 아니면 성들 사이엔 존중해야 할 차이들이 있는 것일까? 그래서 여성주의자들은 흔히 "평등권" 여성주의자와 "차이" 여성주의자로 갈린다.

차이 여성주의로부터 제기되는 가장 흥미로운 쟁점들 중 하나는 여성들이 독특한 형태의 도덕적 숙고와 판단을 가지는가 하는 물음이다. 길리건은 1982년에 나온 저서 『다른 목소리로』에서 소녀들과 여자들은 윤리적 쟁점에 대해 남자들과는 다른 (어쩌면 우월한) 사고방식을 발달시킨다고 주장한 것으로 유명하다.

길리건이 말하기를, 여자들은 남자들에 비해 규칙과 원칙을 (혹은 길리건이 "정의"라고 부른 것을) 덜 사용하며, 대신에 여자들은 숙고 과정에서 인간관계의 특이성을 (그녀가 "배려"라고 부르는 것을) 고려한다. 어쩌면 남자들도 이런 사고형태를 채택할 수 있다; 그리고 어떤 사람들은 남자들이 그렇게 해야 한다고 주장한다. 그러나 비판가들은 이것이 유의미한 도덕적 사고의 새로운 영역을 제시해준 것이 아니라, 단지 오랜 고정관념을 달리 말한 것일 뿐이라고 주장한다.

둘 이상인가?

문제를 복잡하게 만드는 한 가지 요인은 많은 사람들이 성의 이원적 구분을 우연적이고 지나치게 단순하고 문화적으로 결정되고 유동적인 것이라고 보게 되었다는 것이다. 예컨대 일부 사람들은 (한때 암수한몸이라고 불렸던) 간성(intersexed, 間性)이어서, 양성(兩性)의 육체적 특징들 중 일부를 가진다. 다른 사람들은 한 성의 외적인 육체적 특징을 가지면서도 다른 성의 염색체적 특징을 가진다. 다른 사람들은 그들의 정신적 삶과 그들의 육체는 서로 다른 성에 속한다고 주장한다. 일부 문화권들은 남성 및 여성과 더불어, 오늘날 흔히 버다치(berdache) 혹은 "두 영혼을 가진 자"라고 불리는, 혼합된 혹은 제3의 성별을 인정함으로써, 둘 이상의 성별을 인정한다.

여전히 어떤 사람들은 성전환자와 트랜스젠더가 되어, 어떤 한 성/성별과 연계된 성적·성별적 특징들 중 일부를 (예컨대 턱수염, 커다란 근육, 남성복장) 취하면서도 여전히 다른 특징들 중 일부를 (예컨대 질과 자궁 구조, 요리와 양육에 대한 관심) 취한다. 아마 우리가 성을 규정하기 위해 선택한 것은 부분적으로 문화적 문제이기도 하다. 아마도 세상은 많은 사람들이 가정하는 것처럼 그렇게 쉽게 남성과 여성이라는 이원적 개념의 상자에 들어맞지 않을 것이다.

참조

—1.5 배려

—4.5 공정성

—4.9 정의와 합법성

참고문헌

Carol Gilligan, *In a Different Voice* [1982], new edition (Cambridge, MA: Harvard University Press, 1993)

*Philip E. Devine and Celia Wolf-Devine, *Sex and Gender: A Spectrum of Views* (Belmont, CA: Wadsworth, 2002)

Judith Butler, *Undoing Gender* (New York: Routledge, 2004)

4.16 종차별주의 Speciesism

영국의 「인종관계법」(Race Relations Act, 1976)은 인종에 근거하여 사람들을 차별하는 것을 금한다. 대부분의 사람들은 이 법률과 전(全) 세계에서 법제화된 유사한 법률들에 대한 도덕적 근거를 쉽게 이해할 수 있다. 정의는 그렇게 해야 할 어쩔 수 없는 이유가 있는 경우에만 사람들을 차별적으로 대우해야 한다고 요구한다. 사람들의 개인적 삶에서, 그 이유란 단순히 그들이 어떤 사람들을 다른 사람들보다 더 좋아한다거나 그들이 그 어떤 사람들과 특별한 관계를 갖고 있다는 것일 것이다. 그러나 시민사회의 영역에서 개인적 편견이 방해가 되어선 안 된다. 어떤 사람이 다른 민족적·인종적 배경을 가진다는 사실이 그를 다른 사람들보다 더 낫게 혹은 더 나쁘게 대우할 도덕적으로 충분한 이유가 아니다.

어쩌면 이런 일반 규칙에는 예외들이 있을 수 있다. 예컨대 역사적 부정의를 바로잡는 것은 어떤 한 집단에겐 (역사적으로 억압받은 사람들에겐) 혜택을 주고 다른 한 집단에겐 (역사적으로 억압을 해온 사람들이나 역사적 억압의 수혜자들에겐) 혜택을 주지 않음으로써 사람들을 차별적으로 대우하는 것이 도덕적으로 정당화될 수 있는 경우를 제시할 수 있다. 물론 여기서 그 노력은 저울의 균형을 맞추는 데에 — 이전의 차별대우가 낳은 결과를 교정하는 데에 — 목적이 있다. 게다가 그런 차별대우는 가정된 본질적 차이들에 (예컨대 인종적 차이들에) 근거해서가 아니라 서로 다른 권력집단들에 의해 범해진 역사적 부정의들에 근거하여 정당화된다. 그런 의미에서 차별수정 프로그램들의 특징인 차별대우는 엄밀히 말해서 인종에 근거한 것이 아니다; 차라리 그것들은 권력에 근거한 것이다. 미국의 노예소유주들은 인종에 근거하여 일정한 혜택을 누렸다; 그들이 소유했던 노예들의 후손들은 엄밀히 말해서 인종에 근거한 것이 아니라 역사적으로 억압받은 집단의 일원이라는 자격에 근거하여 혜택을 누린다.

종 편견

차별대우가 정의롭거나 부정의할 수 있다는 생각은 다음과 같은 물음을 불러들인다: 오늘날 사람들이 여전히 다른 사람들을 도덕적으로 정당화할 수 없는 방식으로 차별할 방법이 있는가? 때때로 사람들이 목적 없이 성, 성적 관심, 종교, 나이에 근거하여 차별한다는 것은 널리 인식되고 있다. 그러나 적어도 가정적으로 사람들은 또한 종에 근거하여 불공정하게 차별한다.

「스타트렉」의 등장인물인 미스터 스팍의 벌칸인 아버지에 대한 허구적 사례를 살펴보자. 그가 호모 사피엔스가 아니라는 이유로 그에게 생명권을 주지 않는 것은 분명 그릇된 일일 것이다. 그는 인정된 생명권을 누리는 존재들과 연계되는 도덕적으로 적절한 특징들을 — 예컨대 인간과 같은 지능, 자아감, 지각력, 도덕적 행동 능력, 고통을 느끼는 능력 등을 — 가지고 있다.

만약 이런 이유들이 벌칸인들의 생명권 인정을 정당화하는 데 충분한 이유들이라면, 순전히 종 구성원 자격에 근거하여 어떤 생명체에 부당한 차별을 가하는 것을 뜻하는 "종차별주의"에 대해 이야기하는 것은 의미가 있다. 그러나 현실 세계에서 사람들은 (리처드 라이더(Richard D. Ryder)가 처음으로 만든 용어인) 종차별주의를 범하는가?

종차별 개념을 깊이 생각하지 않고 간단히 넘기려는 사람들은 그 개념의 요지를 놓치기 쉽다. 물론 상이한 상황에서 상이한 종들에게 상이한 권리와 특권을 주는 것은 정당화될 수 있다. 예컨대 고양이들에게 선거권을 주거나 원숭이들에게 대통령 출마를 허락하는 것은 어리석을 것이다. 그 차별이 순전히 종 구성원 자격에 근거하는 경우에만 — 문제의 종 구성원들이 그들에게 권리를 보증하는 도덕적으로 적절한 특징들을 가짐에도 그들에게 그 권리들이 주어지지 않는 경우에만 — 종차별이다. 고양이들은 그것들이 본질적으로 고양이이기 때문이 아니라 투표를 할 능력, 즉 의미 있게 그 제도에 참여할 능력이 없기 때문에 투표를 하지 못하게 금지되는 것이다.

많은 동물권리 운동가들은 부도덕한 종차별주의가 존재한다고 주장한다. 이렇게 주장하는 가장 강력한 이유들 중 하나는 인간이 아닌 많은 종들의 구성원들이 도덕적으로 관련된 하나의 매우 중요한 능력을 가지기 때문이다. 벤담이 적은 것처럼, "문제는 그것들이 논리적으로 생각할 수 있는가나 그것들이 말을 할 수 있는가가 아니라, 그것들이 고통을 겪을 수 있는가이다." 이 주장은 만약 어떤 생물이 고통을 느낄 수 있다면, 도덕 원칙을 이해하고 그것에 따라 행동할 수 있는 존재인 도덕적 행위자는 그 생물에게 불필요한 고통을 가하지 않아야 할 의무가 있다는 것이다. 그러므로 순전히 종 구성원 자격을 근거로 이런 권리를 존중하지 않는 것은 종차별주의의 사례일 것이다.

종차별의 부인

종차별 개념은 매우 강력하다. 왜냐하면 그 용어 사용의 배후에 있는 추론이 성차별과 인종차별 같은 용어들의 배후에 있는 추론과 정확히 같기 때문이다. 종차별 개념에 저항할 수 있는 최선의 방법들 중 하나는 인종차별 및 성차별 사례들과 달리 다른 종들의 구성원들은 타당한 이유로 차별을 받는다고 주장하는 것이다. 예컨대 인간이 아닌 동물들은 단순히 그것들이 다른 종에 속한다는 이유로 차별 대우를 받는 것이 아니다. 오히려 그 동물들이 차별 대우를 받는 이유는 도덕적으로 관련 있는 일정한 속성을 가지는 것이 인간의 특징이기 때문이다.

종차별주의를 정당화하기 위해 인용되는 차이들은 인지적·실천적 능력의 관점에서 설명되는 경향이 있다: 동물들, 심지어 고등 영장류의 동물들조차도 인간이 가진 것과 같은 정신적이고 역사적인 정교함을 가지지 않는다. 장기적인 계획을 수립하고 실행할 능력, 역사적 운동과 제도에 참여할 능력, 복잡한 이론적·사회적 제도를 발전시킬 능력, 완전한 자아감을 획득할 능력 등이 없다면, 권리를 가진 존재에 대해 이야기하는 것은 의미가 없다. 이에 대응하여 아주 어린아이들, 고령의 노인들, 심각한 정신 지체자들도 이런 능력을 결여하지만 그들은 고릴라와 돌고래 같은 매우 지능이 높은 동물 종들의 가장 건강한 구성원들보다 더 많은 권리를 가진 것으로 인정된다는 점이 지적된다.

이 논쟁이 어떤 식으로 해결되든, 종차별은 확실히 정합적인 개념으로 보인다. 그러므로 종차별주의를 둘러싼 논쟁의 결과는 대체로 인간의 특권을 옹호하려는 사람들이 인간을 그렇게 특별한 종으로 만드는 것이 무엇인지를 설명할 수 있는가에 달렸다.

참조

— 1.17 고통과 쾌락

— 1.19 권리

— 3.21 도덕적 대상/도덕적 행위자

참고문헌

Jeremy Bentham, *Introduction to the Principles of Morals and Legislation* (Oxford: Oxford University Press, 1996), Chapter 17

*Peter Singer, *Animal Liberation*, 2nd edition (London: Jonathan Cape, 1990)

Richard D. Ryder, *Animal Revolution: Changing Attitudes Towards Speciesism* (Oxford: Berg, 2000)

4.17 사유실험 Thought Experiments

폭주열차가 교차로를 향해 돌진하고 있다. 만약 현재 진행방향을 따라간다면, 열차는 도저히 시간 내에 경고를 보낼 수 없는 장소의 터널에서 일하고 있는 20명의 인부들에게 돌진할 것이다. 그러나 만약 당신이 레버를 당긴다면 당신은 그 열차를 다른 트랙으로 돌려 다른 터널로 보낼 수 있다. 그러나 이 다른 터널에선 4명의 다른 사람들이 일하고 있다. 그렇다면 당신은 20명에 이를 것으로 예상되는 죽음을 막지 않을 것인가, 아니면 4명의 예상되는 죽음을 초래할 것인가?

필리파 풋(Philippa Foot: 1920~)이 고안한 이 시나리오는 도덕철학에서 사유실험을 이용한 유명한 사례이다. 사유실험은 도덕적 추론에서 어떤 주요 요소들에 정신을 집중시키도록 도와주기 위해 사용되는 상상의 시나리오이다. 사유실험의 기본 원칙들은 실제 과학 실험의 기본 원칙들과 같다; 시험할 변수들을 분리하라; 개별적으로 어떻게 이 요소들의 변경이 결과에 영향을 주는지를 살펴보라; 그런 다음 이 변수들의 의미에 대한 일반적인 결론을 끌어내라. 물론 과학 실험과 대조적으로 도덕철학에서 사유실험의 의미는 물리적이라기보다는 도덕적일 것이다.

폭주열차의 예에서, 그 시나리오는 "작위"와 "부작위"의 구분과 그것들의 도덕적 의미에 우리의 주의를 집중시키도록 고안되었다. 큰 맥락에서 누가 그 레버를 조정하든 그 사람은 다음에 일어날 일을 결정할 수 있다. 만약 그녀가 행동하지 않는다면 그녀가 행동할 경우보다 더 많은 생명들이 위험에 처한다. 그러므로 예상되는 결과의 관점에선, 행동하는 편이 행동하지 않는 편보다 더 적은 죽음으로 이어질 가능성이 훨씬 높음은 분명하다. 이 이야기의 장점은 우리가 하나의 매우 구체적인 물음을 — 사람들이 능동적으로 초래하는 것과 그들이 단순히 일어나도록 내버려두는 것 사이에 중대한 차이가 있는가 하는 물음을 — 분리하여 초점을 맞출 수 있게 해주는 도덕적 딜레마의 단순명료한 사례를 제공해준다는 것이다.

사유실험의 한계

이와 같은 사유실험들은 도덕적 추론에 매우 유용한 보조도구들이었다. 그러나 그것들은 한계를 가진다. 가장 명확한 것은 과학 실험과는 대조적으로 자연법칙이 아니라 도덕판단이 그 결과들을 결정한다는 점이다. 단순히 실험을 실행하여 그것이 어떤 도덕판단을 산출하게 할 순 없다. 그러므로 사유실험은 자연과학 실험이 하는 것처럼 "어떤 것을 증명하진" 못한다. 기껏해야 그것은 쟁점을 더 명확하게 해주고 도덕적 추론을 돕는다.

그러나 더 미묘한 문제점은 실제론 그 실험들이 의도한 것처럼 변수들을 충분히 잘 분리하지 못할 수 있다는 점이다. 예컨대 폭주열차 실험은 작위/부작위 구분의 도덕적 중요성에 대한 일반적 결론에 도달할 수 있게 해준다고 생각된다. 그러나 그 실험 자체는 오직 그 쟁점이 연관된 어떤 구체적 사례를 다룬다. 그 실험은 다른 종류의 사례에 들어맞는 결론을 획득하지 못할 수도 있다.

예컨대 가설적으로 그 열차 실험이 다음과 같은 결과를 끌어낸다고 가정해보자: 죽도록 내버려두는 부작위는 죽음을 야기하는 행동만큼 나쁘다. 그러나 안락사의 경우를 생각해보자. 실험의 결과는 다음과 같은 것을 제시하는 것으로 보일 것이다: 만약 죽음을 방해하지 않는 것이 환자가 원하는 바일 경우에 환자를 간섭하지 않는 것이 옳은 일이라면, 간섭을 해서 실제로 그 환자를 죽이는 것이 환자가 원하는 바일 경우엔 그렇게 하는 것도 옳은 일일 것이다. 그러나 폭주열차 시나리오에선 어느 경우이든 누군가 확실히 곧 죽을 테지만; 안락사 사례에선 모든 질병의 진행이 불확실하기 때문에, 행동하지 않는 편이 실질적으로 환자를 더 오래 살게 할 수도 있다. 이것은 중요한 차이일 수 있다. 그래서 우리는 매우 특수한 열차 사례로부터 너무 성급하게 일반적 결론에 도달하려 해선 안 된다.

유사하게 어떤 사람들은 사유실험들이 인위적이기 때문에 무의미하다고 비판한다. 현실 세계에서 나온 사례들에 충실한 편이 더 낫다는 것이다. 그리고 현실 세계의 사례들 가운데서도 매우 희귀하고 특이한 사례들에 사로잡히기보다는 일반적으로 일어나는 쟁점들에 충실한 편이 더 낫다. 결코 일어나지 않거나 좀처럼 잘 일어나지 않는 일들에 대해 걱정하기보다는 현실의 사람들이 실제로 흔히 당면하는 문제들을 해결하는 것이 더 중요하다. 사실 (실제적 사례이든 상상적 사례이든) 문제시되고 심지어 해결 불가능한 사례들이 일어날 것이라고 가정하는 것이 도덕이론의 본질일 수 있다. 이것은 도덕이론이 무가치하다는 뜻은 아니다. 대부분의 사례들에 효과가 있는 도구는 여전히 가치를 가진다. 결국 안전벨트도 때때로 작동하지 않는다.

이런 이유와 비슷한 이유로 사유실험들은 조심스럽게 다뤄질 필요가 있다. 그것들이 적합한 변수들을 분리해내는지를 확인하자. 그것들이 홀로 어떤 결과를 증명할 수 없음을 기억하자. 결국은 특수하고 가설적인 사례로부터 일반적 결론을 끌어내는 것에 대해 주의하자. 그리고 현실 세계는 종종 마음의 실험실과는 다르며 훨씬 더 복잡한 곳이란 점을 기억하자.

참조

—3.22 사려

—4.3 일관성

—4.4 반례

참고문헌

Philippa Foot, "The Problem of Abortion and the Doctrine of Double Effect," [1967] in her *Virtues and Vices* (Oxford: Oxford University Press,

2002)

*Roy Sorenson, *Thought Experiments* (Oxford: Oxford University Press, 1992)

*Martin Cohen, *Wittgenstein's Beetle and Other Classic Thought Experiments* (Oxford: Blackwell, 2004)

4.18 보편화가능성 Universalizability

한 어머니가 자기 아들이 불법 DVD를 복제하고 있다는 사실을 알고 그 문제에 대해 이야기하기 위해 아들과 마주앉아, 그 행위는 단순히 법에 어긋날 뿐만 아니라 도덕적으로도 그르다고 말한다. 아들은 "나는 아무에게도 상처를 주지 않아요" 하고 이의를 제기한다. 어머니는 "어쩌면 그럴지도 모르지, 하지만 만약 모든 사람들이 그것을 한다면 어떻게 되겠니?" 하고 응수한다. 아들은 당황하여 그녀를 바라본다. "그러나 모든 사람이 그것을 하지는 않아요."

그 어머니는 이런저런 형태로 많은 윤리체계들에 공통적으로 포함되는 어떤 원칙에 호소하고 있다: 보편화가능성 원칙. 이 원칙은 어떤 일이 일정한 상황에서 도덕적으로 허용 가능하려면, 적절히 유사한 상황에서 누구라도 똑같은 일을 행하는 것이 허용 가능해야 한다고 말한다. 그래서 만약 당신이 세금을 포탈하는 것이 옳다면, 당신과 비슷한 재정 상태에 있는 다른 모든 사람들이 세금을 포탈하는 것은 옳은 일일 것이다. 이와 유사하게 다른 모든 사람이 DVD 저작권을 침해하는 것을 받아들일 수 있을 경우에만, 그 아들이 똑같은 일을 행하는 것이 받아들여질 수 있다.

아마 이런 방식으로 도덕을 구성하려는 시도들 중 가장 중요한 것은 『도덕 형이상학 정초』(1785)에 나오는 칸트의 시도일 것이다. 그의 논증에 접근하는 한 가지 방법은 자기 자신과 다른 사람들에게 서로 다른 규칙을 요구하는 것은 자기모순적임을 깨닫는 것이다. 예컨대 다른 사람들은 세금을 꼬박꼬박 내야하고 자신은 그럴 필요가 없다고 말해보라. 합리적 관점에서 볼 때, 이것은 그저 비일관적이다. 만약 다른 사람들은 세금을 꼬박꼬박 내야하고 우리도 그들과 다를 바 없다면, 우리 자신을 예외라고 인정할 이유가 대체 어디에 있겠는가? 여기서 당신이 합리적이 되려면 일관성이 요구된다; 한 사람에게 적용되는 것은 모든 사람에게 적용된다.

이제 만약 우리가 합리성이 일관성을 요구함을 인정한다면, 어떤 다른 결과들이 따르는지를 생각해보자. 그렇다면 우리는 오직 다른 사람들이 일관성 있게 따를 수 있는 도덕 규칙만을 선택할 수 있다. 예컨대 세금을 부과할 필요가 있는 사회에선, 모든 사람이 "세금을 포탈하라"는 규칙을 따를 순 없을 것이다. 그 규칙은 공정한 과세의 기반을 완전히 무너뜨릴 것이며, 그 규칙은 우리가 합리적으로 선택할 수 있는 규칙이 아니다. 사실 이런 사례에서 선택 가능한 합리적이고 일관성 있는 유일한 규칙은 모든 사람이 자신의 세금을 내야한다는 규칙으로 보인다. 이런 노선의 추론이 칸트로 하여금 다음과 같은 일반적인 원칙을 만들게 했다: "당신이 동시에 그것이 보편적 법칙이 되어야 한다고 의지할 준칙에 따라서만 행동하라."

이런 방향의 논변에 따르면, 합리성은 일관성을 요구하고, 유일하게 일관성 있는 도덕적 규칙은 (전문용어로 그것들이 보편화가능해야 함을 뜻하는) 보편적 법칙들로 선택될 수 있는 규칙들이다. 그런 법칙들은 모든 도덕적 존재들에게 모든 사람이 도덕적이라고 인정할 수 있는 — 혹은 아주 많은 도덕가들이 바라는 — 방식으로 행동할 것을 요구한다. 따라서 합리성은 도덕의 기초를 제공한다.

비판

그러나 많은 사람들은 칸트를 완전히 따르진 않을 것이다. 대다수 윤리이론가들은 일관성이 도덕적 사고의 한 제약이란 점을 받아들이지만, 그것이 실제로 도덕적 사고의 기초를 형성할 수 있다고 생각하는 사람은 훨씬 적다. 이에 대한 한 가지 이유는 일관적이면서도 부도덕한 규칙들이 가능하다고 보이기 때문이다. 한 인종차별주의자는 "항상 당신과 가장 유사하게 생긴 사람들을 편애하라"는 원칙을 완벽히 보편화가능한 도덕 원칙이라고 생각할 수 있다. 혹은 이런 원칙을 생각해 보라: "다른 모든 인종들에 대한 아리안 인종의 지배를 확립하라." 모든 사람은 어떤 모순도 범하지 않고 이 준칙에 따라 행동할 수 있지만, 그것은 심히 부도덕한 입장처럼 보인다.

어떻게 우리가 과연 순수한 합리성으로부터 행동의 이유나 동기로 나아갈 수 있을지에 대한 설명에서, 또 다른 어려운 문제가 들어온다. 칸트의 명령을 준수하는 서로 매우 다른 준칙들을 살펴보자: 무고한 아기를 절대 때리지 말라; 영국에서는 항상 왼쪽으로 차를 몰아라; 웨일즈에 있을 땐 항상 사과를 먹고 크게 미소를 지어라. 첫 번째는 명백히 도덕적 명령이고, 두 번째는 현명하긴 하지만 전혀 도덕적 명령처럼 보이지 않는다. 모든 사람이 그렇게 하는 경우엔 오른쪽으로 차를 모는 것도 똑같이 도덕적이다. 마지막 준칙은 윤리와 무관할 뿐만 아니라 무의미하다. 누가 어째서 그것을 보편적 법칙으로 의지하겠는가? 이것이 칸트의 이론이 대답하지 않은 물음이다. 또한 이것은 그의 이론의 약점을 암시한다: 도덕은 그 자체론 합리성에 의해 도출되지 않는 어떤 충동들로부터 출발해야 한다. 행복이나 타인의 복지 같은 도덕적 목표는 이성이 아닌 어떤 것, 어쩌면 느낌이나 어떤 도덕적 권위에 뿌리를 두고 있을 수 있다.

얼마만큼 보편적인가?

게다가 그 원칙 자체도 겉보기만큼 그렇게 단순하지 않다. 당연히 주변상황을 고려해야 한다. 모든 사람이 항상 "시속 70마일로 운전하라"는 준칙을 따르기로 의지하는 것은 가능하지 않을 수 있지만, 거칠 것 없는 고속도로상에서 운전하는 것에 대해선 그것을 하나의 규칙으로 제안하는 것은 완벽히 받아들일만하다. 보통 비난을 받지만 심지어 절도 같은 것도 그것이 생명을 구하거나 굶어죽는 것을 막는 유일한 선택인 상황에선 보편적 법칙으로 의지할 수 있다.

다시 DVD를 복제하는 아들의 사례를 살펴보자. 그는 모든 사람이 DVD를 복제해야 한다고 말하는 것은 아니나 자신과 같은 사람들은 그렇게 해야 한다고 의지하는 것이 완벽히 가능하다고 주장할 수 있다. 만약 다른 방법으론 DVD를 살 수 없는 사람들이 그것을 복제한다면, DVD 생산과 배포의 경제 질서는 해를 입지 않는다. 실제로 제한된 불법적 배포는 도움이 된다고 주장할 수 있다. 왜냐하면 그것은 그 영상을 본 사람들이 그것을 구입하도록 고무하기 때문이다. 그가 나이가 들어 마음대로 쓸 수 있는 수입이 더 많아지면, DVD에 대한 그의 관심이 낳은 습관들로 인해 그는 실구매자들 중 하나가 될 것이다. 그

때까진 그가 해적판을 만든다고 해서 악행을 저지르는 것이 아니다.

그 아들의 생각은 옳은가? 그 아들의 입장에 관한 문제점은 (a) 서로 다른 상황들에 대해 적합한 주의를 기울이는 것과 (b) 규칙들에 대해 정당화될 수 없는 임의적이고 자기이익적인 예외를 만드는 것 사이엔 도덕적 차이가 있다는 것이다. 칸트적 이론은 그 둘을 구분할 수 있을까? 두 방법들 모두 보편화가능성의 일반적인 요건과 양립할 수 있다; 그리고 만약 이러하다면, 우리는 거의 모든 행동이나 준칙을 단순히 그것을 주어진 상황에 국한함으로써 칸트의 기준에 따라 허용 가능한 것으로 만들 수 있지 않을까? 달리 말해서, 사람들을 항상 이렇게 말할 수 있지 않을까?: "이것은 이와 같은 상황에서 나와 같은 사람들에 대해 자연의 보편적 법칙으로 의지될 수 있다."

참조

—2.13 합리주의

—4.3 일관성

—5.12 근본적 특수성

참고문헌

*Lewis White Beck, *A Commentary on Kant's Critique of Practical Reason* (Chicago: University of Chicago Press, 1960)

Barbara Herman, *The Practice of Moral Judgment* (Cambridge, MA: Harvard University Press, 1993)

Paul Guyer, ed., *Kant's Groundwork of the Metaphysics of Morals: Critical Essays* (Lanham, MD: Rowman & Littlefield, 1998)

제5부

윤리학의 한계

5.1 아크라시아 Akrasia

오스카 와일드 작품 『윈더미어 경(卿) 부인의 부채』(*Lady Windermere's Fan*, 1892)에서 등장인물인 로드 달링턴은 "나는 유혹을 빼고는 뭐든 견딜 수 있다"는 유명한 말을 한다. 아아, 그만 그런 것이 아니다. 우리들 대부분은 때때로 그릇된 일임을 알면서도 저항할 수 없다고 느끼는 무언가를 행한다. 아리스토텔레스는 이런 약점을 아크라시아(자제의 결여 혹은 도덕적 "부절제"; 『니코마코스 윤리학』, 7권, 1~10절)라고 불렀으며, 이는 또한 도덕적 "나약함" 혹은 "의지박약"이라 한다.

이 현상은 수세기 동안 철학자들을 머리 아프게 했다. 왜 우리는 우리가 해선 안 된다고 알고 있거나 믿는 것을 행하는가? 다양한 설명이 있다.

플라톤의 소크라테스에 따르면, 모든 악행은 무지의 소산이다. 사람들은 단순히 ― 그 상황에서 혹은 일반적으로 ― 무엇이 진정 선하거나 옳은지에 대해 모르기 때문에 나쁜 행동을 한다. 이 견해에 의하면, 아크라시아는 불가능하다. 왜냐하면 만약 우리가 진정 무엇이 옳은지를 안다면 우리는 결코 그것을 행하지 않을 수 없을 것이기 때문이다. 그러므로 명백한 아크라시아의 사례들은 보기와 달리 아크라시아의 사례들이 아닌 셈이다: 사람들은 결코 그들이 진정 그르다고 생각하는 것을 행하지 않는다. 예컨대 어떤 사람이 불륜관계를 가지면서 "나는 이것이 그르다는 것을 안다"고 말한다면, 그 간통자는 부정직한 것이다. 그 사람은 그것이 속임수나 상처를 수반함을 알지 모르나, 어쨌든 그 간통자는 불륜관계를 지속하는 것이 여전히 정당화될 수 있다고 생각한다.

다른 한편으로 아우구스티누스는 악행을 인간의 죄됨의 한 특징으로 보았다. 사람들은 분명 좋은 것을 알면서도 어쨌거나 나쁜 것을 선택한다; 때때로 그들은 일종의 반항으로서 그것이 나쁘기 때문에 나쁜 짓을 행하기도 한다.

아리스토텔레스에 따르면, 사람들은 정념의 즉각적인 충동을 통해 생각 없이 혹은 적어도 똑똑히 생각하지 않고 행동한다. 만약 그들이 그 문제에 대해 보다 조심스럽고 신중하게 생각했더라면 그들은 다르게 행동할 수도 있었을 것이다; 그러나 그 요구는 불시에 격렬하게 그들에게 닥쳐온다. 욕망과 분노는 이런 성질의 충동적인 행동, "부절제자의 성급한 행동"이라고 말할 수 있는 성질의 행동에서 일반적인 범인들이다.

아리스토텔레스는 "부절제자의 나약함"에 대해서도 이야기한다. 여기서 즉시성은 쟁점이 아니다. 사람들이 사태를 깊이 생각하고 어떻게 행동해야 할지에 대한 올바른 결정에 도달하는 데에는 시간이 걸린다. 그러나 때때로 그들은 그저 그렇게 행동하게 할 수 없다. 왜냐하면 그들은 지속적인 정념들, 특히 욕망이나 분노, 어쩌면 두려움에 의해 압도당하기 때문이다.

무엇이 문제인가

우리가 (플라톤, 아리스토텔레스, 아우구스티누스의 이론들 중) 어느 이론을 참이라고 받아들이는가는 사람들에게 도덕적 올바름을 실현하라고 요구할 수 있는 정도를 정하는 방법에 영향을 미친다. 그저 어떤 것이 윤리적으로 옳은 일이기 때문에 사람들에게 그것을 행하라고 요구하는 것이 합당한가? 강한 감정의 현존은 어떤 윤리적 잘못이나 도덕적으로 그른 행동에 대한 우리의 심판을 얼마만큼 가볍게 할 수 있는가?

예컨대 냉정하게 미리 생각하고 조심스럽게 계획된 방법으로 어떤 사람을 살인하는 경우와, 자신의 아이를 죽였음을 갑자기 알게 된 경우처럼 어떤 정신적 쇼크를 주는 사건으로 인한 분노의 폭발로 어떤 사람을 죽이는 경우 사이의 구분을 생각해보자. 많은 사람들은 그 경우들을 다르다고 생각한다. 왜냐하면 격정(激情)의 힘과 본성, 그리고 인간의 도덕적 자제력의 합당한 한계에 대해 우리가 이해하는 바가 있기 때문이다.

적절한 행동을 하는 것, 옳은 것을 행하는 것, 유덕한 사람이 되고 그 덕을 유지하는 것은 인간에게 어려운 일이다. 그들에게 얼마만큼의 여유를 주어야 하는가? 어떤 경우에 정념의 힘이 그 행동을 비자발적인 행동으로 만들 만큼 강하다고 생각할 수 있는가? 우리는 도덕판단에서 얼마만큼 관대하고 용서해야 하는가?

참조

—1.2 행위

—3.22 사려

—5.5 타락

참고문헌

Norman O. Dahl, *Practical Reason, Aristotle, and Weakness of the Will* (Minneapolis: University of Minnesota Press, 1984)

Alfred R. Mele, *Irrationality: An Essay on Akrasia, Self-Deception, and Self-Control* (Oxford: Oxford University Press, 1987)

T. D. J. Chappell, *Aristotle and Augustine on Freedom: Two Theories of Freedom, Voluntary Action and Akrasia* (New York: St Martin's Press, 1995)

5.2 무도덕주의 Amoralism

옛말에 "사랑과 전쟁은 수단을 가리지 않는다"라고 한다. 비록 이 말을 진심으로 믿는 사람은 드물겠지만, 많은 사람들은 때로는 도덕과 부도덕의 범주들이 존재하지 않는다는 것을 인정한다. 그런 상황에서 우리는 무도덕한 상태에 남게 된다: 선한 것도 나쁜 것도 아니고 도덕 바깥에 서있는 상태.

예컨대 비즈니스와 기업 활동은 오직 한 가지에 관여하는 것으로 간주된다: 이윤. 우리가 친절하고 관대하고 신뢰할만한지는 — 그런 것이 이윤을 극대화하는 데 도움이 되지 않는다면 — 상업 행위와 무관하다. 이런 견해는 자본주의에 대한 비판으로, 혹은 삭막한 현실주의로, 혹은 (애덤 스미스가 주장했던 것처럼 시장이 유익한 "보이지 않는 손"에 의해 인도되므로, 시장에서의 무도덕적 행위가 모든 사람에게 최선의 결과를 산출한다고 주장함으로써) 어쩌면 자본주의에 대한 옹호로 제시될 수 있다.

무도덕주의자들은 전쟁에서도 오직 하나의 목적이 있다고 주장한

다: 승리. 승리에 기여하는 것은 무엇이든 허용가능하다 — 거짓말, 살인, 절도, 재산파괴 등등. 실제로 상거래의 상황에서처럼 도덕 규칙을 준수하는 것은 아마 우리가 전쟁의 목표를 달성하지 못하게 방해할 것이다.

정치도 하나의 무도덕적 상황으로 그려져 왔다. 마키아벨리는 권력을 획득하고 굳게 지키기 위해서 성공한 지도자가 어떻게 도덕적으로 올바른 겉모습을 보여주면서 실제론 가장 무자비한 악행을 범할 각오를 해야 하는지를 기술한 것으로 유명하다. 국가 정치는 도덕 원칙들에 의해 결정되어야 한다고 주장하는 사람들도 전쟁과 같은 국제 정치는 완전히 무도덕적이라고 주장한다. 때때로 이런 견해를 신봉하는 사람들은 무도덕주의자보다는 정치적 "현실주의자"라고 불리길 원한다.

경계선 긋기

만약 일부 인간 활동들은 도덕적 고려의 바깥에 있음을 인정한다면, 도덕과 무도덕을 가르는 경계선은 어디에 그어져야 하는가?

한 가지 방법은 신성한 원칙에 호소하면서 신의 명령이 요구하지도 금지하지도 않는 활동들이 있다고 주장하는 방법이다. 가볍게 어떤 사람의 귓불을 잡아당기는 것은 도덕적이지도 부도덕하지도 않을 것이다 — 방 건너편에 있는 어떤 사람에게 무언가를 훔치라고 신호를 보내기 위해 귓불을 잡아당기는 것은 부도덕할 테지만 말이다.

도덕과 무도덕을 구분하는 또 다른 방법은 해악의 원칙과 행복의 원칙을 사용하는 방법이다. 모종의 해악, 특히 심각한 해악을 끌어들이거나 적어도 그렇게 될 가능성이 있는 행동들은 부도덕하다고 간주되어야 한다; 한편 행복에 기여하거나 행복에 기여할 가능성이 있는 행동들은 도덕적이라고 간주되어야 한다. 그러나 해악을 낳지도 않고 행복에 기여하지도 않는 행동들 혹은 그렇게 하지 않을 것 같은 행동들은 무도덕적이다. 대부분의 상황에서 몇 번 귓불을 잡아당기는 것이 어떤 식으로든 사람들의 행복과 불행에 기여할 것 같진 않다. 따라서 — 어떤 다른 일을 행하는 대신 우리의 귓불을 잡아당기는 행동이 가진 기회비용이 부도덕한 자원낭비라고 주장하지 않는 한 — 그런 행동은 완벽히 무도덕적이다.

도덕은 환영이며 세계는 사실상 완전히 무도덕적이므로 그을 경계선 따위가 없다는 주장은 보다 급진적인 주장이다. 설령 우리가 이렇게 멀리까지 나가지 않더라도, 많은 사람들은 실제의 도덕 규칙들은 어떤 의미에선 강자가 약자를 조종하기 위해 사용하는 허위나 속임수나 도구라고 본다. 예컨대 조셉 콘래드(Joseph Conrad)의 『암흑의 핵심』(*Heart of Darkness*, 1902)과 앙드레 지드(André Gide)의 『배덕자』(*Immoralist*, 1902)는 매우 견고해보였던 도덕체계들이 자신들의 눈앞에서 부서지는 것을 목격한 유럽인들에 관한 꾸며낸 이야기들이다. 그것은 많은 사람들이 겪었던 고뇌로 보인다. 심지어 들뢰즈(Gilles Deleuze: 1925~95)와 데리다(Jacques Derrida: 1930~2004) 같은 최근의 대륙철학자들은 윤리와 도덕이라는 명목으로 통하는 것들의 부당한 측면들을 타파하는 방법은 그것에 대항하는 지속적인 비판의 자세를 취하는 것이라고 주장했다.

문제는 기존 도덕들에 대해 가장 냉소적인 사람들조차도 철저한 무도덕주의자들은 아니라고 보인다는 점이다. 왜냐하면 그들의 의분(義憤) 자체가 그들이 어떤 가치를 신봉하고 있음을 요구하기 때문이다. 반항과 자유와 비판에 대한 외침들은 기존의 도덕적 질서들을 뒤엎는 것을 수반할 수 있지만, 그 외침들 자체도 도덕을 함축하는 것처럼 보인다.

참조

—3.3 나쁨/악

—5.9 허무주의

—5.11 힘

참고문헌

Niccolo Machiavelli, *The Prince* [1513], edited by Russell Price (Cambridge: Cambridge University Press, 1988)

Marquis de Sade, *Justine, Philosophy in the Bedroom, and Other Essays* (New York: Grove Press, 1990)

Robert E. Frederick, *A Companion to Business Ethics* (Oxford: Blackwell, 1999)

5.3 잘못된 신념과 자기기만

Bad Faith and Self-Deception

불쌍한 노년의 바바라 스트라이샌드와 도나 서머. 「더 이상 눈물은 없어」(No More Tears)라는 곡에서 그들은 언제나 완벽한 연인을 만나는 것을 꿈꿔왔지만 그는 그저 다른 남자들과 다를 바 없다는 것으로 드러났다고 노래했다. 그럼에도 일이 그렇게 완전히 잘못 돌아간 것은 그들의 잘못이 아니었다. "처음부터 나는 선택이 없었어. 나는 내 마음의 소리를 들어야 했어"라고 그들은 노래했다.

그러나 현학적으로 들릴 순 있겠지만, 분명 우리 모두는 어떤 연인과 얽힐지 말지, 그리고 그 관계를 얼마만큼 끌고 갈지를 선택할 능력이 있다. 문제는 우리가 자신으로선 어쩔 수 없는 일인 것처럼 스스로를 속이려 한다는 점이다. 그런 식으로 우리는 우리 행동의 결과들에 대한 책임을 회피한다. 그러나 이런 종류의 합리화가 얼마나 흔한 일인가를 생각한다면, 그것은 우리의 도덕적 선택을 내릴 능력을 위협하지 않을까?

자기기만

"자기기만" 개념은 기묘한 개념이다. 왜냐하면 그것은 어떤 사람이 (진실을 알고 있는) 거짓말쟁이인 동시에 (진실을 숨기는) 거짓말의 희생자가 될 것을 요구하기 때문이다. 그러나 이것이 도대체 어떻게 가능한가?

어쩌면 자아란 단일한 전체가 아니라 실제론 별개의 부분들로 분열되어 있을 수 있다. 자기기만을 설명하는 가장 일반적인 방식들 중 하나는 이런 식으로 자아를 의식과 무의식으로 나누는 것이다. 프로이트는 아마 이런 태도로 가장 유명한 사람일 것이다. 그러나 그런 일반적 관념들이 사상사 전반에 걸쳐 다양한 형태로 되풀이되어 나타난다.

칸트에게 우리가 관찰할 수 있는 자아는 경험적이고 피상적 자아일 뿐이고, 그 배후에는 보다 심층적인 자아가 놓여 있다. 사실 자기기만과 무의식에 대한 근대적 물음들은 자신이 악마에게 지배당하고 있는가, 아니면 바로 자신이 세계와 신에 대한 자신의 거짓된 관념들의 원천인가 하는 『제일철학에 대한 성찰』(*Meditations on First Philosophy*)에 나오는 데카르트의 걱정으로부터 시작한다고 말할 수도 있다.

키르케고르는 근대적·과학적·합리주의적 시대와 그 안에서 기독교 신앙으로 간주되는 것을 자기기만이라는 말로 비판했다. 근대 세계는 사람들을 자기기만적 상태에 빠트리며, 그 안에서 그들은 실제론 깊은 절망과 막연한 불안에 젖어 있으면서도 신앙과 이성에 기초한 의미 있는 삶을 영위하는 체한다.

키르케고르에 따르면, 사람들이 이 사실에 대해 의식하지 않고 그것을 스스로 인정하길 거부하는 것은 이런 절망의 특징이다. 그러므로 사람들은 진실하고 열정을 품은 자아가 되지 못하고 진실하지 않은 상태로 살아간다. 키르케고르주의자인 워커 퍼시(Walker Percy)가 『영화팬』(1960)에서 묘사했던 것처럼, 각자는 단지 "어딘가에 사는 누군가"로 — 참된 개인이 아니라 중립적이고 불명확한 "하나"로 — 존재한다. 『죽음에 이르는 병』(*The Sickness unto Death*)에서 키르케고르가 적은 것처럼, "절망의 특성은 이것이다: 절망하고 있음을 의식하지 못한다는 것이다."

잘못된 신념

"잘못된 신념"(*mauvaise foi*)이란 자기기만의 구체적 한 형태를 말하며, 사르트르(『존재와 무』, 1944)와 보부아르(『애매함의 윤리』[*Ethics of Ambiguity*], 1947) 같은 실존주의 사상가들이 개발한 비판적 용어이다. 그것은 수많은 의미를 가진다 — 그것들 중 어느 것도 좋은 의미는 없다.

첫째, 잘못된 신념은 인간이 자유롭기 때문에 견뎌야 할 불안과 책임을 회피하려는 노력이다. 자유와 그것에 대한 책임을 회피하기 위해 사람들은 잘못된 신념에서 자신들이 단지 사회의 산물이며, 자신들의 양육과정의 소산이며, 자연적 원인들의 어쩔 수 없는 결과라고 말한다. 그렇게 하면서 그들은 주체적으로 선택할 자신의 능력을 부정하고 자신의 지위를 객체라고 강조한다. 그러나 실존주의자들에 따르면, 이 모든 것은 잘못된 신념에서 나온 말이다. 왜냐하면 일정한 단계에서 사람들이 자유로운 의식들이라는 것은 그들에게 즉각적으로 명백하게 드러나기 때문이다.

둘째, 이런 말이 이상하게 들리는 만큼, 사람들이 자신은 어떤 것이라고, 즉 자신이 어떤 본질을 가진다고 주장하려 할 때 잘못된 신념이 명백히 드러난다. 사람들은 자신의 존재를 규정하는 불변의 본질을 갖지 않는다. 매순간마다 우리는 어떤 것("남편" "웨이터" "여자" "동성애자" "프랑스인" "미국인" "흑인" 혹은 "백인" "진화된 동물")이 되려고 선택해야 한다. 그러나 이런 선택은 불변하거나 굳어지거나 영구적인 것이 될 수 없다; 선택을 하자마자 그것은 새로운 자유선택을 내려야 하는 새로운 계기가 된다. 그럼에도 우리의 현재적 정체성들은 ("나는 좌익 리투아니아 교수이다") 마치 그것들이 실재적이며 지속적인 것처럼 주장된다.

사람들은 또한 자신이 가진 것과 같은 자유를 다른 사람들에게 주지 않을 때, 세 번째 형태의 잘못된 신념에 빠진다. 그런 행동의 문제점은 단순히 논리적 문제, 일관성의 문제가 아니다. 그것은 다른 모든 사람도 자유로운 의식이며 현실적으로 말해서 각 개인의 자유는 다른 사람들의 자유에 달려 있음을 우리가 알고 있다는 사실로부터 나온다. 예컨대 아프리카 흑인들이 유럽 백인들과 평등하지 않음을 증명하려는 절박한 노력은 노예소유주들이 흑인들은 인간 이하의 동물이 아니라 자신들처럼 노예화된 인간임을 알고 있다는 사실을 드러낸다. 다른 사람들을 억압하고 그들을 (후투족의 시민군이 투치족 희생자들을 특징지웠던 것처럼) "바퀴벌레"와 (나치들이 유대인들을 특징지웠던 것처럼) "해충"이라고 특징짓는 사람들은 잘못된 신념에서 그렇게 행동하는 것이다.

인간들 사이에 자기기만이 널리 퍼져 있다는 현실은 진정한 도덕적 선택을 내릴 인간의 능력에 대해 일부 사람들을 회의적이게 만든다. 우리는 다른 사람들의 진실함뿐만 아니라 우리 자신의 도덕적 추론의 진실함도 의심해야 한다. 우리가 도덕적 가치들을 진실로 우리 자신의 가치들이라고 주장할 때, 우리는 스스로를 속이지 않을 수 있을까? 그러나 실존주의자들에겐 낙관론적 토대가 있다. 우리는 진정으로 자유로울 수 있으며 잘못된 신념을 피할 수 있다. 만약 이런 낙관론을 공유하지 않는다면, 우리는 도덕적 담론이 항상 자기기만에 감염될 것임을 인정해야 한다.

참조

—2.13 합리주의

—4.2 본래성

—5.6 허위의식

참고문헌

*Herbert Finagrette, *Self Deception* [1969], *with a New Chapter* (Berkeley: University of California Press, 2000)

John Douglas Mullen, *Kierkegaard's Philosophy: Self-Deception and Cowardice in the Present Age* (Lanham, MD: University Presses of America, 1995)

Ronald E. Santoni, *Bad Faith, Good Faith, and Authenticity in Sartre's Early Philosophy* (Philadelphia, PA: Temple University Press, 1995)

5.4 결의론과 합리화 Casuistry and Rationalization

시아오는 거대한 다국적 광산회사의 경영자다. 그는 윤리에 대해 매우 심각하게 생각하는데, 이것이 그가 자신의 최근 프로젝트에 대해 우려하는 이유다. 그 프로젝트는 뇌물을 쓰고 토착민을 강제로 지역에서 쫓아내고 어린이를 고용하고 다양한 생물들이 사는 중요한 서식지를 파괴할 것을 필요로 하기 때문이다. 그러나 그는 생활비를 버는 데 실제로 중요한 기여를 하는 어린이들을 채용하는 관행과 마찬가지로 뇌물을 쓰는 것은 그 지역에선 흔한 일이라고 생각한다. 쫓겨난 사람들은 보상을 받을 것이고, 서구 국가들이 강제수매 명령을 내리진 않을 것 같다. 환경 파괴에 관해선, 회사가 그 장소에서 가까운 곳에 새로운 보호구역을 만들기로 약속했다. 어쨌든 그가 거부한다면, 회사는 그저 그 일을 할 다른 사람을 구할 것이다. 마음은 불편했지만 시아오의 양심은 진정되었다.

시아오의 행동에 대한 정당화들은 적절한가, 아니면 그것들은 실제론 도덕적으로 혐오스러운 행동을 변명하기 위한 편법들에 불과한가? 이렇게 간략한 기술로는 말하기 어렵지만, 분명 관련된 권리들과 잘못들에 대하여 공명정대하게 검토한다면 그의 행동의 도덕성에 대하여 다른 결론에 이를 수도 있다고 생각할 수 있다.

이런 종류의 위험은 실천윤리, 특히 기업윤리의 현실에서 항상 있는 것이다. 기업윤리 정책의 창안자들이 항상 고용주들의 냉담한 자기이익 추구를 상당히 미화(美化)하려고만 했다고 말하는 것은 너무 냉소적일 것이다. 그러나 관련된 행동이 상업적이든 개인적이든, 어떤 사람이 진심으로 선해지려고 하더라도, 결국 자신이 정말 하고 싶은 일에 대한 도덕적 정당화들을 찾는 것으로 끝내기 쉽다. 대조적으로 우리가 관심을 가진 어떤 행동의 도덕성에 대해 공정하고 냉정하고 객관적으로 평가하긴 어려운 일이다. 어느 주어진 행동에 대해서든 항상 찬성과 반대가 있다. 그리고 윤리는 수학과 다르기 때문에, 마음에 들지 않는 이유보다는 마음에 드는 이유에 더 큰 비중을 두는 것은 쉬운 일이다.

결의론

우리가 어떻게든 하고 싶은 일에 대해 정당한 이유들을 찾는 것을 때로는 "결의론"이라고 한다. 그러나 사실 이것은 약간 오해의 여지가 있다. 왜냐하면 진정한 결의론은 어떤 특정한 도덕적 뼈대에 의지하기보다는 범례와 선례에 호소함으로써 각개의 도덕적 딜레마들에 대한 해결방법에 도달하려는 진실한 시도이다. 그래서 그것은 현실적 논쟁들을 해결하는 데 특히 유용하다. 왜냐하면 그것은 딜레마를 해결하고자 하는 사람들이 일치된 도덕이론을 갖고 있다고 가정하지 않기 때문이다. 결의론은 무엇보다도 영국 관습법 속에 고결한 역사를 지니고 있으며, 판결을 부분적으로 정당화하기 위해 선례를 인용하는 오늘날의 일반적인 법적 관행의 기초를 세운다. 결의론이 요구하는 바는, 서로 다른 이론적 태도를 가진 사람들이 종종 하는 것처럼, 오직 어떤 주어진 상황에서 옳은 행동이 무엇인지에 대해 모든 사람이 동의하는 것이다. 비록 평소엔 이렇게 말하지 않지만, 이것이 바로 오늘날 응용적 생명윤리에 관한 많은 작업이 결의론의 형태를 취하는 이유다.

그러나 결의론적 사고는 많은 해석의 여지를 남기며, 명확한 도덕 원칙들의 집합의 적용에 관한 것이 아니므로 오용될 소지가 있으며, 그것이 나쁜 평판을 얻은 이유가 바로 이것이다. 예컨대 가톨릭신자인 파스칼(Blaise Pascal: 1623~62)은 『시골 친구에게 보내는 편지』(*Provincial Letters*, 1656~7)에서 힘과 특권을 가진 자들의 죄받을 행동을 합리화하기 위해 결의론을 오용한 것에 대해 교회를 호되게 꾸짖었다; 그리고 당연히 많은 프로테스탄트 개혁가들은 그의 견해를 공유했으며, 특히 예수회가 결의론적 방법을 악용한 것에 대해 비판했다. 세밀한 구분과 해석을 필요로 하는 곳에는 이기적인 도피와 합리화의 여지도 있는 법이다.

편견 바로잡기

그러나 어떻게 우리는 결의론을 올바르게 사용하고 결의론적 추론이 욕망이나 이해관심에 의해 왜곡되지 않음을 확신할 수 있는가? 무엇보다도 우리는 모든 사람이, 심지어 공명정대한 평가를 내릴 자신의 능력에 대해 매우 확신하는 사람들조차 그런 왜곡에 빠지기 쉽다는 사실을 인정해야 한다.

그러므로 둘째로 우리는 — 감지하지 못할 수 있는 편견들이나 우리가 가지지 않은 것처럼 보이는 편견들을 비롯한 — 편견들을 바로잡는 데에 신중하고 의식적인 노력을 기울여야 한다. 이것은 진정한 자각과 경계심과 배려를 요한다. 한 가지 유용한 기법은 솔직히 우리가 어떤 해결법이 정당화되길 원하는가를 스스로에게 묻고, 반대 논변들 중 가장 강력한 견해를 살펴보려고 특별한 노력을 기울이는 것이다. 이런 종류의 자기검토는 (플라톤의 『파에돈』(*Phaedo*)에서 소크라테스가 조언했던 것처럼) 그 반대 논변들이 이끄는 곳으로 좇아가지 않고 우리가 그 논변들이 나아가기를 바라는 곳으로 좇아가려는, 자연스럽지만 유감스러운 경향을 상쇄시킬 수 있다.

자기기만, 회피, 부인의 심리과정들 중 일부를 ― 그리고 사람들이 전형적으로 부인하거나 회피하거나 스스로를 속이는 것들 중 일부를 ― 이해하는 것은 부도덕한 동기가 숨어 있는 가면들을 벗기는 데 도움이 될 수 있다. 하지만 또 다른 효과적 방법은 자신의 선택과 그것에 대해 찬성하고 반대하는 정당한 이유들을 사심이 없고 도덕적 추론의 능력을 갖춘 어떤 사람과 함께 논의하는 것이다. 사심이 없는 경청자는 흔히 영악한 욕망을 물리치는 최선의 방책이다.

참조

―1.12 이해관심

―4.7 불편부당성과 객관성

―5.3 잘못된 신념과 자기기만

―5.6 허위의식

참고문헌

*Kenneth E. Kirk, *Conscience and Its Problems: An Introduction to Casuistry* [1927] (Louisville, KY: Westminster John Knox Press, 1999)

*Albert R. Jonsen and Stephen Toulmin, *The Abuse of Casuistry: A History* *of Moral Reasoning* (Berkeley: University of California Press, 1988)

Richard B. Miller, *Casuistry and Modern Ethics: A Poetics of Practical Reasoning* (Chicago: University of Chicago Press, 1996)

5.5 타락 Fallenness

르완다 대량학살과 소규모 잔학행위, 그리고 심지어 환경파괴 같은 사건들을 우리는 어떻게 이해해야 하는가? 보통 우리는 그 원인을 불충분한 사회화나 무지, 역사, 정치적 역학관계에서 찾는다. 이런 광대극들은 불가피한 것이 아니라 우리의 사회와 우리 자신을 더 잘 규제할 수 있었다면 충분히 피할 수 있었다.

그러나 지금은 다소 유행에 떨어지지만 이와 같은 현상들을 해석하는 오래된 방법이 있다. 인간은 타락했기 때문에 죄에 빠지려는 경향이 있다. 죄됨은 우리 본성의 일부이며, 그것에 맞서려면 우리는 단순히 도덕적·지적 덕만이 아니라 신학적 덕과 신의 도움을 필요로 한다. 요컨대 우리의 타락한 본성, 그리고 우리와 신 사이의 격차를 고려하지 못하는 순전히 세속적인 윤리는 심히 불충분하다.

타락과 죄악

넓게 말해서 아브라함 종교적 전통들은 아담과 이브가 선악(善惡)을 알게 하는 — 도덕철학이 탐구하는 바로 그 앎! — 나무의 열매를 먹는 부분인 「창세기」 2~3절의 설명을 공히 받아들인다. 신은 그들이 이 열매를 먹지 못하게 금했고, 그래서 그들의 위반에 대한 처벌로 신은 그들을 에덴동산 밖으로 내쳤다.

이런 위반 혹은 죄악, 그리고 뒤따르는 처벌을 "타락"(Fall)이라고 한다. 다양하게 해석되지만, 그 처벌들에는 출산의 고통, 생존을 위해 노동을 해야 할 필요, 죽어야 할 운명, 남성에 대한 여성의 종속, 의지의 약화, 욕망의 왜곡, 어두워진 지성 등이 포함되는 것으로 생각되었다.

특히 마지막 세 가지는 윤리적으로 말해서 우리가 사람들에게 기대할 수 있는 바에 대한 한계들을 시사한다. 의지가 약화되었기 때문에 인간은 역경이나 유혹에 직면하여 도덕 원칙을 고수할 올바름을 결여한다. 욕망의 왜곡, 즉 세속적 쾌락에 대한 욕망(현세에의 욕망)으로 인해 사람들이 일관적으로 혹은 천성적으로 선을 욕구하려는 경향을 가진다고 기대할 수 없다. 반대로 그들은 사실상 자신들뿐만 아니라 다른 사람들에게 나쁜 것, 즉 악한 것을 원한다고 예상할 수 있다. 지성이 어두워졌으므로 도덕적 지식의 나무의 열매를 먹었음에도 사람들은 옳음과 그름에 대해 일반적으로 무지하며 스스로 그것을 생각해낼 제한된 지식만을 가졌다고 예상할 수 있다. 많은 기독교인들은 모든 사람이 원죄를 (아담의 후손들로 우리가 물려받은 도덕적 오점을) 가지고 태어나며 따라서 모든 인간은 선천적으로 나약하고 죄를 범하게 된다는 믿음을 신봉한다.

그러므로 타락했기 때문에 사태를 스스로의 힘으로 개선하려는 왕성하고 심지어 필사적인 노력에도 불구하고 사람들은 종종 선해지지 못한다고 예상할 수 있다. 전쟁과 범죄, 온갖 악덕들이 불가피하다. 지성의 죄악과 감정의 죄악이 만연할 것이다.

해결할 것인가 부인할 것인가?

근대성은 부분적으로 이성과 기술을 통해 타락의 결과들을 극복하려는 노력이었다고 말할 수 있다. 의학과 보건학은 고통과 심지어 죽어야 할 운명까지도 바꾸고 제한하려고 노력한다. 근대 과학과 철학은 지식을 얻었다는 주장을 내세우고, 동시에 근대 윤리학과 정치이론은 실천적 지혜를 얻으려고 애쓴다. 『방법서설』(*Discourse on Method*, 1637)에서 데카르트는 이런 주장들 중 많은 부분을 전개했다. 그러나 타락에 대한 설명에 주목하지 않을 수 없다고 여기는 사람들은 근대의 프로젝트에는 허영심이 있으며 인간은 오직 신의 도움을 통해서만 타락을 극복할 수 있다고 생각하는 듯하다. 기독교인들에게는 이런 도움은 보통 다음과 같은 개념들을 통해서 표현된다: 은총, 구원, 구속, 메시아 혹은 그리스도의 희생.

『존재와 시간』에서 하이데거는 "타락"(*Verfallenheit*, *das Verfallen*)에 대해 특이하면서도 윤리적으로 관련된 개념을 전개했다. 근대사회의 병리들에 대한 키르케고르의 진단을 좇아, 하이데거는 어떻게 평범한 일상생활에서 개인들이 실천적이고 상업적이고 기술적인 계획들뿐만 아니라 무익한 대화에 희생되어 자신들의 진정한 본연의 존재방식으로부터 (또한 존재(*Sein*) 자체로부터) 소외되는지를 기술한다.

이런 평범한 일상성의 상태에 빠진 사람들은, 하이데거가 세상사람(*das Man*)이라고 부른 그들이 마치 사물들을 이해하는 방식으로 자신들을 비인격체로 이해하듯이, 스스로를 그렇게 이해할 수밖에 없다. 개인들은 평범한 "그들로서의 자기", 즉 (중성적인 문법적 대명사인) 세상사람(one)이 된다. 이런 타락과 평범함에서 벗어나 결연하게 본래성을 획득하는 것이 하이데거 현상학의 (그는 그것에 도덕적이거나 정치적인 것은 아무것도 없다고 주장함에도 불구하고) 윤리적 목적이라고 말할 수 있다. 그렇게 하려면 무엇보다도 (많은 실존주의자들이 요구하는 것처럼) 인간이 타락에 빠지기 쉽다는 점뿐만 아니라 인간의 죽을 운명을 받아들여야 한다.

물론 당신이 아브라함 신학을 받아들이지 않는다면, 타락에 대한 이 모든 이야기는 옛날 옛적의 헛소리처럼 들릴지 모른다. 그러나 종교적 믿음이 없더라도, 인간이 본성적으로 악행을 저지르기 쉽다는 관념은 심각히 고려되어야 한다. 만약 받아들인다면, 그것은 우리가 윤리적으로 가능하다고 생각하는 것에 중대한 영향을 미친다.

참조

—2.16 덕윤리

—3.3 나쁨/악

—4.2 본래성

—5.1 아크라시아

—5.3 잘못된 신념과 자기기만

참고문헌

*Wayne G. Boulton, Thomas D. Kennedy, and Allen Verhey, eds., *From Christ to the World: Introductory Readings in Christian Ethics* (Grand Rapids, MI: W. B. Eerdmans, 1994)

*Tatha Wiley, *Original Sin: Origins, Developments, Contemporary Meanings* (Mahwah, NJ: Paulist Press, 2002)

5.6 허위의식 False Consciousness

그들이 받은 것은 당연히 받을만해서라는 말을 들은 적이 있다면, 당신은 일부 사회비판가들이 허위의식이라고 하는 것의 사례와 마주쳤던 것이다.

그러나 대부분의 경우 매우 명백한 사실처럼 보이는 것에 도대체 무슨 거짓이 있다는 말인가? 자신이 받은 것을 받을만했다고 말하는 사람들은, 그것을 얻기 위해 매우 열심히 일하고 남다른 지성과 창조성과 희생을 발휘했다고 말하는 것은 거짓이 아닐 수도 있다. 그러나 어떤 사람이 근면, 지성, 창조성, 희생에 대한 대가로 어떤 종류의 보답이나 보상을 받아야 할지에 관해선 어떠한 신법도 자연법도 없다. 어떤 특정 개인이 자신이 받을만하다고 주장하는 정확한 양을 그 사람에게 분배하는 것은 오직 우리 사회의 고유한 사회제도(또한 대부분의 경우 뜻하지 않은 행운에 대한 공정한 법령)이다. 다른 사회의 제도들은 훨씬 더 적게 혹은 훨씬 더 많이 분배했을 수도 있다.

따라서 우리는 "허위의식"을, 사람들의 삶을 지배하는 현실적 사회-정치-경제 관계들과 그들이 그 속에 살고 있는 사회-정치-경제 질서의 참된 본성을 모호하게 만드는 것으로서, 흔히 이데올로기라고 하는 믿음들의 집합이라고 간단히 정의할 수 있다. 1893년 마르크스와 주고받은 서한에서, 엥겔스(Friedrich Engels: 1820~95)는 다음과 같이 말했다.

> 이데올로기란 의식적인 것은 맞지만 허위의식을 가진 소위 사상가에 의해 성취되는 과정이다. 그를 앞으로 나아가게 하는 진정한 동력은 그에게

도 미지의 것으로 남아 있다; 그렇지 않다면, 그것은 단순히 이데올로기적 과정이 아닐 것이다. 그러므로 그는 허위이거나 겉보기만 그럴듯한 동력을 상상한다.

이것은 순식간에 지나가듯 말한 짧은 소견이다. 마르크스 자신은 그 문구를 전혀 사용하지 않았다. 그럼에도 마르크스가 이후의 사상가들이 그 개념에 대해 생각했던 바의 대부분에 관한 토대를 놓았다는 것은 분명하다. 허위의식에 관한 마르크스주의 이론들은 『자본론』(*Das Kapital*, 1867)과 기타 저술에서 자본주의가 현실상황에 대한 프롤레타리아트의 자기이해를 왜곡하는 방식에 대해 마르크스가 기술한 바에 주로 의존한다.

허위의식의 주된 형태는 마르크스 및 여타 학자들이 상품에 대한 물신숭배라고 불렀던 것을 통해 사람들이 획득하게 되는 자기 자신에 대한 이해이다. "물신숭배"(fetishism)는 사람들이 사물들에 가치를 투영한 다음 그 가치가 본질적으로 거기에 있는 것이라고 거짓말하거나 스스로를 그렇게 확신시키는 과정이다. 그래서 사람들은 사실 반짝이는 돌과 기계일 뿐 그것들의 가치는 그들이 사는 사회세계로부터 나올 뿐인데도 다이아몬드나 BMW가 커다란 본질적 가치를 가진다고 믿게 된다. BMW는 히말라야에 있는 유목민에게는 별로 혹은 전혀 가치가 없을 수 있다. 다이아몬드나 공채증서는 고대 스파르타인에게는 아무 가치도 없었을 것이다.

개념의 갱신

기 드보르(Guy Debord: 1931~94)와 장 보드리야르(Jean Baudrillard: 1929~2007) 같은 후대의 비판가들은 미디어와 광고 같은 장치들이 사람들로 하여금 그들이 일정한 물건들을 얼마만큼 구입하거나 소유하느냐에 따라서, 그리고 그들의 생활에 스며들어 있는 이미지들을 얼마만큼 모방하느냐에 따라서 자신들이 규정되고 가치를 가진다고 믿게 되는 방식을 기술했다. 드보르의 용어로 "스펙터클"(spectacle)은 인간의 사회관계를 대체한다. 보드리야르의 말로는 우리는 이미지의 이미지, 모방의 모방, 실재하는 것들의 시뮬라크르(*simulacra*)가 아니라 다른 시뮬라크르의 시뮬라크르가 된다. 사람들은 심지어 실재 자체보다 모방이나 가상현실을 선호하기 시작한다. 예컨대 사람들은 유럽보다 디즈니의 유럽관을, 해변보다 리조트를, 이웃보다 쇼핑몰을, 살아 있는 인간보다 인터넷 인간관계를, 스포츠보다 비디오게임을 선호한다. 사람들이 알고 있는 전쟁은 현실의 전쟁이 아니라 그들이 TV에서 보던 스펙터클한 이미지들이다.

아도르노(Theodor Adorno: 1903~69) 같은 프랑크푸르트학파 비판가들은 우리 생활의 가장 단순한 일면들조차 — 심지어 립스틱과 대중음악 같은 것들조차 — 그것들이 전면으로 나오는 그 순간에 어떻게 억압을 감추는지를 기술한다.

많은 비판가들에 따르면, 심지어 사람들이 자신들의 사회적 관계들을 이해하거나 정당화하는 데 이용하는, 유력한 자유주의적인 정치적 신념조차 허위의식의 도구이다. "자유" 시장이라는 말은 사람들이 그것의 고질적인 강압과 조작을 보지 못하게 만든다. "언론의 자유"라는 말은 설령 우리가 미디어에 접근할 수 있더라도 왜 언론이 실제로 정치적으로 중요한지를 알기 어렵게 만든다. "재산권"이라는 말은 어떻게 사유재산 이데올로기가 사유재산의 막대한 집중을 통해 처벌도 받지 않고 다른 사람들의 소유물을 빼앗고 자연 세계를 퇴화시킬 수 있는지를 감춘다.

여기에 암시되는 윤리적 숙고의 한계란 이것이다: 자기 자신과 자신의 세계에 대한 사람들의 이해가 그들이 직면하고 있는 현실의 윤리적 특징들 중 많은 것들을 이해할 수 없게 심히 왜곡되었을 때, 즉 허위의식에 젖어 있는 사람들은 건전한 윤리적 결론에 도달하리라고 기대할 수 없다는 것이다.

물론 "허위의식"을 형성하는 다양한 신념들이 실로 허위임을 당신이 인정할 경우에만 그 비판은 의의가 있다. 그 신념들은 허위가 아닐 수도 있다. 또한 허위의식에 대한 비난이 때로는 비난자에게 되돌아올 수도 있다. 예컨대 재화의 가치가 시장에 의해 결정된다는 것을 부정하는 것이 허위의식인가? 최악의 경우, 어떤 것이 허위의식의 사례라고 말하는 것은 단지 중상모략이 되어버린다: 당신은 내가 진리라고 보는 것을 인정하지 않으므로, 당신은 허위의식의 희생자임에 틀림없다. 그러므로 "허위의식"이라는 비난을 퍼부으려는 사람들은 그들이 확인한 허위의식의 내용을 기술할 뿐만 아니라, 합리적인 사람들이 사태를 전혀 잘못 이해하게 되는 메커니즘이나 이유를 설명하는 오류론을 제공하는 편이 좋을 것이다. 만약 그렇지 않으면, 자신이 총명하다는 주제넘은 생각을 피하긴 어려울 것이다.

참조

—1.16 필요

—2.3 문화비판

—3.18 해방/억압

—5.15 관점

참고문헌

Guy Debord, *The Society of the Spectacle* [1967] (New York: Zone Books, 1995)

*Christopher L. Pines, *Ideology and False Consciousness: Marx and His Progenitors* (Albany: State University of New York Press, 1993)

Michael Rosen, *On Voluntary Servitude: False Consciousness and the Theory of Ideology* (Cambridge, MA: Harvard University Press, 1996)

5.7 자유의지와 결정론 Free will and Determinism

법률과 일상적 도덕에서 사람들은 처벌을 완화하는 주변상황을 참작한다. 만약 자기 남편을 살인한 부인이 남편에게 자주 폭행을 당했고 그녀가 지속적 스트레스하에서 범죄를 저질렀음을 증명할 수 있다면 좀 더 가벼운 형을 받을 수 있다. 만성이든 급성이든 정신병으로 인한 책임의 감소를 증명할 수 있는 사람들은 치료를 받으면서 보다 적은 처벌을 받을 (혹은 적어도 그래야 할) 것이다. 또한 어려운 성장과정은 어떤 사람이 범죄를 저지르게 만들 가능성을 어느 정도 더 높게 만든다는 것은 널리 인정되고 있다.

이는 사람들이 자유의지가 전능하다고 생각하지 않음을 보여준다. 때때로 사람들의 행동은 부분적으로 그들에게 우연히 일어난 일들에 의해 결정되며, 이는 그들이 그들의 행동에 대해 책임을 덜어준다. 그러나 자유의지가 통상 우리가 생각하는 것보다 우리의 행동에 더 적은 영향을 미친다면, 혹은 아무런 역할도 하지 않는다면, 어떻게 될 것인가? 면밀히 음미해보니 자유의지라는 개념 자체가 말이 되지 않는다면, 어떻게 할 것인가? 그것은 책임과 비난에 대한 우리의 상식적 개념을 완전히 잘라버리지 않을까?

혼드리치는 자유의지는 전혀 존재하지 않으며 도덕적 책임에 관한 우리의 일상적 개념들은 없어져야 한다고 주장한다. 혼드리치의 견해에 의하면, 우리가 "기원"(origination)을 — 인간 행동의 제1원인들은 인간 행위자 안에서 기원하며, 이 제1원인들은 그 행위자 외부의 어떤 것에 의해 야기된 것이 아니라는 견해를 — 받아들일 경우에만 도덕적 책임이란 말이 의미가 있다. 혼드리치는 그런 기원은 있을 수 없다고 주장한다. 인간은 다른 모든 것들과 마찬가지로 자연적·물질적 세계의 일부이며, 이 세계에서 일어나는 모든 것은 지난 원인들의 결과이다. 원인들은 그것들의 결과들을 필연적·확일적으로 결정한다. 그러므로 오스틴(J. L. Austin: 1911~60)이 "중간 크기의 건조한 물건들"의 세계라고 불렀던 일상적인 인간 경험의 세계나 두뇌에서 일어나는 사건들의 물리적 과정에 자유의지라고 하는 무언가가 간섭하여 그것을 변화시킬 여지는 전혀 없다. 그렇다면 결정론이 참이며, 도덕적 책임에 대해 갖고 있는 우리의 관념들의 대부분은 거짓이라는 결론이 나온다.

보다 과격하게 말해서, 기원이라는 개념은 의미가 있는가? 만약 아무것도 인간 의지의 결정들의 원인이 되지 않는다면, 흄이 주장했던 것처럼 그것들은 임의적인 사건들일 뿐이다(『인간오성론』[*Enquiry Concerning Human Understanding*, 1748], 8절). 그러나 도덕적 책임이 임의적이고 순전한 우연의 문제이고 아무 원인도 없는 것에 의존한다는 것은 결코 마음에 들지 않는다.

양립주의

그러나 도덕적 담론 및 기타 담론들에서 자유로운 행동에 대해 말하는 것은 "양립주의"(compatibilism)라고 하는 전략을 통해 여전히 받아들여질 수 있다. 이 이론은 인간의 행동이 다른 사건들처럼 앞선 사건들에 의해 일어난다는 것을 받아들인다. 그러나 그것은 또한, "자유의지"라는 말이 인간의 행동은 외적인 강제나 외부의 힘에 의한 결과가 아님을 뜻하는 경우에는, 사람들이 자유의지를 가진다는 말이 완벽한 의미를 가진다고 주장한다. 어떤 행동의 가장 근접한 원인들이 어떤 의미에서 그 사람의 행동 안에 있거나 그 일부인 경우, 특히 그 행동이 행동자의 성품으로부터 나온다면, 그 행동은 "자유로운" 행동이라고 의미 있게 말할 수 있다. 만약 우리가 그렇게 하기로 선택했기 때문에 창문을 뚫고 뛰어내린다면, (설령 그 선택에 원인이 있더라도) 그것은 자유롭게 행해진 것이다. 만약 우리가 우리의 바람에 반하여 창문으로 내던져진다면, 우리가 창문으로 내던져진 행동은 자유로운 행동이 아니다. 그러나 이런 설명에 의하면 사람들이 실제론 그들이 행한 바와 다르게 행동할 수 없었다는 것은 여전히 사실처럼 보이며, 많은 사람들에게 이것은 도덕적 책임의 부과에 필수적인 것을 잘라내는 것처럼 보인다.

해리 프랑크푸르트(Harry Frankfurt: 1929~)는 "프랑크푸르트 스타일" 사례라고 하는 것들을 이용하여 (「대안적 가능성들과 도덕적 책임」[Alternative Possibilities and Moral Responsibility], 1969), 설령 우리가 다르게 행할 수 없었다는 것이 사실이더라도 우리의 행동이 자유롭다고 말하는 것이 여전히 의미가 있다고 주장했다. 예컨대 어떤 사람이 당신에게 X를 행하도록 강제할 수 있는 비밀장치를 가지고 있지만 당신이 X 이외의 다른 것을 행하려고 시도하지 않는 한 그 장치를 사용하지 않을 것이라고 가정해보자. 만약 당신이 실제로 X를 행하기로 선택한다면 당신은 다르게 행동할 수 없었던 (대안들은 가능하지 않았던) 것은 사실이고 동시에 당신이 자유롭게 선택한 것도 사실이라고 프랑크푸르트는 말한다. 그러나 많은 사람들에게는, 이런 사례에서 사람들이 그들이 행한 바와 달리 행할 수 없었다는 단순한 관념이 도덕적 책임의 부과에 필수적인 것을 잘라버린다.

자유의지의 구원

어떤 사람이 자신이 행한 바와 달리 행동할 능력은 자유를 정의하는 한 가지 방식이다. 자유의 또 다른 정의들에는 자연 세계의 인과질서와 독립적으로 행동하는 것, 오직 이성에 기초해서 행동하는 것, 욕망으로부터 독립하여 행동하는 것, 어느 순간에든 자신의 현재 행동 방향과 반대로 행동하는 것과 같은 관념들이 포함된다. 어느 경우에든, 많은 철학자들은 다양한 정의들을 이용하여 자유의지 혹은 적어도 자유를 구원하려고 시도해왔다. 예컨대 『실천 이성 비판』에서 칸트는 자유의지의 실재에 대한 "선험적 논증"을 제시했다: 사람들은 자신이 도덕적 의무를 가진다는 것을 인정하지만, 도덕적 의무는 사람들이 자유의지를 가질 경우에만 존재한다. 따라서 도덕이 의미를 갖기 위해선 자유의지가 존재해야 하므로 — 설령 그것에 대한 타당한 증명이 없고 사실 그런 증명 자체가 불가능하더라도, 그리고 그것이 존재하지 않는다는 설득력 있는 논증이 있더라도 — 사람들이 자유의지를 가진다고 "가정하는" 것이 합당하다.

네이글은 칸트와 유사한 입장을 채택하면서, 세계에 대한 3인칭 관점에서 볼 때 자유의지는 존재하지 않음을 부정할 수 없는 것처럼 보인다고 — 그리고 1인칭 관점에서 볼 때는 그것이 존재한다는 것을 부정할 수 없는 것처럼 보인다고 — 주장했다. 따라서 인간은 자유의지의 실재를 이해하는 영원한 "이중적 시각"을 받아들여야 할 운명인 것처럼 보인다.

자유의지에 대한 보다 약한 논증은 다음과 같이 기술될 수 있다: 궁극적 진리와 무관하게 사람들은 어떻게든 마치 그들이 자유의지를 가진 것처럼 행동해야 한다. 이것은 심리학적으론 사실인 것처럼 보인다: 사람들이 지적으로 무엇에 집착하든, 그들은 항상 마치 자신들이 자유롭다고 느끼고 행동하는 것처럼 보인다. 그러나 철학적 해결책으로서 이런 선택은 불만족스러운 것으로 보인다. 왜냐하면 그것은 모든 사람들이 어쩔 수 없이 망상 속에서 살아야 한다는 것을 뜻하는 것처럼 들리기 때문이다.

『존재와 무』에서 사르트르는 "인간의 자유는 즉각적이고 현상학적으로 의식에 명백하게 드러난다"고 주장했다. 한편으로 이 선택은 실망스러운 타협인 것처럼 — 신중한 논증이기보다는 단지 근거 없는 주장에 불과한 것처럼 — 보인다. 만약 어떤 사람이 단순히 "글쎄, 나는 그것을 그런 식으로 보지 않는다" 하고 대답한다면, 토론은 막다른 골목에 이른다. 모든 사르트르주의자들이 대답할 말은 이것이다: "다시 봐라." 하지만 다른 한편으로 여러 심각한 철학적 쟁점들에 관해 어떤 지점에서 우리는 비트겐슈타인이 기반암(bedrock)이라고 불렀던 것, 즉 우리가 단순히 근본적인 철학적 결정을 내려야 하는 곳, 혹은 마침내 우리가 그것을 인정하거나 인정하지 않는 곳에 도달한다. 어쩌면 사르트르가 단순히 명백하게 드러나는 것에 호소한 것은 고르디오스의 매듭을 자르기에 충분할 수도 있다.

바리케이드의 반대편에 있는 사람들에게도, 사정이 그렇게 좋은 것은 아니다. 기원 개념과 사르트르의 직접성(immediacy)을 모두 부정하는 사람들의 난제는, 도덕적 책임에 미치는 결정론의 걱정스러운 영향들을 무시하지 않는 동시에, 우리가 도덕적 책임을 어떻게 이해할 수 있는가를 설명해야 한다는 것이다. 이것은 일구기 힘든 고랑이지만 중요한 고랑이다. 실제로 이것은 오늘날 가장 큰 반향을 일으키는 철학적 토론들 중 하나일 것이다.

참조

—1.2 행위

—4.11 온정적 간섭주의

—5.3 잘못된 신념과 자기기만

—5.8 도덕적 운

참고문헌

*Daniel C. Dennett, *Elbow Room: The Varieties of Free Will Worth Wanting* (Cambridge, MA: MIT Press, 1984)

Thomas Nagel, *The View from Nowhere* (Oxford: Oxford University Press, 1986)

Ted Honderich, *How Free Are You? The Determinism Problem*, 2nd edition (Oxford: Oxford University Press, 2002)

5.8 도덕적 운 Moral Luck

어느 날 아이샤는 런던을 관통하여 집으로 차를 몰고 있었는데, 그 때 그녀의 이동전화가 울렸다. 핸드프리 세트가 없었지만, 어쨌든 그녀는 전화를 받았다. 통화가 끝났을 때, 그녀는 전화를 내려놓고 계속 갈 길을 갔다. 만약 경찰한테 잡혔다면, 그녀는 많은 벌금을 냈을 것이고 운전면허를 잃었을 수도 있다.

같은 시각 다른 곳에서 소피아도 집으로 차를 몰고 있었고 그녀 역시 이동전화를 손으로 받았다. 그러나 그녀가 말하고 있는 동안, 한 어린이가 도로로 뛰어들었다. 마음이 산란했고 한 손으로만 운전대를 잡고 있었기에 그녀는 충돌을 피할 수 없었다. 그 결과 그 어린이는 죽었다. 이제 소피아는 14년의 감옥형을 받을 것이다. 그때 그녀가 전화를 받고 있지 않았더라면, 그녀는 어린이를 죽이지 않았을 것이다.

이 비교에서 특별히 흥미로운 것은 소피아와 아이샤 사이의 유일한 차이는 운(運)이라는 것이다. 한 어린이가 아이샤 앞의 도로에 뛰어들었다면, 그녀 역시 살인자가 되었을 것이다. 따라서 동일한 행동을 수행한 두 여자가 있다; 그러나 한 경우에선 그 행동이 어린이의 죽음으로 이어졌고 다른 경우에선 그렇지 않았다 — 그리고 오직 운으로 결정되었다. 한 여자는 처벌을 받는데 다른 여자는 처벌을 받지 않는 것이 공정한가?

운이 도덕에 들어갈 수 있는가?

우리의 도덕적 지위는 보통 운이나 우연의 문제로 간주되지 않는다.

그러나 위와 같은 상황들은 그것이 매우 중요한 역할을 할 수도 있음을 시사한다. 설령 두 여자의 성품과 행동이 똑같을지라도, 분명 법은 두 여자를 동등하게 다루지 않을 것이다. 도덕적으로 말해서 설령 아이샤도 똑같이 위험하게 운전했더라도 대부분 사람들은 소피아가 아이샤보다 더 비난받을만하다고 생각할 것이다. 이것이 뜻하는 바는 우리가 얼마나 선한가 나쁜가는 부분적으로 우리의 행동의 결과가 무엇인가에 달렸지만, 다시 그 결과는 부분적으로 운에 의해 결정되는 것처럼 보인다는 것이다.

운을 도덕적 지위의 한 요소로 인정한다는 것은 확실히 반직관적인 견해이며 오늘날 많은 사람들이 동의하지 않는 견해이다. (흥미롭게도 고대인들은 운(*fortuna*)을 지금보다 심각하게 다루었던 것처럼 보인다). 법은 죽음을 일으킨 부주의한 운전과 그렇지 않은 부주의한 운전을 구분하지만 — 어쩌면 그래야겠지만 — 도덕적으로 말해서 두 여자는 진실로 똑같이 비난받을만하다고 주장함으로써, 우리는 운에 대한 저항을 정당화할 수도 있다. 어쩌면 그 둘을 구별하는 현대의 도덕적 직관은 실제로 어떤 결과가 나왔는가를 앎으로써 왜곡된 것일 수도 있다. 어쩌면 아이샤가 도덕적으로 훨씬 더 비난받아야 하거나 소피아가 훨씬 덜 비난받아야 할 것이다. 어쩌면 대부분의 운전자들이 부주의한 살인자가 되지 않은 것은 오직 행운일 뿐임을 인정하는 것은 그 살인자들에게 더 많은 동정심을 불러올 수도 있다. 사실 우리들 중 얼마나 많은 사람들이 항상 충분히 조심하고 주의하면서 운전한다고 솔직하게 주장할 수 있을까?

그러나 도덕적 운이 존재하지 않는다고 주장하려면, 우리는 행동이 그 결과에 따라서 더 좋은 행동이 되거나 더 나쁜 행동이 된다는 것을 부정할 필요가 있다. 왜냐하면 실제로 발생하는 일은 거의 언제나 누군가의 완전한 통제를 넘어서기 때문이다. 그러나 이 선택도 반직관적인 것처럼 보인다: 확실히 실제로 무슨 일이 일어나는가는 중요하다. 사람들을 순전히 그들의 의도에 근거하여 혹은 그 행동 자체에 근거하여 판단하는 것은 실제로 일어난 일의 중요성을 감소시키는 것처럼 보인다.

구성적 운

구성적 운(constitutive luck)이라고 하는 또 다른 종류의 도덕적 운이 있다. 어떤 사람이 얼마나 선한가 나쁜가는 그 사람의 개성이나 성품에 크게 달렸다. 그러나 성품은 본성과 양육을 통해 형성되며, 우리가 도덕적으로 책임 있는 성인으로 간주될 만큼 성숙했을 즈음엔 이런 성품적 특징들이 어느 정도 자리를 잡는다. 예를 들어서 친절한 사람이 친절한 것은 순전히 선택의 문제가 아니다: 그것은 그 사람이 자라온 방식일 뿐이다. 확실히 잔인하고 험악한 사람들 중 많은 사람들은 어렸을 때 학대를 당했다; 학대가 그들의 개성의 발달 방식에 거의 확실하게 영향을 미쳤다. 사람들은 자신의 유전자나 자신의 부모나 자신이 태어난 문화나 도덕 발달에 영향을 미치는 다른 요소들을 선택하지 못하므로, 도덕에는 또 다른 중대한 운의 요소가 있는 것처럼 보인다.

『선함의 허약함』(*The Fragility of Goodness*, 1986)에서 누스바움은 고대 그리스인들에게 선한 삶은 구성적 운에 달려 있을 뿐만 아니라 증가된 위험을 피한다는 뜻에서 행운에 달려 있는 것이었다고 주장했다. 누스바움은 바로 선해지려는 노력이 사악한 자들에겐 전혀 위협이 아닌 많은 나쁜 것들에 대해 우리를 취약하게 만든다. 예컨대 자신의 의무를 다하려는 노력이 헥토르, 아가멤논, 안티고네, 오이디푸스를 비극적 결말로 인도했다. 어쩌면 소크라테스도 이렇게 생각될 수 있다.

삶에서 운이나 운명의 역할을 의심할 순 없으나 도덕적 운이라는 개념이 모순어법처럼 들린다는 사실을 감안한다면, 운이 개입할 경우에는 도덕을 발견할 수 없다고 말하는 것이 최선의 해결책이 아닐까? 그러나 이것도 따르기에는 논란의 여지가 있다. 어떤 상황에서 운으로 돌릴 수 있는 일면들을 가려내는 것은 칭찬이나 비난의 여지를 거의 남겨두지 않을 수 있다. 따라서 우리가 그것을 어떻게 바라보든, 운의 역할을 인정하는 것은 도덕적 칭찬이나 비난에 대해 — 어쩌면 본질적인 무언가에 대해서도 — 중요한 도전을 제기한다.

참조

— 1.2 행위

— 1.6 성품

— 5.3 잘못된 신념과 자기기만

— 5.7 자유의지와 결정론

참고문헌

Thomas Nagel, "Moral Luck" in *Mortal Questions* (Cambridge: Cambridge University Press, 1979)

Bernard Williams, "Moral Luck" in *Moral Luck: Philosophical Papers 1973~1980* (Cambridge: Cambridge University Press, 1981)

*Daniel Statman, ed., *Moral Luck* (Albany: State University Press of New York, 1993)

5.9 허무주의 Nihilism

코엔 형제의 1998년 영화 「위대한 레보스키」(The Big Lebowski)에서 허무주의는 인간 역사에서 가장 수치스러운 — 그리고 부적합한 — 강령들 중 하나로 비견된다. 그의 친구 "듀드"를 위협하는 사람들이 자신이 생각했던 것처럼 나치들이 아니라 허무주의자들임을 알고, 등장인물 월터는 "허무주의자들이야! 제기랄! 듀드, 국가사회주의 강령에서 뭐가 마음에 드는지 알아, 적어도 그것은 민족정신이잖아" 하고 말한다.

"허무주의"는 흔히 비판과 욕설의 용어로 사용된다. 가장 흔하게 그것은 "절대적" 혹은 종교적 기반을 가진 도덕이나 그것을 중심으로 만들어진 제도들을 파괴하려 한다고 생각되는 사람들에 대항하여 그 도덕을 지키려는 사람들이 퍼붓는 말이다. 그러나 때때로 그 용어는 또한 파괴자들에 의해 사용되기도 했다.

무(無)를 뜻하는 라틴어 니힐(*nihil*)로부터 파생된 말로서, "허무주의"의 현대적 용법은 이반 투르게네프(Ivan Turgenev)의 1862년 소설 『아버지와 아들』(*Fathers and Sons*)에서 사용된 이후로 발전되어온 듯하다. 그것은 헤르젠(Alexander Herzen: 1812~70), 바쿠닌(Mikhail Bakunin: 1814~76), 체르니셰프스키(Nikolay Chernyshevsky: 1828~89) 같은 19세기 러시아 사회비판가들 및 혁명가들을 특징짓는 말이 되었다. 이들은 일반적으로 근대적이고 세속적이고 서구적인 유물론뿐만 아니라 무정부주의 및 사회주의와 연결되어 있었다.

물론 무정부주의, 사회주의, 세속주의, 유물론이 아무것도 아닌 것은 아니다. 그것들은 매우 독특한 진리주장과 도덕적 가치를 포함한다. 그러나 그것들이 실현하고 수용하는 것은 낡은 질서의 — 신성하거나 초월적인 무언가에 기초를 두고 있다고 말해지는 전통적인 도덕과 가치와 사회체계의 — 파괴나 소멸을 요구한다. 결국 이 사상가들은 새롭고 더 좋은 세상, 즉 진정으로 좋은 세상의 창조를 목표로 했다. 그러나 그런 세상을 창조하는 것은 우선 폭력적으로 낡은 세상을 없애버릴 것을 요구했다.

허무주의의 위협

그러나 허무주의의 공격에는 전통과 종교에 기반을 둔 것들의 파괴 이상의 의미가 있다. 허무주의적이라고 말해지는 개념들과 이론들은 일반적으로 다음과 같은 부정적 주장들을 함축하고 있다고 간주된다: (a) 진리는 없다; (b) 옳음이나 그름, 선이나 악은 없다; (c) 인생은 아무 의미가 없다; (d) 의미 있는 의사소통은 가능하지 않다. 요컨대 궁극적 근거가 없거나 결정적으로 정당화될 수 없는 이론은 그 이론의 옹호자들이 인식하든 못하든 허무주의의 공격을 당하기 십상이다.

최근 "포스트모더니즘"이란 별칭으로 모아진 — 탈구조주의와 해체 같은 — 지식인의 움직임들은 허무주의적이라고 일컬어졌다. 그러나 거의 모든 근대의 것들이 — 근대 과학, 진화론, 프로테스탄트 종교개혁, 실존주의, 실용주의, 근대 상대주의, 합리주의, 칸트주의 등도 — 그런 비난을 받아왔다.

흔히 이 모든 것에 얽힌 하나의 논리적 비판, 일관성 혹은 정합성의 비판이 있다. "진리는 없다"라는 주장은 그 자체로 하나의 진리주장이다. "언어는 의미들을 소통할 수 없다"라는 주장은 그 자체로 언어소통 능력에 의존한다. 그러나 어떠한 가치도 (옳음과 그름도) 없다는 주장은 어떤 가치의 소유를 수반하는가?

니체와 하이데거 같은 사상가들은 그 주장이 부당한 방식으로 어떤 가치의 소유를 수반한다고 주장했다. 그들이 보듯이, "아무것도 가치가 없다"라는 주장으로부터 무(無)의 가치에 대한 긍정적 단언으로 나아가는 것은 금방이다. 즉 허무주의적 관념과 사회운동은 불가피하게 폭력과 파괴의 괴이한 분출로 이어진다고 비판가들은 말한다.

허무주의는 도덕을 위한 어떤 토대나 근거나 이유를 제공할 수 없으며, 궁극적으로 "모든 것이 허용된다." 모든 것이 허용되므로, 아무것도 금지되지 않는다. 아무것도 금지되지 않는다는 것이 어떤 식으로든 드러나야 한다; 그러므로 모든 행동은 (가장 극단적인 행동조차도) 일어나야 한다. 그러므로 일부 사람들은 프랑스혁명의 공포시대, 홀로코스트, 소비에트 강제노동수용소로부터 포르노그래피, 약물남용, 임신중절, 이혼, 경범죄, 록큰롤에 이르기까지 모든 것에 대해 허무주의를 비난한다.

허무주의의 극복

전통주의자들은 이런 병폐들에 대해 근대인들이 신(神)을 버린 것을 비난하면서, 전통과 절대자 그리고 종교에 기초한 사회로 돌아가자고 권한다. 그러나 근대 세계의 허무주의적 특징들에 대한 가장 유력한 분석들 중 하나는 이런 진단을 거꾸로 뒤집으면서 허무주의에 대한 책임은 바로 서양의 철학적·종교적 전통들 자체에 있다고 논한다.

니체는 실제로 허무주의는 기독교적-플라톤적 전통으로부터, 말하자면 나약한 피정복자들에 의해 발달된 도덕을 조장함과 더불어, 단일하고 보편적이고 불변하는 진리를 얻으려는 전통적 시도로부터 나온 것이라고 말한다. 우리는 이런 병리들을 "신의 눈"(God's Eye) 진리관과 "노예" 도덕이라고 일컬을 수 있다. 수세기 동안 세심하게 철학적으로 음미한 후, 철학자들은 그런 종류의 진리는 인간이 얻을 수 없는 것임을 깨달았다. 노예 도덕의 최면적인 효과와 더불어 이런 실망스러운 깨달음("신은 죽었다"는 깨달음)으로 인한 좌절과 기진맥진함은 결국 무와 죽음에 대한 타나토스(*thanatos*) 혹은 욕망을, 심지어 이런 실망에 대해 세상에 복수하려는 욕망을 초래했다.

니체에게는 우리의 임무는 허무주의를 낳은 병리적 전통과 철학으로 돌아가는 것이 아니라 오히려 허무주의를 극복하는 것이다. 허무주의의 극복은 우선 우리 자신이 가치의 원천이며 창조자라는 사실을 인정하고 그 사실에 대해 책임질 것을 요구한다. 다음으로 허무주의의 극복은 우리가 우리 자신 안에서 새로운 긍정적 가치들, 우리의 인간적 유한성과 육체성과 욕망을 존중하고 인간적 운명을 사랑하고(*amor fati*) 허무주의를 끌어내지 않는 건강한 가치들을 발견할 것을 요구한다. 실존주의는 이런 프로젝트를 달성하려고 시도하면서 많은 면에서 니체를 따랐다.

참조

—2.14 상대주의

—5.2 무도덕주의

—5.14 회의주의

참고문헌

Friedrich Nietzsche, *The Will to Power* [1901], edited by Walter Kaufmann (New York: Vintage Books, 1968)

Karl Löwith, *Martin Heidegger and European Nihilism* [1953], edited by Richard Wolin (New York: Columbia University Press, 1995)

Stanley Rosen, *Nihilism: A Philosophical Essay* [1969], 2nd edition (South Bend, IN: St Augustine's Press, 2000)

5.10 다원주의 Pluralism

사르트르는 자기 국가에 대한 의무와 자기 어머니에 대한 의무 사이의 딜레마에 빠진 한 청년에 대해 이야기했다. 그는 나치즘과 싸우기 위해 자유프랑스군에 입대해야 하는가, 아니면 병들고 늙은 부모를 돌봐야 하는가? 많은 도덕이론들은 이 의무들 중 어느 것이 더 큰 비중을 가지는지를 결정할 방법이 틀림없이 있을 것이라고 주장할 것이다. 사르트르는 동의하지 않았다. 왜냐하면 그는 자신의 가치를 선택하는 것은 결국 각 개인에게 달렸으며, 어떤 사람이나 체제가 다른 어떤 사람을 대신하여 그 선택을 해줄 순 없다고 생각했기 때문이다. 그러나 왜 그 딜레마가 해결될 수 없는지에 대해 또 다른 설명이 있다: 어쩌면 간직할만한 여러 가치들이 있지만 어느 것이 다른 것들보다 우선성을 가지는가를 결정할 객관적 방법이 없을 수 있다 — 그리고 때로는 이 가치들은 그저 충돌한다. 이것이 이사야 벌린(Isaiah Berlin: 1909~97)과 가장 밀접하게 연관된 학설인 다원주의라고 알려진 입장이다.

다원주의와 상대주의

많은 비판가들은 다원주의는 상대주의에 불과하다고 주장한다. 따라서 다원주의가 수반하는 바를 명료화하기 위해 이 비판을 다룰 가치가 있다.

상대주의는 절대적인 도덕적 가치들은 없으며 옳음과 그름은 특정한 사람, 장소, 시간, 종, 문화 등에 항상 상대적이라고 주장한다. 그러나 이 입장은 여러 중요한 측면에서 다원주의와 다르다. 일례로 다원주의자는 도덕적 가치들은 상대적이지 않다고 믿을 수 있다. 예컨대 다원주의자는 사르트르의 예에 나온 청년이 실제 객관적으로 그의 어머니와 그의 국가 모두에 대해 책임이 있다고 주장할 수 있다. 그럼에도 도덕의 본성은 어느 의무가 우선하는지를 결정하기 위해 어느 정도 수학적 정확성을 가지고 이 의무들을 서로 비교할 수 없다는 것이다. 이 의무들은 모두 그에게 요구되지만, 그는 둘 모두를 고수할 수 없다.

그러나 도덕적 주장들 사이의 충돌은 단순히 부정확성의 문제가 아닐 수 있다. 다원주의자들에게는 신봉할만한 많은 상이한 가치들이 있고 많은 도덕적 요구들이 우리에게 주어질 수 있다. 로스(W. D. Ross: 1877~1971) 및 다른 몇몇 사람들이 주장했던 것처럼, 선·의무·가치·요구·원칙은 어쩔 수 없이 다원적이며 복잡할 수 있다. 어떤 사례에선 이런 다원적 구성요소들이 충돌할 수도 있고, 그 충돌은 단순히 같은 표준으로 비교할 수 없는 것일 수 있다 — 즉 그것들을 화해시킬 방법이 전혀 없을 수 있다.

설령 다원주의자가 도덕적 가치들이 객관적이라고 주장하지 않더라도, 그 사람이 도덕적 가치들은 다원적이며 서로 충돌한다고 주장하는 이유가 미숙한 상대주의로 빠지진 않을 수 있다. 인간의 삶이 가치를 갖는 여러 가지 방식이 있겠지만, 무한히 다양한 것은 아니다. 일부 도덕적 선택들은 — 예컨대 계획적 대량학살은 — 허용될 수 없다. 게다가 하나의 선택에 따라 사는 것은 사실 다른 선택들을 차단할 수도 있다. 공동체적 삶과 개인적 삶의 가치들을 예로 들어보자. 우리가 우리의 공동체와 아주 긴밀하게 맺어진 삶을 사는 것에도 가치가 있고, 자율적이고 연고가 없는 개인으로서 살아가는 것에도 다른 종류의 가치가 있다. 그러나 우리가 이런 삶의 방식들 중 하나의 이익을 획득하려고 한다면, 다른 삶의 방식의 이익은 포기해야 한다. 따라서 공동체와 개체성의 가치들은 똑같이 중요하면서도 서로 비교될 수 없는 것일 수 있다.

이런 접근방식은 상대주의의 형태가 아니다. 왜냐하면 그것은 양쪽 삶의 방식들이 절대적 가치를 가진다는 생각과 모순되지 않기 때문이다. 또한 아무 삶의 방식이나 가치가 있는 것도 아니다: 가치의 다양성에는 한계가 있다. 공동체와 개체성은 모두 가치를 가지나, 인종적 순수성은 그렇지 않다.

다원주의의 결과

많은 다른 도덕체계들은 우리의 가치들 중 어느 것은 다른 가치들보다 더 중요하며 따라서 가치들이 충돌할 때 어느 것이 우선해야 하는가를 결정할 수 있다고 주장하는 반면, 다원주의의 중심적 주장은 단지 일부 가치들은 위계 속에 놓이는 것을 거부한다는 것이다.

현실적으로 이것은 모든 도덕적 논쟁들이 모든 사람에게 만족스럽게 해결될 순 없으며 그 이유는 그저 일부 사람들이 잘못된 가치를 가장 중요하다고 여기기 때문은 아님을 뜻한다. 만약 다원주의자들이 옳다면, 도덕적 의견불일치들을 해결할 수 있는 정도엔 심각한 한계가 있는 셈이다. 종종 우리가 할 수 있는 최선은 어떤 가치가 다른 가치들보다 우월한가에 대해 현실적으로 동의하는 것이 아니라 다른 사람들과 협상하고 조정에 도달하는 것이다.

이것은 가치 다원성이 보다 분명하게 드러나는 다문화주의 사회에서 특히 중요하다. 어떤 공통적 토대가 항상 발견될 순 없지만, 사람들은 여전히 함께 살아야 한다. 다원주의자는 모든 도덕적 의견불일치들이 원칙적으로 해결가능하다고 고집하는 것은 사람들로 하여금 자신과 의견이 다른 사람들은 근본적으로 그릇되며 비합리적이고 부도덕하다는 결론을 내리게 만든다고 경고한다. 그것은 다시 긴장과 충돌, 흔히 폭력을 낳는다. 다원주의는 보다 평화로운 대안에 대한 전망을 제공한다.

참조

—2.14 상대주의
—3.1 절대적/상대적
—3.12 개인적/집단적
—4.18 보편화가능성

참고문헌

W. D. Ross, *The Right and the Good* [1930], ed. Philip Stratton-Lake (Oxford: Oxford University Press, 2002)

Thomas Nagel, "The Fragmentation of Value" in *Mortal Questions* (Cambridge: Cambridge University Press, 1979)

*Isaiah Berlin, "The Idea of Pluralism" [1988], in *The Fontana Post-mod-*

ernism Reader, edited by Walter Truett Anderson (London: Fontana Press, 1996)

5.11 힘 Power

최근 이라크 전쟁을 둘러싼 담론에는 그 전쟁이 부정의하다거나 불필요하다거나 졸속하게 실행되었다거나 불법적이라는 주장들이 있다. 이 주장들을 직접적으로 다루는 것은 그 전쟁의 도덕성을 논의하는 주된 방법들 중 하나다. 그러나 이 주장들을 비판하는 또 다른 방법, 즉 이 주장들 중 어느 것도 액면대로 받아들이지 않는 방법이 있다. 이 방법은 누가 이득을 얻는가?(*cui bono*) 하는 물음으로부터 시작한다. 많은 사람들은 이 물음을 묻게 되면 전쟁을 하는 — 혹은 그것에 반대하는 — 진정한 이유를 발견하게 될 것이라고 말한다. 사람들이 실제로 말하는 것은 요점에서 벗어나 있다.

이 접근방식은 철학에서 사건과 담론을 힘의 관계(power relations)라는 관점에서 분석하는 요소를 반영한다. 위의 논쟁에서 의견을 달리하는 관계자들을 바라보라, 그러면 당신은 각자가 자신이 취하는 입장에 어떤 이해관계가 있음을 발견할 것이다. 어떻게 보이든, 그 입장은 근본적으로 자신의 힘을 보호하거나 확고히 하거나 향상시키기 위한 장치이다. 그러므로 민주주의를 촉진하고 인권을 증진하고 국가안보를 확보하고 국제법의 요구들을 지지하는 것에 관한 담론들은 흔히 — 어쩌면 항상 — 다른 안건들을 제기하기 위해 전개된다. 그 전쟁에 반대하는 사람들은 이 다른 안건들에는 석유에 대한 접근을 확보하는 것, 혹은 그 지역에서 사우디의 세력을 무너트리는 것, 혹은 이스라엘을 보호하는 것, 혹은 러시아와 유럽 세력의 진출을 저지하는 것, 혹은 국제단체들을 약화시키는 것, 혹은 현 정부에 대한 국내의 지지를 상향시키는 것, 혹은 미국 사회복지 프로그램들의 폐지를 정당화하기 위해 혼란과 재정적 위기를 일으키는 것, 혹은 특정 기업의 주주들에게 재산을 양도하는 것, 혹은 이슬람을 약화시키는 것이 포함되어 있을 수 있다고 주장했다. 전쟁에 찬성하는 사람들도 반전 운동은 유럽이나 좌익이나 바시스트(Ba'athists)이나 이슬람의 세력을 증대하려는 욕망에 동기가 있다고 주장할 수 있다.

그 극단적인 견해로 가면, 이런 종류의 분석은 도덕은 우리를 훌륭한 사람들로 만들거나 천국에 보물을 쌓게 하거나 보다 많은 사람들을 행복하게 하기보다는 대체로, 아니 철저히 힘에 관한 것이라고 주장한다. 도덕 원칙과 도덕적 용어는 실제론 영리한 조작의 도구들이다.

마르크스, 푸코, 그리고 위계(位階)

힘의 작용방식에 대해 생각하는 여러 가지 방법들이 있다. 한 가지 방법은 위에 있는 사람들이 (힘 있는 자가) 아래에 있는 사람들에게 (힘이 없거나 힘이 약한 자에게) 자신들의 힘을 발휘하는 하향식 방법이다. 고전적 마르크스주의 모델은 이런 규칙을 따른다고 보인다: 주인/노예, 군주/농노, 자본가/무산계급; 즉 (우위에 있는) 생산수단을 지배하는 사람들과 (아래에 있는) 생산수단을 작동하는 사람들. 이런 종류의 힘이 할 수 있는 것들 중 하나는 도덕과 부도덕, 옳음과 그름, 정의와 부정의의 조건들을 지시하는 것이다.

따라서 노예소유주와 귀족과 자본가는 자신들의 지배적 위치를 설명하고 정당화하고 확고히 하는 도덕체계와 정치체계를 만들어낸다. 귀족이었던 아리스토텔레스는 어떤 사람들은 노예로 태어나며 본성적으로 그것에 잘 어울린다고 주장했다. 미국 노예상인들은 노예제도가 실제로 노예들에게 좋은 것이라고 주장했다. 군주들은 군주가 지배하는 위계는 신이 세운 것이라고 말했다. 그들의 혈통은 우월하다. 그들은 낮은 계급들이 할 수 없는 방식으로 세련된 문명을 창조하고 함양하고 유지시킨다. 자본가들은 더 열심히 그리고 더 똑똑하게 일했다. 그들은 검소하고 근면하고 자제했으며 현명하게 투자했다.

그렇다면 마르크스와 엥겔스가 "모든 시대마다 사회의 지배 관념들은 지배 계급의 관념들이다"(『독일 이데올로기』[*The German Ideology*], I. B, 1845~6)라고 단언한 것은 놀랄 일이 아니다.

그러나 물론 힘이 위에서 아래로만 발휘되는 것은 아니다. 종종 아래에 있는 사람들은 위에 있는 사람들과 투쟁하며, 때로는 그 투쟁에서 성공한다. 위계에서 낮은 지위를 차지하는 사람들은 종종 영리하고 효과적인 형태의 저항과 반대를 동원한다.

그러나 위계의 하향식과 상향식 경로들 외에도 다른 힘의 모델들이 있다. 때때로 힘의 경쟁은 같은 지위에 있는 사람들 사이에 존재한다. 때로는 힘의 경쟁에 참여한 사람들이 편을 바꾸기도 하고 양다리를 걸치기도 한다. 때로는 상이한 힘의 경쟁들이 동시에 진행된다. 어떤 때는 생물학적 성의 경계선을 따라서, 다른 때는 인종, 정신병, 범죄성, 경제적 지위, 정치적 관계, 가족 역할, 종, 개인사(個人史) 등에 대한 관념들을 통해 진행된다. 흔히 이런 힘과 경쟁의 경계선들은 서로 충돌한다. 때로는 한 개인이 상이한 도덕적 담론들과 상이한 투쟁 노선들에 의해 상이한 방향들로 분열될 수 있다.

푸코 같은 사상가들에게는 사회를 지배하는 거대한 체계는 — 단일한 자본주의적 체계나 가부장제나 제국주의적 질서 혹은 인종차별적 질서 등은 — 없다. 차라리 지속적으로 변화하고 재편성되고 분해되고 변형되는 수많은 힘의 관계들이 있다. 힘은 피라미드나 사슬이라기보다는 만화경이나 한 접시의 스파게티 같은 것이다. 이 견해에 의하면, 이라크 전쟁 같은 것을 순전히 한 집단이 다른 집단에게 힘을 발휘하는 것으로 보는 것은 지나치게 단순화한 것이다.

참조

—5.2 무도덕주의

—5.6 허위의식

—5.9 허무주의

—5.15 관점

참고문헌

Michel Foucault, *Power/Knowledge: Selected Interviews and Other Writings, 1972~1977*, edited by Colin Gordon (New York: Pantheon Books, 1980)

Barry Barnes, *The Nature of Power* (Urbana: University of Illinois Press, 1988)

*Peter Ackerman and Jack DuVall, *A Force More Powerful: A Century of Non-Violent Conflict* (New York: Palgrave, 2001)

5.12 근본적 특수성 Radical Particularity

2003년 이라크 침공 이전의 토론에서 지지자들과 옹호자들은 그들의 주장을 강화하기 위해 선례들에 의존했다. 비판가들은 다른 국가의 내정에 간섭하려는 서방 국가들의 시도를 지적했으나, 지지자들은 사담 후세인을 권력에 내버려두는 것을 히틀러의 회유책에 비교했다.

거의 모든 도덕적 논의는 어떤 비교를 필요로 한다. 유사한 사례들은 유사하게 다룰 필요가 있으며, 한 사례에서 옳은 것은 적절히 유사한 다른 사례에서도 옳다. 그러나 『죽음의 선물』(*The Gift of Death*, 1992)에서 데리다가 적은 것처럼: "모든 타자는 완전히 다르다"(*tout autre est tout autre*). 어떠한 두 개인들도 같지 않다. 어떠한 두 상황들도 아주 같진 않다. 낱말들은 당신과 나에게, 이 문맥과 다른 문맥에서, 이 해석과 다른 해석에서, 이때와 다른 때에 정확히 같은 것을 의미하지 않는다. 같음이라는 개념 자체가 문제가 있다고 말할 수 있다. 이것에는 수많은 윤리적 의미들이 있다.

법, 정의, 폭력

정의(定義)에 따르면, 법률과 규칙과 원칙은 일반적이다. 그것들 중 어느 것도 정확히 어느 규칙이 어느 사례에 어떤 방식으로 적용되는지를 지시하지 않는다. 그것들 중 어느 것도 어떤 특정한 상황이 예외가 되는지를 말할 수 없다. 그것들은 그렇게 할 수 없다. 따라서 사람들이 어떤 특정한 사례에서 법이나 원칙이나 규칙에 호소할 때, 그들은 사실 아주 독자적이고 유례가 없는 의사결정을 내리고 있을 뿐이며, 엄격히 말해서 그 의사결정은 어떤 일반적인 것에 의해 결정될 수 없다.

키르케고르는 무엇을 해야 할지, 어떻게 살아야 할지, 그리고 무엇을 믿어야 할지에 대해 불확실하고 근거 없는 선택을 내릴 수밖에 없다는 것은 인간의 실존적 여건의 특징이라고 강조했다. 그에 따르면, 그것은 "신앙의 도약"에서 가장 근본적으로 직면하게 되는 것이다. 그것은 모든 윤리적 선택들처럼 어떤 이유도 원칙도 이론도 결코 완전하게 정당화시킬 수 없는 도약이다. "진정으로" 의사결정을 내렸을 때, 이와 같은 결정들은 자아를 근본적인 방식으로 특수화한다(『공포와 전율』[*Fear and Trembling*], 1843).

법률과 규칙과 원칙은 본질적으로 인간의 실천에 질서와 규칙성, 일관성과 동일성을 산출하려 한다. 같은 작업에 대해 같은 보상이 분배되어야 한다; 같은 범죄에 대해 같은 처벌이 가해져야 한다. 법률 등은 도덕이론들처럼 완전히 폐쇄된 체계를 — 같은 종류의 사례들을 임의적인 판단 없이 같은 방식으로 규칙적으로 처리하는 체계를 — 창출한다고 자처한다. 그러나 그 같음의 추정이 근거가 없다면, 사태들을 같은 것으로 만들려는 이런 노력은 필연적으로 특수성에 대한 일종의 폭력을 수반하지 않겠는가? 임의적인 것을 몰아내려는 노력, 끝낼 수도 완성할 수도 없는 것을 끝내거나 완성하려는 노력은 필연적으로 무엇이든 그것에 저항하는 것, 즉 그것에 저항해야 하는 것에 대한 폭력으로 이어지지 않을까? 요컨대 규칙들로서 윤리적 규칙들은 그 자체로 비윤리적이지 않은가?

윤리의 어쩔 수 없는 비윤리적 본성에 대한 데리다의 정의는 (트로츠키[Leon Trotsky]의 "영원한 혁명"의 요청을 모방하여) 영원한 비판이라고 하는 것으로 대응한다. 영원한 비판은 법률과 규칙과 원칙을 휘두르는 사람들을 사로잡은 같음과 비임의성의 환상을 파괴함으로써 법률과 규칙과 원칙이 폭력적으로 사용되는 방식을 막는다 — 아니면 적어도 제한한다.

이것은 전투 준비를 고무하는 외침이다. 그러나 이것은 정의와 도덕에 대한 어떤 적극적 이상들을 가능하게 하는가? 정의와 윤리에 대한 그런 견해가 좋은 사회 혹은 보다 나은 사회에 대한 어떤 비전을 우리에게 밝혀주는가? 우려하는 바는 이것이다. 고정되기를 거부하고 일반적이거나 보편적인 것에 대한 어떠한 의존도 받아들이길 거부함으로써, 그런 영원한 비판은 공허한 것이 된다.

참조

— 1.5 배려

— 4.2 본래성

— 4.9 정의와 합법성

— 5.3 잘못된 신념과 자기기만

참고문헌

Søren Kierkegaard, *Concluding Unscientific Postscript to Philosophical Fragments* [1846], edited by Howard V. Hong and Edna H. Hong (Princeton, NJ: Princeton University Press, 1992)

Jacques Derrida, "Before the Law," in *Acts of Literature*, edited by Derrick Attridge (New York: Routledge, 1992)

Jacques Derrida, "Force of Law: The 'Mystical Foundation of Authority' " in *Deconstruction and the Possibility of Justice*, edited by Drucilla Cornell, Michael Rosenfeld, and David Gray Carlson (New York: Routledge, 1992)

5.13 개인의 개별성 The Separateness of Persons

제인은 태평하면서도 불운이 자신에게 닥치지 않도록 열심히 일하는 사람이다. 그녀는 알맞은 보수의 직업을 가지고 있고, 최근엔 별로 사용하지 않지만 그녀에게 상당한 즐거움을 주는 작은 자동차를 하나 구입했다. 이와 대조적으로 메리는 게으르고 만족시키기 어렵다. 그러나 그녀가 한 가지 정말로 좋아하는 것은 자동차다. 현재로선 그녀는 자동차를 구입할 여유가 없는데, 그 이유는 부분적으로 그녀가 별로 열심히 일하지 않기 때문이다. 만약 그녀가 자동차를 한 대 가지고 있다면 그녀는 훨씬 더 만족스러웠을 것이다. 메리와 제인은 모두 무엇이든 사람들의 행복의 총량을 증대시키는 것을 해야 한다고 생각한다. 그래서 메리는 제인이 그 자동차를 자신에게 줄 도덕적 의무가 있다고 그녀를 설득하려 한다. 결국 그것은 메리를 훨씬 더 행복하게 할 것이고, 반면에 제인은 금방 그 손실에 대해 잊을 것이다 — 그녀는 항상 그렇다. 제인이 안 된다고 말할 이유는 무엇인가?

대부분의 사람들은 메리의 제안이 터무니없다고 생각할 것이다. 제인은 자신의 자동차를 얻기 위해 일했고, 반면에 메리는 상대적으로 게을렀다. 그럼에도 메리는 자신이 제인의 자동차를 가져야 한다고 말한다. 그것이 제인이 행할 수 있는 친절하고 관대한 행동이라서가 아니라 도덕적으로 옳은 행동이라는 이유에서 말이다. 우습지 않은가?

문제는 우리가 행위 공리주의를 심각하게 받아들인다면 메리는 강한 논기를 가지고 있다는 것이다. 공리주의는 모든 사람의 이해관심이 평등하게 고려되어야 하며 옳은 행동은 전체 행복을 증진시키는 행동이라고 역설한다. 이것은 설령 어떤 사람들이 궁핍해질만한 어떤 행동을 하지 않았어도, 단순히 그것이 전체 행복의 증가를 가져오리라는 이유에서, 그들의 생활에 더 어려워질 가능성을 열어놓는다.

이것은 "개인의 개별성"이라는 원칙을 위반하는 것처럼 보인다. 개인들은 복지나 행복이나 공리 같은 선들의 보다 공정한 분배를 이루기 위해 마치 물 컵들처럼 이런 선들로 꽉 채우거나 빼앗거나 합칠 수 있는 단순한 용기(容器)들이 아니다. 한 개인에 대한 해악은 다른 개인에 대한 이익으로 보상될 수 없다. 만약 한 개인이 다른 개인을 위해 자신의 복지의 일부를 희생하기로 선택한다면, 그것은 도덕적 책무의 이행이 아니라 관대한 행동이다. 그러므로 — 주장하는 바에 의하면 공리주의가 그러한 것처럼 — 이 원칙을 무시하는 어떠한 도덕체계도 결함이 있다.

개인의 개별성에 반대하여

그러나 개인의 개별성은 진정한 도덕적 중요성이 없으며 그것의 외견상의 명백함은 환영일 뿐이라고 주장하는 것이 가능하다. 메리와 제인의 사례에서 예컨대 규칙 공리주의 같은 다른 형태의 공리주의는 제인이 메리에게 자신의 자동차를 주어야 한다고 요구하지 않을 것이다. 만약 우리가 전체적인 그림을 살펴본다면, 게으른 사람에게 보상을 주고 개인이 자기 노동의 열매를 지킬 수 있게 허락하지 않는 규칙들에 따라 작동하는 사회는 기능장애를 일으키고 분노에 휩싸이고 비생산적일 것임에 분명하다. 따라서 겉보기와 달리 공리주의는 메리의 요청을 들어주기 위해 도덕적 근거에서 제인의 개별성을 부정할 것을 필연적으로 요구하지 않는다.

그럼에도 사람들이 완전히 개별적인지, 혹은 그렇다 해도 논리적으로 재화의 재분배가 부정의하다는 결론이 나오는가는 전혀 분명하지 않다. 재분배는 비(非)공리주의적인 이유로, 예컨대 의무나 덕이라는 이유로 바람직한 것일 수도 있다. 게다가 우리가 일단 복지의 양도는 다른 고려사항들에 (예컨대 재산의 보장과 안정성에 대한 욕망, 그리고 노력과 창조적 재능에 대해 보상을 받으려는 욕망에) 의해 제한될 수도 있음을 인정한다면, 그런 양도가 부정의하다는 생각은 설득력이 줄어든다. 예컨대 유럽의 복지국가들은 조세제도를 통해 부자들로부터 빈민들에게 항상 재산을 재분배하며, 유럽인들은 이것이 정의에 맞서는 것이 아니라 정의의 요구라고 생각한다.

더 나아가 개인의 개별성 원칙은 그 자체의 반발적인 결과들로 이어질 수도 있다. 예컨대 가장 잘 사는 사람들의 생활의 질을 아주 조금 낮춤으로써, 그래도 여전히 나머지 사람들보다는 훨씬 잘 살 수 있는 방식으로 낮춤으로써, 수백만 명의 삶이 크게 향상될 수 있다고 가정해보자. 그럼에도 굽히지 않고 개인의 개별성을 존중하라는 주장은 누구도 그렇게 하지 못하게 금할 것이다. 우리는 그런 금지를 도덕적으로 기꺼이 받아들여야 할까?

참조

—2.1 결과주의

—4.7 불편부당성과 객관성

—5.12 근본적 특수성

참고문헌

Derek Parfit, *Reasons and Persons* (Oxford: Oxford University Press, 1984)

John Rawls, *A Theory of Justice*, revised edition (Harvard University Press, 1999)

Brad Hooker, *Ideal Code, Real World: A Rule-Consequentialist Theory of Morality* (Oxford: Oxford University Press, 2000)

5.14 회의주의 Skepticism

2002년 6월, 파키스탄 미르왈라(Meerwala) 마을의 한 지역 장로회의는 29세인 무크타르 마이(Mukhtar Mai)의 십대 남동생이 다른 부족 여자들 중 하나와 부적절한 관계를 가진 것에 대한 벌로 무크타르에게 그 지역의 다른 집안 남자들에게 집단강간을 당하게 하는 처벌을 선고했다. 그 선고에 대해 파키스탄 내의 여러 지방에서 나온 비판들뿐만 아니라 국제적 비판도 맹렬했다.

그러나 이 처벌이 부정의한지 정의로운지를 누가 그리고 어떤 근거에서 말해야 하는가? 어떤 도덕적 주장이나 원칙이나 결론을 항구적으로 정당화하는 것이 과연 가능한가? 그녀의 처벌에 관해 적어도 실제로 알 수 있는 어떤 도덕적 "사실"이나 "진리"가 정말로 있는가? 설령 있다고 해도, 도덕적으로 행동하거나 도덕의 명령에 마음을 써야할 이유가 있는가? 이 물음들뿐만 아니라 다른 물음들을 포괄하는 무리가 "도덕적 회의주의"라고 불리게 되었다.

도덕적 회의주의자들은 공히 도덕적 믿음들은 보통 느낌 속에 순전히 주관적이거나 내적인 출발점을 가지고 있으며, 세계의 어떠한 객관적이거나 외적인 측면들도 도덕적 실천과 언어를 설명하거나 정의할 수 없다고 주장한다. 이런 점에선, 이기주의자들과 쾌락주의자들과 도덕 감정 사상가들도 회의주의자라고 불릴 것이다.

그러나 이런 최근의 용법은 이전의 용법으로부터 벗어난 것이며, 도덕적 허무주의와 상당히 중첩된다. 엘리스의 피론(Pyrrho of Elis)과 섹스투스 엠피리쿠스(Sextus Empiricus) 같은 고대 헬레네 시대의 회의주의자들은 도덕적 진리의 가능성에 대해 보다 신중한 태도를 가지고 있었던 듯하다. 이 회의주의자들은 어떤 학설이 참인가 하는 문제에 대해 부정적으로나 긍정적으로 결론을 내리기보다는 긍정하지도 부정하지도 않으면서 판단을 보류했다. 이는 다시 그들을 고요하고 평정을 잃지 않는 상태, 즉 아타락시아(*ataraxia*)로 인도했으며, 회의주의자들을 독단적인 믿음의 충돌과 동요로부터 해방시켰다. 특히 헬레네 시대의 회의주의자들은 사람들이 도덕적 논증과 판단에 대해 의심의 여지가 없고 확실한 토대를 제공한다고 가정되는 자연법과 견고한 도덕적 인상들을 파악할 수 있다는 스토아학파 사람들의 주장을 거부했다. 비록 (아마 3세기경에) 디오게네스 라에르티우스가 제공한 것과 같은 풍자들은 회의주의자들을 무력하고 행동능력이 없는 (예컨대 폭주 마차를 피하려고 움직일 수조차 없는) 사람들로 묘사하지만, 헬레네 시대의 회의주의자들은 분명 행동했고 행동에 대해 반성했다. 회의주의자들은 절대적이거나 신성하거나 의심의 여지가 없거나 보편적인 도덕적 진리를 주장하는 대신에 관습과 자연스러운 것과 감정의 명령들에 맡길 것을 권한다.

몽테뉴(Michel de Montaigne: 1533~92) 같은 초기 근대 사상가들은 회의주의에 대한 이런 이해에서 고대인들을 따랐으며, 천사가 되려 하지만 그러지 못하고 괴물이 되어버린 독단주의자들과 합리주의자들을 비판한다(「경험에 대하여」[Of Experience], 『에세이』[*Essays*]). 몽테뉴에 의하면, 우리는 유한하고 역사와 문화에 구속된 인간일 뿐임을 인정하는 편이 더 낫다.

회의주의에 답하기

그러나 유의미한 도덕이 여전히 가능하다고 믿는 사람들도 도덕적 회의주의를 유도하는 주장들 중 많은 부분을 받아들인다. 예컨대 비인지주의자들은 도덕적 사실들은 없음을 인정하면서도 여전히 도덕적 담론이 유의미하고 유익하다고 믿는다. 사람들이 회의주의로 기울어지는 것은 절대적인 도덕적 사실들이 있을 경우에만 도덕이 가능할 수 있는데 그런 사실들이 없다는 우려 때문이다. 비판가들은, 이 형태도 그렇고 다른 형태의 회의주의도 그렇듯이, 회의주의는 진정한 윤리에 대해 실현 불가능한 너무 높은 기준을 세우고 어느 것도 그 기준을 만족시킬 수 없다고 불평하기 때문에 생겨난 것이라고 주장한다.

이 견해에 의하면, 회의주의의 주요 주장들은 단지 자신의 주장을 보편적 자연권이나 신성한 도덕 원칙이나 자연법이나 이성의 명령에 대한 이해에 기초하려는 오만한 도덕가들을 무너뜨린다. 어쨌든 회의주의가 효과적인 도덕적 비판이 되려면 그 비판은 감정, 관습, 전통, 그리고 관련자들의 자연적인 심리적 특징에 비추어 이해할 수 있는 방식으로 이루어져야 한다고 권한다.

참조

—1.13 직관

—2.9 자연주의

—2.14 상대주의

—3.6 인지주의/비인지주의

—3.9 사실/가치

—3.15 내재주의/외재주의

—5.10 다원주의

참고문헌

Panayot Butchvarov, *Skepticism in Ethics* (Bloomington: Indiana University Press, 1989)

Clement Dore, *Moral Scepticism* (New York: Palgrave Macmillan, 1991)

*Walter Sinnott-Armstrong, *Moral Skepticisms* (Oxford: Oxford University Press, 2006)

5.15 관점 Standpoint

헤겔의 1807년 고전인 『정신현상학』(*Phenomenology of Spirit*)은 주인과 노예의 관계에 대한 흥미로운 이야기를 들려준다. 처음에는 모든 면에서 주인이 노예보다 우월한 입장을 가진 것처럼 보이나, 헤겔의 설명의 끝에서 우리는 사태가 확실히 보기보다 더 복잡하며 노예는 그 주인을 물리칠 — 주인은 알 수 없는 다양한 진리들을 이해할 수 있는 능력을 비롯하여 — 어떤 능력들을 얻게 됨을 깨닫는다. 마르크스는 이 "주인과 노예의 변증법"을 채용하여, 착취당하는 노동자 계급을 노예에 대입하고 착취하는 지배 계급을 주인에 대입한다. 사르트르 역시 그 개념의 설득력을 느꼈고, 파농(Frantz Fanon)의 저서 『대지의 저주받은 자들』(*Wretched of the Earth*, 1963)에 대한 서문에서, 식민주의에 대한 폭력적 저항을 옹호할 때 그 개념을 매우 효과적으로 사용했다. 세 사람의 사상가들 모두에게 공통되는 통찰은 사태들이 상이한 관점에선 매우 상이하게 보인다는 것이다. 이런 통찰은 "관점 이론"(standpoint theory)이라고 하는 철학의 한 분파를 승인한다.

관점 이론의 주장

가장 기본적인 형태의 관점 이론은 두 명제들을 주장한다: 첫째, 사람들에게 참이거나 선하거나 옳다고 보이는 것은 그들이 그것을 보는 사회적·경제적·성별 입장과 본질적으로 연관되어 있다. 둘째, 도덕적 추론은 획일적이지도 보편적이지도 않다. 매우 오랫동안 철학자들은 추론은 — 2 + 2 = 4 같이 — 어느 장소와 시간에서든 어느 합리적 존재에게든 동일한 것이라고 주장해왔다. 그러나 도덕적 추론이 우리의 관점과 엮여 있다면, 서로 다른 관점에 있는 사람들은 윤리에 대해 다르게 추론할 것이다. 그러나 단순한 상대주의와는 반대로 모든 관점들이 도덕적으로나 인식론적으로 동등한 것은 아니다.

예컨대 부자들은 자신들이 빈민들보다 세상을 더 잘 이해한다고 믿을지 모르나, 상황은 실제론 정반대이다. 부자들은 자신들의 속물근성과 빈민들에 대한 두려움으로 인해 — 말하자면 고층건물 꼭대기에서만 세상을 바라보면서 — 안전장치가 된 고립된 장소에 스스로를 가둔다. 대조적으로 빈민들은 (그들이 사는 곳인) 밑바닥 생활과 (그들이 일하는 곳인) 꼭대기 생활을 모두 안다. 이와 유사하게 소수자들은 자기 자신의 공동체뿐만 아니라 더 거대한 다수자의 사회를 안다. 왜냐하면 그들은 그 둘 사이를 부지런히 돌아다녀야 하기 때문이다. 그러나 다수자 인종과 종교에만 속하는 사람들은 오직 자신들만 아는 경향이 있다.

그런데 "관점" 개념을 가장 완전하게 발전시킨 것은 여성주의 이론가들이었다. 이 이론가들이 말하기를, 여자들은 가부장제 속에서 하위자들로서, 그리고 엄마이며 돌보는 사람이며 다양한 사회적 네트워크를 조직하는 역할을 담당한 사람으로서 독특한 관점을 가진다. 따라서 『모성적 사고』(*Maternal Thinking*, 1989)라는 책에서 루딕(Sara Ruddick) 같은 사상가들은 모성적 실천은 여자들이 도덕적·정치적 충돌의 이해와 해결에 있어서 보다 윤리적으로 유능한 사람들로 만든다고 주장했다.

매력들

흔히 관점 이론에 부여되는 한 가지 장점은, 그것을 통해 이론가들은 어떤 집단의 사람들이 독특한 능력을 가지고 있다고 추정할 수 있으면서도 그 집단의 구성원들이 그 능력을 본질적으로나 선천적으로 가진다고 주장할 필요가 없다는 점이다. 예컨대 흑인들이나 여자들이 모종의 우월한 능력들을 가지고 있다면, 그들은 그들을 규정하는 어떤 선천적 본질 때문이 아니라 사회 질서 안에서 그들이 우연히 차지하게 된 일정한 관점들을 통해 그런 능력을 가지게 된 것이다. 따라서 사실 남성들이 "모성적 실천"을 차지할 때 그들이 현재의 여성적 관점에서 생각하고 행동하기 시작한다면 그들은 적어도 그 관점의 일부를 받아들일 수 있다.

만약 관점 이론이 옳다면, 오랫동안 무시되고 침묵되어왔던 관점들로부터, 즉 피억압자들이 말해온 이론과 판단과 이야기로부터 나온 의견들에 의미심장하고 아마 결정적인 비중이 부여되어야 할 것이다. 예컨대 여자들에 대한 성희롱 문제와 관련하여 여자들의 발언이 전면에 놓여야할 것이다. 빈민, 노동계급, 수감자, 인종적 소수자에 관한 도덕적 판단들은 그들의 관점에서 사태를 바라보는 방식에 주의를 기울여야할 것이다.

비판

때로는 누구의 관점이 무시되어왔는지를 말하긴 쉬운 일이다. 예컨대 남아프리카의 인종격리정책하에서 흑인들의 목소리에 더욱 귀를 기울였어야 한다는 것은 분명하다. 그러나 어쩌면 일부 사례들은 그렇게 분명치 않을 수 있다. 이스라엘-팔레스타인 충돌의 경우, 각 당사자는 억압받고 공격당하고 희생된 사람들의 관점을 주장한다: 이스라엘의 유대인들은 명백한 적들에 의해 둘러싸인 현재와 과거, 그리고 반유대주의의 희생자라는 특권적 관점을 주장한다; 팔레스타인의 아랍인들은 영토를 빼앗긴 사람들의 관점, 그리고 불법적이고 잔인하고 인종차별적인 점령군하에서 살아가는 사람들의 관점을 주장한다. 어떻게 우리는 서로 다른 관점들의 경쟁적 주장들을 평가하거나 심판하는가?

더욱이 특권자들의 우월한 교육, 정보 접근력, 여행 기회 등은 특권자들의 관점에 유리하게 저울을 기울어지게 하지 않는가? 억압이 향상보다는 박탈을, 이해보다는 무지를 가져온다는 것이 사실이 아닌가? 만약 관점 이론이 옳다면, 그것은 피억압자들이 사태를 더 잘 이해하고 보다 나은 도덕적 능력을 가지므로 결국 억압과 박탈이 그렇게 나쁜 것만은 아니라는 다소 믿을 수 없는 결론을 도출하지 않는가? 아니면 적어도 그것은 다음과 같은 기묘한 균형에 이르지 않을까?: 한편에는 특권자의 무지, 다른 한편에는 피억압자의 지혜. 당신은 어느 것을 선택하겠는가?

또한 어떤 특정 사회적 집단들의 관점을 실제보다 더 동질적인 것처럼 보이게 만들 위험이 있다. 우리는 정말 예컨대 모든 여자들, 모든 노동자들, 소수자 집단의 모든 구성원들, 심지어 모든 노예들이 공유하는 어떤 단일하고 획일적인 관점에 대해 말할 수 있는가? 아니면 그것은 우연히 어떤 집단에 속하게 된 사람들의 개체성을 가릴 것인가?

참조

—3.1 절대적/상대적

—4.15 성과 성별

—5.11 힘

참고문헌

Georg Lukács, *History and Class Consciousness* (Cambridge, MA: MIT Press, 1971)

Linda Alcoff and Elizabeth Potter, eds., *Feminist Epistemologies* (New York: Routledge, 1993)

*Sandra Harding, ed., *The Feminist Standpoint Theory Reader* (New York: Routledge, 2003)

5.16 의무초월 Supererogation

형제들인 슬라이, 프레디, 로즈는 항상 국가에서 발행하는 복권을 함께 신청했고, 어느 날 그들은 3백만 달러를 — 각자 백만 달러씩을 — 획득했다. 슬라이는 일부는 쓰고 일부는 투자했지만, 한 푼도 기부하지 않았다. 프레디는 20퍼센트를 자선사업에 내놓았다. 그러나 로즈는 싸구려 샴페인 한 병을 사고는 나머지 999,975 달러를 수천 명의 탄자니아 사람들에게 깨끗한 물을 제공하기 위해 기부했다.

도덕이 우리에게 요구하는 바에 대해 생각할 때, 많은 사람들은 그것이 어느 정도는 이기주의를 버릴 것을 요구한다고 생각한다. 슬라이는 살아 있는 가장 악한 사람은 아닐지 모르나 선한 사람이라면 적어도 조금은, 아마 프레디 정도는 자신의 행운을 나누었을 것이다. 그러나 로즈의 관대함은 합리적으로 그녀에게 기대할 수 있었던 것을 넘어선 것처럼 보인다. 자신의 상금을 모두 기부하는 것은 의무를 초월한 행동이라고 말해진다. 사람들은 그런 행동들을 선하다고 칭찬하지만, 그런 행동들을 수행하지 않은 사람들을 비판하지도 않는다. 이는 로즈의 행동과 같은 행동들은 우리가 도덕적으로 마땅히 행해야 할 것보다 더 많은 것을 행한 것임을 일반적으로 인정하기 때문이다.

의무를 초월한 행동들의 예외적 성질이란 그것들이 특별한 칭찬을 받을만하다고 생각된다는 뜻이다. 예컨대 국회 명예훈장은 "의무를 초월하여 자신의 생명을 무릅쓴 용감무쌍한 행동으로 자신을 눈에 띄게 드러낸" 군인에게 수여된다. 한 군인이 단순히 자신의 의무를 수행한 것은 존경할만하며 명예로운 것이나, 단지 의무에 충실한 행동은 이와 같은 상을 받을만하지 않다. 그러므로 도덕이 요구하는 행위에 덧붙여 도덕적으로 칭찬할만한 형태의 행동들이 있는 것처럼 보인다. "일반적 덕목"과 더불어 "영웅적 덕목"이 있다고 말할 수 있다. 『극한에 직면하여』(*Facing the Extreme*, 1996)에서 토도로프(Tzvetan Todorov)는 강제수용소에서의 도덕적 삶에 대한 자신의 반성에서 아주 날카롭게 이 쟁점을 제기한다.

특수한 범주?

어떤 도덕이론은 의무를 초월하는 것을 다른 도덕이론보다 쉽게 수용한다. 의무론적 혹은 의무에 기초를 둔 윤리는 사람들의 의무적 행동들의 제한된 범위를 상세히 기술한다 — 그러므로 우리가 원한다면 더 많은 것을 행할 여지를 남겨둔다. 그러나 행위 결과주의 이론들은 우리가 보통 의무를 초월하는 것이라고 생각하는 것들을 실제로 요구하는 것처럼 보일 수 있다.

예컨대 로즈가 복권에 당첨되기 전부터 편안한 집과 생활방식을 가지고 있었다고 상상해보자. 많은 연구들이 제시한 것처럼, 일단 편안한 물질적 생활기준을 달성하면 행복은 재산이 증가하는 만큼 증가하지 않는다는 점을 고려한다면, 그녀가 그 상금으로부터 얻게 될 추가적 쾌락은 (경제학자들이 말하려는 것처럼, 한계효용에 있어서의 증가는) 상당히 적을 것이다. 그러나 만약 그녀가 그 돈을 탄자니아 사람들에게 깨끗한 물을 제공하는데 쓴다면, 수많은 사람들이 자신들의 복지와 행복이 크게 늘었다고 여길 것이다. 이것이 단연 최상의 결과를 가져올 행동방침이므로, 그녀가 그렇게 하지 않는 것은 그르다고 보일 것이다. 따라서 영웅적 행동처럼 보이던 것이 그녀의 입장에 있는 모든 사람들에게 기대할 수 있는 행동으로 드러난다. 그러므로 행위 결과주의자들은 의무를 초월한 행동은 매우 드물다는 견해를 취하는 것처럼 보일 것이다.

특별하지만 의무를 초월하진 않는 행동

그러나 이것은 결과주의자들에게 있어서 어떤 도덕적 행동들은 다른 도덕적 행동들보다 영웅적이라는 직관이 단순히 잘못되었다는 것을 의미할 필요는 없다. 비록 사람들이 모든 도덕적 의무들에 동등하게 묶여 있지만, 예컨대 인간 본성과 사회적 환경은 어떤 의무들을 다른 의무들보다 수행하기 더 어렵게 만든다는 사실은 인정할 수 있다. 그러므로 로즈가 칭찬을 받는 것은 그녀의 행동이 의무를 초월하는 것이었기 때문이 아니라 대다수의 인간들이 이런 의무의 이행을 매우 어렵다고 느낄 것이기 때문이다.

의무초월이라는 개념에 의지하지 않으면서도 어떤 행동은 특별히 칭찬받을만하다는 직관을 유지할 수 있는 또 다른 방법은 어떤 의무는 다른 의무들보다 우리에게 더 강하게 요구된다고 주장하는 방법이다. 예컨대 다른 사람을 죽이지 않을 의무는 그런 행동에 반대하는 법을 제정해야 한다고 매우 강하게 요구된다. 자신의 배우자에게 정직해야 한다는 의무는 좀 더 약한 요구이다. 따라서 사람들은 어떤 심각한 문제에 대해 자신의 배우자에게 거짓말하는 것은 그것에 반대하는 법을 만들어야할 만큼 심각한 의무의 위배라고 생각하지 않는다; 그러나 그것은 다양한 종류의 질책과 사회적 제재를 정당화할 만큼 심각하다고 생각될 것이다. 재산을 기부할 의무는 훨씬 더 약한 요구인 듯하다. 자기 재산의 일부를 기부하지 않는 것을 많은 사람들은 의무의 위반이라고 생각하겠지만, 그것은 심한 비난을 정당화할 만큼 강한 요구를 제기하진 않는다.

그러나 이 해결법의 한 가지 문제점은 왜 사람들이 때로는 자신의 의무를 다하지 못한 것에 대해 벌을 받지 않는가는 설명하지만, 왜 자신의 의무를 이행한 것에 대해 특별히 칭찬하는가는 설명하지 않는다는 점이다. 문제는 그저 사람들이 자기 재산의 일부를 기부하지 않은 사람들을 비난하지 않는다는 것이 아니라 기부한 사람들을 열렬히 칭찬한다는 것이다.

그러므로 우리 모두는 같은 상황에서라면 로즈와 같이 행동해야 하며, 그녀가 지나치게 관대했다는 우리의 놀람은 그녀가 의무를 초월한 행동을 했음을 보여주지 않으며, 우리는 너무 자주 우리에게 떨어진 의무를 이행하지 못하고 있다는 것이 진지한 가능성으로 남는다.

참조

—1.20 공감

—2.1 결과주의

—2.4 의무론적 윤리학

—4.7 불편부당성과 객관성

참고문헌

J. O. Urmson, "Saints and Heroes," in *Essays in Moral Philosophy*, edited by A. I. Melden (Seattle: University of Washington Press, 1958)

David Heyd, *Supererogation: Its Status in Ethical Theory* (Cambridge: Cambridge University Press, 1982)

Andrew Michael Flescher, *Heroes, Saints, and Ordinary Morality* (Washington, DC: Georgetown University Press, 2003)

5.17 비극 Tragedy

한 비행기가 공중 납치되어 어느 주요 도시로 향하고 있다. 납치범들을 그 도시에 비행기를 고의적으로 추락시켜 수많은 사람들에게 참화와 죽음을 가져올 것이라고 말한다. 공군사령관은 시민들, 특히 어떤 알력에서 자기편에 있는 시민들을 죽이는 것은 옳지 않다고 생각한다. 그러나 그가 그 자살임무를 멈출 수 있는 유일한 방법은 약 200명의 무고한 승객들을 — 물론 납치범들도 — 죽이겠지만 주민들이 없는 지역에서 격추시키라고 명령하는 것이다.

대부분 사람들은 사령관이 그 비행기를 격추시키라고 명령하는 것이 옳다고 말할 것이다. 그러나 우리가 그것을 어떻게 보든, 그 결정은 200명의 무고한 사람들의 죽음을 수반한다. 그들은 어차피 죽게 될 가능성이 있다는 것은 사실이다. 그러나 죽이는 것과 죽도록 내버려두는 것 사이엔 도덕적 차이가 있지 않은가? 만약 어떤 사람이 곧 죽게 된다면, 그것이 그 사람을 죽여도 괜찮다는 뜻인가? 다른 무고한 사람들을 구하기 위해서라지만 그 무고한 사람을 죽이는 것은 도덕적으로 그르지 않은가?

그것으로부터는 아무것도 좋은 것이 나올 수 없다

이것은 도덕적 비극의 한 사례라고 할 수 있다. 극적인 의미에서, 비극은 어떤 나쁜 결과가 보통 주역의 치명적 결함으로부터 나온 불가피한 결과일 때 일어난다. 대조적으로 도덕적 비극은 우리가 어떻게 하든 도덕적으로 나쁜 무언가가 생길 수밖에 없고 우리가 바랄 수 있는 최선은 가장 덜 나쁜 일을 행하는 것일 때 일어난다. 도덕적 비극의 상황에서, 선택은 좋은 것과 나쁜 것 사이가 아니라 더 나쁜 것과 덜 나쁜 것 사이의 선택이다. 누스바움에 따르면, 사실 도덕적으로 선한 삶을 살려는 노력은 우리를 도덕적 비극에 노출시킨다. 그녀의 표현대로, 선함은 깨지기 쉬운 물건이다. 스탠리 카벨(Stanley Cavell: 1926~)을 좇아서, 다른 사람들은 일정한 철학적 수수께끼들, 특히 회의주의와 관련된 수수께끼들의 병리적 특성들은 적어도 극적인 의미의 비극적 결과들로 이어진다.

어떤 선택들은 정말이지 우리에게 좋은 선택사항을 남겨주지 않는다는 생각은 충분히 이해할만하지만, 그럼에도 어떤 사람이 그 상황에서 그 사람이 할 수 있는 최선을 다했음에도 그 사람이 그릇된 일을 했다고 말하는 것은 뭔가 이상하다. 이런 이유로 겉보기와 달리 도덕적 비극은 불가능하다고 생각될 수도 있다: 항상 우리가 할 수 있는 최선의 것이 있다; 그리고 우리가 실제로 그것을 행한다면 우리는 전혀 그릇된 일을 행한 것이 아니다. 그러나 도덕적 비극이라는 개념을 보존하면서, 그릇된 일을 옳게 선택한다는 외견상의 역설을 설명할 여러 가지 방법들이 있다.

좋음과 나쁨; 옳음과 그름

관건은 좋음과 나쁨을, 그리고 옳음과 그름의 두 가지 의미들을 구분하는 것이다. 만약 우리가 "좋음"과 "나쁨"을 성과 혹은 결과에 관련된 것이고 "옳음"과 "그름"은 행동에 관련된 것으로 생각한다면, 옳은 행동이 나쁜 결과를 (그리고 그른 행동이 좋은 결과를) 가져오는 것은 분명 가능하다. 이 도식에선, 설령 결과가 나쁨을 예견할 수 있더라도 옳은 일을 행하는 사람들의 관점에서 도덕적 비극을 설명하는 것은 매우 쉬운 일이다. 이 견해에 의하면, 도덕적 비극은 그른 행동의 실행이 아니라 나쁜 결과의 불가피성에 관한 것이다.

그러나 이런 해결법은 결과주의자들에겐 소용이 없다. 그들에겐 어떤 행동은 결과가 나쁘면 그른 행동임에 틀림없다. 그러나 그들은 도덕적 비극이 보다 그럴듯하게 들리게 만들 수 있는 또 다른 방법을 가지고 있다. 옳음 혹은 그름은 또한 "정확함"과 "부정확함"이란 의미를 담고 있다. 그러므로 어떤 사람이 두 가지 악들 중에서 덜 악한 것을 선택한다면, 그들이 그른 일을 행한다는 말은 맞는 말이다. 그러나 우리는 또 다른 중요한 의미에서, 그들이 그들에게 주어진 선택사항들 중에서 정확히 선택했다는 의미에서 그들이 옳은 일을 했다고 말할 수 있다. 그것은 그들이 행한 바를 도덕적으로 옳은 일로 만들진 않지만, 그들이 나쁜 결과들에 대한 비난을 면하게 해준다.

도덕적 비극이 피할 수 있는 것이든 없는 것이든, 어떤 사람이 도덕적으론 그르지만 도덕적으로 비난받을만하진 않도록 정확하게 행동했다는 말은 다소 거북한 개념적 왜곡으로 들린다. 그러나 어쩌면 그것은 필요한 왜곡일 수 있다. 보통 어떤 사람이 고의적으로 그르게 행동하고 그렇게 하도록 강요당한 것이 아니라면, 그런 사람은 그 행동에 대해 비난을 받아야 한다고 생각한다. 그러나 가능한 어떤 좋은 선택사항이 없는 경우엔, 어떤 의미에서 우리는 그른 일을 행하도록 강요당한다는 점도 인정해야 할 것이다. 그러므로 그런 경우에는 설령 그른 일을 고의적으로 행하더라도, 그 행동은 강요된 것이므로 비난받을 만하지 않다. 이것은 흔히 주변상황들에 의해 선택을 제한받는 정치지도자들의 경우에 특히 타당한 것처럼 보인다. 오직 하나의 선택이 있을 때에만 자유의지를 굽히는 것은 아니다.

참조

—2.1 결과주의

—3.14 의도/결과

—5.8 도덕적 운

참고문헌

Stanley Cavell, *The Claim of Reason: Skepticism, Morality, and Tragedy*, new edition (Oxford: The Clarendon Press, 1999)

*Martha Nussbaum, *The Fragility of Goodness: Luck and Ethics in Greek Tragedy and Philosophy*, 2nd edition (Cambridge: Cambridge University Press, 2001)

*Mervyn Frost, "Tragedy, Ethics, and International Relations," *International Relations* 17(4) (2003): 477~95

부록: 윤리학 자료

I. 온라인 자료

Bioethics.net: http://bioethics.net

Bioethics Web: www.bioethicsweb.ac.uk

Episteme Links: www.epistemelinks.com

Erratic Impact: www.erraticimpact.com

Ethics Updates: http://ethics.sandiego.edu

Internet Encyclopedia of Philosophy (IEP) : www.iep.utm.edu

Routledge Encyclopedia of Philosophy: www.rep.routledge.com

Stanford Encyclopedia of Philosophy: http://plato.stanford.edu

II. 학회, 기관, 기타 조직들

American Medical Association (AMA) Institute for Ethics: www.ama-assn.org/ama/pub/category/2558.html

American Society for Bioethics and Humanities (ASBH) : www.asbh.org

Association for Feminist Ethics and Social Theory (FEAST) : www.afeast.org

Association for Practical and Professional Ethics: www.indiana.edu/~appe/

British Society for Ethical Theory (BSET) : www.bset.org.uk

Center for Medical Ethics Bochum (Ruhr Universität Bochum) : www.ruhr-uni-bochum.de/zme/zme-e.html

The Hastings Center: www.thehastingscenter.org

The International Society for Environmental Philosophy (ISEP) : www.environmentalphilosophy.org

Karolinska Institutet: www.mic.ki.se/Diseases/K01.316.html

Kennedy Institute of Ethics (Georgetown University) : http://kennedyinstitute.georgetown.edu/index.htm

National Institutes of Health (NIH) : http://bioethics.od.nih.gov/

National Reference Center for Bioethics Literature (NRCBL) : www.georgetown.edu/research/nrcbl

Societas Ethica : www.societasethica.info/

The Society for Ethics : www-rohan.sdsu.edu/faculty/corlett/se.html

III. 저널 및 정기간행물

The American Journal of Bioethics

Bioethics

Business Ethics Quarterly

Cambridge Quarterly of Healthcare Ethics

Environmental Ethics: An Interdisciplinary Journal Dedicated to the Philosophical Aspects of Environmental Problems

Ethical Theory and Moral Practice

Ethics: An International Journal of Social, Legal, and Political Philosophy

Ethics and Medicine: An International Journal of Bioethics

The Hastings Center Report

Jahrbuch für Recht und Ethik

Journal of Applied Philosophy

Journal of Ethics: An International Philosophical Review

Journal of Medical Ethics: Journal of the Institute of Medical Ethics

Journal of Moral Philosophy

Journal of Value Inquiry

Politics and Ethics Review

찾아보기

주요 표제어는 **볼드**로 표시

ㅁ

ㅂ